La Légion étrangère

De 1831 à nos jours

PIERRE MONTAGNON

La Légion étrangère

De 1831 à nos jours

Pygmalion
Gérard Watelet
Paris

Sur simple demande adressée aux
Éditions Pygmalion/Gérard Watelet, 70, avenue de Breteuil, 75007 Paris,
vous recevrez gratuitement notre catalogue
qui vous tiendra au courant de nos dernières publications.

© 1999 Éditions Pygmalion/Gérard Watelet à Paris
ISBN 2-85704-564-6

Le Code de la propriété intellectuelle n'autorisant, aux termes de l'article L. 122-5 (2° et 3° a), d'une part, que les « copies ou reproductions strictement réservées à l'usage privé du copiste et non destinées à une utilisation collective » et, d'autre part, que les analyses et les courtes citations dans un but d'exemple et d'illustration, « toute représentation ou reproduction intégrale ou partielle faite sans le consentement de l'auteur ou de ses ayants droit ou ayants cause est illicite » (art. L. 122-4).
Cette représentation ou reproduction, par quelque procédé que ce soit, constituerait donc une contrefaçon sanctionnée par les articles L. 335-2 et suivants du Code de la propriété intellectuelle.

Remerciements

L'auteur tient tout d'abord à remercier la Légion étrangère à Aubagne pour l'aide qu'elle a bien voulu lui accorder.
Il remercie tout particulièrement
Monsieur le commandant Marquet, rédacteur en chef de *Képi blanc*
Monsieur l'adjudant Michon, conservateur du Musée de la Légion étrangère.

L'auteur ne saurait également oublier tous ceux qui ont bien voulu apporter leur pierre à son ouvrage ou répondre à ses questions :
Monsieur le colonel (ER) Anzanel,
Monsieur le colonel (ER) Baubiat,
Monsieur le commandant (ER) Boulnois,
Monsieur le capitaine (ER) Branca,
Monsieur le colonel (ER) Cauvin,
Monsieur le capitaine (ER) Estoup,
Monsieur le général (CR) Forcin,
Monsieur le chef d'escadrons (ER) Francoville,
Monsieur le général (CR) Grosjean,
Monsieur le capitaine (ER) Héry,
Monsieur Jérôme Kerferch, historien des Compagnons de la Libération,
Monsieur le capitaine (ER) Magne,
Monsieur le colonel (ER) Masselot,
Monsieur le commandant (ER) Met,
Monsieur le capitaine (ER) Pouilloux.

Photos du hors-texte : collection personnelle de l'auteur.

Aux légionnaires des 2e et 4e compagnies du 2e REP, tombés à mes côtés dans l'honneur et la fidélité.

Chapitre premier

UNE LÉGION COMPOSÉE D'ÉTRANGERS

Sur les Champs-Elysées, les musiques se sont tues. Un écart s'est creusé dans le défilé. Les derniers carrés s'éloignent. Serait-ce la fin des troupes à pied et l'arrivée prochaine des blindés ? Non !

Eclate un coup de tonnerre. Un refrain connu frappe les tympans et secoue même les plus blasés. Les applaudissements crépitent alors qu'apparaissent les premiers rangs. La Légion !

Ils avancent, cognée à l'épaule, large tablier de cuir fauve et barbe fleurie. Les pionniers ! Si la Légion se bat, elle sait aussi bâtir. Ceux-là dont le faciès accuse les ans le rappellent.

« *Tiens, voilà du boudin.* » Tambours, clairons, relayés par les fifres et la grosse caisse, résonnent en cadence. Au milieu, l'imposant chapeau chinois égrène ses notes aigrelettes. Majestueux et fier, à l'image de son lointain prédécesseur de la Garde impériale, le tambour-major brandit sa canne et impose le pas.

Un homme seul. Le chef de ce corps prestigieux entre tous. A quelques pas derrière, le symbole des gloires acquises. Le drapeau et sa garde. Celui qui porte l'emblème, les cinq hommes qui l'entourent sont des braves parmi les braves.

Et les voici, ces soldats légendaires au rythme lent qui n'appartient qu'à eux. Epaulettes vertes et rouges, ceinture bleue, képi blanc, regard impénétrable.

> « *Jamais garde de roi, d'empereur, d'autocrate,*
> *De pape ou de sultan, jamais nul régiment*
> *Chamarré d'or, drapé d'azur ou d'écarlate,*
> *N'alla d'un air plus mâle et plus superbement*[1]. »

De ces hommes que le populaire applaudit, que la légende mythifie, voici l'histoire.

*

Louis-Philippe, Roi des Français
A tous présents et à venir, Salut.
Les Chambres ont adopté, Nous avons ordonné et ordonnons ce qui suit :
Article Ier
Il pourra être formé dans l'intérieur du royaume une légion d'étrangers, mais elle ne pourra être employée que hors du territoire continental du royaume.
Cette Légion prendra le nom de « Légion étrangère ».

> *Donné à Paris, au Palais Royal le 9 mars 1831.*
> *Par le Roi*
> *Le Ministre Secrétaire d'Etat de la Guerre*
> *Maréchal Duc de Dalmatie.*

Avec le recul du temps, cet édit de Louis-Philippe peut sembler une innovation. L'armée française enrôle des étrangers.

Impression fallacieuse ! La décision du roi des Français, en 1831, s'inscrit dans une tradition séculaire. Soult, le ministre, secrétaire d'Etat au département de la Guerre, son initiateur, engagé en 1785, promu maréchal par Napoléon, est bien placé pour le savoir. L'armée de l'ancien régime et la célèbre Grande Armée de l'Empereur comprenaient un nombre respectable d'étrangers. Louis-Philippe ne fait que perpétuer de très vieux usages.

A Crécy en 1346, Philippe VI de Valois a 15 000 Génois. En 1445, Charles VII s'entoure d'une garde de deux compagnies. Cette unité, exclusivement écossaise à sa formation, subsistera jusqu'en 1791. Elle

---

[1]. Capitaine de Borelli.

avait la prééminence sur les autres compagnies de gardes du corps. Louis XI, en 1480, enrôle 6 000 Suisses, soldats au métier éprouvé[1]. Au camp de Pont-de-l'Arche, l'année suivante, il en fait même les instructeurs de ses troupes déjà existantes. François Ier, en 1521, confirme ce pacte en « amitié durable et perpétuelle » lui permettant de lever dans les cantons les hommes dont il a besoin. La fidélité des Suisses ne se démentira jamais. Les soldats en habits rouges, le 10 août 1792, seront aux Tuileries les ultimes défenseurs de la monarchie. 26 officiers et 850 hommes sont tués ce jour-là ou massacrés début septembre.

Louis XI a donné l'élan appelé à se prolonger sous ses successeurs. Durant trois siècles, les troupes françaises comprennent en permanence de 25 à 30 % d'éléments non nationaux. Suisses bien sûr, mais aussi Allemands, Hongrois, Italiens, Polonais, Irlandais, Croates, etc., ils viennent de toute l'Europe se ranger derrière les bannières capétiennes. A la veille de la Révolution, 24 régiments d'infanterie, 14 de cavalerie sont levés à partir de volontaires étrangers. Avec 11 régiments, les Suisses représentent le principal apport.

Bien des régiments ayant participé aux guerres récentes, 1914-1918 notamment, sont les héritiers de ces unités au passé glorieux. Leur dénomination ancienne ne cache pas leurs origines : Salm-Salm (allemandes), Salis-Samade, Ernest, Diesbach (suisses), Dillon, Berwick (irlandaises), Royal-Liégeois (belges), Royal-Pologne (polonaises), Royal-Cravates (croates), Bercheny, Esterhazy (hongroises), Royal-Piémont (italiennes), Schomberg (allemandes, polonaises, valaques)...

A leur tête, souvent de grands noms. Plus d'un s'est inscrit dans l'histoire de l'armée française. Les deux Trivulce, Bercheny, Berwick furent maréchaux de France, sans oublier le plus grand d'entre eux, le maréchal Maurice de Saxe, l'immortel vainqueur de la bataille de Fontenoy, le 11 mai 1745.

Sous la monarchie existe donc une tradition d'étrangers au service de la France. Il n'y a pas à s'en étonner. Le royaume façonné par les successeurs de Saint Louis est une terre de rayonnement. Se battre pour le roi de France est un honneur même si ceux-là qui viennent se ranger sous ses drapeaux sont des mercenaires. Le commandement y est sans doute aussi plus humain. Un Pierre le Grand ou un Frédéric II n'avaient pas la réputation de choyer leurs soldats. Louis XIV, lui, a pensé à ses vieux serviteurs. Il a fait édifier les Invalides.

La République met à mal ce passé qui a, pourtant, contribué à bâtir le pays. Les régiments suisses, trop fidèles à Louis XVI, sont

---

1. Accord précédé d'alliances en 1444 et 1453.

licenciés le 20 août 1792. Les autres régiments étrangers connaissent le même sort. Les révolutionnaires n'admettent, en principe, que les patriotes. Aux lansquenets recrutés par des féodaux étrangers, ils préfèrent les soldats de l'an II de la levée en masse.

Les grands principes n'empêchent pas, discrètement, de recourir à des formations à base de Belges, Allobroges ou Germains. Nécessité fait loi. Certains de ces contingents recrutés outre-Rhin iront, en Vendée, grossir les colonnes infernales de sinistre mémoire.

Napoléon n'a pas les réserves des révolutionnaires. Il a besoin de troupes et ne cessera d'en avoir besoin. Dès 1802, le Premier Consul fait à nouveau appel aux Suisses. Il en recrute 4 000. Au total, il finira par en employer 90 000. Plus de la moitié seront tués à l'ennemi.

Pour sa Grande Armée, l'Empereur n'hésite pas. Outre les Suisses, Piémontais, Belges, Irlandais, Hanovriens, Liguriens, Badois, Hongrois, Bohémiens, Prussiens, Suédois, Russes, Autrichiens, Polonais, Saxons, Bavarois, Espagnols, Portugais gonflent les rangs. Il y a même les fameux mamelouks égyptiens, qui sont en majorité des Syriens, ainsi que quelques noirs. Sur 400 000 hommes qui en juin 1812 franchiront le Niémen pour se porter sur Smolensk et Moscou, 120 000 seulement sont des Français. Presque tous ces Européens ainsi enrôlés sont des volontaires. N'ont été touchés par la conscription que ceux dont la province est devenue, par annexion, terre française.

Au total, de 1806 à 1814, la Grande Armée englobe plus de 60 unités étrangères homogènes et aligne sur ses états de contrôle 196 généraux étrangers. Le plus illustre de ceux-là, Joseph-Antoine Poniatowski, est fait maréchal sur le champ de bataille à Leipzig le 16 octobre 1813. Trois jours plus tard, il se noie dans l'Elster.

La défaite impériale provoque la dispersion des régiments étrangers mais la France, malgré tout, demeure une grande puissance européenne. Elle a besoin d'une armée. Pour renforcer les « vieux soldats » recrutés par tirage au sort avec possibilité de remplacement, Louis XVIII se souvient de ce qui existait avant 1789.

Les Suisses reviennent une fois encore. 14 000 hommes en 6 régiments. Sur les habits rouges à parements bleus, certains arborent une Légion d'honneur gagnée sous l'Empire. Deux bataillons de 700 hommes chacun participeront à la prise du fort du Trocadero, en Espagne, en 1823.

A côté des Suisses s'intercalent quatre régiments d'étrangers dont un dit colonial formé d'Espagnols et de Portugais. Apparaît aussi dès 1815 une « Légion royale étrangère », héritière de huit régiments étrangers hâtivement mis sur pied par l'Empereur durant les Cent-Jours. Cette Légion, en 1816, devient la Légion de Hohenlohe, puis en 1821 le « régiment de Hohenlohe », dirigé par le prince de même nom, qui sera promu maréchal de France en mars 1827.

Les Trois Glorieuses bouleversent tous ces vestiges de l'Ancien Régime. Les Suisses sont renvoyés chez eux. Le régiment de Hohenlohe est dissous par ordonnance du 5 janvier 1831. La France ne dispose plus de soldats étrangers quand survient la loi du 9 mars 1831. La rupture avec le passé aura été brève.

*

Cette loi du 9 mars pose donc la base d'un nouvel édifice. L'ordonnance du lendemain, également signée par Louis-Philippe, la complète et la précise.

La future Légion comprendra des bataillons identiques à ceux des bataillons d'infanterie de ligne. Chacune des compagnies devra être « autant que possible composée d'hommes de même nation et parlant la même langue ».

Les engagements volontaires seront signés pour une durée de 3 à 5 ans. Ils dérogent là aux prescriptions du moment imposant un service militaire de 8 ans (loi Suchet de 1824). Les candidats devront être âgés de dix-huit ans au moins, quarante ans au plus et présenter une taille minimum de 1,55 mètre. Ils auront à fournir un acte de naissance ou une pièce équivalente ainsi qu'un certificat de bonne vie et mœurs.

Quant à l'uniforme, « il sera bleu avec le simple passepoil garance et le pantalon de même couleur ; les boutons seront jaunes et porteront les mots : Légion étrangère ».

Le légionnaire de 1831 se situe bien loin de celui de la fin du XXe siècle. Pas d'anonymat. Pas de brassage international. Un contrat de trois ans.

Sur-le-champ, les législateurs ont visé pratique. Assurer un recrutement sélectionné. Faciliter le commandement par l'emploi d'un langage commun à chaque unité. L'anonymat du légionnaire [1], l'amalgame des diverses origines, le recours à la seule langue française mettront du temps à s'imposer.

*

L'époque est favorable à un recrutement étranger. L'Europe vit une crise sociale et politique. Des milliers d'individus se retrouvent proscrits pour menées patriotiques ou révolutionnaires, parfois aussi

---
1. Voir Annexe 1.

par manque de ressources. Ces déracinés, patriotes exilés ou ouvriers expulsés, errent en quête d'un havre. La Légion le leur offrira et leur procurera un nouveau foyer. *Legio Patria Nostra*. L'expression très vite s'affirmera une réalité.

De cet afflux, l'un des anciens chefs de la Légion pourra estimer par la suite :

> « Le service militaire de la France a eu de tous temps beaucoup d'attraits pour les étrangers, mais à aucune époque de notre histoire cet élan ne se manifesta avec autant d'ardeur qu'après la Révolution de 1830 [1]. »

Ces lignes datent de 1850. Que n'aurait écrit leur auteur par la suite !

Depuis 1831, il en est toujours ainsi. Le recrutement est fortement influencé par les grands spasmes européens. Les périodes récentes le rappellent : Russes blancs après la révolution soviétique, républicains espagnols après la guerre d'Espagne, Allemands après l'effondrement du IIIe Reich, Hongrois après la révolte de Budapest, Slaves après l'éclatement de la Yougoslavie.

Dans ce creuset de la Légion, s'uniront bien des mobiles le plus souvent cachés : volonté d'oubli, désir de renouveau, besoin de survivre, appel de l'aventure. Il n'y a pas à s'y attarder. Ils sont du ressort personnel de chacun. Sans omettre qu'en des circonstances exceptionnelles, des amis de la France viendront pour la défendre se battre volontairement dans les rangs de la Légion étrangère.

En 1831, la France, tout autant, a besoin de bras. Bourmont est entré en vainqueur dans Alger le 5 juillet 1830. Depuis, l'occupation de l'ex-Régence piétine. Le pouvoir hésite à s'engager plus avant. L'opinion n'est pas favorable à des sacrifices outre-Méditerranée. Créée pour combattre et œuvrer hors du territoire continental du royaume, la future Légion répond à un besoin en troupes. Par la suite, aucun chef n'osera l'avouer : mieux vaut faire tuer des étrangers plutôt que des Français. Un seul n'aura pas cette retenue.

Le général de Négrier, en 1884, n'hésitera pas à lancer :

> « Légionnaires, vous êtes soldats pour mourir. Je vous envoie là où l'on meurt ! »

L'histoire ne rapporte pas si les intéressés apprécièrent la grandiloquence de la tirade. Négrier, il est vrai, avait du répondant. Le personnage, plusieurs fois blessé, payait largement de sa personne.

---

1. Général Joseph Bernelle.

*

Dans le contexte encore modeste de l'occupation française en Algérie, il ne pouvait en être autrement. En sa mouture originelle, la Légion se constitue obligatoirement en métropole. Langres est le premier dépôt où, sous les ordres du commandant Sicco, vieux grognard de l'Empire lardé de cicatrices, souvenirs de blessures reçues en Russie, se regroupent des anciens des régiments suisses ou de Hohenlohe. Ce recrutement initial conduit certains auteurs à situer la Légion étrangère dans la filiation du régiment de Hohenlohe. Un tel rapprochement oublie l'historique…

Les candidatures imposent d'ouvrir de nouveaux dépôts. Les Allemands, venus essentiellement de la rive gauche du Rhin, sont dirigés sur Auxerre, les Belges et Hollandais sur Chaumont, les Espagnols et Italiens sur Agen, les Polonais sur Avignon. A la fin de 1831, cinq bataillons sont en mesure d'embarquer pour Alger, Bône et Oran. Le colonel Stoffel, officier suisse, ancien lui aussi de la Grande Armée, a l'honneur de figurer pour l'histoire en premier commandant en titre de cette Légion partant pour l'Afrique.

Comme prescrit, le recrutement s'effectue par nationalités. En décembre 1832, la Légion compte ainsi sept bataillons aux origines bien marquées :
— 1er bataillon : Suisses et anciens de Hohenlohe
— 2e et 3e bataillons : Suisses et Allemands
— 4e bataillon : Espagnols
— 5e bataillon : Sardes et Italiens
— 6e bataillon : Belges et Hollandais
— 7e bataillon : Polonais

Ce bataillon polonais, sous l'autorité du commandant Horain, aligne 14 officiers polonais et peut-être les recrues les plus valeureuses. Ces enfants de la lointaine Pologne ont dû fuir leur terre patrie après l'échec de l'insurrection de 1830. La France, amie de longue date, est pour eux la terre d'accueil par excellence. Ils sont heureux de lui offrir leurs bras.

L'ordonnance du 9 mars 1831 le prévoyait. Au 1er avril 1832, les 1er, 2e, 3e et 5e bataillons mis sur pied en métropole sont en Algérie, soit au total 78 officiers et 2 669 sous-officiers et hommes de troupe sur lesquels il faut défalquer environ 400 indisponibles, malades, détenus, déserteurs. Les bataillons ne s'élèvent donc qu'à 500 légionnaires en moyenne. Les commentaires à leur adresse ne sont pas mauvais :

> « Les hommes qui composent cette Légion sont généralement grands et robustes ; ils offrent dans leur démarche et leur tenue un aspect très militaire. »

Cette appréciation flatteuse ne doit pas dissimuler des débuts difficiles. Ces soldats d'origine hétéroclite ne sont pas toujours d'une discipline exemplaire. Les cas d'insubordination ne sont pas rares. Les chefs constituent un peu du tout-venant. Anciens de l'armée impériale ayant repris du service après quinze ans d'interruption, cadres de la monarchie déchue rejetés par le régime de Louis-Philippe, officiers endettés ou de conduite douteuse dont veut se débarrasser l'armée régulière ne répondent pas obligatoirement aux critères de rigueur professionnelle et morale. D'où ce premier bilan dressé par deux historiens militaires ayant vécu de près la période :

> « Ainsi, outre les services bien réels et de toute nature que rendit la Légion en Afrique, on lui doit encore d'avoir été une espèce d'exutoire de l'Armée française dans des moments de troubles et de commotion où le gouvernement avait tant à faire et à prévoir, et où ces hommes ne pouvaient lui susciter de grands embarras, s'ils n'eussent été domptés par la discipline militaire [1]. »

Car effectivement l'Algérie va fournir le cadre pour restaurer la discipline et faire surgir la valeur guerrière.

Dans l'Algérie de 1832, l'insécurité commence aux portes d'Alger. La jeune Légion y verse bientôt le prix du sang. Le 23 mai, près de Maison-Carrée (El Harrach), à une dizaine de kilomètres à l'est d'Alger, un petit détachement de 27 légionnaires est encerclé par la tribu des Annanoua. Camerone avant l'heure, les 27 hommes tiennent bon et sont écrasés sous le nombre, massacrés jusqu'au dernier. Leurs cadavres seront retrouvés affreusement mutilés. Le lieutenant suisse Cham, leur chef, ouvre la longue liste des officiers de Légion tués à l'ennemi. De cette tuerie, il n'est par miracle qu'un rescapé.

Les mois passent entrecoupés d'autres combats devant Arzew, Mostaganem, Koléa face aux guerriers d'un jeune émir nommé Abd el-Kader. Le 29 janvier 1834, les compagnies polonaises du commandant Horain arrivent à Bougie pour un bref séjour. En juin, elles sont expédiées sur Oran en relève du bataillon espagnol.

Deux mois plus tard, le colonel Combes [2], valeureux soldat qui

---

1. Général J. Bernelle et capitaine de Colleville, *Histoire de la Légion étrangère ancienne*, Paris, Marc Aurel, 1850.
2. Un village à 20 km au sud-est de Bône portait son nom. Aujourd'hui : Asfour.

sera tué lors de la prise de Constantine en octobre 1837, remplace Stoffel. Il arrive porteur du premier drapeau de la Légion que le duc d'Orléans, fils aîné du roi, lui a remis à Marseille le 8 juin. Sur l'étamine est inscrit :

« Le Roi des Français à la Légion étrangère. »

Par la suite, apparaîtront « Valeur et Discipline » et les noms des grandes batailles livrées par le corps : Sébastopol, Kabylie, Magenta, Camerone, Extrême-Orient... S'adjoindront encore : Dahomey, Madagascar, Maroc... Ce n'est qu'à partir de 1920 que « Valeur et Discipline » sera remplacé par « Honneur et Fidélité », inscrit jadis sur le drapeau du régiment suisse Diesbach, licencié le 9 septembre 1792.

En 1833, un autre chef de renom, le colonel Bernelle[1], succède à Combes[2]. Sous son commandement, la Légion connaît sa première grosse affaire. Mais Bernelle n'était pas présent en ces circonstances.

Avec lui, la tragédie de La Macta ne se serait peut-être pas produite.

Au printemps 1835, le général Trézel commande à Oran. Ce soldat est un brave parmi les braves. Il a perdu un œil à Waterloo, a été blessé à Bougie en 1833, le sera à nouveau sous les murs de Constantine en 1836. Mais son courage et son sens de l'honneur ne compensent pas toujours chez lui une certaine maladresse sur le plan tactique. En face, Abd el-Kader se manifeste de plus en plus et entend châtier les tribus ralliées aux Français. Trézel, sur une menace précise, réagit avec force pour défendre ses alliés et pense, par une manœuvre hardie, briser la puissance de l'émir. Le 26 juin, avec 2 500 hommes dont un tiers de légionnaires, il sort d'Oran. Il se porte résolument en direction du camp d'Abd el-Kader, localisé au sud-est de la ville, dans la plaine du Sig. Avec près de 8 000 combattants Abd el-Kader et ses khalifas assaillent les Français.

Deux escadrons de chasseurs d'Afrique[3], trois compagnies polonaises du commandant Horain, en tête de colonne, reçoivent le premier choc. Désemparés par la mort de leur colonel, tué au début de l'engagement, les chasseurs d'Afrique refluent. Formant le carré, les compagnies d'Horain contiennent l'ennemi. D'après le récit de témoins oculaires, le duc d'Orléans a décrit leur attitude :

---

1. Un village à 20 km au nord-ouest de Batna portait son nom. Aujourd'hui : Oued el-Ma.
2. Après l'intérim du lieutenant-colonel de Mollenbeck et de lui-même comme lieutenant-colonel.
3. 2ᵉ RCA. Colonel Oudinot.

« Débordées de toutes parts, elles se groupèrent sur un mamelon, où cette brave troupe, composée de soldats éprouvés dans la guerre contre les Russes, se maintient avec fermeté et versa courageusement pour la France le sang qu'elle ne pouvait dépenser pour la Pologne. »

Déjà se manifeste ce qui sera une constante des unités de Légion : la fermeté au feu quel qu'en soit le prix.

Non sans mal, grâce à la résistance des compagnies Horain, le dispositif français se rétablit. En fin de journée la colonne Trézel bivouaque sur la rive gauche du Sig mais a, en ces combats dits de Moulay Ismaël, perdu 52 tués et 189 blessés.

Le lendemain, les deux adversaires s'observent, se limitant à quelques escarmouches. Le 28 au matin, s'estimant par trop en infériorité numérique, Trézel décide de gagner Arzew, petit port occupé par une garnison française. A cause de ses voitures transportant les blessés, il décide d'emprunter pour ce retour la piste du fond de la vallée du Sig, aux abords des marais de la Macta. Et pour mener à bien son retour, il lui faut encore forcer le passage.

Abd el-Kader presse les siens. Forts de leur masse, ses cavaliers et ses fantassins enserrent de plus ou moins près les Français. A la chaleur d'une journée de fin juin, se mêlent des effluves de sirocco et les fumées des broussailles desséchées allumées par les Algériens. La visibilité est médiocre, le commandement difficile.

Dans cette percée pour rejoindre Arzew, la Légion sous les ordres du lieutenant-colonel Conrad a reçu mission de couvrir les flancs : détachement Horain à gauche, 5e bataillon italien à droite. Envoyé pour dégager les hauteurs occupées par l'adversaire, ce 5e bataillon, s'estimant en mauvaise posture, réclame de l'aide. Sans hésiter, Conrad ordonne à Horain de se porter à la rescousse. L'opération découvre la colonne alors que les guerriers d'Abd el-Kader se ruent de toutes parts. En plusieurs endroits, le flot adverse tronçonne le convoi des véhicules. Des paniques se produisent. Des blessés abandonnés sans protection dans les arabas[1] sont livrés aux couteaux des égorgeurs. Le lieutenant polonais Josefowicz est parmi les impotents ainsi massacrés.

Le courage des uns, le sacrifice des autres, les pertes et la fatigue en face finissent par permettre de passer. Au terme de mêlées tragiques, les Français atteignent Arzew mais les trois journées de La Macta ont coûté cher. 262 tués ou disparus, 308 blessés. Parmi eux,

---

1. Charrette indigène.

une centaine de légionnaires. La Légion commence à payer un lourd tribut à la terre d'Afrique. Officiellement, elle perdra 27 officiers, 61 sous-officiers, et 756 légionnaires durant la conquête de l'Algérie, de 1831 à 1882. Mais la perte de l'Algérie lui en coûtera le double, de 1954 à 1962.

Chapitre II

L'ODYSSÉE ESPAGNOLE

Il est des décisions difficiles à comprendre de prime abord.
Depuis cinq ans maintenant, la Légion ne cesse de manifester son efficience militaire et son dévouement envers la France. La journée noire de La Macta l'atteste une fois encore. Pourtant, et presque le même jour, une ordonnance gouvernementale raye la Légion des rangs de l'Armée française et l'expédie en Espagne. Pourquoi une telle mesure, aussi brutale qu'inattendue ?
Le roi d'Espagne Ferdinand VII est mort le 28 septembre 1833, laissant la couronne à sa fille Isabelle II, une enfant de trois ans. Son épouse Marie-Christine des Deux-Siciles a été proclamée régente. Mais le frère du défunt, Don Carlos, au nom de la loi salique appliquée chez les Bourbons, récuse l'héritière et la régence. Il se veut le successeur légitime de Ferdinand VII. Dans ce pays au sang chaud, cette querelle de famille et de succession se transforme très vite en guerre civile. Le nord de l'Espagne, la Galice, la Navarre, les provinces basques se soulèvent en faveur de Don Carlos. Les Européens parleront de guerre carliste, les Espagnols de guerre de « *siete años* »,

à cause de sa durée. Comme souvent dans la péninsule Ibérique, les actes d'héroïsme et les atrocités se côtoient dans des affrontements sans merci.

Ce conflit interne a des répercussions internationales. Chaque camp est catalogué par les grandes puissances européennes. Marie-Christine et sa fille passent pour défendre le libéralisme, Don Carlos l'absolutisme. La Grande-Bretagne, la France, le Portugal prennent partie pour la reine ; la Prusse, l'Autriche, la Russie, pays conservateurs, pour le prétendant.

Dans ce contexte, Londres, Paris et Lisbonne signent le 28 juin 1835 avec l'ambassadeur d'Espagne une convention accordant à Marie-Christine un soutien militaire. La Grande-Bretagne enverra 10 000 volontaires, le Portugal une division de 6 000 hommes d'élite et la France sa Légion étrangère, soit 6 000 hommes présentement disséminés en Algérie et à Toulon. Britanniques et Portugais ne se manifesteront guère à leur avantage. Les premiers nommés, notamment, qualifiés par Wellington de « lie de la mer », ne s'attarderont pas. Mal payés, ils rentreront en 1837 ayant malgré tout perdu 2 500 des leurs, de maladie ou au combat.

La Légion étrangère française est d'une autre valeur. Elle représente une troupe expérimentée, bien structurée, aux chefs qualifiés, et elle a eu l'occasion de faire ses preuves. A priori, son envoi n'est pas un mince cadeau offert à Marie-Christine.

Cela ne va pas, toutefois, sans poser problème. Cadres et légionnaires sont loin d'être d'accord avec ce transfert non prévu dans leur contrat. Ils ne se cachent pas de le faire savoir. Mais il ne leur est pas laissé de choix. Tous sont placés devant le fait accompli, traduit dans une formule brutale du ministère de la Guerre :

> « Tous les services rendus à la France seraient perdus ainsi que les titres à toute espèce de subsides de ce pays si la Légion persistait dans son refus. »

Concrètement, à défaut d'obtempérer, les officiers français se retrouveraient en demi-solde, les officiers étrangers en perte d'emploi. Quant aux légionnaires, ils seraient regardés comme déserteurs.

En fait, Louis-Philippe et son gouvernement, contrairement à leurs prédécesseurs de 1823, ne souhaitent pas s'immiscer trop directement dans les affaires intérieures espagnoles. Par le truchement de la Légion, ils sauvent la face. Ils n'envoient pas directement une unité de l'armée régulière. Ils se contentent de respecter leurs engagements vis-à-vis de la Grande-Bretagne et du Portugal par ce contingent d'étrangers. Ceux-ci, devant l'opinion espagnole, peuvent être présentés comme de vulgaires mercenaires quittant un pays pour un autre.

*

Le 30 juillet, 123 officiers et 4 021 sous-officiers et légionnaires quittent l'Algérie à bord de bâtiments de la Royale. Avec les effectifs récupérés par la suite, permissionnaires, malades et personnel issu du dépôt de Toulon, le total atteindra environ 6 000. Le principe originel de la ventilation par nationalités est pleinement respecté. Les 1er, 2e et 3e bataillons sont constitués d'Allemands ; le 4e est polonais, le 5e italien, le 6e belge. Le colonel Bernelle, en fonction depuis le 9 avril 1833, commande l'ensemble.

Joseph Bernelle, cinquante ans, appartient à cette génération qui a matière à raconter à ses cadets. Ancien du Prytanée militaire de Saint-Cyr, sous-lieutenant en 1803, il a vécu l'épopée de la Grande Armée. Capitaine de la Garde impériale, chef de bataillon en demi-solde en 1815, il n'a été réintégré qu'en 1820.

Dès son arrivée à la tête de la Légion, en tant qu'intérimaire durant quatre mois, puis à titre définitif, il s'est posé en chef rigoureux, féru d'une discipline stricte. Après quelques grincements de dents, ses subordonnés lui ont su gré de cette poigne éliminant désordres et défauts de jeunesse.

Au lendemain de La Macta, Bernelle a eu écho des rivalités nationales entre bataillons. Les Polonais avaient vivement critiqué le comportement des Italiens. Profitant de l'escale de quarantaine médicale aux Baléares, le colonel décide une réforme fondamentale. Tournant résolument le dos aux structures existantes, il prescrit un brassage général réalisant un amalgame total. Plus de bataillons polonais, italien ou allemand, mais des bataillons où, dans les compagnies et les sections, les individus se côtoient sans distinction d'origine. La formule est lancée et se révélera particulièrement féconde. Elle donnera à la Légion son visage, celui qui fera sa renommée. Chacun, dans ce creuset où se fondent les particularismes, apporte sa touche. Le Germain sa solidité, le Latin sa finesse, le Slave sa fierté, le Britannique son originalité, le Français son panache. A la sortie, il n'est plus que des légionnaires fondus indistinctement dans une cohorte servant sous drapeau tricolore. Malheureusement, en cet été 1835, à l'heure de ce bouleversement essentiel, l'emblème n'est pas tricolore.

Il s'agit donc d'une troupe complètement transformée dans ses structures qui débarque à Tarragone le 17 août. L'accueil de la ville est mitigé. Certains se souviennent du siège de 1811 par les Français du maréchal Suchet et des canons d'un nommé Valée. D'autres acclament ces hommes qui viennent se ranger aux côtés de la reine régente. Bernelle entre-temps a été promu maréchal de camp (général de brigade) par Marie-Christine, promotion accompagnée d'une lettre flatteuse pour l'inciter à conserver ses fonctions :

> « Sa Majesté la Reine Régente, informée de l'ancienneté de vos services et de votre réputation militaire, verrait avec plaisir que vous restassiez à la tête de la Légion étrangère, que vous avez commandée de manière si distinguée en Algérie, en passant avec elle au service de Doña Isabelle II. »

La Légion, qui à sa mise à terre a pris nom de Division auxiliaire française, est ainsi commandée par un officier, colonel de l'armée française et maréchal de camp des armées royales d'Espagne.

Parmi ceux qui débarquent à Tarragone ce 17 août, il est un officier destiné à une carrière agitée : le lieutenant Achille Bazaine. Candidat malheureux à Polytechnique, le jeune Bazaine, vingt ans, s'est engagé le 28 mars 1831 au 37e de ligne qui, curieux rapprochement, fut au siège de Tarragone. Quelques mois plus tard, il est passé à la Légion en qualité de fourrier. Deux ans plus tard, il était sous-lieutenant. Nul ne conteste les mérites et le courage de ce garçon promu lieutenant en 1835 et chevalier de la Légion d'honneur après les durs combats de La Macta. Nul aussi ne se doute qu'il sera un jour ce maréchal de France à la gloire à jamais ternie par la capitulation de Metz.

*

Bugeaud arrivant en Algérie en 1835 fera un rapprochement avec la guerre d'Espagne qu'il avait connue vingt-cinq ans plus tôt. Pour les légionnaires de Bernelle débarquant d'Afrique, l'analogie joue dans l'autre sens. Le terrain, l'ennemi leur rappellent étrangement le théâtre d'où ils proviennent. Ces « Argelinos », comme les dénommeront les Espagnols, s'avéreront ainsi très vite un renfort appréciable pour les « Christinos » peu disciplinés et assez mal aguerris. A leur métier ils joignent d'entrée une connaissance des conditions générales de la lutte qu'ils vont avoir à mener. Celle-ci ne tarde pas. 5 000 carlistes viennent d'entrer en Catalogne. La Légion est aussitôt dépêchée pour leur faire front.

Les premières escarmouches commencent autour de Lérida, à une centaine de kilomètres au nord-ouest de Tarragone. De là, suite à un repli adverse, la Légion fait mouvement vers l'Aragon et la Navarre.

Elle se consacre la fin de l'année 1835 à des opérations localisées avant d'entrer à Pampelune le 5 février 1836.

Au pays de Goya, les rivalités et les haines se déchaînent sans retenue. Les légionnaires ont tôt fait d'en prendre conscience. Les carlistes mènent une guerre totale, achevant les blessés, fusillant les prisonniers. Du 20 au 30 septembre, un officier et 30 hommes capturés sont aussitôt exécutés. Bernelle a compris : pas question, à son tour, de faire de quartier. Chaque camp se montre impitoyable. La lutte en Espagne aura toujours un visage sauvage et inhumain.

Dans cette guerre qui, sur le fond, n'est pas la sienne, la Légion vit en relative autarcie dans un environnement hostile. Le plus souvent elle se bat seule en unité autonome. Au début de 1836, Bernelle s'organise donc en conséquence. Il met sur pied trois escadrons de lanciers pour s'éclairer, une batterie d'obusiers pour ses appuis de feu et une compagnie de brancardiers afin de soustraire les blessés et les éclopés à la fureur des carlistes.

Est-ce par souvenir de son passage dans la Garde impériale, Bernelle, qui a personnellement belle prestance, tient à paraître. Dès son arrivée sur le sol espagnol il s'entoure d'un état-major hors de proportion avec l'importance réelle de sa troupe et se fait escorter d'une garde de sapeurs barbus. Les fameux pionniers des jours de parade, au tablier de cuir et à cognée sur l'épaule, trouvent là leur origine.

*

Plus les jours passent, plus l'Espagne coûte cher. Au 15 avril 1836, 580 hommes ne sont plus sur les rangs. 117 ont été tués, 380 sont morts des suites de blessures ou de maladie. 83 ont déserté. Comment les accabler ? Ils sont là contre leur gré, jetés dans des combats dont ils ne perçoivent pas la finalité. Leur quotidien est misérable. Froid hivernal des contreforts pyrénéens, intempéries, manque d'approvisionnement, cantonnements douteux s'additionnent à une hostilité quasi générale des populations et la sauvagerie carliste.

Pourtant, à l'heure des combats, l'esprit de corps, le courage ne faiblissent pas. Le 26 avril, au prix de 20 tués et 70 blessés, 500 légionnaires repoussent 3 500 carlistes. Le 1er août, en pleine canicule, l'ensemble de la Légion bloque une offensive de l'ennemi qui laisse 1 200 cadavres sur le terrain.

Les renforts compensent mal les pertes (ou les départs) : 379 arrivants le 15 avril, 89 en juillet, 438 en août. Ceux-là seront les derniers. La Légion est condamnée à s'affaiblir. De surcroît, elle se sent abandonnée. Paris refuse avancement et récompenses sous prétexte de « cession pleine et entière » à l'Espagne, qui n'est pas plus généreuse. La solde ne tombe pas.

Bernelle a beau protester, rien n'y fait. Thiers, président du Conseil français, reste sourd. Ecœuré, en août 1836, le colonel rentre en France[1]. Son départ est vivement ressenti : le chef avait du prestige et un passé qui inspirait confiance. Le colonel Lebeau lui succède durant quelques mois avant que le colonel Conrad, nommé lui aussi général par la Régente, ne prenne le commandement. Ce Conrad, allemand d'origine, ancien grognard, surnommé « Vieux Fritz », passe bien auprès de la troupe. Son courage n'a d'égal que la verdeur de ses propos. Avec lui, les légionnaires se sentent commandés comme avec Bernelle.

Encore une constante à venir de la Légion. Le chef doit se montrer un chef. A défaut, mieux vaut pour lui remiser son paquetage. Un brin de pittoresque, voire de « folklore », ne dessert pas, sous réserve qu'il soit authentique. Les Rollet, Aage de Danemark, Maire, personnages riches en couleur, seront populaires.

Est-ce le retour de Bernelle qui lui ouvre les yeux ? Louis-Philippe fait arrêter les recrutements et les départs en direction de l'Espagne. « La France, déclare-t-il, garde le sang de ses enfants pour sa propre cause. » Cette propre cause, à l'automne 1836, se nomme bien évidemment l'Algérie où Clauzel en octobre lance une première expédition, qui sera un échec, contre Constantine. L'aventure espagnole n'avait jamais plu au roi des Français. Le monarque avait simplement emboîté le pas de l'Angleterre, afin de satisfaire un voisin avec lequel il entendait avoir des rapports privilégiés. Ayant payé son écot, il se dégage.

*

Plus que jamais, les légionnaires se battent en enfants perdus sur la terre espagnole. Aucun renfort. Rien à attendre de Paris. L'hiver 1836-1837 dans les montagnes d'Aragon est particulièrement pénible. Les cantonnements demeurent toujours aussi misérables. Le ravitaillement ne parvient que par intermittence. Faute de percevoir la solde, la pénurie d'argent aggrave les conditions de vie. Pour trouver subsistance, il n'est souvent qu'un recours : changer de camp et passer

---

1. Bernelle est un soldat de valeur. Il retrouve tout de suite sa place dans l'armée française. En octobre 1837, il conduira la colonne de renfort se portant sur Constantine, après la prise de la ville dont il se verra confier le commandement. Peu après, il sera nommé général.

chez les carlistes qui alternent embuscades et promesses alléchantes. Certains se laissent tenter. Les anciens compagnons d'armes échangent alors injures et coups de fusil lors des rencontres.

Au début de 1837, le nombre des tués, blessés, déserteurs a encore augmenté. La Légion n'aligne plus que trois bataillons, bientôt réduits à deux tandis que la guerre ne faiblit pas. Le 24 mai, près de Huesca, elle se retrouve pratiquement seule pour repousser un fort contingent carliste. Elle compte ce jour-là 350 tués et blessés sur un résiduel de 1 200 valides.

Le 2 juin, Conrad, le « trompe la mort » depuis si longtemps, est tué à Barbastro, au nord-est de Sarragosse. Bazaine, son chef d'état-major, sait le coup que portera cette disparition. Pour ne pas démoraliser ses légionnaires, le futur commandant de l'armée de Metz a recours à un subterfuge. Il éloigne sur un cheval le cadavre du disparu. De loin, ce dernier semble toujours vivant.

Mais il est impossible de dissimuler trop longtemps. Conrad n'est plus et les deux bataillons restants ne représentent que deux grosses compagnies. La journée de Barbastro a fini de les épuiser. Les débris de la Légion sont déplacés d'un point à un autre. Ils se replient sur Saragosse puis sont à nouveau expédiés sur Pampelune pour un autre hiver qui sera tout aussi rude.

En 1838, la Légion est trop squelettique pour constituer une véritable force combattante. Elle égrène les semaines et les mois dans l'attente d'une décision mettant un point final à son odyssée. Enfin, le 8 décembre est signé l'ordre de licenciement. Les rescapés sont libres de tout engagement à l'égard de l'Espagne. Ils peuvent prendre le chemin de la France. Le 1er janvier 1839, ils laissent définitivement derrière eux les remparts de Saragosse et remontent vers le nord. Longue et pénible marche hivernale par Huesca, Jaca et le col du Somport enneigé. On devine la joie générale en apercevant le gave de Pau et le château du Roi Henri.

Ils étaient environ 6 000 à avoir débarqué en Espagne en 1835. Ils ne sont plus que 63 officiers (dont 29 français) et 159 hommes de troupe (dont 25 français) à fouler à nouveau la terre de France. Cette odyssée espagnole n'a été qu'une longue tragédie. Un formidable potentiel humain a été sacrifié dans des conditions et des buts sur lesquels il est possible de s'interroger...

Tous ces rescapés, maigres comme des loups, aux tenues rapiécées, en espadrilles et bérets basques à houppette, n'ont pas mauvaise réputation militaire. Loin de là ! Il est acquis qu'ils se sont toujours bien battus et l'auréole de « vaillants soldats » les accompagne. L'avenir de ces braves passe, pour beaucoup, par un métier qu'ils connaissent bien. La majorité reprend du service à la nouvelle Légion créée à la fin de 1835[1]. Les officiers y seront acceptés comme sous-officiers, les sous-officiers comme hommes de troupe. Les galons se regagneront au feu. Ce yo-yo est classique à la Légion : un galon se perd pour une incartade. Il se reconquiert les armes à la main.

Dans le bled algérien, tous ces rengagés retrouveront comme compagnons de route et de combats nombre de leurs adversaires. L'insurrection carliste s'achève en déroute. En juillet 1840, 10 000 carlistes viennent chercher refuge en France. Les volontaires sont autorisés à s'engager à la Légion étrangère. Canrobert, alors capitaine adjudant major, les verra arriver, « montagnards durs à la fatigue, et braves au combat ». Propos que confirme le général du Barail, alors jeune officier :

> « Ces carlistes, rompus aux fatigues et aux dangers de la guerre, étaient pour notre Légion étrangère une source en quelque sorte inépuisable de recrutement. Marcheurs infatigables, d'une sobriété absolue, ils étaient de véritables soldats d'élite et devaient, par surcroît, fournir, lors de leur libération, des éléments solides à la colonisation[2]. »

La dernière remarque de du Barail, indirectement, fait allusion à un phénomène qui persistera jusqu'à la fin de l'Algérie française : la Légion se sentira chez elle sur cette terre où elle a ses racines, où nombre de ses anciens se sont implantés, et où plus d'un a trouvé un cœur.

Du Barail ne le dit pas, mais ces carlistes illustrent aussi l'incidence constante des bouleversements à l'intérieur du vieux continent sur le recrutement à la Légion. Ainsi, un siècle plus tard, d'autres réfugiés espagnols, soldats malheureux de la guerre civile, prendront le chemin de Sidi-Bel-Abbès, où ils sauront pouvoir trouver un point de chute.

Canrobert comptait commander le bataillon constitué à partir de ces recrues carlistes, mais Bedeau, vieux légionnaire, lui ravira « cet honneur ».

De ce lot des soldats de Don Carlos émerge un individu de haute taille, « homme magnifique » selon les témoignages, noble de surcroît. Ce Don Antonio Crispulo Jose Martinez, trente-quatre ans, officier carliste, passe pour un ancien amant de la reine d'Espagne et la rumeur dit certainement vrai. Ayant le 20 juillet 1847 sollicité son

---
1. Voir ci-après chapitre 3.
2. Du Barail, *Mes Souvenirs,* OC, tome l, p. 226.

intégration comme officier, Martinez est admis comme lieutenant. Le 30 décembre, il sera capitaine à titre étranger au 2ᵉ Régiment étranger. Une seconde carrière débute pour l'ancien carliste. Martinez, remarqué pour sa bravoure et son énergie, passera vingt et un ans à la Légion. Naturalisé, il sera nommé commandant du 1ᵉʳ RE le 1ᵉʳ décembre 1859. Versé ensuite dans la « Régulière », il sera promu général de brigade le 14 juillet 1870 et se battra fort honorablement durant la guerre franco-prussienne [1].

La Légion n'est pas seulement un havre. Elle fournit un cadre salutaire d'épanouissement personnel et de promotion sociale.

---

[1]. Retraité, il mourra à Toulouse le 21 décembre 1877, commandeur de la Légion d'honneur, titulaire de la Croix de 1ʳᵉ classe de Saint-Ferdinand d'Espagne, de l'ordre militaire de Savoie et de la médaille de la Valeur militaire de Sardaigne. Naturellement plusieurs fois blessé et plusieurs fois cité.

Chapitre III

ENRACINEMENT ALGÉRIEN

La Légion a été cédée à la reine d'Espagne depuis six mois à peine. Le gouvernement français soudain semble regretter son geste. Le 16 décembre 1835, est décidée la création d'une nouvelle Légion étrangère.
Celle-ci est immédiatement mise sur pied en adoptant le principe défini par Bernelle : amalgame intégral. Cet amalgame sera désormais immuable, hormis un court épisode durant la guerre de 1870[1].
Dans le courant de l'année 1836, les premiers éléments de cette seconde Légion, regroupés à Pau, partent embarquer pour l'Algérie sous le commandement du chef de bataillon Bedeau, un grand nom de la conquête[2]. Cette dernière, à la fin de 1836, marque le pas. Clauzel, après avoir étrillé Abd el-Kader en début d'année, a échoué

---
1. Ainsi qu'en 1914, au 3e bataillon du 2e Régiment étranger de marche.
2. Général, il sera durant quelques mois en 1847 gouverneur général de l'Algérie. A 100 kilomètres au sud de Sidi-Bel-Abbès, sur les hauts plateaux, à 1 100 mètres d'altitude, un village portait son nom (aujourd'hui Ras el-Ma). La Légion y avait un centre d'instruction peu prisé des cadres célibataires.

devant Constantine en novembre. Cet échec lui a coûté son poste. Danrémont, son successeur, attend de disposer de moyens suffisants pour relancer une expédition contre l'antique Cirta plantée sur son rocher bordé par le Rhummel.

Fin septembre 1837, Danrémont est prêt. Le régiment de Légion, maintenant commandé par le colonel de Hulsen, a reçu mission d'engager dans l'expédition un bataillon de 500 hommes emmenés par Bedeau. Déjà ces légionnaires, avant d'embarquer pour Bône en août, se sont « fait la main » dans les collines autour de la Mitidja. Le maréchal de Saint-Arnaud, alors capitaine brûlant de se distinguer, rapporte de cette période :

> « Nous avons reçu le baptême du feu... La Légion a pris son rang glorieusement dans l'armée et tous les régiments qui semblaient s'éloigner de notre étrangeté se rapprochent aujourd'hui et fraternisent. »

Aucune équivoque donc. Dans les 10 000 hommes rassemblés par Danrémont afin de marcher sur Constantine, les 500 légionnaires ont gagné leur place à part entière.

*

Arrivé devant Constantine le 6 octobre, Danrémont fait aussitôt investir la place et commencer les travaux de siège. Le 11, vers quinze heures, les pièces du lieutenant général Valée, commandant de l'artillerie, ouvrent dans la muraille d'enceinte une brèche qu'un feu continu ne cesse d'élargir.

Le lendemain, en début de matinée, se portant aux avant-postes pour reconnaître l'état de cette brèche, le commandant en chef trouve la mort de Turenne, frappé en pleine poitrine par un boulet [1].

Sa disparition retarde quelque peu l'assaut général pour lequel Valée, nouveau commandant en chef, prévoit trois colonnes d'attaque. Lamoricière doit conduire la première, Combes, l'ancien patron de la Légion, la seconde avec entre autres 100 légionnaires du bataillon Bedeau.

Le bombardement a agrandi la trouée où Lamoricière et ses zouaves s'engouffrent en tête, bientôt suivis par Combes et les siens. Une fois escaladés les débris de la muraille, la mêlée se transforme en tuerie sanglante dans le lacet des ruelles. Chaque maison, chaque barricade doivent être enlevées à l'arme blanche. A maintes reprises,

---

1. Voir *La Conquête de l'Algérie*, du même auteur chez le même éditeur.

on entend Bedeau et Saint-Arnaud s'écrier : « A moi la Légion ! A la baïonnette ! »

La victoire est acquise en trois heures. Combes la verra mais n'en profitera pas. Mortellement blessé, il succombera dans la nuit. Saint-Arnaud gagne la récompense à laquelle il aspirait : la Légion d'honneur. Un sous-officier, le sergent-major Doze, a réussi l'exploit de s'emparer de deux drapeaux. Ce 13 octobre 1837, à Constantine, la Légion a montré qu'elle était digne de se hisser au premier rang de l'armée d'Afrique[1] et de rivaliser avec les zouaves.

*

La conquête de l'Algérie accapare désormais la Légion pendant une vingtaine d'années, hormis la période de la guerre de Crimée en 1855.

En 1838, l'unité est portée à trois bataillons. En 1839, sous les ordres de Bedeau promu lieutenant-colonel, elle occupe Bougie et Djidjelli. Dans ce secteur difficile, montagneux, recouvert d'une végétation dense, en limite des deux Kabylies, elle perd en mai, non loin de Djidjelli, le commandant Horain, le brave de La Macta.

Partant pour Philippeville et de là Constantine avant le périple qui le verra franchir les Portes de fer fin octobre, le duc d'Orléans, héritier du trône, fait escale à Bougie. Il écrit le 7 octobre :

> « J'examine les troupes et surtout la Légion qui a une belle tenue sous les armes et l'aspect guerrier. C'est, du reste, une vraie tour de Babel. Il y a des gens de tous les pays, qui ont fait tous les métiers et vu les quatre parties du monde, beaucoup d'hommes des classes élevées qui ont commis des fautes et qui se cachent : la biographie des soldats serait une mine inépuisable pour les romanciers. Mais, avec de bons officiers, cette bande se bat admirablement, et, ce qui est extraordinaire, elle est très accessible au point d'honneur[2]. »

Ces lignes, par-delà le mythe qu'elles contribuent à édifier, sont instructives. Les conditions initiales de recrutement ont évolué. Anonymat, identité de circonstance sont de mise. Plus d'un est venu là bâtir une nouvelle vie. La Légion prend son visage que la légende amplifiera.

---

1. Le nom générique Armée d'Afrique englobera toutes les unités stationnées en Afrique du Nord : tirailleurs, spahis, zouaves, chasseurs d'Afrique, goumiers, légionnaires, etc.
2. Duc d'Orléans, OC, p. 153.

Le duc d'Orléans précise également que la troupe au feu se comporte bien. Ce juste tribut n'est qu'une confirmation d'une renommée militaire bien établie. Les combats qui se succèdent ne cessent de l'affirmer. Ainsi, en avril 1840, la Légion se met en exergue lors d'une attaque – une de plus – du fameux Tenïa de Mouzaïa qui ouvre la route de Médéa.

Mauvaise année du reste que cette année 1840. L'armée française s'enlise à tenir des points forts comme Miliana ou Médéa, tout en étant confrontée au choléra et aux fièvres. Durant l'année, la Légion à elle seule perd par maladie son colonel, 9 officiers et 207 légionnaires.

*

1841. Suite à l'ordonnance du 30 décembre 1840, la Légion, le 1er avril, se scinde en deux régiments dénommés 1er et 2e régiments de la Légion étrangère. La formule persistera jusqu'en 1856, date où interviendra une autre modification. Manifestement, les structures définitives ont quelque mal à se mettre en place, même si l'existence d'une Légion étrangère n'est pas remise en cause.

Les nouvelles unités auront pour chefs des colonels de renom : Mellinet (1846), Bazaine (1851), Viénot (1854) pour le 1er régiment, Certain-Canrobert (1848), Carbuccia (1848) pour le 2e. Viénot, tué en Crimée, donnera son nom au quartier principal du 1er Régiment étranger, à Sidi-Bel-Abbès puis à Aubagne après 1962.

Au moment où Bugeaud revient en Algérie comme gouverneur général (février 1841), la Légion est bien intégrée. Le corps après La Macta, Constantine, Djidjelli, le Tenïa, est unanimement respecté. Paradoxalement, la Légion, troupe de grands professionnels, sera absente lors de plusieurs affaires célèbres, comme la prise de la smalah d'Abd el-Kader ou la bataille de l'Isly. Plusieurs raisons expliquent cette absence. La Légion est une unité d'infanterie. Dans une guerre très souvent de mouvement, spahis, chasseurs d'Afrique, hussards se taillent la partie belle. Ce fut le cas lors de la prise de la smalah le 16 mai 1843. En outre, la concurrence est vive. L'armée d'Afrique est à base de « vieux soldats » effectuant au moins sept ans de service. Les régiments de ligne ou d'infanterie légère, les bataillons de chasseurs, les zouaves sont de belle facture. Le 2e léger[1] de Changarnier est un grand numéro.

L'implantation territoriale explique aussi en bonne partie la participation ou non à certains combats. Le 1er régiment, à trois bataillons,

---
1. Futur 77e RI.

œuvre en Algérois et Oranie, le 2ᵉ, à deux bataillons, sur le Constantinois. Cette ventilation a pour avantage de mieux faire connaître à travers l'Algérie une troupe dont la silhouette s'est précisée : pantalon et shako garance, longue capote bleue battant les mollets, large cartouchière portée sur le devant et où apparaissent les premières grenades à sept flammes, insigne caractéristique du corps.

La réputation de la Légion commence à se répandre dans l'armée française. En faut-il une preuve ? En 1842, le futur général de Lacretelle est sur le point de sortir de Saint-Cyr. A l'occasion d'une permission, il rend visite au général de Letang et lui annonce son intention de choisir les dragons. Le général, qui a longtemps servi en Afrique, lui réplique :

> « Eh bien, moi, qui suis officier de cavalerie, si j'avais à recommencer ma carrière, c'est l'Infanterie que je choisirais, et, dans l'Infanterie, la Légion étrangère. Un officier de Dragons n'a chance de faire campagne que s'il survient une guerre européenne ; tandis qu'un officier d'infanterie peut aller en Algérie, où il trouvera longtemps encore des occasions de se distinguer, dans la Légion étrangère surtout, parce qu'on ne la ménage pas, et qu'on l'emploie dans toutes les expéditions. »

Ah, il voit clair, ce brave général ! La Légion, « on ne la ménage pas ». L'avenir confirmera amplement la véracité de ces propos. La Légion ira aux quatre coins du monde, partout où la France s'engagera, et la peine ne lui sera jamais ménagée.

Lacretelle, séduit et convaincu, change d'avis. De retour à l'Ecole, il fait part de sa résolution à ses camarades. Ceux-ci, en France, n'avaient encore jamais entendu parler de la Légion. Du coup, ils seront quatre saint-cyriens, de la promotion « Des Cendres [1] », à opter pour un régiment étranger. Une tradition se crée. Jusqu'aux années récentes, les majors et les mieux classés de Saint-Cyr ou des écoles d'application choisiront la Légion, troupe d'élite par excellence [2]. A bon ouvrier, bon outil.

Depuis sa création, la Légion voit ainsi défiler nombre d'officiers appelés à compter. Certains ont déjà été cités : Bazaine, Canrobert, Bedeau, Saint-Arnaud. A la même époque se situeront : Vinoy,

---

1. Promotion des Cendres suite au retour des cendres de l'Empereur, en décembre 1840.
2. En juin 1954, à la sortie de l'Ecole d'application de l'Infanterie, sur trois cents places offertes, trois étaient pour les parachutistes de la Légion étrangère. Les trois premiers enlevèrent ces trois affectations, les sous-lieutenants Pierre Montagnon (l'auteur de ces lignes), Marcel Reyes et Charles Martret.

capitaine en 1842, futur Grand Chancelier de la Légion d'honneur, Espinasse, capitaine à M'Chounech, tué comme général de division à Magenta, Renault, ancien de la Légion étrangère d'Espagne, futur général de division et sénateur, etc. Par la suite, on verra Pein le conquérant des oasis, tué le 9 mai 1915 ; Reibell, l'adjoint du commandant Lamy lors de la marche au Tchad ; Duchesne, l'homme de Madagascar en 1895 ; le général Colombat, un fidèle de Lyautey...

Dans un passé plus proche auront servi et combattu à la Légion le maréchal Koenig, les généraux Catroux, Olié, Monclar...

*

L'Afrique – l'Afrique du Nord s'entend –, « pays froid où le soleil est chaud », énonçait en connaisseur Lyautey, vieil africain. De novembre à mars, il pleut, il vente, il neige aussi, surtout sur les hauts plateaux. Les températures chutent souvent en quelques heures sans avertissement. Les nuits sont glaciales. Les feux de bivouac trop modestes, lorsqu'ils existent, ne réchauffent guère les membres transis. Avec les beaux jours, « Mahomet » tape implacable, écrasant les hommes et les bêtes. Pas d'ombre, pas un souffle d'air. Les points d'eau sont rares ou taris. Le sirocco parfois s'en mêle, desséchant les gorges de son haleine brûlante.

Pourtant, quel que soit le ciel, il faut marcher et combattre. En ces temps héroïques, il n'est qu'un moyen pour se déplacer d'un lieu à un autre : prendre la piste à travers le bled et le djebel durant de longues heures. Soudain des coups de feu claquent, des hommes s'affaissent. Tapi derrière des murettes ou des rochers, l'adversaire se dévoile, à moins qu'il ne surgisse à bride abattue des divers coins de l'horizon. Voici le moment de se battre avec le havresac et ses vingt kilos sur le dos, le fusil à la main, la lourde cartouchière serrée autour des reins, le bidon battant les flancs. Une telle existence donne des muscles d'acier, une peau tannée comme du cuir, des réflexes prompts et, avant tout, soude les rangs. Chacun doit pouvoir compter sur ses camarades pour le tirer d'un mauvais pas. Malheur aux blessés abandonnés ! A la Légion, cette camaraderie d'hommes unis par un engagement identique et un destin similaire prend une dimension exceptionnelle.

*

De ces mois de marches, contremarches et « barouds » aux multiples facettes, il serait fastidieux de rapporter la longue trame. Pourtant, quelques dates ressortent.

En novembre 1843, afin de surveiller la tribu des Beni Ammer, Bugeaud décide d'installer un poste à mi-route entre Oran et Tlemcen. Le site retenu, entre le djebel Tessala au nord et les monts du Daya au sud, est la vallée largement ouverte de l'oued Mekerra (mieux connu sous le nom de Sig) qui a l'avantage de ne pas tarir en été. Le cadre, repéré par la koubba de Sidi-Bel-Abbès, est bien dégagé et propice à une implantation. Des nappes souterraines, le « Sig inconnu », permettent l'irrigation. La campagne proche peut être cultivée.

Une redoute est donc bâtie et l'emplacement, tout naturellement, prend le nom de Sidi-Bel-Abbès à cause du saint homme reposant non loin. Dans les premiers temps, les troupiers ont plutôt tendance à l'appeler « Biscuit ville », vu son rôle de place étape de ravitaillement [1].

En février 1844, du Barail alors sous-lieutenant passe par là. Il se souvient fort bien de l'endroit :

> « Le poste se composait d'une redoute en terre à peine ébauchée. Comme unique construction, il y avait une boulangerie dont le propriétaire avait annexé à son industrie un bazar, aussi fructueux pour lui qu'agréable pour la troupe, ravitaillé par un convoi hebdomadaire d'Oran [2]. »

Le 30 janvier 1845, il s'en faut de peu que cette redoute ne soit enlevée par un coup de main audacieux. Précédé de quelques enfants, un groupe, apparemment de mendiants, se présente devant le factionnaire de garde à l'entrée. L'un de ces mendiants, leur chef très certainement, demande à être reçu par le commandant d'armes. Devant le refus de le laisser entrer qui lui est signifié, l'homme tire une arme de dessous son burnous et abat la sentinelle tandis que ses compagnons se précipitent vers l'intérieur. La surprise ne joue que quelques instants. La réaction du bataillon de Légion occupant la place est vive. « Ils étaient entrés au nombre de 58, tous les 58 furent tués [3]. » La garnison a perdu 8 tués et 26 blessés.

L'expérience ne se renouvellera pas. La leçon a porté. Il est toujours risqué de se frotter à la Légion. Durant la guerre d'Algérie, de 1954 à 1962, Sidi-Bel-Abbès, cas unique, ignorera le couvre-feu. La raison s'en devine aisément.

Le 5 janvier 1849, un décret spécifie la création d'une commune sur les lieux de ce qui n'est encore qu'un gros cantonnement militaire.

---
1. Sidi-Bel-Abbès ne sera pas seule à hériter de ce qualificatif. Bien des futures cités d'Algérie sont, aux origines, des « Biscuit ville ».
2. *Mémoires*, tome 1, OC, p. 277.
3. *Lettre du Maréchal de Castellane*, OC, p. 392.

Enserrée dans une enceinte carrée s'ouvrant par les quatre portes d'Oran, Tlemcen, Mascara et Daya (futur Bossuet), Sidi-Bel-Abbès s'édifie peu à peu sous la main des légionnaires qui se sont vu affecter l'endroit comme base arrière. Au fil des ans, la cité devient la « Maison Mère » de la Légion où arrivent les recrues, séjournent les légionnaires en instance d'affectation, sont démobilisés ceux arrivant en fin de contrat. Tout autour du quartier Viénot, caserne principale, de nombreux autres bâtiments, Grand quartier, Petit quartier, mess, etc., hébergent les activités annexes d'un corps qui anime la ville.

La Légion bâtit, à Sidi-Bel-Abbès et ailleurs... Partout où elle passe, elle bâtit. Son fusil à portée de main, le légionnaire, sans relâche, là où il stationne, manie la pelle et la pioche. Ses cantonnements se remarqueront avec leur touche de bon ordre et de coquetterie. Ses ouvrages, à l'instar de ceux de ses lointains prédécesseurs romains, braveront le temps. On parlera de la « chaussée du légionnaire [1] », du « tunnel du légionnaire [2] ».

Mais si la Légion construit dans ces années 1840, en Algérie, elle a principalement à livrer combat.

Le 31 décembre 1842, le lieutenant-colonel de Mac-Mahon est affecté au 2e régiment. Ce jeune officier supérieur, trente-quatre ans, est une figure marquante de l'armée d'Afrique. Débarqué le 14 juin 1830 à Sidi-Ferruch, il n'a cessé de s'illustrer au Teniä de Mouzaïa, à Mascara, à Tlemcen, à Constantine... Le voici légionnaire et patron de fait du régiment, car son chef, le colonel de Senilhes, souffrant, est rarement présent. Sa nomination est un honneur pour les deux parties. Pour le régiment d'avoir un tel chef, pour le colonel d'avoir un tel commandement.

Le 4 mars 1844, un bataillon du 2e régiment, conduit par Mac-Mahon en personne, entre sans coup férir dans Biskra, après avoir franchi les célèbres gorges d'El-Kantara, véritable porte du désert. Tenir Biskra et sa palmeraie n'est pas contrôler l'Aurès. Là est pourtant l'objectif que s'est assigné le duc d'Aumale, le vainqueur de la smalah, nommé commandant de la province de Constantine. Les rudes montagnards auréniens tiennent ferme dans la partie méridionale du massif. 3 000 d'entre eux se sont retranchés dans l'imposant

---

1. Chaussée surélevée, édifiée au milieu de ce qui était à l'époque une zone marécageuse entre Douera et Boufarik, au sud d'Alger.
2. Ce tunnel réalisé au Maroc en 1927-1928, sur la route entre Midelt et Ar-Rachida (nord du Tafilalet) portait à l'entrée cette inscription : « La montagne barrait la route. Ordre fut donné de passer quand même. La Légion l'exécuta. » A la sortie on pouvait lire : « L'énergie de leurs muscles et une farouche volonté furent leurs moyens. » (Ces inscriptions ont aujourd'hui disparu !)

contrefort de l'Ahmar Kraddou qui domine le canyon de l'oued Abiod. Au débouché de la gorge, ils ont transformé en forteresse le village de M'Chounech, à 20 kilomètres au nord-est de Biskra. Enlever M'Chounech permettrait aux Français d'affirmer leur supériorité devant les populations de l'endroit.

Le duc d'Aumale est là, dirigeant l'ensemble de l'opération. Son cadet, le duc de Montpensier, l'a rejoint. Le roi bourgeois a des fils qui sont de vrais soldats et aiment la gloire et l'odeur de la poudre. Face aux 3 000 Chaouias, le duc d'Aumale dispose d'environ 2 500 hommes, dont les légionnaires du 2e régiment.

A la mi-mars, si les nuits sont encore froides le soleil commence à chauffer fort dans ce décor pré-saharien. Et la partie s'annonce chaude. Les Aurésiens ont multiplié les obstacles, barré les passages et tirent bien. Le terrain, avec ses falaises, ses éboulis rocheux, ses cavités, est propice à la défense.

Les éléments des 2e et 31e de ligne, engagés en tête, sont vite pris sous un violent feu ennemi. Ayant cherché couvert dans un ravinement assez profond, ils renâclent à continuer pour se porter de l'avant. Devant cet échec, le duc d'Aumale prend l'affaire à son compte. Laissant Mac-Mahon à la garde du camp installé en contrebas, il se place à la tête de deux bataillons de Légion. A son exemple, les légionnaires s'élancent et gagnent M'Chounech qu'ils enlèvent à la baïonnette. Leur assaut brutal apporte la victoire en limitant les pertes.

Le capitaine Espinasse compte parmi les blessés. Ce brave a reçu trois balles qui l'ont transpercé de part en part mais heureusement sans toucher d'organe vital. Il se rétablira mais sera tué à Magenta en 1859 comme général de division.

En récompense de sa belle campagne dans l'Aurès et de sa conduite à M'Chounech, le 2e régiment obtient un drapeau et le duc d'Aumale s'exprime sur son compte avec éloges :

> « Le service est fait avec régularité et une précision remarquable ; l'esprit de corps et la discipline se sont développés sous l'impulsion toute militaire de Monsieur le colonel de Mac-Mahon. »

*

Le 24 décembre 1845, promu colonel plein, Mac-Mahon quitte la Légion pour aller prendre le commandement du 41e de ligne à Marnia, en Oranie. Il écrira dans ses Mémoires :

« Je quittai avec regret le 2ᵉ Etranger. Il y avait là des hommes de toutes les nations de l'Europe, de types et de caractères bien différents les uns des autres. Des Anglais, une quarantaine environ, avaient servi dans la Légion Evans qui soutenait la reine Isabelle contre Don Carlos et avaient déserté pour venir à la Légion française, où on les traitait mieux. Ils étaient braves, mais incapables de soutenir de longues marches, si on ne leur accordait pas de rations supplémentaires. Souvent, au bout de quatre jours, ils avaient mangé leurs huit jours de vivres et on était obligé de les réapprovisionner sous peine de les voir rester en arrière.

« Lorsque je les vis pour la première fois couchés ainsi sur la route, j'envoyais derrière eux à leur insu une vingtaine de spahis. Déguisés en cavaliers des goums et poussant des hurrahs, mes cavaliers tiraient à balles sur les Anglais, en évitant de les atteindre. Ceux-ci, ne voulant pas avoir la tête coupée, se décidèrent à rejoindre la colonne. Le lendemain, je voulus recommencer, mais ils avaient découvert la ruse et tirèrent sur les spahis sans se déranger...

« Les Allemands, la plupart des vétérans très énergiques, marchaient bien, mais, en tirailleurs, ils étaient loin de valoir les Espagnols. Ces derniers étaient de vrais soldats d'Afrique, lestes, intelligents, marcheurs infatigables et d'une grande bravoure. Pendant les chaleurs, leurs camarades s'arrêtaient bon gré, mal gré, se plongeaient la tête dans l'eau et en buvaient des quantités inimaginables. J'ai vu plusieurs fois, dans des cas semblables, des Allemands succomber sur place. Quant aux Espagnols et aux Turcs, ils ne s'arrêtaient même pas et se contentaient de prendre en passant une gorgée d'eau dans le creux de la main. En revanche, ils fumaient un grand nombre de cigarettes. Ils avaient de la peine à échanger leurs espadrilles pour des souliers. Ils coupaient tellement ceux-ci dans tous les sens qu'au bout de quelques jours de marche, ils ne pouvaient plus s'en servir.

« Ils allaient alors chercher à l'abattoir un morceau de peau de bœuf dont ils s'enveloppaient les pieds en l'attachant avec des ficelles.

« Dans le bivouac, les Espagnols étaient toujours gais, ils se groupaient en petits cercles et, si on ne les surveillait pas, jouaient aux cartes toute la nuit. Il en résultait souvent des disputes qui se terminaient par des coups de couteau.

« Pendant toute la durée de mon commandement, le 2ᵉ régiment de la Légion étrangère ne m'avait donné que des satisfactions. Malgré de durs combats et des marches pénibles, il avait toujours fait preuve d'un allant et d'une discipline admirables et j'éprouvais une peine réelle à me séparer d'une troupe semblable. »

Le futur président de la République a dépeint une troupe à laquelle il s'est attaché et a fixé les traits de ses principaux composants : Allemands sobres et courageux, Espagnols rustiques et joueurs, Britanniques à l'humeur difficile. Il n'a pas jugé bon de faire référence à ses compatriotes. On sait pouvoir compter sur eux aux heures chaudes.

*

En septembre 1845, l'incursion téméraire du colonel Montagnac se termine par les drames du Guergour et de Sidi-Brahim. La Légion fait partie des colonnes qui dégagent Aïn-Temouchent, Nemours, rétablissent la paix et rendent les honneurs funèbres aux victimes.

La reddition d'Abd el-Kader, le Vercingétorix algérien, le 24 décembre 1847, paraît mettre un terme à la conquête. Pourtant, des poches hostiles subsistent. Dans les Zibans et en Grande Kabylie.

Les Français sont donc à Biskra, capitale des Zibans. Ils y sont relativement bien supportés. Par contre, dans les oasis proches la sédition gronde. Bou Zian, un marabout influent, dénonce la présence de ces infidèles et ne cesse de prêcher le djihad. Son fief personnel, Zaatcha, à trente kilomètres au sud-ouest de Biskra, est un véritable foyer de révolte.

En juin 1849, témoignage concret de l'agitation qui remue Zaatcha, l'oasis refuse de payer la zerma, l'impôt sur les palmiers. Dans cette fronde, Bou Zian n'est pas innocent mais peut-être la zerma a-t-elle été forcée cette année-là pour punir les Sahariens de leur hostilité mal dissimulée.

Une intervention militaire déclenchée le mois suivant pour mater l'oasis se solde par un revers cuisant. La saison n'a rien facilité. La canicule accable les hommes et leurs montures. Aussi est-il décidé d'attendre l'automne, sachant cependant que la sédition doit être réduite dans les meilleurs délais. L'exemple de Zaatcha se répercute. L'insurrection s'étale. La route entre Biskra et Batna devient dangereuse.

Début octobre, le général Herbillon, commandant la division de Constantine, se rend devant Zaatcha. Une autre tentative pour pénétrer dans l'oasis et mettre un terme à la révolte échoue. Manifestement, les moyens engagés s'avèrent insuffisants devant les difficultés rencontrées. La cité se cache au milieu d'une forêt de palmiers enfermés dans un labyrinthe de jardinets cernés de murs de clôture et de chemins creux. Ces approches constituent une première ligne de défense propice aux embuscades. Après quoi :

> « Au-delà de ces jardins on arrivait à un large fossé de 7 mètres qui entourait la forteresse d'un redoutable obstacle. Puis s'élevait l'enceinte bastionnée et crénelée à différentes hauteurs afin de multiplier les feux. A cette muraille s'adossaient une partie des maisons de la ville, en sorte que, sans sortir de chez eux, les défenseurs pouvaient prendre part à la lutte... A l'intérieur, de grandes maisons carrées étaient disposées pour les ressources extrêmes de la défense. Une seule porte donnait accès dans Zaatcha, et elle était dominée par une grande tour crénelée [1]. »

Pendant des semaines, Bou Zian a galvanisé les siens qui ont trimé dur, les femmes surtout. Les portes des demeures ont été barricadées, les chemins et les ruelles obstrués par des abattis de palmiers, des créneaux ouverts dans les murs en pisé couleur de brique cuite.

L'obstacle est sérieux mais il ne saurait être question de reculer. L'influence et le prestige français dans les Zibans et le Sud constantinois sont en jeu. A la mi-novembre, 8 000 hommes sont à pied d'œuvre. Après quarante-neuf jours de siège effectif, l'artillerie a réussi à ouvrir des brèches. Au matin du 26 novembre, trois colonnes d'attaque sont prêtes aux ordres des colonels Barral, Canrobert et de Lourmel.

Les légionnaires marchent avec les zouaves de Canrobert, le chef à l'opulente chevelure bouffante. Tous ces soldats d'élite constituent le fer de lance de l'assaut lancé à huit heures.

Canrobert, comme Lamoricière et Combes à Constantine, s'est élancé à la tête de sa colonne. A ses côtés, une ruée sauvage déferle baïonnette au canon. Pas question de s'arrêter, de se retourner. L'ennemi est là, à quelques dizaines de mètres, tapi derrière ses meurtrières. Presque à bout portant, il fusille les assaillants. Il faut se précipiter sur lui, ne pas lui laisser le temps de recharger son arme.

Des hommes tombent, d'autres les dépassent. « En avant ! » Toujours en avant vers les brèches ouvertes par l'artillerie.

Suivi par quelques grenadiers du 1er bataillon, le sous-lieutenant Ehrard pénètre l'un des premiers dans l'enceinte. Quelques minutes plus tard un groupe de légionnaires plantera le drapeau tricolore sur l'une des plus hautes terrasses.

---

1. Paul Gaffarel, *L'Algérie conquise*, Firmin-Didot, 1889, p. 172.

La lutte se poursuit presque toute la matinée. La réduction de chaque maison transformée en fortin est un exploit. Les légionnaires doivent se hisser sur les toits en terrasse pour dominer les défenseurs et accéder à l'intérieur. Les grenades, au sens moderne du terme, n'existent pas. Un seul recours : une charge de poudre qu'un courageux balance par une ouverture. Dans un fracas déclenchant une gerbe de poussière, toits et murs s'effondrent. L'explosion à peine étouffée, les légionnaires jaillissent à nouveau. Tout s'achève à l'arme blanche. D'un côté comme de l'autre, personne ne fait du quartier. Capturé, Bou Zian est aussitôt exécuté.

Cette prise de Zaatcha est avec la journée d'Ischeriden, le 24 juin 1857, l'un des combats les plus sanglants de la conquête de l'Algérie. 10 officiers, 160 hommes de troupe sont tués. Il y a 850 blessés, chiffre auquel s'ajouteront les morts du choléra. Dans le camp adverse, presque tous les hommes ont été passés au fil de l'épée. Bien des femmes, acharnées à la résistance, ont connu le même sort. L'oasis sera détruite et rasée. Terrible exemple au goût de cendres.

A Zaatcha la Légion, en première ligne, a payé le prix du sang. L'héroïsme déployé pour forcer les défenses ennemies interdisait qu'il en soit autrement.

*

Abd el-Kader n'avait pu entraîner ses habitants à le suivre. La Grande Kabylie tient à sa spécificité et à son autonomie. De l'extrémité orientale de la Mitidja à la vallée de la Soummam, l'arc puissant du massif du Djurdjura continue de se dresser pratiquement inviolé. Les Français, devant l'obstacle de ce bloc montagneux, se sont contentés de quelques coups de sonde en périphérie sans s'enfoncer en profondeur.

Pourtant, il importe d'en finir. Il ne saurait être de véritable Algérie française sans le contrôle de ce pays berbérophone, aux portes d'Alger, riche d'une population de qualité et à forte densité. Ces Kabyles, au teint blanchâtre analogue à celui des Européens, sont essentiellement des sédentaires. Regroupés dans des villages tassés sur les lignes de crête, ils vivent de la terre et d'artisanat. Amener à soumission ces montagnards intelligents et travailleurs s'annonce une rude entreprise.

En 1856, l'Armée d'Afrique rentre d'Orient. Avec le retour de ses moyens militaires, le maréchal Randon, gouverneur général de l'Algérie, est décidé à en finir avec la Kabylie. Le 18 mai 1857, il est à pied d'œuvre avec 30 000 hommes pour conduire une opération d'envergure. Les trois divisions Mac-Mahon, Renault, Yusuf partiront de Tizi-Ouzou. La division Massiat débouchant d'Akbou dans la Soummam frappera à revers par le col de Chellata (1 463 mètres). Objectif premier des troupes la crête des Beni Raten, axe médian du massif kabyle.

La Légion est présente à ce grand rendez-vous au sortir d'une nouvelle réorganisation. Le 2 août 1856, les 1er et 2e régiments de la Légion ont été dissous. Deux autres unités ont été reformées, appelées cette fois Régiment étranger, vocable destiné à perdurer. Le 1er RE a été constitué en France au camp de Sathonay à partir d'un recrutement suisse. Napoléon III tenait à renouer avec la tradition des Suisses au service de la France [1]. Le 2e RE est formé à Sidi-Bel-Abbès, sous les ordres du colonel de Chabrières, avec les reliquats des deux régiments de retour d'Orient.

1er et 2e Régiments étrangers se retrouvent donc en Grande Kabylie où le second jouera un rôle essentiel.

Le 24 mai au matin, Randon ordonne la marche en avant. La cuvette de la vallée du Sebaou, base de départ du gros des troupes, se situe presque au niveau de la mer (cotes 77-79). Le mouvement de terrain des Beni Raten, aux versants escarpés, se dresse à plus de 1 000 mètres. A son raccordement à l'arête faîtière du Djurdjura, il approche le double. C'est là, sur cet effilement d'une trentaine de kilomètres de long, que s'est massée la principale résistance kabyle.

Les rigueurs de la pente, les escarpements naturels offrent un premier obstacle alors que la fusillade se déclenche. Comme à Zaatcha, les murettes, en pierre cette fois, les gourbis fortifiés, des haies de cactus aussi, constituent des parapets propices à la défense. Posément, les Kabyles ajustent les arrivants et s'agrippent à chaque pouce de terrain. Les dénivelés gagnés le sont le plus souvent à l'arme blanche.

Le 25, devant leurs pertes de la journée précédente, les Beni Raten sollicitent une trêve et annoncent leur intention de se soumettre. Sur la crête, au lieu-dit Souk el-Arba, Randon reçoit leurs émissaires et conclut une paix qui se veut définitive. Pour bien marquer la volonté des Français de s'imposer à demeure et à long terme, il décide la

---

1. L'empereur tenait surtout à ce recrutement suite à des souvenirs et des amitiés de jeunesse. Cette « Légion suisse », enrôlée à partir de 1855 et commandée par le général suisse Ochsenbein, devait conduire à l'engagement de 1 300 hommes, chiffre relativement modeste. Devant ce quasi-échec, l'unité est dissoute le 16 avril 1856 et les Suisses sont alors envoyés renforcer le 1er RE. L'un d'entre eux, Diesbach, fera la campagne du Mexique comme lieutenant et en rapportera un témoignage précieux dans un carnet de notes conservé aujourd'hui à Aubagne.

création d'un poste militaire à Souk el-Arba même. Là s'édifiera Fort Napoléon, futur Fort National[1] après 1870.

Les Beni Raten ont fait leur soumission mais plus au sud les Beni Ienni, les Aït Illiten, les Aït Yahia et des dissidents refusent de se rallier. A une petite dizaine de kilomètres de Souk el-Arba, sur un éperon du même mouvement de terrain, à Ischeriden, des irréductibles se sont regroupés. Ils sont ainsi environ 4 000, retranchés dans une position naturellement forte.

L'offensive reprend le 24 juin à cinq heures. Des obusiers de montagne et deux pièces de campagne ont pu être halés jusqu'à 900 mètres d'Ischeriden. Durant une vingtaine de minutes, leur tir s'efforce de neutraliser les défenseurs alors que les zouaves et le 54e de ligne montent à l'assaut. Mais le feu des Kabyles ne faiblit pas malgré la canonnade. A courte distance des premiers retranchements, les éléments de tête sont stoppés.

Pendant ce temps le 2e RE a opéré un mouvement tournant, par la gauche, en progressant sur la contre-pente. Puis, virant d'un quart de tour, il s'élance vers la crête. Pour galvaniser ses hommes, le commandant Mangin fait sonner la charge. L'élan est irrésistible. En quelques instants, les légionnaires s'engouffrent sur les flancs et les arrières d'Ischeriden. Cette manœuvre aussi audacieuse que bien conduite désorganise l'adversaire qui fléchit, se sentant tourné. Zouaves et lignards profitent du flottement pour repartir de l'avant. Ensemble, avec les légionnaires qui les ont précédés dans la place, ils finissent d'enlever la position.

« C'est le mouvement des grandes capotes qui nous a fait abandonner nos barricades », s'écrira le lendemain un Kabyle.

Ah, elles commencent à faire sérieusement parler d'elles, ces longues capotes ! Encore qu'on puisse s'interroger sur le côté pratique d'un tel vêtement au mois de juin en Algérie, même à 1 000 mètres d'altitude.

Ischeriden a coûté aux Français 400 hommes hors de combat, dont 30 officiers. Combien en face ? Comme toujours, il est difficile de se prononcer. Au moins le double, voire le triple.

Dans les rangs du 2e RE qui s'enfonce dans le massif kabyle, se trouve un nommé Gerhard Rohlfs. Engagé en 1855, son passé de carabin lui a permis d'être nommé sergent et surtout médecin auxiliaire. Devant Ischeriden, Rohlfs ne manque pas d'ouvrage. Par-delà cette activité où il réussit fort bien, il se découvre peut-être à la Légion le goût pour les horizons lointains. Son contrat terminé, il se

---

1. Aujourd'hui L'Arba Irathen-Naït.

mue en explorateur. En 1862, il est le premier Européen à pénétrer au Tafilalet… L'année suivante, il traverse le Maroc du nord au sud. En 1865, il atteint le Tchad. Après une navigation sur le Niger, il rejoint Lagos. Jusqu'en 1885, date de son retour définitif en Allemagne, il continuera ainsi à parcourir l'Afrique.

C'est presque fini. Les combats se prolongeront jusqu'au 11 juillet sur les crêtes et vallées environnantes avant que les derniers Kabyles acceptent de se plier à la puissance du conquérant.

Avec la soumission de la Grande Kabylie, la conquête de l'Algérie peut cette fois être regardée comme acquise. Cette pacification, difficilement obtenue, n'empêchera pas par la suite des révoltes toujours difficiles à maîtriser. On le constatera en 1871 et 1881 en particulier.

*

En 1857, la Légion est en Algérie depuis un quart de siècle. C'est là qu'elle a planté ses racines et que Sidi-Bel-Abbès est devenue pour tout légionnaire le point de passage obligé.

De Marnia à La Calle, du Djurdjura aux Zibans, elle y a laissé nombre des siens. Il est normal qu'elle se soit, ô combien, attachée à cette terre.

Chapitre IV

DEVANT SÉBASTOPOL

Depuis 1851 – et même avant – la tension monte au Moyen-Orient. La discorde religieuse, fruit de querelles séculaires, agite les Lieux saints. Orthodoxes et catholiques romains se disputent Jérusalem et Bethléem, berceaux du christianisme. Derrière cette querelle de moines se profilent d'autres rivalités. Le gouvernement de Saint-Pétersbourg, naturellement, soutient les popes et leurs fidèles. Par-delà, il compte profiter du déclin de l'Empire ottoman, incapable de dominer chez lui les passions religieuses (la Palestine est alors, on le sait, province turque). Sous couvert de protection des orthodoxes, il vise à s'imposer en Turquie même. Contrôler les Dardanelles est une vieille ambition des tsars.

La Grande-Bretagne ne saurait accepter une telle perspective. Pas question pour elle de voir une escadre russe pénétrer librement en Méditerranée. La France, pour sa part, est impliquée de longue date dans la défense de la chrétienté romaine en Terre sainte. Napoléon III ne peut déroger à une telle politique, surtout après son mariage avec la très pratiquante Eugénie de Montijo. Il est donc conduit à s'opposer lui aussi aux visées des religieux orthodoxes qui se sentent forts de l'appui du tsar Nicolas Ier.

Londres et Paris font ainsi cause commune au profit de Constantinople. De mois en mois, le conflit s'envenime. Personne ne veut céder et le tsar montre sa force. Le 3 juillet 1853, son armée franchit le Prut et envahit les provinces danubiennes, Moldavie et Valachie.

La Turquie est agressée : la Moldavie et la Valachie sont sous sa domination. Placée devant la loi des armes, elle réplique en déclarant officiellement la guerre à la Russie. Ses débuts dans le conflit ne sont pas encourageants. Sa flotte est anéantie à Sinope, le 30 novembre, par l'escadre russe de la mer Noire.

Le désastre de Sinope précipite les décisions. Les Russes arrivent maintenant aux portes des Dardanelles. La diplomatie britannique s'active pour entraîner la France. Le 27 mars 1854, les deux puissances déclarent à leur tour la guerre à la Russie.

Les temps ne sont plus où, pour atteindre Moscou, la Grande Armée traversait l'Europe. Des Etats neutres, la Prusse, l'Autriche entre autres, interdisent qu'il en soit ainsi. La Russie de 1854 ne peut être frappée qu'en ses limites extrêmes au nord comme au sud. Une flotte franco-britannique part pour la Baltique. Un corps expéditionnaire de même origine se dispose à rejoindre le Proche-Orient afin de couvrir les Dardanelles et de protéger la Turquie.

Côté français, 30 000 hommes prennent ainsi la mer. L'expérience prouvera vite que ces effectifs sont insuffisants. 140 000 hommes finiront par être engagés. 95 000 ne reviendront pas [1].

*

Les deux régiments de Légion, soit environ 5 000 hommes, sont de l'expédition. La question de leur envoi s'est toutefois posée. La crainte d'un soulèvement des tribus dans une Algérie à peine pacifiée incitait à garder les légionnaires vétérans des campagnes africaines. Leur présence, en cas d'insurrection, serait précieuse. Elle le serait tout autant dans un terrain non sans analogie avec l'Afrique du Nord. Finalement, leur départ a été décidé.

En juin 1854, le 1er Régiment embarque à Oran, le 2e à Bône. Tous les deux constituent la brigade étrangère sous les ordres du général Carbuccia, l'ancien patron du 2e Régiment dans le Constantinois.

L'été méditerranéen assure une mer calme et une traversée agréable. L'escale de Malte, où flotte l'Union Jack, offre un temps mort avant Gallipoli, point de regroupement des forces franco-britanniques.

---

1. Près de 70 000 disparaîtront par maladie.

Gallipoli, cité cosmopolite de Turcs, Grecs, Arméniens, Juifs, de 20 000 habitants, n'est qu'une grosse bourgade poussiéreuse et malpropre. Pour les besoins de la cause, elle est devenue la base arrière du corps expéditionnaire et a été transformée en dépôt de ravitaillement. D'un commun accord, les deux commandants en chef, le maréchal de Saint-Arnaud pour les Français et Lord Raglan pour les Britanniques, ont décidé de barrer la presqu'île pour interdire toute incursion russe. C'est là, à quinze kilomètres au nord de Gallipoli, que la Légion est envoyée après son débarquement, afin de participer aux travaux de défense.

La pression russe s'accentue, non devant Gallipoli mais sur le Danube. Au printemps 1854, l'armée du tsar entame le siège de Silistrie, défendue avec vigueur par une garnison turque. En vue de soutenir et soulager l'allié ottoman, la division Canrobert est envoyée à Varna, sur le continent.

Mais un autre adversaire se manifeste, en ces contrées aux eaux douteuses, sur des troupes à l'hygiène rudimentaire : le choléra s'abat avec une rigueur impitoyable. Carbuccia est l'une des premières victimes. Bazaine, promu général le 28 octobre 1854, le remplacera et il lui appartiendra de commander la Légion durant ce qui sera appelé la guerre de Crimée. Les légionnaires ont perdu leur chef mais ils sont en proportion moins touchés que leurs camarades des autres unités. Les médecins y voient le témoignage de la supériorité physique du soldat aguerri.

A Varna, la division Canrobert n'échappe pas à la maladie. En quelques semaines, elle perd 2 000 hommes, plus du tiers de son effectif. Pour la renforcer, un bataillon d'élite de la Légion, quatre compagnies de grenadiers, quatre de voltigeurs, soit environ 800 hommes, lui est affecté. Ce déplacement sera de courte durée. Fin juin, devant l'arrivée de nouvelles unités françaises, les Russes lèvent le siège de Silistrie et se retirent des provinces danubiennes.

« Les Russes me volent en se sauvant », s'écrie Saint-Arnaud qui espérait livrer une bataille décisive sur le Danube.

La campagne est à repenser mais où frapper ?

Finalement, Londres et Paris décident de porter l'effort principal en Crimée et particulièrement contre Sébastopol. Cette ville fortifiée est la base navale de l'escadre russe de la mer Noire. S'en emparer ébranlerait la puissance militaire adverse et écarterait tout danger contre les Dardanelles.

Regroupées, les divisions alliées commencent à débarquer le 14 septembre dans la baie d'Eupatoria, au nord de Sébastopol. Les Russes n'interviennent pas, laissant la mise à terre s'effectuer sans incidents.

Ils attendent un peu au sud, installés sur la rive gauche de l'Alma, petite rivière perpendiculaire au rivage.

Le 19 septembre, les troupes alliées commencent leur mouvement en direction de Sébastopol, dans un terrain relativement plat et dénudé. La division Canrobert constitue l'avant-garde de l'armée française qui longe la mer. Les 2e et 3e divisions progressent sur les flancs. La 4e division ferme la marche avec le contingent turc. Les Anglais avancent sur la gauche, de l'autre côté de la route Eupatoria-Sébastopol.

Les Russes ont bien choisi leur position d'attente. La vallée de l'Alma, au cours sinueux et aux gués peu nombreux, représente effectivement l'obstacle majeur avant Sébastopol. Ses versants sont encaissés et dominés par le plateau de l'Aklèse, tenu par l'armée ennemie bien pourvue en artillerie.

Après une nuit calme, l'ordre général d'attaque n'est donné qu'à la fin de la matinée du 20, les Britanniques ayant pris du retard. La division Bosquet est lancée sur la droite, la division Canrobert avec le bataillon d'élite, débarqué lui aussi à Eupatoria, s'engageant au centre du dispositif français.

Pour la postérité, l'Alma appartient aux zouaves. La célèbre statue du pont de l'Alma le rappelle aux Parisiens. Cet hommage est justifié. A midi, le 3e zouaves de la division Bosquet franchit à gué l'Alma non loin de son embouchure. Résolument, il se lance sur les pentes menant au plateau de l'Aklèse. Utilisant des sentiers de chèvre, escaladant les rochers, grimpant au plus court malgré le feu ennemi, il atteint le rebord du plateau. Leur incursion latérale menace les Russes de flanc.

Chez Canrobert, le 1er zouaves a passé la rivière sur un pont et se précipite avec le même élan. L'un des siens, Bertand, hissera le drapeau du régiment sur la tour du Télégraphe, hauteur dominant la position centrale. Les Russes, ébranlés par le double choc des divisions Bosquet et Canrobert, tentent de se ressaisir. Ils contre-attaquent avec leurs réserves, mais le débouché massif des Français sur le plateau finit d'enlever la décision.

La gloire des zouaves leur est acquise [1]. Mais ils ne furent pas les seuls à gravir les pentes de l'Alma et à déloger les Russes du plateau de l'Aklèse. Le bataillon d'élite du commandant Nayral a grimpé avec eux, impressionnant de calme et de sang-froid. Fait exceptionnel, les officiers, accédant au désir de leurs hommes avant d'entamer l'ascension, ont crié : « Sac à terre ! » Allégés, les légionnaires ont avalé l'obstacle, conservant une cohésion remarquée et saluée

---

1. Les 1er, 2e et 3e régiments de zouaves participent à la bataille de l'Alma.

par Canrobert : « A la bonne heure, braves légionnaires, servez d'exemple aux autres ! »

Saint-Arnaud lui-même les avait repérés et s'était porté à leur hauteur pour les encourager : « En avant le bataillon d'élite ! »

Apostrophe à laquelle il avait été répondu par une clameur : « Vive l'Empereur ! Vive la France ! »

Le soir même, le maréchal de Saint-Arnaud fait passer une note au commandant Nayral :

> « Témoin de la belle conduite du bataillon d'élite pendant la journée, je tiens à lui donner une récompense exceptionnelle ; je lui accorde une nomination dans chacun des grades de chef de bataillon, capitaine, lieutenant et sous-lieutenant ; indépendamment des propositions que vous croirez devoir me faire pour la Légion d'honneur. »

*

L'Alma est désormais inscrit dans le grand registre des victoires françaises mais le plus dur en Crimée reste à faire.

Sitôt après ce succès, une poussée rapide sur Sébastopol aurait peut-être permis d'enlever la place et d'en finir. La mort quelques jours plus tard, le 29 septembre, de Saint-Arnaud, frappé également par le choléra, perturbe le commandement. Canrobert, son successeur, est un beau soldat au courage exceptionnel. Commandant en chef, il n'a ni l'envergure ni l'autorité du maréchal disparu. Sa position près de Lord Raglan est moins assurée. Bref, la conduite des opérations se ressent de la maladie et de la mort de Saint-Arnaud. Du temps est perdu, faute de décisions promptes. Les Franco-Britanniques[1] se retrouvent enlisés devant Sébastopol pour un siège interminable.

L'investissement de Sébastopol, face aux forts et bastions de la ville s'étale en demi-cercle, de la baie de la Quarantaine à l'ouest aux hauteurs du mont Sapoune à l'est. Les Britanniques tiennent sensiblement le centre de ce long périmètre et les Français les ailes.

Le bataillon d'élite, mis sur pied pour Varna, ne se justifie plus. Ses huit compagnies rejoignent leurs régiments d'origine retirés de Gallipoli. Toute la Légion rassemblée au sein de la 5ᵉ division (général Levaillant) part pour l'extrême gauche du dispositif, presque en

---

1. Renforcés par des contingents turcs puis sardes (à partir de mars 1855 pour ces derniers).

bordure de mer. Suivant l'expression du moment, les légionnaires assurent « le service de tranchée à la Quarantaine ». Concrètement, ils ont mission de se relayer dans les tranchées devant le bastion n° 6, dit bastion de la Quarantaine. L'endroit est inconfortable. Les lignes françaises sont à portée de tir du bastion ainsi que du fort n° 10, situé sur la falaise surplombant la mer Noire. De ce fort n° 10, les boyaux des assiégeants sont pris en enfilade.

Les Russes, sous l'impulsion de Todleben, ont développé leurs fortifications et retranchements. En outre, ils n'hésitent pas à effectuer de vigoureuses sorties en vue de démanteler les travaux français. Une armée de secours s'efforce tout autant de disloquer le camp allié en l'attaquant de l'extérieur. Balakhlava, Inkermann, Tratkir représentent des hauts lieux de ces tentatives, toujours meurtrières, pour dégager la garnison.

A l'aube du 5 novembre, exploitant l'obscurité brumeuse et les bourrasques de vent qui étouffent les bruits, les Russes s'infiltrent par les talwegs de la rive gauche de la Tchernaia, modeste rivière au pied du plateau d'Inkermann, au nord-est de Sébastopol. Les guetteurs, transis par le froid et l'humidité, ne voient rien, n'entendent rien. Brutalement, les bataillons russes déferlent sur le campement anglais. La surprise est totale. L'effet de masse joue en faveur des attaquants. Dans la pénombre matinale, on se bat dans la confusion au milieu des tentes renversées.

Les Anglais ne manquent pas de courage mais, au fil des minutes, leur situation devient délicate. L'un de leurs divisionnaires, le général Cathcart, est tué.

De leur bivouac, un peu au sud, les Français entendent le tumulte. La division Bosquet court au canon, bientôt soutenue par Canrobert qui rameute les unités disponibles.

Le brouillard peu à peu se dissipe. Zouaves, tirailleurs s'élancent avec fougue sur un adversaire qu'ils discernent mieux. Sous les charges à la baïonnette, les carrés russes refluent, abandonnant morts et blessés. La bataille dite d'Inkermann se solde par un fiasco sanglant pour les assaillants. Elle a toutefois coûté aux Anglais trois généraux et une centaine d'officiers. Cette bataille apparaît comme l'événement essentiel du 5 novembre 1854, mais simultanément une autre bataille se déroule, côté opposé du périmètre d'investissement. Une colonne de 5 000 hommes sort de Sébastopol par la porte du bastion de la Quarantaine. Sa mission dépasse la simple opération de diversion. Elle doit s'en prendre aux travaux réalisés par les alliés, alors que le gros de leurs forces est occupé du côté de la Tchernaia et d'Inkermann.

Là encore, le brouillard favorise l'approche ennemie. Les avant-postes submergés doivent se replier mais les trois compagnies du 1er Régiment de la Légion, en premier recueil, tiennent bon. Pourtant ces compagnies affaiblies depuis l'Alma comptent à peine 65 hommes. Leur résistance donne aux chasseurs du 19e BCP et à l'ensemble du 1er Régiment le temps d'accourir à la rescousse. Les 39e et 19e de ligne qui refluaient lentement repartent eux aussi de l'avant. Les Russes repoussés font marche arrière. Les « ventres de cuir », comme sont désignés les légionnaires à cause de leurs cartouchières plaquées sur l'abdomen, finissent de les reconduire à l'intérieur de leur enceinte.

La journée d'Inkermann a une nouvelle fois montré l'opiniâtreté de l'adversaire en dépit de ses très lourdes pertes. Tout espoir d'enlever Sébastopol par un assaut brutal disparaît. Le siège est condamné à se prolonger.

L'hiver ne manque pas son rendez-vous. Une pluie fine et glaciale s'acharne sur la Crimée, transformant les tranchées en fosses bourbeuses. Les hommes enfoncent dans la glaise jusqu'à mi-jambe. Le 14 novembre, un ouragan se déchaîne. Les camps sont ravagés, les petites « guitounes » emportées. En janvier, la neige se manifeste, recouvrant la campagne d'un manteau de plusieurs centimètres. La température chute tandis qu'un blizzard glacial balaye le plateau de Chersonèse où campent les alliés.

Pour les assiégeants, le quotidien est sans cesse plus difficile. Le froid, l'humidité règnent partout. Peu ou pas de feu. Le bois manque. Le plateau de Chersonèse a vite été dépouillé de ses rares arbustes. La soupe chaude devient rarissime. L'ordinaire repose sur les conserves et les biscuits. Les vêtements chauds font défaut. L'armée n'avait pas prévu une aussi longue campagne. Les peaux de mouton, les capotes à capuchon dénommées criméennes arrivent en nombre insuffisant.

Vieux soldats, les légionnaires ont le coup d'œil. Ils repèrent les lourdes mais chaudes bottes russes, héritées de celles des moujiks et confectionnées pour se protéger des affres hivernales. La nuit ils se glissent en avant des lignes pour en récupérer sur des cadavres. Ces expéditions macabres et risquées rapportent. Elles permettent de se chausser confortablement. Plus, elles débouchent sur un fructueux négoce. Les intempéries s'aggravant, le cours des bottes monte…

Malgré les rigueurs de l'hiver, les travaux d'approche, le « service de tranchée » se poursuivent. L'ennemi ne reste pas inactif, il ne ménage pas ses munitions car il continue à être ravitaillé par la mer. Des officiers, des légionnaires tombent touchés à leur poste de garde ou de travail.

Sans relâche, la garnison poursuit ses sorties pour desserrer l'étreinte. Dans la nuit du 19 au 20 janvier, l'attaque est dirigée contre quatre compagnies du 2e bataillon du 2e Régiment, qui tiennent toujours le secteur de la Quarantaine. Malgré le froid vif, le commandant L'Hériller et ses hommes veillaient. La surprise ne joue pas. L'impétuosité des Russes se brise contre la solidité des légionnaires qui attendaient de pied ferme.

La lutte s'engage tout d'abord sur le parapet. Puis, avec trois compagnies, le commandant se précipite hors des tranchées afin de tourner les assaillants, 300 environ. Bloqués sur l'avant, menacés sur leurs arrières, les Russes décrochent. Ils passeront le reliquat de la nuit à rechercher leurs blessés et leurs morts abandonnés dans le « no man's land ».

Ainsi s'écoulent les jours et les semaines devant Sébastopol.

Le dégel n'apporte qu'une amélioration relative. S'il fait moins froid, la boue se loge partout.

Avec le retour du printemps, le commandement envisage de reprendre l'offensive en vue de se préparer à l'assaut décisif. D'autant que les Russes intensifient leurs efforts défensifs et risquent même d'attaquer les premiers. A cet égard, Canrobert écrit à Pélissier, commandant le 1er corps d'armée : « Si l'on ne marche pas, l'ennemi, enhardi, pourra marcher. »

Il est donc décidé d'enlever le bastion du Mât, à la pointe méridionale de Sébastopol, dont les feux prennent en enfilade les approches françaises.

Trois colonnes d'assaut sont constituées. Celle de gauche du général Bazaine comprend le 43e de ligne et le 1er Régiment de la Légion du colonel Viénot.

Né en 1804, sorti de Saint-Cyr en 1825, Viénot est un vieux soldat ayant passé plusieurs années en Afrique. Actif, digne et ferme, il est un chef estimé. Ses qualités personnelles lui ont valu d'être désigné pour le commandement, jugé « difficile » à l'époque, d'un régiment de Légion.

Cette notion de « commandement difficile » reste valable, car si le commandement à la Légion est facile eu égard à la discipline et à la qualité de la troupe et de l'encadrement, il reste néanmoins toujours difficile : le chef doit s'imposer par un mélange de parfait professionnalisme et de rayonnement humain. Une personnalité affirmée est nécessaire. Tous les officiers ne réussissent pas à la Légion. L'intéressé doit alors savoir s'effacer.

Dans la nuit du 1er au 2 mai, vers vingt-deux heures, par un beau clair de lune, les Français sortent de leurs tranchées. Sans tirer un coup de fusil, ils se précipitent sur les défenses adverses. Arrivés au contact et accueillis par un feu violent, le traditionnel « Vive l'Empereur ! » embrase la ligne française. De toutes parts, les Russes sont dominés dans cette mêlée nocturne où la baïonnette est reine. Par trois fois ils tentent des retours offensifs, par trois fois ils sont refoulés.

Viénot, comme il se doit, a pris la tête de son régiment. En des temps où le combat se commande de la voix, du geste et de l'exemple, il ne lui est guère possible, malgré la clarté lunaire, de se faire voir et entendre. Mais, par sa seule présence, le colonel stimule les siens. On sait qu'il est là. On devine sa silhouette et la masse diffuse de son petit groupe de commandement. Il partage les risques de cette attaque de nuit, dans ce terrain labouré par les bombardements continuels où la fusillade crépite partout, n'épargnant personne. Soudain, Viénot s'affaisse. Une balle tirée presque à bout portant lui a fracassé le crâne. Le régiment a perdu son colonel. La Légion y gagne un nom qui perdurera, à Sidi-Bel-Abbès puis à Aubagne. Le quartier Viénot est devenu son sanctuaire.

Le bastion du Mât a été enlevé et, le lendemain vers quinze heures, une contre-attaque russe s'efforce de récupérer une partie des positions perdues durant la nuit. Une préparation intense d'artillerie l'a précédée. Des compagnies très amoindries par les combats précédents dont deux compagnies d'élite du 2e Régiment de la Légion gardent les lieux. Leur réaction rejette les Russes qui, suivant leurs habitudes, déboulent en poussant des hurlements sauvages.

Canrobert rendra compte de ces luttes de la nuit et du jour des 1er et 2 mai en ces termes :

> « Le colonel Viénot, du 1er Régiment de la Légion, est mort glorieusement, l'épée à la main, à la tête de son régiment... »
>
> « L'ouvrage que nous avons enlevé à l'ennemi avait pour lui trop d'importance pour qu'il ne fît pas de grands efforts pour le reprendre. Il l'a tenté le 2 mai ; mais il est resté impuissant devant l'inébranlable solidité des compagnies d'élite du 2e Régiment de la Légion... »

Une Légion qui en ces deux jours a perdu 40 tués et 150 blessés.

*

Le siège traîne. Une certaine lassitude se fait sentir. Les conceptions des chefs divergent. Raglan voudrait se porter sur la presqu'île de Kertch. Canrobert ne le suit pas. De Paris, Napoléon III fait connaître ses propres vues, qui ne correspondent pas obligatoirement avec la situation réelle. Des dissensions entre les commandants en chef, les interférences impériales conduisent Canrobert à démissionner et à reprendre simplement le commandement d'une division. Pélissier devient le nouveau commandant en chef français.

Son prédécesseur, par crainte des pertes excessives, tempérait les attaques et refusait un assaut frontal massif. Il n'est plus là pour y faire obstacle. La notion d'offensive généralisée prend la primeur.

Les Russes ont renforcé le secteur de la Quarantaine menaçant le flanc nord-ouest des Français. Pour écarter tout péril, une double attaque est lancée le 22 mai à neuf heures. Trois bataillons du 2e Régiment de la Légion débouchent par la gauche, les compagnies d'élite du 1er Régiment par la droite. Les uns et les autres sont soutenus par des chasseurs à pied et des lignards.

> « Quelques minutes se sont à peine écoulées que les vieux soldats de la Légion étrangère, intrépides héros que rien n'arrête, ont enlevé les embuscades [1] de droite [2]... »

Comme à l'accoutumée, la contre-attaque russe ne tarde pas, dans un terrible tintamarre de tambours, de trompes, de clairons, de cris qui se répondent de cheminements en cheminements. Les légionnaires avancés en première ligne ne se laissent pas impressionner par ce vacarme guerrier. Leurs bras ne tremblent pas. Leurs regards se durcissent. Les remparts de leurs baïonnettes interdisent tout passage. La mêlée se prolongera jusqu'à la nuit avancée sans succès pour les Russes.

Les actions des 22 et 23 mai ont été aussi bénéfiques que glorieuses mais les défenses adverses n'ont guère été entamées alors que l'été s'annonce.

Après les boues et les glaces, la nature reverdit. Le champ de bataille autour de Sébastopol se couvre de fleurs aux couleurs variées. Mais l'heure n'est pas à contempler un paysage bucolique. Les boulets qui s'abattent régulièrement se chargent de le rappeler. Le siège de Sébastopol maintient ses droits.

Le lent grignotage des positions russes se poursuit. Des noms fameux dans l'histoire de la guerre de Crimée changent de mains : Mamelon vert, Ouvrages blancs... Ces conquêtes coûtent toujours cher. Des chefs estimés disparaissent : le colonel de Brancion [3], le

---

1. Termes à prendre dans leur vieux sens tactique : petits ouvrages de défense.
2. *L'expédition de Crimée*, OC, p. 295.
3. On sait qu'une porte de Paris, au sud de la capitale, porte son nom.

colonel Hardy, le général Lavarande¹, le général Brunet, le général Mayran, ancien officier de la Légion blessé à Constantine en 1837. La journée du 18 juin coûte 1 600 tués et blessés. Les Anglais ne sont pas plus épargnés. Le 28 juin, ils perdent Lord Raglan, emporté par la maladie.

Ces attaques répétées de l'été, quel que soit leur prix, finissent par resserrer le dispositif allié autour de Sébastopol. Progressivement, une constatation s'impose : la position dite de Malakoff, au sud-est de la ville et au-delà du port du sud, est le point clé de la ville. Elle domine en effet le faubourg Karabelnaia. Si Malakoff est enlevée, le faubourg tombe sous le feu et n'a plus possibilité de résister longtemps. Après quoi, les quartiers de Sébastopol, à quelques centaines de mètres, peuvent être pilonnés et écrasés par les batteries françaises. Le général Niel qui dirige les travaux du génie est catégorique :

> « Aujourd'hui Malakoff est la seule issue du siège. Sa prise donnera le faubourg et le faubourg donnera la ville. L'assaut se présente dans des conditions plus favorables que je n'ose l'espérer. »

Tous les généraux se rallient à cette vue : « L'assaut doit être donné. »

Certes, aux approches de ce qui est appelé la tour Malakoff, large redoute rectangulaire aux abords fortifiés, le Mamelon vert, les ouvrages blancs ont été enlevés. La tour est à portée des 267 bouches à feu qui concentrent leurs tirs. Néanmoins, l'ouvrage est défendu par des combattants qui ont prouvé leur héroïsme. Les Russes se battent toujours bien.

A partir du 5 septembre, l'artillerie intensifie sa préparation. La date de l'assaut a été fixée au 8. Si celui-ci doit être général sur tout le périmètre investi, l'effort principal interviendra, comme prévu, sur Malakoff. Le 2ᵉ CA du général Bosquet a le périlleux honneur d'en être chargé. A midi, les généraux lancent le rituel : « Soldats, en avant ! Et vive l'Empereur ! »

La division Mac-Mahon mène l'attaque sur Malakoff. Zouaves, chasseurs se précipitent au coude à coude. L'ancien commandant du 2ᵉ Régiment de la Légion a tenu à sa garde personnelle. Cent légionnaires volontaires marchent à ses côtés et participent à l'action qui se transformera vite en effroyable tuerie.

De cette prise de la redoute – ou de la tour – Malakoff, l'histoire

---

1. Un village d'Algérie, dans la vallée du Cheliff, à l'ouest de Miliana, portait son nom.

de France a retenu la réplique, peut-être apocryphe, de Mac-Mahon : « J'y suis, j'y reste ! » Elle ne peut oublier le prix de la victoire : 634 tués pour les Français dont 5 généraux. Parmi les morts, le général de Saint-Pol et le colonel Adam, deux anciens de la Légion.

Malakoff tombée, les dires de Niel s'avèrent exacts. Les Russes évacuent Sébastopol après lui avoir fait subir le sort de Moscou en 1812. Le 10, les alliés entrent en vainqueurs dans la ville dévastée. Bazaine y est nommé commandant d'armes.

Ses légionnaires reçoivent mission de garder la place. Ils auront loisir de vider les caves. Ce grand souvenir d'abondantes libations fera oublier bien des affres du siège. On en parlera longtemps, le soir, dans les bivouacs, où l'eau des bidons n'aura pas le même goût que celui de certaines bouteilles de Sébastopol...

Les combats épars se poursuivent encore quelques semaines. Mais chaque camp a compris qu'il était urgent de trouver une solution négociée à une guerre trop sanglante. Un armistice est conclu le 1er février 1856. Le traité de Paris, fin mars, met un terme au conflit en écartant les Russes des Dardanelles.

En juillet, la Légion retrouve à Mers el-Kébir la terre algérienne. La voie ferrée Oran-Tlemcen n'est pas encore réalisée. Sous la canicule, les légionnaires prennent à pied la route de Sidi-Bel-Abbès. Ils ont l'habitude de ces longues marches, le barda sur le dos. S'ils ont le sentiment de rentrer chez eux, ils savent qu'ils ont laissé derrière eux bien des camarades : 25 officiers, 32 sous-officiers, 387 légionnaires ont été tués en Crimée.

Les rescapés arborent une décoration qui est pour les Français une innovation : la médaille commémorative de la guerre de Crimée. Cette médaille d'origine britannique est accordée par la Couronne à tous les anciens de Crimée sans distinctions de nationalité. Sur son ruban peuvent s'apposer plusieurs agrafes : Sébastopol, Alma, Inkermann.

Cette décoration anticipe les futures médailles commémoratives de campagne : d'Italie, de Chine, du Mexique, du Tonkin, de Madagascar, du Dahomey, etc. Le 26 juillet 1897 apparaîtra la Médaille coloniale [1], riche de multiples agrafes : Alger, Maroc, Sahara..

Pour les plus braves, il existe une autre décoration à épingler sur le côté gauche des vestes d'uniformes : la Médaille militaire, au ruban jaune, créée en 1852 par Napoléon III pour sanctionner les petits, les sans-grade [2]. Cette Médaille militaire sera – et est encore –

---
1. Depuis 1962, cette médaille coloniale est dénommée médaille d'Outre-mer.
2. Et les généraux ayant commandé en chef devant l'ennemi.

la récompense par excellence des légionnaires, accrochée en exergue, devant les autres. Faut-il rappeler qu'un surcroît de vaillance et de sacrifice permet d'adjoindre à la première place le célèbre ruban rouge de la Légion d'honneur ? Il ne sera pas rare de voir des sous-officiers, et même des légionnaires, le porter.

Chapitre V

L'AFFAIRE EST DANS LE SAC

Louis-Napoléon, candidat à l'Empire, avait annoncé : « L'Empire, c'est la paix ! » Parvenu à ses fins, il en prend mal le chemin. Après la Crimée, il ne tarde pas à s'engager dans un autre conflit, au-delà des Alpes cette fois.
L'Empereur dans sa jeunesse avait pris le parti de la cause italienne contre l'occupant autrichien. Puis il avait formulé des promesses qu'il semblait avoir oubliées. L'attentat d'Orsini, le 14 janvier 1858, les lui rappelle dans un bain de sang. Les bombes d'Orsini et de ses comparses déclenchent un carnage. Les terroristes, découverts et arrêtés, payent sur l'échafaud sauf un. L'ancien légionnaire Antonio Gomez sauve sa tête devant le tribunal. Il n'écope que de la détention à perpétuité. Gomez est le premier légionnaire mêlé à un attentat contre un chef de l'Etat français. Il ne sera pas le dernier.
Brutalement rappelé à ses engagements, Napoléon III se décide. Il interviendra au profit d'une Italie qui n'est encore qu'un vaste puzzle dont les patriotes de la péninsule veulent constituer une nation. Les Autrichiens, par leur maladresse, lui facilitent la tâche. Devant les

bravades des Sardes du roi Victor-Emmanuel, ils optent pour une réaction militaire. Leur déclaration de guerre au royaume de Piémont-Sardaigne, le 26 avril 1859, donne à Napoléon III le *casus belli* qu'il souhaitait. Le 3 mai, la France déclare à son tour la guerre à l'Autriche.

L'armée française reprend ainsi le chemin du combat que nombre de ses unités n'avait pas délaissé. 1857 a été l'année de la mise au pas, difficile et coûteuse on l'a vu, de la Grande Kabylie.

Les régiments d'Algérie, qu'ils soient de ligne, de zouaves, de tirailleurs, de chasseurs d'Afrique, embarquent pour le continent. La Légion fait naturellement partie de l'expédition. Après la Crimée, après Ischeriden, le commandement ne saurait se priver d'une troupe de cette qualité.

En fait, ce sont deux unités bien distinctes qui débarquent à Gênes, le 26 avril pour le 2e Régiment étranger, le 11 mai pour le 1er.

Le 2e Régiment étranger du colonel de Chabrières, fort d'environ 1 400 hommes, regroupe bien des anciens de Crimée, vétérans qui ont pléthore à raconter. Tenue bleu foncé, képi garance à bandeau également bleu, ces vieux briscards étrennent le nouveau fusil 1857 à canon rayé. Parfois le ruban jaune d'une médaille militaire tranche sur la tenue foncée. Les légionnaires du 1er Régiment étranger (colonel Brayer) arborent eux aussi le nouveau fusil 1857 mais ils sont beaucoup moins nombreux. Guère plus de 600. Ils devaient initialement constituer la Légion suisse chère à Napoléon III, mais dont le recrutement n'a pas suivi. Souvenir de cette tentative, ils sont drapés de vert et s'ils portent aussi un képi garance, celui-ci est ceinturé de vert. Progressivement le vert et le rouge commencent à se mêler comme couleurs de la Légion.

Le 29 avril 1859, les Autrichiens du général Giulay ont franchi le Tessin, rivière faisant frontière avec la Lombardie, et pénétré en Piémont. Leur chef se veut prudent et la pluie ne favorise par leur mouvement. Aussi traînent-ils le pas. Cette progression frileuse donne à l'armée française – 120 000 hommes environ – le temps de se rassembler et d'accourir à la rescousse des Sardes. Au terme de quelques engagements secondaires, Napoléon III, venu prendre en personne la tête de ses troupes, décide de se porter résolument sur Milan en l'abordant par le nord.

Le 2 juin, les Français campent à Novare aux approches du Tessin. Milan n'est qu'à quarante kilomètres.

L'axe Novare-Milan est barré par le Tessin et surtout par le Naviglio Grande, gros canal servant à irriguer la contrée, coupure difficile à franchir. Les ponts sont rares et doivent être tenus. Un peu au-delà se situe le gros bourg de Magenta, 5 000 habitants environ, carrefour routier ouvrant l'accès à la capitale de la Lombardie.

Sur cette terre italienne, qui a révélé le général Bonaparte, le neveu se verrait volontiers l'émule de l'oncle. Estimant la position Naviglio Grande-Magenta assez lâche, Napoléon III a conçu un plan qui se veut habile : la garde impériale fera effort au centre de l'axe. Débouchant du nord, le corps d'armée Mac-Mahon facilitera sa progression. Si besoin, il prendra l'adversaire de flanc et le culbutera avec Magenta pour objectif.

Le 4 juin à l'aube, Mac-Mahon qui, la veille, a forcé les Autrichiens à se retirer de Turbigo[1], douze kilomètres au nord-ouest de Magenta, entame son mouvement nord-sud. Simultanément, la garde qui a franchi le Tessin aborde le Naviglio Grande, qui est fortement défendu.

Le corps d'armée Mac-Mahon compte trois divisions. La division Espinasse, avec les deux Régiments étrangers, progresse sur le flanc gauche, direction générale : Magenta. Mac-Mahon lui-même, avec la division La Motte-Rouge, pique sur la droite vers Buffarola, en bordure du canal. Mac-Mahon, Espinasse. Des noms que les vieux légionnaires connaissent bien et qui inspirent confiance par leur courage. Faut-il rappeler que Mac-Mahon fut pratiquement le patron du 1er RE durant quatre ans, et qu'Espinasse a été blessé dans ses rangs comme capitaine à M'Chounech. Depuis, les deux officiers ont fait du chemin... Quant à La Motte-Rouge, il sera encore présent dix ans plus tard et la Légion sera sous ses ordres devant Orléans en octobre 1870.

Pour enlever Buffarola, Mac-Mahon fait donner du canon. Puis, le village occupé, il marque un long temps d'arrêt. Sa gauche ne suit pas. Espinasse est retardé par le morcellement des petites propriétés. Les clôtures des enclos ne cessent de ralentir la marche et la cavalerie ne peut s'aventurer dans ce terrain par trop coupé. Mac-Mahon s'immobilise ainsi plusieurs heures afin d'aligner son corps d'armée, alors qu'il devrait poursuivre pour respecter la pensée de l'Empereur.

Napoléon III, pour sa part, entendant la canonnade sur Buffarola de l'autre côté du Naviglio Grande, a estimé Mac-Mahon sur le point de déboucher. Il a lancé en avant la division Mellinet de la garde. L'opération était prématurée, étant donné l'attitude de Mac-Mahon. La garde, seule en pointe face au gros des forces autrichiennes rassemblées là où on ne les attendait pas, vit des moments difficiles. Seul l'héroïsme parvient à contenir le flot adverse. Vers seize heures

---

1. Succès obtenu par une charge à la baïonnette des tirailleurs algériens.

les Français, qui avaient réussi à franchir le canal, sont refoulés et risquent le pire.

Heureusement, à cette heure, Mac-Mahon se décide à repartir en avant et glisse résolument sur sa gauche pour coiffer Magenta, son objectif initial. L'action prévue pour aborder les Autrichiens de flanc prend enfin forme.

Dans leur mouvement, les légionnaires et le 2e zouaves qui ouvrent la marche de la division Espinasse conquièrent de belle manière le petit village de Marcallo. De Marcallo, le clocher de Magenta pointe à trois kilomètres.

Le jour baisse. L'attaque française est devenue générale. Aux abords de Magenta, la résistance se durcit. Les clôtures des parcelles forment autant de barricades à enlever. Heureusement, les silhouettes en tenue blanche des Autrichiens se découpent bien.

Pour faciliter l'avance dans ce véritable parcours du combattant que constituent les murettes et les haies aux approches de Magenta, Chabrières a ordonné « Sac à terre ! », comme au bas des pentes de l'Alma. Le colonel, à l'accoutumée, avance en tête de son régiment, haute stature, épée levée, verbe incisif. Dans ce combat rapproché où les adversaires se distinguent mal, comment ne serait-il pas repéré ? Une balle le frappe en pleine tête. Après Viénot, le Régiment étranger a perdu un autre colonel. Elle s'allongera, cette liste des chefs de corps tués à l'ennemi : Pein, Amilakvari, Sairigné, Segrétain, Raffalli, Gaucher, Jeanpierre.

Le lieutenant-colonel Martinez n'est pas loin. L'ancien carliste n'a rien perdu de sa fougue et de son panache. Il terminera la journée le visage en sang mais miraculeusement encore en vie.

Il lui revient la charge de prendre le commandement du régiment pour venger Chabrières. Juste avant Magenta, le talus de la voie ferrée Novare-Milan ajoute un obstacle supplémentaire. Allongé derrière le ballast, l'ennemi ajuste tout ce qui se profile.

Il fait presque nuit lorsque zouaves et légionnaires abordent Magenta, où les Tyroliens se sont retranchés de part et d'autre de la rue principale. C'est un horrible corps à corps où l'on se fusille à bout portant, à moins que les baïonnettes n'entrent en œuvre. Un coup de feu claque d'une fenêtre. Espinasse s'affaisse dans une mare de sang. Le rescapé de M'Chounech était aussi un chef parfaitement reconnaissable et tenait à se trouver de l'avant pour mieux commander.

Devant la furia des zouaves et des légionnaires, Magenta finit d'être emportée. Les Autrichiens évacuent les lieux. Le succès d'ensemble appartient aux Français.

Peu à peu, le silence se fait. La nuit apporte enfin le répit, tandis que les sentinelles se mettent en place à l'orée du bourg. Mais l'ennemi ne reviendra pas et ne se frottera pas aux vainqueurs de Magenta.

*

Mac-Mahon, le fait est notoire, distribue généreusement les paroles présumées historiques. De son « J'y suis, j'y reste » de la tour Malakoff à son « Que d'eau ! Que d'eau ! » devant les inondations de la Garonne, il ne se montre jamais avare. A Magenta, dont il sera fait duc, il se devait de prendre date. Ce sera chose faite par son non moins fameux : « La Légion est à Magenta, l'affaire est dans le sac ! »

Effectivement, la Légion est à Magenta ; la victoire est acquise. Mais ce succès n'a pas été sans prix : 5 officiers et 44 légionnaires tués ou blessés au 1er Régiment étranger, 9 officiers et 250 légionnaires au 2e [1].

*

Par la prise de Magenta, les Français se sont ouverts la route de Milan. Les soldats de Mac-Mahon ont l'honneur d'y pénétrer les premiers le 7 juin, follement acclamés. La population les regarde comme ses libérateurs de l'emprise autrichienne et ne se prive pas pour le crier : « *Liberatori ! Liberatori !* » Le lieutenant de Galliffet, futur général et ministre de la Guerre, écrit : « Chaque Milanaise veut embrasser un libérateur... » Ah les Milanaises ! Elles se font tout charme et tout sourire. Les légionnaires en parleront longtemps, comme ils évoqueront souvent ce triomphe à la romaine dans les rues de Milan auquel ils étaient si peu préparés.

Se glisse toutefois une déception. Le 1er Régiment étranger, devant l'accueil qui lui est réservé, est laissé à Milan dans l'espoir de recruter et de grossir ses rangs. Vainement ! Pourtant, Milan est en Italie du Nord. La qualité du recrutement dans cette partie de la péninsule y est généralement meilleure.

*

Magenta n'a rien réglé. L'Empereur François-Joseph d'Autriche n'est pas résolu à abandonner la Lombardie et la Vénétie, elle aussi menacée, aux Franco-Sardes. Il renforce son armée et en prend lui-

---

1. Les Français au total ont eu 4 500 tués et blessés, les Autrichiens 10 000.

même le commandement. Les combattants autrichiens s'élèvent désormais à 170 000 contre 135 000.

Après Magenta, les Autrichiens s'étaient repliés vers l'est. Sous l'impulsion nouvelle de François-Joseph, ils font demi-tour et repassent le Mincio, frontière entre Lombardie et Vénétie.

Dans l'autre camp, Napoléon III garde Venise en point de mire. Il ne lui déplairait pas d'entrer dans la cité des Doges pour terminer la campagne et tenir ainsi sa vieille promesse de libérer l'Italie de la Méditerranée à l'Adriatique.

Le 18 juin, les Français pénètrent dans Brescia puis continuent sur Vérone par les collines au sud du lac de Garde. L'adversaire n'est pas véritablement localisé.

Pourtant il n'est pas loin. Il campe devant Solferino, entre la Chiece et le Mincio, à une dizaine de kilomètres des rives méridionales du lac. C'est là, le 24 juin, que se situera une bataille de rencontre.

Dans ce paysage vallonné, Solferino n'est qu'un bourg de l'importance de Magenta. que domine une tour appelée à la célébrité, la « Spia d'Italia ». La région serait-elle une mine d'événements historiques ? A cinq kilomètres à l'ouest de Solferino, à Castiglione, Bonaparte, en 1796, avait une fois de plus démontré ses talents militaires.

Le dispositif autrichien – 165 000 hommes – centré sur Solferino, s'étale sur sept à huit kilomètres. Les Français avancent en quatre corps d'armée (Baraguay d'Hilliers, Mac-Mahon, Canrobert, Niel) couverts par les Sardes à leur nord.

A cause de la chaleur, les troupes se sont mises en mouvement très tôt. Alors que le soleil matinal commence à chauffer, canonnade et fusillade se déchaînent. Les adversaires sont au contact.

Au vu de la situation, Napoléon III décide de faire effort au centre et d'enlever la tour qui surplombe Solferino. L'essentiel de la bataille, effectivement, se déroulera là. Les combats font bientôt rage sur un front d'une dizaine de kilomètres. Durant plusieurs heures, les combattants piétinent dans une chaleur d'enfer. Dans cette mêlée confuse, où n'émerge aucune idée de manœuvre digne de ce nom, ils sont, comme à Magenta, les grands acteurs. Tout repose sur leur courage.

Le corps d'armée Mac-Mahon n'est qu'à demi engagé. Craignant un vide entre sa droite et lui, le duc de Magenta se contente de se maintenir sur ses positions. Enfin, vers quatorze heures, dans l'attaque généralisée qui embrase la ligne française, son corps d'armée se porte en avant pour soutenir Baraguay d'Hilliers et Niel lancés sur Solferino. Dans ce mouvement il appartient aux légionnaires du 2e RE en liaison avec le 2e zouaves d'enlever San Cassiano, hameau à 1 500 mètres au sud de la « Spia d'Italia ». L'émulation stimule les deux unités amies qui rivalisent d'ardeur, dans un terrible corps à corps avec les Autrichiens. C'est au zouave Daurière qu'il revient l'honneur de s'approprier le drapeau du 9e Régiment ennemi.

Solferino tombée, la défaite autrichienne s'annonce irrémédiable. Soudain, le ciel se met de la partie. Des lourds nuages noirs obscurcissent le ciel. Le tonnerre se mêle aux artilleries des deux antagonistes. Des tourbillons de grêle s'abattent sur le champ de bataille, bientôt suivis par une pluie diluvienne. En quelques minutes, tout est noyé. Cavalerie, pièces d'artillerie pataugent dans la glaise. Seuls les carrés des fantassins trempés jusqu'aux os poursuivent de leur mieux. Mais les Autrichiens rompent le fer. Les conditions atmosphériques, l'état du terrain, la fatigue des troupes interdisent toute poursuite immédiate.

Les Autrichiens ont eu 22 000 tués, blessés, disparus ; les Franco-Sardes 17 000. La campagne autour de Solferino est un immense cimetière d'où montent les plaintes des blessés et des agonisants.

Napoléon III est un humaniste. Ce carnage l'horrifie. De surcroît, la Prusse gronde sur le Rhin. L'Empereur, oubliant ses promesses, précipite les négociations. L'armistice est conclu à Villafranca, les 11 et 12 juillet.

Le royaume de Piémont-Sardaigne récupère la Lombardie mais s'estime floué. La France, pour prix de son intervention, obtient la Savoie et Nice. Sans plus attendre, son armée évacue rapidement le nord de l'Italie et regagne la métropole, où les vainqueurs de Magenta et Solferino sont attendus dans la liesse.

La Légion a mérité elle aussi de recevoir l'hommage national. Le 8 août, le 2e RE arrive à Paris. Le 14, il participe au défilé des troupes d'Italie sous les vivats des Parisiens. La campagne écoulée était populaire. Le peuple de France était fier de cette liberté apportée outre-Alpes. Il connaissait le courage montré par les combattants et cet héroïsme éclipsait les carences soigneusement dissimulées d'une bonne partie du commandement.

De dix à quinze heures, les régiments défilent dans la capitale. Des arcs de triomphe ont été élevés sur le parcours. Celui de la place de la Bastille reproduit la façade de la cathédrale de Milan. Sur le parcours, fenêtres et balcons ont été loués. L'Impératrice et la cour ont pris place dans une gigantesque tribune, place Vendôme. L'Empereur, lui, se tient à cheval au pied de la tribune.

Les légionnaires passent devant, follement applaudis à l'instar des zouaves, autres grands héros du jour. Pour ce premier défilé parisien – il y en aura beaucoup d'autres après la Première Guerre mondiale –, avancent-ils au son du « *Boudin* » ? Non, pas encore ! Si quatre-vingt-dix pas à la minute (contre cent dix dans les autres unités), hérités des anciens régiments étrangers, commencent à s'affirmer, le « *Boudin* » n'est pas encore officialisé comme musique du corps.

Pourtant, la tonalité de la célèbre marche existe déjà. Avant même la création de la Légion, il était de tradition que chaque unité possède sa batterie de tambours, signal de reconnaissance et de ralliement. En 1840, héritée semble-t-il de vieux refrains du régiment de Hohenlohe ou des régiments suisses de la Restauration, une marche pour tambours et clairons, à vingt-quatre mesures, est en service à la Légion. En 1859, Nicolas Wilhelm, chef de musique du 2e RE de 1858 à 1861, puis du Régiment étranger de 1861 à 1864 la reprend pour la composition d'un pas redoublé musical. Les vingt-quatre mesures de tambours et clairons constituent le début et la fin de la première partie du pas redoublé. Vient ensuite un trio dans lequel trouvent place huit autres mesures de clairon. Enfin une troisième partie répète la première.

La marche de la Légion est née. Nicolas Wilhelm en fait figure de compositeur. D'autres chefs de musique – Quéru en 1903, Dussanty en 1914 – y apporteront simplement quelques ajustements. L'essentiel est acquis. Quant aux paroles actuelles, elles n'arriveront que par la suite après 1880 et 1884.

Ce 14 août 1859, c'est au son d'une musique de la garde que la Légion défile devant la tribune officielle. Bientôt, il en sera autrement.

La campagne d'Italie s'achève là. Le 1er RE a déjà rembarqué le 7 août. Le 2e RE quittera Paris dès le lendemain de la fête mais sans avoir pu vraiment y participer après les cérémonies officielles. De cette épopée italienne subsistera sur leurs drapeaux l'inscription Magenta, témoignage des sacrifices consentis dans la plaine et les collines de Lombardie.

Chapitre VI

CAMERONE
« ILS FURENT ICI MOINS DE SOIXANTE »

Les légionnaires ont regagné Sidi-Bel-Abbès. La pacification de la région est maintenant acquise et la petite cité continue de se développer. Depuis 1853, elle possède même une imprimerie qui prospérera[1]. Aux alentours, la campagne s'enrichit. Agrumes, vignes, produits maraîchers y rivalisent avec les céréales.

Le quotidien peut tout d'un coup paraître fade aux anciens de Magenta et de Solférino. Pour la première fois, ils connaissent véritablement la vie de garnison. Revues, exercices, manœuvres, longues marches et aussi, bien sûr, virées nocturnes dans le « village nègre », en bordure du quartier européen où s'érigeront ces hauts lieux chantés par Arthur Nicolet : Palmier Rouge, Moulin Vert, Chat Blanc, Soleil Bleu, Lune Rousse.

Parfois un bataillon part en colonne afin de se montrer. Le

---
1. Imprimerie Roidot.

commandement tient à rappeler que le pays vit désormais sous la loi française et qu'il serait dangereux de ne pas la respecter.

*

1861. La Légion connaît un autre changement de structure. Une ordonnance du 14 décembre crée – ou recrée – un Régiment étranger. L'ex-2ᵉ Régiment étranger en fournit l'ossature. Les éléments du 1ᵉʳ Régiment lui sont affectés. Le 24 mars 1862, le colonel Jeanningros devient le chef de corps de cette Légion dernière mouture, qui persistera jusqu'en 1875.

Arrivant à quarante-six ans pour prendre le commandement du Régiment étranger, Jeanningros n'a jamais servi auparavant à la Légion. Il n'est pas, à l'époque, le seul à se trouver dans ce cas. Par la suite cette situation, assez paradoxale à bien des égards, évoluera. La Légion tiendra à avoir pour chef l'un des siens, l'un de ceux qui dans les bas échelons de leur carrière d'officier ont tenu à y servir et ont prouvé qu'ils étaient dignes d'y commander[1].

A défaut d'un authentique « passé Légion », personne ne contexte à Jeanningros sa belle figure de soldat. Sorti du rang, plusieurs fois blessé, il a conquis ses grades à la pointe de son épée. S'il a du courage, il sait aussi se faire obéir. Le chef qui conduira la Légion au Mexique est digne de cet honneur. Fait exceptionnel qui atteste sa parfaite réussite, promu général il conservera son commandement.

*

« Que diable allait-il faire dans cette galère ? » s'exclamait le bonhomme Géronte devant les déboires supposés de son fils Léandre... La question pourrait être posée pour Napoléon III : « Que diable allait-il faire dans la galère mexicaine ?... »

Les mobiles habituellement évoqués ne manquent pas. Le Mexique se déchire en luttes intestines. Deux clans se disputent le pouvoir les armes à la main : celui, libéral, de Benito Juarez, celui, conservateur, du général Miramon. Les résidents européens, français, anglais, espagnols principalement, sont victimes de l'anarchie ambiante. Ils sont spoliés, assassinés parfois. Plus encore, le Mexique a des dettes envers l'Angleterre, l'Espagne et la France, et ne prend pas le chemin pour les solder.

---

[1]. Aujourd'hui, nul ne saurait prétendre commander un régiment de Légion sans avoir au préalable fait ses preuves d'officier de Légion. Le dicton affirme qu'il faut cinq ans pour cela (la durée d'un contrat de légionnaire).

Apurer un contentieux financier, appuyer le camp conservateur pour remettre de l'ordre dans le pays, voilà ce qui a pesé dans la balance. Mais Napoléon III a une arrière-pensée : la puissance montante des Etats-Unis l'inquiète. Il voudrait faire contrepoids à ce bloc de souche anglo-saxonne et protestante. Pourquoi ne pas affirmer dans la partie méridionale du continent nord-américain un Etat latin et catholique ? L'Impératrice Eugénie, qui a tendance à interférer en tout, appuie un tel dessein.

En 1860, Juarez parvient à chasser Miramon de Mexico. Plusieurs Français sont massacrés. Les créances des Européens ne sont toujours pas remboursées. De guerre lasse, le 31 octobre 1861, l'Angleterre, l'Espagne et la France signent à Londres une convention afin d'exiger « le remboursement des sommes dues et la protection des Européens ». A titre de garantie, les trois puissances occidentales se mettent d'accord pour occuper des forteresses mexicaines : La Vera-Cruz[1] sur le littoral atlantique, Cordoba, Orizaba sur la route La Vera-Cruz-Mexico, et Tehuacan, un peu plus dans l'intérieur. Faute de mieux, Juarez a accepté cette mainmise provisoire, étant entendu que les puissances alliées s'engagent à ne pas s'immiscer dans les questions relatives « à l'indépendance, à la souveraineté et à l'intégrité du territoire de la République ».

Le corps expéditionnaire initial comprend 2 500 Français, 7 000 Espagnols et 700 marins britanniques. Très vite, la France augmente son contingent et se retrouve seule, l'Angleterre et l'Espagne s'étant empressées de rapatrier leurs gens. Elle est ainsi impliquée dans une aventure qui prend de l'ampleur, les événements la conduisant à soutenir un gouvernement provisoire conservateur constitué en marge de celui de Juarez.

Les premiers éléments débarqués à La Vera-Cruz au début de 1862 se portent sur Mexico, la capitale. Sur leur route, ils sont bloqués devant Puebla qu'ils ne parviennent pas à enlever. On est loin de la promenade militaire qu'annonçaient certains diplomates. Le peuple mexicain dans son immense majorité se dresse contre le régime que veut lui imposer le France. La guerre par endroits, la guérilla presque partout font rage. Il faut des renforts. Nommé commandant en chef, le général Forey se retrouve à la tête de 30 000 hommes.

*

---

[1]. A l'époque, Veracruz est appelée par sa dénomination d'origine : La Vera-Cruz (La vraie Croix).

La Légion aspire naturellement à participer à ce conflit qui prend de l'importance outre-Atlantique. Dépités de demeurer sur la touche, les officiers subalternes se permettent une démarche peu réglementaire : ils adressent une pétition à Napoléon III, écrivant en substance : « Sire, nous vous demandons d'envoyer la Légion au Mexique. »

Une salve de jours d'arrêts sanctionne l'outrecuidance, mais l'appel est perçu. Début janvier 1863, deux bataillons à 7 compagnies, avec la compagnie hors rang et la musique, soit 2 000 hommes, embarquent à Oran au son de l'air que nous avons évoqué. Sur ce point la cause est entendue. La Légion possède désormais son refrain propre, même s'il n'a pas encore son nom. La composition de Nicolas Wilhelm s'est insérée dans son paquetage.

Il est parfois des propos prémonitoires. Le général Deligny, venu saluer les légionnaires sur le départ, s'écrie dans une grande envolée :

> « Soldats de la Légion ! Votre drapeau n'a pas de plis assez amples pour contenir tous vos titres de gloire.
> « Portez-le haut sur cette terre étrangère et qu'il y soit présent comme le symbole des idées généreuses et civilisatrices de la grande nation à laquelle nous appartenons. »

Les propos de Deligny seront entendus. A son retour l'emblème du Régiment étranger pourra arborer la mention « Camerone 1863 ».

*

> « L'Armée française du Mexique assiégeait Puebla. La Légion avait pour mission d'assurer sur cent vingt kilomètres la circulation et la sécurité des convois. »

Ainsi débute le récit lu à la Légion, tous les 30 avril, pour commémorer le combat du 30 avril 1863.

Forey, soucieux de réparer le précédent échec et de s'ouvrir la route de Mexico, a entamé le 19 mars un nouveau siège de Puebla.

A peine débarqué, le Régiment étranger s'est vu prescrire de tenir l'axe menant de La Vera-Cruz, au fond du golfe du Mexique, à Chiquihuite en limite des « Terres chaudes ». Ces « Terres chaudes » sont une vaste pénéplaine s'élevant progressivement depuis l'océan. Elle est recouverte de hautes herbes piquetées de cactus géants et de bouquets d'arbres. Des troupeaux s'y ébattent à l'état sauvage. Des oiseaux aux coloris éclatants voltigent de toutes parts. Des myriades d'insectes bruissent sous les feuillages. En cette zone tropicale, le climat est malsain, l'eau rarement potable. Le terrible « vomito negro », une forme locale de la fièvre jaune, fait des ravages chez les nouveaux arrivants.

Pour réaliser au mieux ce qui lui a été imparti, le colonel Jeanningros a ventilé ses compagnies à La Vera-Cruz et dans les petites bourgades du parcours : Tejeria, La Soledad, Paso del Macho. Lui-même s'est installé à Chiquihuite avec une réserve. Il dispose ainsi d'éléments capables de battre la campagne de part et d'autre de l'axe et de fournir des détachements d'intervention au profit des colonnes montant sur Puebla.

C'est à Chiquihuite, le 29 avril 1863, que Jeanningros apprend qu'un lourd convoi est en route vers Puebla. Fort de 60 voitures et 150 mulets, escorté par deux compagnies de Légion et emmenant des pièces d'artillerie, des vivres, des médicaments et 4 millions en pièces d'or, il vient d'arriver à La Soledad. Il lui reste encore 50 kilomètres à parcourir pour atteindre Chiquihuite.

Jeanningros est un chef consciencieux. Il sait que deux de ses compagnies protègent le convoi. Une autre compagnie est stationnée à mi-route à Paso del Macho. Le colonel ne veut rien négliger. Comme la région est loin d'être sûre, il décide d'envoyer des éclaireurs au-devant des arrivants. Le tour de « marcher » tombe sur la 3e compagnie. C'est donc elle qui est désignée pour partir.

Mais les « Terres chaudes », avec leur insalubrité chronique, ont fait des ravages. La « 3 » ne peut aligner que 62 hommes. Les autres sont à l'hôpital, ainsi que les deux officiers.

Faute de commandant de compagnie, le capitaine Danjou, adjudant-major du 1er bataillon, se porte volontaire pour en prendre le commandement. Jeanningros acquiesce. Deux sous-lieutenants se présentent également : Maudet, porte-drapeau, et Vilain, officier payeur.

Danjou, ancien saint-cyrien, destiné à symboliser l'héroïsme légionnaire, a alors trente-cinq ans et de belles campagnes derrière lui : l'Algérie, la Crimée, Magenta. Ayant perdu sa main gauche[1], il l'a fait remplacer par une main en bois articulée. Il s'en sert paraît-il fort habilement. Cette prothèse lui a valu le sobriquet de « Main de Bois ».

Il est environ vingt-trois heures lorsque le 29 avril, la 3e compagnie, 3 officiers, 62 sous-officiers et légionnaires, quitte Chiquihuite à pied. Comme de règle, les nationalités sont diversifiées. La compagnie compte des Polonais, des Allemands, des Belges, des Espagnols, des Italiens. Les Français sont les plus nombreux. Les légionnaires portent la tenue d'été, petite veste bleue, pantalon de toile et

---

1. En service commandé suite à un accident de tir, et non devant Sébastopol comme l'énoncent certaines chroniques qui exagèrent.

vaste « sombrero » du pays, afin de se garantir du soleil. Presque tous sont armés de la carabine Minié [1], modèle 1857, calibre 17 mm, avec sabre-baïonnette. Deux mulets d'accompagnement transportent les munitions et les vivres.

*

L'Histoire a retenu le nom de Danjou. A un degré moindre, elle se souvient aussi de celui de Maudet et de Vilain. Elle ne saurait oublier les braves appelés à partager le destin de leurs officiers :
 – Sergent-major Tonnel.
 – Sergents Morzycki, Germeys, Schaffner, Palmaert.
 – Caporaux Maine, Delcaretto, Pinzinger, Magnin, Berg, Favas, Tambour Laï.
 – Légionnaires Groux, Bernardo, Bertollo, Brugiser, Catenhusen, Cateau, Conrad, Konrad, Dubois, Friedrich, Furbasz, Hipp, Langmayer, Lernould, Seiler, Vandesavel, Dicken, Timmermans, Dael, Rohr, Kurz, Billod, Bass, Fritz, Rerbers, Schreiblich, Devriess, Wensel, Bogucki, Constantin, Daylink, Vandermeersche, Brunswick, Gaertner, Gorski, Jeannin, Kunassec, Lemmer, Leonard, Merlet, Schiffer, Seffrin, Vanderbulche, Zey, Verjus, Stoller, Wittgens, Vanosptal, Sergers, Hiller.

*

Depuis son départ de La Vera-Cruz, le convoi français n'est pas passé inaperçu : les Mexicains ont des espions partout. Le colonel Milan, commandant des troupes mexicaines des « Terres chaudes », en connaît la valeur. Les pièces d'artillerie, les 4 millions en or l'intéressent au plus haut point. Aussi est-il résolu à s'en emparer. Pour ce, il s'est chargé personnellement de l'affaire avec 800 cavaliers et un millier de fantassins.

Les légionnaires ne sont pas mécontents de cheminer de nuit. Ils évitent la chaleur moite du jour. Mais ils ne se doutent pas qu'ils sont épiés. Tous les mouvements des Français sont observés. Des émissaires sont partis avertir Milan qu'un détachement a quitté Chiquihuite et progresse sur la route, qui n'est qu'une piste, en direction de La Soledad.

A deux heures du matin, la « 3 » atteint Paso del Macho où stationne

---
1. Arme conçue par le capitaine Minié. Sera remplacée par le Chassepot à partir de 1866.

une autre compagnie de Légion. Son chef, le capitaine Saussier[1], propose à Danjou de lui donner une section en renfort.

« Merci, c'est inutile, répond Danjou. Envoyez-la seulement si vous entendez tirer... » Hélas, Saussier, à cause du vent contraire, n'aura aucun écho de la fusillade.

Et la « 3 » repart. Vers cinq heures, avec l'aube, ayant parcouru une bonne vingtaine de kilomètres, elle arrive au hameau de Camaron[2], ainsi nommé à cause d'un ruisseau proche riche en écrevisses (*camaron*). Camaron que les Français transformeront en Camerone, est abandonné. La guerre est passée par là. Les masures sont vides et délabrées. Seul à la sortie de Camaron, sur le bord droit, le bâtiment principal à tuiles rouges d'une hacienda paraît à peu près intact. Passant à sa hauteur, la 3ᵉ compagnie ne se doute pas que ce cadre sera son Golgotha, qui lui ouvrira les portes de la gloire militaire.

Passé Camaron, la route file avec des sous-bois de part et d'autre. La « 3 » progresse en sécurité avec une section déployée en tirailleurs de chaque côté. Elle poursuit encore de quelques kilomètres jusqu'à Palo Verde, hameau lui aussi abandonné que Jeanningros a fixé à Danjou comme ultime étape de sa reconnaissance. A Palo Verde coule, aubaine précieuse, un ruisseau à l'eau limpide. Danjou décide d'y faire grande halte pour se reposer de la nuit de marche. D'emblée les hommes ramassent du bois pour les feux et remplissent les marmites pour préparer le café.

Soudain, il est sept heures dix, une sentinelle pousse un cri d'alerte. Un nuage de poussière se distingue à l'horizon. Danjou, avec sa longue-vue, a tôt fait d'identifier des cavaliers mexicains. Sa réaction est immédiate : « Aux armes ! » En quelques instants, la compagnie est l'arme au pied, baïonnette au canon. Les marmites ont été renversées. Adieu café !

Danjou l'ignore mais cette apparition n'est pas innocente. Milan, informé de l'existence de ce détachement qui se porte au-devant du convoi qu'il veut attaquer, entend l'éliminer. Ses cavaliers galopent dans ce but.

La compagnie a serré les rangs. Quelque temps, les légionnaires

---

1. Saussier, promu chef de bataillon peu après, fera une brillante carrière. Colonel en 1870, prisonnier à Metz, évadé, promu général, il commandera une brigade à l'armée de la Loire. Général de division, il commandera l'expédition de Tunisie en 1881 puis deviendra vice-président du Conseil supérieur de la Guerre et à ce titre généralissime désigné. Il s'inscrit dans la lignée des officiers de Légion devenus patrons de l'armée française, Olié, Lacaze...

2. Camaron se situe à 310 mètres d'altitude et à 60 kilomètres de La Vera-Cruz, soit donc à mi-parcours La Vera-Cruz-Chiquihuite.

font mouvement pour s'opposer aux Mexicains, mais ceux-ci cavalcadent à distance, un peu au nord de la route. Ne souhaitant pas se disperser dans les sous-bois aux vues limitées, le capitaine regagne la route tout en revenant en arrière. Le terrain s'éclaircit, il y verra plus clair.

La compagnie dans son déplacement s'est rapprochée de Camaron traversée deux heures plus tôt. A courte distance des maisons, un coup de feu claque. Un homme s'affaisse, preuve de la présence proche de l'ennemi. Avec prudence, Danjou fait aborder l'hacienda, puis les masures un peu plus éloignées. Brusquement les cavaliers mexicains, disparus de longues minutes, réapparaissent à nouveau, à moins de trois cents mètres sur une petite croupe.

Danjou a ordonné de former le carré. A l'œil nu, les Mexicains sont nombreux. Trois cents peut-être, si ce n'est plus. Les légionnaires ne sont que soixante, fusils prêts à faire feu.

A cent mètres, les cavaliers déclenchent leur charge de deux côtés, pour prendre les Français en tenailles. Ils se précipitent en hurlant, brandissant leurs sabres. Les voici à cinquante pas. Le feu de salve, au commandement, brise leur élan. Les chevaux s'affaissent. Les suivants s'abattent à leur tour sur les hommes et les montures précipités au sol. Calmement, les légionnaires ajustent tous ceux qui tentent encore d'avancer. Leur tir implacable a raison des plus déterminés. Le chef des Mexicains a compris son échec. Il ordonne de se replier et de se regrouper.

La « 3 » a remporté un succès mais ce succès a une contrepartie dont l'incidence pèsera lourd : les deux mulets, porteurs des munitions, des vivres et des outres d'eau, effrayés par le tintamarre, ont rompu leurs attaches et déguerpi. Les légionnaires n'ont plus de réserve de cartouches et leurs bidons sont vides. Le temps a manqué pour refaire les pleins.

Danjou perçoit que l'ennemi va renouveler son effort. Pour mieux y faire face, il ordonne de passer de l'autre côté de la route, côté hacienda. Un talus, une haie de cactus constituent un obstacle naturel. Sage mesure. A la charge suivante, bien des chevaux se dérobent devant la haie de cactus. Le feu des légionnaires a raison des autres.

Il est maintenant huit heures trente. Le soleil est haut, la chaleur lourde et les bidons vides. A cette heure, tout est encore possible. Danjou pourrait retraiter. Paso del Macho n'est qu'à une dizaine de kilomètres. La garnison, à la fusillade, viendrait à la rescousse. Mais le capitaine connaît sa mission : protéger le convoi. En se repliant, il laisserait le champ libre à l'ennemi, outre Camaron, site favorable à une embuscade. Mieux vaut donc le tenir. L'hacienda n'est qu'à cent cinquante à deux cents mètres de la haie de cactus derrière laquelle la « 3 » a repoussé la seconde charge. Danjou commande résolument de s'y porter et de s'y retrancher.

Cette hacienda de Camaron, théâtre principal des combats, est en fait un assez large ensemble. L'hacienda elle-même est un bâtiment à un étage accolé à la route. Derrière, un vaste enclos carré, le corral, espèce de caravansérail mexicain, de cinquante mètres de côté. Ce corral destiné à héberger les bêtes et les véhicules est clos par un mur d'enceinte, percé de deux ouvertures principales, qui par endroits soutient des hangars et appentis. Tous ces bâtiments sont en piteux état. Du matériel divers, de vieux madriers traînent de-ci de-là. Ils serviront aux légionnaires pour se barricader.

Les cavaliers mexicains ont eu la même idée que Danjou. Certains occupent déjà le bas de l'hacienda, mais une pièce est encore vide. Quelques légionnaires s'y installent tandis que les autres, suivant les ordres de Danjou, se postent dans les divers hangars du pourtour du corral. Un courageux, le sergent polonais Morzycki, dit Kiki, parvient à se glisser sur le toit de l'hacienda. De ce perchoir, il observe les abords et rend compte à son capitaine de ce qu'il voit.

La petite troupe, bien qu'en enfant perdu, se sent solide, mais il y a les deux points noirs : pas d'eau et peu de munitions. Une soixantaine de cartouches par homme. Il faut les économiser. Il fait aussi de plus en plus chaud. L'intérieur de l'hacienda est une étuve.

Il est maintenant un peu plus de neuf heures. Autour de la « 3 », les Mexicains se montrent de plus en plus agressifs. Les coups de feu ne cessent de crépiter.

Tout à coup, vers neuf heures trente, un silence s'instaure. Un parlementaire se présente avec un drapeau blanc. Il parle parfaitement le français :

> « Vous allez vous faire tuer pour rien, nous sommes trop nombreux. Rendez-vous, le colonel Milan vous promet la vie sauve ! »

La réponse de Danjou est catégorique. Si l'on en croit les rescapés, le capitaine fera prêter à ses hommes serment de « combattre jusqu'à la dernière extrémité ».

Le feu, interrompu quelques minutes, reprend avec force chez les Mexicains. Sous cette grêle de balles, des hommes mal protégés ou trop à découvert pour mieux riposter tombent. Vers onze heures, Danjou, se rendant à l'un des postes de combat défendant les portes d'accès, est frappé en pleine poitrine. Il expire peu après. Le sous-lieutenant Vilain prend le commandement.

Midi. Dans les lointains se distinguent des sonneries de clairon. Serait-ce des amis ? Peut-être les camarades de Paso del Macho. Un moment l'espoir étreint les assiégés. Mais des roulements de tambour arrivent sans équivoque : cette tonalité rauque vient de Mexicains. L'infanterie de Milan arrive. Un millier de fantassins qui rejoignent les centaines de cavaliers d'origine et dont plus d'un a déjà mordu la poussière. Ce renfort permet aux Mexicains d'accentuer leur pression.

Quatorze heures. Vilain est touché d'une balle au front. Le sous-lieutenant Maudet prend à son tour le commandement. Celui-là aussi est un vieux soldat. Ses titres de guerre lui ont valu l'honneur d'être désigné comme porte-drapeau.

Les effectifs diminuent. Les rescapés ont soif et faim. Les assiégeants ont allumé des brasiers de paille. La fumée suffocante s'ajoute pendant longtemps à la chaleur tropicale. Beaucoup se sont tus à jamais et les blessés souffrent en silence pour ne rien révéler de la situation exacte. Lorsqu'un camarade tombe, son voisin se penche et vide ses poches pour récupérer ses cartouches.

L'après-midi s'écoule ainsi.

A dix-sept heures cinquante, le sergent Morzycki, le brave qui de son toit renseignait Danjou, est tué. Apprenant sa mort, Maudet est sans illusions : « Un de plus. Ce sera bientôt notre tour. »

Dix-huit heures. Ils ne sont plus que cinq avec une unique cartouche chacun. Maudet commande : « Vous ferez feu à mon commandement. Nous chargerons ensuite à la baïonnette. Vous me suivrez ! »

Les Mexicains ne sont qu'à quelques pas. Maudet s'élance suivi par les siens. Les Mexicains tirent. Maudet s'effondre. Le légionnaire Cateau qui avait voulu le protéger tombe devant lui.

Trois. Ils ne sont maintenant que trois, Maine, Wensel, Constantin. Le plus gradé est un caporal, Maine, un Français. Un officier s'interpose : « Messieurs, rendez-vous ! »

Maine répond en espagnol : « Nous nous rendrons si on nous laisse nos armes et si l'officier s'engage à faire soigner le sous-lieutenant Maudet. »

L'officier réplique : « On ne refuse rien à des hommes comme vous. »

Le colonel Milan a suivi l'action. Il voit venir vers lui les trois légionnaires titubants, visage noirci.

« C'est ce qu'il en reste ? » questionne-t-il et de s'exclamer : *« Pero, no son hombres, son demonios ! »*

*

En fin de journée du 30, Jeanningros a été informé de l'attaque de la compagnie Danjou. Il décide aussitôt de se porter sur les lieux avec deux compagnies. Au matin du 1er mai, au terme d'une pénible marche de nuit, les éclaireurs de tête abordent Camaron. Soudain, ils distinguent une forme humaine qui sort de la broussaille. L'homme est ensanglanté de partout, ses vêtements rougis sont en charpie.

« Mais, c'est Laï ! Le tambour de la 3. »

Une voix affaiblie répond

« Je suis le seul de la 3. »

Le tambour se croit effectivement le seul rescapé. Blessé de plusieurs coups de lance et de deux balles, il a été laissé pour mort sur le terrain. La fraîcheur nocturne lui a fait reprendre ses esprits. De son mieux, il s'était efforcé de s'éloigner et de se cacher tout en restant près de la route. A la vue de camarades, il se manifesterait. Le voici sauvé.

A la fin du combat, les Mexicains ont rapidement quitté les lieux. Ils se sont contentés d'ensevelir leurs propres morts dans une grande fosse commune.

Les autres, les Français, ont été laissés à même le sol, dénudés et dépouillés de leurs vêtements. Déjà les coyotes ont commencé leur œuvre. L'identification des tués n'est pas toujours facile.

*

Tout à leur action contre la compagnie Danjou, les Mexicains de Milan, principale force mexicaine des « Terres chaudes », ont négligé le convoi qui se traîne entre La Soledad et Paso del Macho. Dans l'après-midi du 30, à vingt-cinq kilomètres de Paso del Macho, le chef du convoi a appris par des habitants qu'un violent combat se déroulait à une vingtaine de kilomètres de là. Soucieux avant tout de la sécurité de sa colonne, il a dépêché des cavaliers à La Soledad afin de demander des instructions et a reçu ordre de rebrousser chemin et de revenir sur La Soledad.

Ce repli, mais d'abord et avant tout la résistance de l'hacienda de Camaron, ont assuré l'intégrité du convoi. Devant l'arrivée de Jeanningros, le colonel Milan renoncera les jours suivants à l'attaquer. Peut-être aussi en raison de ses pertes. Environ 500 tués et des centaines de blessés. Les légionnaires ne disposaient que de 3 600 cartouches. Ils ont donc ménagé leurs munitions et su tirer avec précision et à bon escient. Ces braves se doublaient de parfaits professionnels.

*

Laï, blessé, a été récupéré par les siens. Maine, Constantin, Wensel à peu près indemnes sont aux mains de Milan.

D'autres de leurs compagnons blessés sont également relevés par les Mexicains. Correctement soignés, vingt-huit survivront (Maudet mourra peu après). Quelques mois plus tard, ils seront échangés contre un colonel fait prisonnier.

Au total 3 officiers, 29 sous-officiers et légionnaires ont été mortellement blessés, sur les 65 hommes de la 3e compagnie du Régiment étranger. 4 ont disparu.

En témoignage de l'héroïsme déployé, Napoléon III décidera que les noms de Danjou, Maudet et Vilain seraient inscrits sur les murs des Invalides. Maine, ancien sergent de chasseurs à pied, sera promu sous-lieutenant [1]. Le sergent Schaffner, le caporal Pinzinger, les légionnaires Fritz, Wensel, Brunswick recevront la Légion d'honneur, le sergent Palmaert, le caporal Magnin, les légionnaires Kunassec, Schreiblich, Rerbers, Gorski, la Médaille militaire. Laï, le tambour miraculé, sera également fait par la suite chevalier de la Légion d'honneur. Sa décoration est conservée au musée de la Légion.

Napoléon décidera aussi que le nom de Camerone serait inscrit sur le drapeau du Régiment étranger. L'inscription Camerone 1863 se retrouve aujourd'hui sur tous les drapeaux et étendards de la Légion.

En 1892, sur les lieux du combat, un monument a été érigé. Il porte en latin le message suivant :

Ils furent ici moins de soixante
Opposés à toute une armée.
Sa masse les écrasa.
La vie plutôt que le courage
Abandonna ces soldats français
Le 30 avril 1863.

A la lecture de ces lignes terminant le récit du combat de Camerone, il est de tradition, à la Légion, de présenter les armes.

*

Parmi les vestiges du combat, la main de bois du capitaine Danjou, emmenée par un Mexicain et récupérée en 1865. Une ferveur pieuse l'entoure et l'accompagne. Tout naturellement, cette glorieuse relique est transférée à Sidi-Bel-Abbès et ira prendre place au musée. En 1962, elle partira pour Aubagne.

---
1. En 1870, il sera capitaine de francs-tireurs à Gien.

Cette main articulée a pris rang de symbole. Celui qui la portait après sa mutilation aurait pu renoncer aux vicissitudes militaires. Dominant son infirmité et son handicap, il avait poursuivi son métier de soldat. Cette persévérance stoïque l'avait conduit à connaître, en chef, la mort des braves.

Chaque année, le 30 avril, anniversaire de Camerone, cette main est présentée sur le front des troupes. Elle est portée par un ancien légionnaire regardé comme l'un des plus valeureux. « Porter la main » est l'insigne honneur que la Légion réserve à l'un des siens. Escorté de deux compagnons choisis eux aussi parmi les plus valeureux, le dignitaire remonte lentement la célèbre « voie sacrée » menant au monument aux morts. De grands noms, à jamais célèbres à la Légion, ont porté la main.

De cette tragédie héroïque commémorée chaque 30 avril par les légionnaires, il reste dans l'armée française une locution célèbre. « Faire Camerone » signifie résister jusqu'à la mort. La suite de l'histoire de la Légion est remplie d'autres Camerone.

*

Le convoi a pu passer, apportant un matériel précieux. Puebla succombe après soixante et onze jours de siège. Le 19 mai, les Français pénètrent dans une cité silencieuse et à moitié ruinée. Mexico, où Juarez a décampé devant la menace, est occupée le 7 juin.

Le Mexique compte près de deux millions de kilomètres carrés, presque quatre fois la superficie de la France. L'armée française, avec ses 30 000 hommes si aguerris soient-ils, ne peut prétendre contrôler un pays qui continue de se refuser. La guérilla se prolonge et s'intensifie.

D'autant qu'un autre facteur politique complique encore les données initiales. La France a poussé la candidature de Maximilien, frère de l'Empereur d'Autriche, au trône du Mexique. Après bien des hésitations, Maximilien a accepté, fort des garanties parisiennes. Intronisé par les Français et avec leur appui, il s'efforce d'affirmer un pouvoir que Juarez et la majorité des Mexicains lui contestent. La lutte militaire ne peut qu'en être aggravée.

*

Bazaine a remplacé Forey le 16 juillet 1863. Le nouveau commandant en chef connaît bien la Légion, où il a servi durant des années. Il sait pouvoir compter sur cette troupe, dont la défense de l'hacienda de Camaron a encore rehaussé le prestige. Telle la Garde impériale, la Légion « meurt mais ne se rend pas ». Le Régiment étranger est donc appelé à intervenir sur l'ensemble du territoire mexicain, Jeanningros ayant réussi à le faire relever de l'enfer des « Terres chaudes ».

Le vomito negro et Camaron ont clairsemé les rangs. Des renforts arrivent. Parmi eux, quelques curieuses recrues. La Légion se veut un havre. Elle refuse donc rarement les candidatures d'étrangers, surtout dans un siècle où les moyens d'investigation sur le passé des individus sont limités. Bismarck, le chancelier de Prusse, voit loin. Il envisage l'heure où il aura à se battre contre la France pour parfaire, selon lui, l'unité allemande. Sur son ordre, quelques Prussiens s'infiltrent à la Légion pour étudier de près les méthodes de l'armée française. Ils se présentent en victimes de duels obligés de s'exiler. Ces Prussiens, leur mission remplie, rentrent chez eux.

Cette mauvaise graine n'a pas d'incidence. Après Camerone, le Régiment étranger reste fidèle à son renom. En 1864, il est devant Oaxaca, à deux cents kilomètres au sud de La Vera-Cruz. La situation rappelle celle du siège de Puebla. Mêmes difficultés pour acheminer le ravitaillement, même opiniâtreté des défenseurs de la ville.

En 1865, les légionnaires partent, cette fois, dans le nord du pays. Ils se distinguent lors de la prise de Monterrey, à sept cents kilomètres de Mexico.

Pour faire face à un type de guerre où l'adversaire est le plus souvent excessivement mobile (sauf lors des sièges), il a été nécessaire de s'adapter. En avance de quelques décennies, ont été créés une compagnie montée et un escadron à cheval. Une batterie d'obusiers a même été constituée. La richesse et la diversité du recrutement légionnaire offrent toujours les spécialistes voulus. La Légion, en fonction de ses besoins, ne manquera jamais de cavaliers, de sapeurs, d'artilleurs. Et même après 1945 de parachutistes...

Dans cette guerre qui s'enlise se glisse, le 1er mars 1866, un revers grave. L'héroïsme n'est pas en cause. L'imprudence, la soif de briller sont seules responsables.

Malgré les instructions de Jeanningros, le commandant de Brian se risque dans une expédition hasardeuse. Son effectif est insuffisant, dans une contrée hostile. Dans un coup de main tenté contre l'hacienda de Santa Isabel (deux cents kilomètres à l'ouest de Monterrey), où a été signalée une concentration ennemie, sa petite troupe succombe sous le nombre. 6 officiers, 95 légionnaires sont tués. Il n'est qu'un rescapé. De Brian tombe, victime comme tant d'autres

– Montagnac en 1845, Laverdure en 1914 [1] – de sa rage de se distinguer. Santa Isabel est un nouveau Camaron sans en avoir l'écho.

Au fil des mois, la France s'embourbe chaque jour un peu plus au Mexique. La tension monte avec les Etats-Unis. Les Nordistes, vainqueurs de la guerre de Sécession, se font menaçants. Napoléon III finit par trancher. 1867 sonne le repli du corps expéditionnaire. L'armée française quitte le Mexique et abandonne à son sort l'infortuné Maximilien [2].

Le Régiment étranger rentre également mais le précédent espagnol de 1835 a manqué de se reproduire. Durant quelque temps, il a été envisagé de laisser sur place la Légion portée à 8 000 hommes afin de soutenir Maximilien. Mais Napoléon III, désireux de s'extraire du guêpier dans lequel il s'était fourvoyé, a mandé à Bazaine le 13 décembre 1866 : « Rapatriez la Légion ! » L'affaire était réglée.

Après un ultime salut, à Camerone même, à Danjou et à ses compagnons, le Régiment étranger embarque pour l'Algérie. Il laisse derrière lui près de 2 000 des siens. 19 officiers, 328 sous-officiers et légionnaires ont été tués à l'ennemi. La maladie a été encore plus meurtrière. Elle a emporté 12 officiers, 1 589 sous-officiers et légionnaires. 1 918 officiers et légionnaires au total reposent à jamais sur la terre mexicaine.

L'aventure a coûté à la France 6 000 morts. La Légion à elle seule en a donc supporté le tiers. Au premier rang des disparus, les 52 héros de Camaron, cet humble lieu-dit des « Terres chaudes » promu grâce à eux à l'immortalité chez les hommes de guerre.

---

1. 1845 : tragédie de la colonne Montagnac au Guergour et à Sidi-Brahim en Oranie. 1914 : destruction de la colonne Laverdure dans le Moyen-Atlas.
2. Fait prisonnier par les troupes de Juarez, il sera fusillé le 19 juin 1867.

Chapitre VII

SACRIFICES MÉCONNUS

Tout s'en est mêlé pour précipiter la catastrophe. Gouvernants et opinion publique ont manqué de sang-froid et de réalisme. Les chefs politiques et militaires étaient persuadés de l'emporter aisément après les succès obtenus en Crimée, en Italie et au Mexique. Les Français, dans leur immense majorité, ont fait chorus. D'un « cœur léger », ils ont accepté les responsabilités et les risques d'un affrontement avec la puissance montante d'outre-Rhin.

Bismarck, de son côté, avait joué avec maestria sa partition, persuadé lui aussi d'une victoire qui achèverait l'unité allemande. En artiste machiavélique, il avait joué de la capa devant le coq gaulois. Dressé sur ses ergots, celui-ci avait jeté son cocorico national.

Bref, le 19 juillet 1870, malgré les réserves d'un Napoléon III vieilli et malade, la France a déclaré la guerre à la Prusse sous prétexte de provocations et d'insolence[1]. Au pied du mur, le pays s'est trouvé

---

1. Les causes et origines profondes de la guerre franco-prussienne de 1870 sont bien connues. Bismarck veut parfaire l'unité allemande derrière la Prusse. Sa vic-

sans alliés avec une armée dont les rodomontades du maréchal Lebœuf, le ministre de la Guerre, avaient fait illusion quant à son véritable état. En effectifs, en qualité du matériel, en valeur du commandement, l'expérience montrera très vite où se situait la supériorité.

*

La France isolée a besoin de tous ses enfants. L'armée d'Afrique s'embarque pour la métropole. Régiments de tirailleurs, de zouaves, d'infanterie légère, de chasseurs d'Afrique, de spahis [1] prennent la direction de la Mère Patrie.

La Légion étrangère n'est pas du premier voyage. Son pourcentage de légionnaires d'origine germanique est jugé trop important. En juillet et août 1870, elle demeure donc en Algérie où malgré tout une présence militaire n'est pas inutile. La révolte de Mokrani, six mois plus tard, le prouvera.

Un courant de sympathie et d'amitié pousse cependant de nombreux étrangers à se porter au secours de la France. Ils sont des dizaines, des centaines, à vouloir s'enrôler sous les plis du drapeau tricolore pour lutter contre les armées de Bismarck.

Les premiers revers français renforcent ce volontariat. Une décision à son sujet s'impose. Napoléon III est aux armées. Bientôt, il sera le prisonnier de Sedan. Avant son départ des Tuileries, il a confié la régence à son épouse l'impératrice Eugénie. C'est donc la régente qui le 22 août signe le décret préparé par Cousin-Montauban, nouveau ministre de la Guerre, et ordonnant :

> « La création, dans le Régiment étranger, d'un cinquième bataillon, composé de six ou huit compagnies, où les emplois d'officiers seront donnés de droit soit à des officiers français pris avec leur grade dans d'autres corps, soit à des officiers admis à servir comme officiers à titre. »

La porte est grande ouverte pour accueillir des étrangers. Non par un contrat classique de légionnaire, mais par un contrat à durée déterminée correspondant à la seule période de la guerre.

---

toire à Sadowa en 1866, contre l'Autriche, lui a procuré la première place en Europe centrale. Il aspire à devancer la France et à englober l'Alsace et la Lorraine, provinces qu'il regarde comme allemandes. Une candidature Hohenzollern au trône d'Espagne, laissant apparaître la perspective d'une menace d'encerclement analogue à celle de Charles Quint, provoque en France un tollé. La dépêche d'Ems, rédigée par Bismarck en termes volontairement outrageants précipite la rupture et la guerre.

1. En régiments de marche, constitués pour l'occasion.

Le temps presse. Impossible de façonner les futurs légionnaires dans le saint des saints de Sidi-Bel-Abbès. Ils seront incorporés en métropole même. Tours devient le point de rassemblement de ce cinquième bataillon qui reçoit pour chef le commandant Victor-Joseph Arago, petit-fils du célèbre savant.

Avec les Autrichiens, Suisses, Belges, Espagnols, Valaques, Polonais, Italiens et autres accourus se placer au service de la France, huit compagnies peuvent être constituées. Un comte hollandais, M. de Limburg-Stirum, est rentré exprès d'Amérique pour se battre. Un fils du Céleste Empire s'est présenté. Il gagnera au feu les galons de sergent. Il y a aussi un jeune Anglais de vingt ans, Horatio Herbert Kitchener, que Marchand trouvera en travers de sa route à Fachoda en septembre 1898. Le futur comte de Khartoum, prenant résolument option pour la France, est venu s'engager à la Légion étrangère. Ce passé profrançais explique peut-être la courtoise compréhension qu'en dépit de sa rigueur patriotique de fidèle sujet de Sa Majesté, le Sirdar manifestera envers Marchand et ses compagnons.

Cinq officiers sont admis à titre étranger. Parmi eux le prince Karageorges, futur roi Pierre Ier de Serbie [1]. Le prince aime la France. Il est passé par Saint-Cyr en 1862-1864. Le 6 mars 1871, la guerre terminée, il écrira à Bordeaux au ministre de la Guerre :

> « Lorsque la guerre a éclaté, j'ai tenu à honneur que ma carrière militaire débutât sous le drapeau français, tant à cause de mes sympathies pour la France que pour reconnaître l'éducation militaire que j'avais reçue d'elle. Ancien élève de Saint-Cyr et de l'école d'état-major, j'ai voulu combattre à côté de mes anciens camarades. Engagé volontaire dans la Légion étrangère, j'ai été nommé officier le 25 septembre 1870 ; c'est à ce titre que j'ai participé à toutes les opérations des armées de la Loire. Puis j'ai été attaché à l'état-major de l'armée de l'Est, dans laquelle j'ai combattu jusqu'au moment où elle a passé en Suisse, d'où je suis revenu pour me mettre à nouveau à votre disposition.
>
> « La guerre étant terminée aujourd'hui et des intérêts de famille impérieux réclamant ma présence au milieu des miens, j'ai l'honneur de vous prier, Monsieur le Ministre, de bien vouloir accepter ma démission.

---

1. 1844-1921, roi de Serbie de 1903 à 1918, puis roi des Serbes, des Croates et Slovènes de 1918 à 1921. Il est à l'origine des liens étroits qui uniront la France à la Serbie, puis à la Yougoslavie, avant 1939.

« Je ne vous l'aurais certainement pas adressée si la paix n'était pas signée et si l'on avait pu s'attendre à une nouvelle campagne.

« Je considérerai comme un des précieux souvenirs de ma carrière le temps que j'ai eu l'honneur de passer sous les drapeaux, et si je n'ai d'autre souvenir de cette période que le grade qui m'a été conféré, la mémoire en restera néanmoins dans nos traditions de famille ; où l'on retrouve depuis de longues années, une fidèle affection envers la France, à laquelle la Serbie doit, surtout depuis cinquante ans la consolidation de son autonomie et les meilleurs éléments de son indépendance. »

Ce 5e bataillon, à effectif de 1 350 hommes, est intégré au 15e CA du général de La Motte-Rouge, noyau de la future armée de la Loire. A ce titre, il est appelé à participer à la défense d'Orléans menacée par les Bavarois du général von der Tann. Ceux-ci, le 10 octobre, ont bousculé la résistance française à Artenay, à vingt kilomètres au nord de la ville.

Dans la nuit du 10 au 11, le 5e bataillon arrive à Orléans avec le 5e bataillon de marche de chasseurs et le 3e bataillon du 39e de ligne avec lesquels il forme brigade (1re brigade de la 2e division, général d'Ariès). Presque jusqu'à la fin de la guerre, la Légion marchera avec ce 39e de ligne, solide unité, héritier d'un régiment étranger levé en Belgique en 1629 et devenu français en 1647. Ce 39e fut en Crimée et vient d'arriver d'Algérie. Quant au 5e bataillon de marche de chasseurs, il émane du 5e BCP, glorieux bataillon commandé par Canrobert en 1842. Il fut également en Algérie, en Crimée, en Italie.

Légionnaires, lignards et chasseurs campent sur le mail, large boulevard périphérique, lorsqu'un officier d'état-major surgit porteur d'un ordre de mouvement immédiat. Ils doivent sans attendre se porter sur la route de Paris, à la sortie nord de la ville. Le moral des légionnaires est au plus haut. Ils sont venus pour se battre. Les échos lointains de la canonnade leur laissent percevoir que l'heure attendue approche. Croisant un général qui les salue lorsqu'ils commencent à s'éloigner, tous s'écrient d'une seule et même voix : « Vive la France ! »

Le 10 octobre 1870, évidemment, on ne crie plus « Vive l'Empereur ! »...

Sitôt après le mail, en direction de Paris, s'ouvre le faubourg Bannier, longue enfilade rectiligne, bordée de maisons basses donnant le plus souvent sur des jardinets et parfois des enclos de vigne. Ce faubourg représente l'axe d'accès privilégié pour pénétrer au cœur d'Orléans. Pour se couvrir et préparer son dispositif de défense, le général d'Ariès ne tarde pas à ventiler sa brigade. Légionnaires dans le faubourg même, chasseurs et lignards à gauche et à droite.

Chaque pas en avant rapproche des Bavarois dont le feu ne cesse de croître. Les balles, bien que venues de loin, crépitent sans interruption, piquetant les murs et les façades. Des obus, autrement plus dangereux, s'abattent un peu partout et s'acharnent sur le faubourg Bannier facile à cibler. A hauteur de La Chapelle-Vieille, les trois officiers de la 2e compagnie sont tués presque simultanément.

Le commandant Arago n'a pas reçu d'ordres formels précis. Il sait seulement qu'il doit contenir l'ennemi et stopper son avance sur Orléans. Cette directive lui suffit. Il n'y faillira pas.

A hauteur du village des Aydes, à cinq kilomètres du centre ville, il fait éclater son bataillon. La 1re compagnie oblique vers Fleury-les-Aubrais et la gare. Les autres compagnies se partagent la défense du carrefour central des routes menant vers Chartres et Paris et des abords de la voie ferrée, montant elle aussi vers la capitale.

L'ennemi est maintenant pratiquement au contact. Retranchés qui dans les maisons, qui derrière une murette ou un remblai de terre, les légionnaires ajustent posément, les silhouettes qui ne cessent de se multiplier. Leurs chassepots bien maniés s'avèrent des armes redoutables.

Un sergent, reconnu le plus habile tireur du bataillon, s'est posté dans une chambre mansardée d'un étage. De sa lucarne, il voit loin. A ses côtés, ses camarades arment leurs fusils et lui tendent à tour de rôle. Avec soin, le sergent prend sa ligne de mire et appuie sur la détente. La légende, qui déforme peut-être quelque peu, lui attribue 80 Bavarois hors de combat. Non loin, un Belge nommé Joseph Feront se montre presque aussi expert que lui.

Quinze heures vont bientôt sonner au clocher des Aydes. Debout, sa canne à la main, Arago se déplace des uns aux autres avec un mot d'encouragement : « Courage, mes amis ! », « En avant ! ». Souvent des légionnaires lui crient : « Mon commandant, prenez garde à vous ! » et lui conseillent de raser les murs pour mieux se protéger. Soudain, au cœur des Aydes, à hauteur d'une maison portant le numéro 423, alors qu'il se porte vers son clairon pour lui donner un ordre, le commandant est frappé au cou par un éclat d'obus. Relevé par une poignée de braves, il est aussitôt transporté chez un boucher proche. Mais sa blessure est mortelle. La carotide a été tranchée.

Le capitaine de Morancy prend le commandement du bataillon alors que la situation générale s'aggrave. Si le centre du front français sur Les Aydes et le faubourg Bannier tient bon, les ailes sont débordées.

Les Bavarois affluent de plus en plus nombreux. Une contre-attaque menée par légionnaires et chasseurs pour reprendre la gare des Aubrais occupée réussit mais ce succès local est de courte durée. La pression bavaroise se montre trop forte. Au fil des minutes, les Français risquent d'être tournés. Ils sont au total moins de 6 000 à défendre les entrées nord d'Orléans. En face, ils sont 45 000.

De part et d'autre du faubourg Bannier, toute la ligne française se replie. Les légionnaires, profitant au mieux des habitations, reculent pas à pas. Tout le monde fait le coup de feu. Même les blessés se redressent pour tirer.

La nuit est tombée lorsque le 5ᵉ bataillon – ce qu'il en reste – atteint la barrière d'octroi. La lourde grille se referme aussitôt derrière eux. Dans l'obscurité qu'illuminent les lueurs des arrivées d'obus, la fusillade se poursuit sans interruption.

Ces combats au nord d'Orléans feront écrire dans la *Gazette allemande* du 14 octobre :

> « De 14 heures à 19 heures, on se battit autour de ce faubourg des Aydes et cette bataille ne put se comparer qu'à la prise d'assaut de Bazeilles...
>
> « Ici, comme à Bazeilles, on tira sur nos troupes de toutes les maisons, du clocher de l'église et des toits... »

Bazeilles ! Un haut lieu de l'héroïsme des troupes de marine, à l'instar de Sidi-Brahim pour les chasseurs et de Camerone pour les légionnaires. L'ennemi ne pouvait rendre plus bel hommage aux défenseurs d'Orléans que de les rapprocher de ceux de Bazeilles.

La grille d'octroi ne représente qu'une barrière symbolique. Le 5ᵉ bataillon est loin de pouvoir s'estimer à l'abri. Par d'autres accès, les Bavarois s'infiltrent dans Orléans. Les légionnaires se retrouvent quasiment encerclés dans les quartiers nord. A la faveur de l'obscurité, ils tentent de vaincre l'encerclement. Certains réussiront, d'autres non. Avec des complicités d'habitants, le prince Karageorges parviendra à s'éclipser, déguisé en meunier.

En cet après-midi terrible du 11 octobre 1870, devant Orléans, l'esprit de Camerone animait le 5ᵉ bataillon. Il sort décimé de ces heures de combat [1]. 600 légionnaires gisent aux Aydes, dans le faubourg Bannier, près de la gare des Aubrais. 300 sont tombés aux mains de l'adversaire. Les autres, 350 à 400 environ, sont parvenus à

---

[1]. Bien qu'à des degrés moindres, les compagnons de brigade du 5ᵉ bataillon ont aussi beaucoup souffert. Le 3ᵉ bataillon du 39ᵉ a eu 329 tués et blessés. Le 5ᵉ bataillon de marche de chasseurs environ 500.

gagner la rive gauche de la Loire. Le fleuve leur assure dans l'immédiat un relatif écran protecteur. Avec le commandant Arago, le capitaine Charnaix, les sous-lieutenants Packowski, Yung, Kurnewitch ont également été tués.

*

A l'heure où le 5e bataillon résiste avec abnégation devant Orléans, deux autres bataillons de Légion, commandés par le colonel Deplanque, débarquent à Toulon en provenance d'Algérie. Nécessité fait loi. Les « vieux soldats » du Second Empire ont disparu à Sedan et à Metz. Sous l'impulsion de Gambetta, le gouvernement de la Défense nationale s'efforce de reconstituer des armées pour s'opposer à l'envahisseur. Les légionnaires d'Afrique du Nord, vétérans de tant de campagnes, ne sont pas à dédaigner. Une note du ministre de la Guerre, en date du 18 septembre, prescrit seulement : « Pas d'Allemands. » 2 000 légionnaires, en provenance de Sidi-Bel-Abbès, constituent ainsi les 1er et 2e bataillons du Régiment étranger, destinés à combattre en métropole. Le 19 octobre, ils rejoignent à Bourges leurs camarades échappés d'Orléans ou ceux qui, pour une raison ou une autre, n'avaient pas participé à la bataille. Un régiment de Légion se retrouve ainsi presque au complet. Il s'intègre à l'armée de la Loire désormais commandée par le général d'Aurelle de Paladines, qui remplace de La Motte-Rouge estimé dépassé. Avec l'armée de la Loire, il est à Coulmiers le 9 novembre, bataille où les Français prennent une revanche sur les Bavarois.

Le régiment, ce jour-là, n'est pas particulièrement engagé. Les Français ont l'avantage du nombre et le commandement garde les légionnaires en réserve. Ce n'est qu'en fin de journée qu'il est fait appel à eux pour clôturer une victoire qui rouvre la porte d'Orléans occupée depuis le 11 octobre. Coulmiers n'est hélas qu'une étincelle heureuse sans grands lendemains. Les Allemands reçoivent des renforts. L'armée de la Loire, qui essaie de faire mouvement sur Paris pour dégager la capitale assiégée, essuie un premier échec à Beaune-la-Rolande le 28 novembre. Puis elle est défaite à Loigny le 2 décembre et se replie pour couvrir Orléans menacée une nouvelle fois.

Le Régiment étranger appartient toujours à la brigade d'Ariès de la 2e division du 15e corps d'armée. Contrordres, contretemps, contremarches lui font perdre un temps précieux et le tiennent à l'écart des principaux engagements. Mais, après Loigny, il se situe en première ligne au centre d'un front de quatre-vingts kilomètres, où 180 000 Français s'efforcent de contenir des effectifs adverses au minimum du double. La destinée le conduit dans un terrain que les anciens du 5ᵉ bataillon connaissent bien : la grand-route Orléans-Paris.

Le 3 décembre au matin, il assure la défense d'Artenay puis reçoit ordre de se replier, masqué par un rideau de tirailleurs. Les obus prussiens ne cessent de tomber. Les légionnaires ne possèdent que leurs chassepots. Impossible pour eux de contrer les pièces ennemies. Au mieux peuvent-ils tenir à distance les fantassins.

En fin d'après-midi, ayant perdu quelques hommes dans ce repli sous le feu, les trois bataillons bivouaquent à Cercottes. Le centre d'Orléans n'est plus qu'à huit kilomètres.

Le lendemain à l'aube, tout le régiment occupe le sous-bois en lisière septentrionale du village. Un combat confus s'engage avec les avant-gardes prussiennes. Le capitaine Labarrière, plusieurs légionnaires sont tués avant qu'intervienne l'ordre de décrocher à nouveau. Toujours la hantise d'être tourné par l'avance massive des Prussiens qui déboulent en force pour s'emparer des batteries françaises implantées à Cercottes.

La retraite du régiment s'effectue « en échelons par bataillon ». Les obus, qui s'abattent par salves, ne perturbent pas un mouvement où la solidité légionnaire devant le danger n'est pas un vain mot.

Quatorze heures. Les Aydes ! Son église, ses maisonnettes, ses jardinets, ses clos de vigne. Le 5ᵉ bataillon, d'un coup d'œil, retrouve ses marques. Il y a deux mois à peine, il se battait là. Quant aux nouveaux venus arrivés d'Algérie, ils ont tôt fait en vieux briscards d'organiser de judicieux emplacements de combat. Mais si les chassepots sont toujours aussi efficaces, l'intensité du feu prussien fait mal. L'adjudant Cervoni est tué, le médecin Tropsewski mortellement blessé.

Les légionnaires ne cèdent pas un pouce de terrain mais sur leurs flancs la poussée adverse enfonce des coins. Un peu avant seize heures, il leur est à nouveau prescrit de décrocher. Repli encore en bon ordre. « En tiroir », dirait le règlement de manœuvres, le long du fameux faubourg Bannier. A la nuit tombée, les légionnaires abordent la barrière d'octroi et se retranchent sur les boulevards extérieurs. Un appel sommaire laisse apparaître que 200 d'entre eux, au moins, sont portés disparus à la suite de ces combats du 4 décembre.

Le moral malgré tout ne faiblit pas. Un moment de répit permet de faire chauffer un peu de café, breuvage hautement apprécié vu la température ambiante. Chacun se prépare en vue de la journée du lendemain qui s'annonce chaude. Les légionnaires sont prêts à défendre pierre par pierre la cité de Jeanne d'Arc.

Il en sera autrement. Sur l'aile gauche, le 20ᵉ corps d'armée a été enfoncé. Les Prussiens, par la brèche ouverte, déferlent sur Orléans. Pour éviter une destruction de la ville, d'Aurelle de Paladines ordonne une évacuation immédiate.

Vers vingt-trois heures, alors que les légionnaires la tête sur leurs sacs commencent à s'assoupir, à l'exception des guetteurs, une bourrade brutale réveille les dormeurs : « Debout ! En avant, vite ! » Une quinzaine d'années plus tard, un « *Maulen !* » (Vite !) indochinois sans réplique précipitera de tels mouvements. Vestige des années d'Indochine, ce « *Maulen !* » aura de beaux jours devant lui à la Légion.

Il n'est pas minuit lorsque la colonne du Régiment étranger traverse le pont d'Olivet au milieu d'une cohue générale et passe sur la rive gauche de la Loire. Dans la précipitation et l'obscurité, quelques avant-postes n'ont pu être alertés. Ceux-là, le lendemain, seront faits prisonniers.

*

Dans cette nuit du 4 au 5 décembre, Orléans, perdue une première fois en octobre, libérée par la victoire de Coulmiers, retombe aux mains des Allemands. A l'issue de cette défaite, l'armée de la Loire se scinde en deux. Une seconde armée de la Loire se forme sous Chanzy[1]. Une autre, qui prendra le nom d'armée de l'Est, se constitue sous Bourbaki dans la région de Bourges[2]. Bientôt Bourbaki recevra instructions de se porter au secours de Belfort assiégée et puis de remonter vers le nord afin de couper les communications arrière des Allemands qui investissent Paris.

Le 15e corps d'armée auquel appartient le Régiment étranger, toujours embrigadé avec son fidèle compagnon le 39e de ligne, est affecté à cette armée de l'Est. Les légionnaires vivront la fin de la campagne avec cette armée hâtivement mise sur pied.

*

Dans l'immédiat, avant toutes choses, il faut prendre du champ pour se mettre à l'abri d'avancées ennemies. Les hommes épuisés cheminent dans la nuit glaciale. Le jour n'apportera guère de réconfort. Un froid sibérien s'est brutalement abattu sur la France.

---

1. Avec les 16e et 17e corps d'armée.
2. Avec les 15e, 18e et 20e corps d'armée, soit environ 100 000 hommes. S'y adjoindra, par la suite le 21e corps d'armée de Lyon.

Pourtant malgré le sac, le fusil et les jambes lourdes, les kilomètres défilent. Il y en a quarante d'Orléans à La Motte-Beuvron, atteinte dans la journée du 5. Il n'est accordé qu'un court répit avant de reprendre la route de Salbris. Encore vingt kilomètres. De là encore cinquante kilomètres avant une arrivée à Bourges le 8. Quarante centimètres de neige recouvrent la capitale du Berry. La nuit, la température chute à -10/-15°. L'eau est gelée. Le pain manque. Dans ces conditions, les bivouacs ne permettent guère de se refaire. D'autant que les généraux s'obstinent à faire camper les troupes en dehors des habitations, par crainte d'une incursion de l'ennemi. Les légionnaires les plus anciens – ils ne sont pas très nombreux – évoquent Sébastopol et l'hiver russe. Là-bas aussi les vêtements chauds, les chaussures de bonne qualité, les distributions régulières de vivres frais faisaient cruellement défaut. Pourtant, en ces jours d'épreuve où bien des unités perdent leur cohésion et leur sens de la discipline, le Régiment étranger se fait remarquer. Rien n'altère sa stricte rigueur militaire. Il tranche par son stoïcisme et sa tenue de parfaits professionnels.

*

Plus que jamais la France a besoin de bras. De Tours, le gouvernement de la Défense nationale rameute toutes les recrues possibles.

Devant les exigences du moment, le Régiment étranger reviendrait-il au vieil amalgame révolutionnaire ? Peut-être ! Ses effectifs ont fondu. Le 17 décembre, il ne compte plus qu'un millier de valides. Tués, blessés, prisonniers, malades, déserteurs[1] ont éclairci ses rangs.

Suivant le vieux principe des demi-brigades des soldats de l'an II, il lui est affecté un contingent de 2 000 Bretons. Ces braves garçons, qui viennent de quitter pour la première fois leur Armorique natale, parlent mal le français et sont encore moins initiés au métier des armes. Ils formeront les deux bataillons de bleus, les légionnaires, soldats aguerris, celui des blancs. La formule est originale pour une unité de Légion. Elle a le mérite de s'adapter aux besoins présents et d'essayer d'apporter une solution, qui fit jadis ses preuves, au besoin urgent en unités opérationnelles. Concrètement, elle n'aura guère d'incidence sur le Régiment étranger. Ce dernier poursuivra sa route sans trop se préoccuper de ses recrues bretonnes.

---

1. Peu nombreux. Les conditions matérielles – froid, suspicion des habitants – ne s'y prêtent pas. En outre, ceux qui sont là ont fait acte de volontariat pour défendre la France.

*

L'armée de l'Est se constitue donc pour aller, dans un premier temps, débloquer Belfort où Denfert-Rochereau résiste avec un héroïsme qui deviendra légendaire. Les déplacements des troupes de Bourbaki, en direction de la Franche-Comté, doivent théoriquement s'effectuer par voie ferrée. C'est oublier la désorganisation d'un pays en partie envahi. Les retards s'accumulent à tous niveaux. Ils s'additionnent tant et si bien que les Allemands auront largement la possibilité de se garder et d'acheminer des divisions pour barrer la route à Bourbaki.

Le Régiment étranger est victime du contexte général. Il pâtit de surcroît de l'indécision qui, durant une bonne quinzaine, plane sur l'utilisation du 15e corps d'armée. Tours voudrait que ce 15e corps d'armée demeure en réserve entre les armées de la Loire et de l'Est. Bourbaki le réclame à ses côtés. Finalement, le commandant en chef de l'armée de l'Est obtient gain de cause. Le 15e corps d'armée fait mouvement vers l'est et la Légion avec lui. Bien du temps a été perdu. Regroupés sur Vierzon, les légionnaires n'en partent que le 6 janvier. Après quoi ils restent immobilisés du 8 au 14 en gare de Dijon avant de s'éloigner enfin pour la région de Belfort. Rude épreuve, dans des wagons à bestiaux, par une température nocturne de - 15°.

Débarqués à Clerval, à une vingtaine de kilomètres au sud-ouest de Montbéliard, les légionnaires sont aussitôt engagés. Malgré la fatigue, le froid, le feu ennemi qui peuplent les ambulances, ils enlèvent les hauteurs de Sainte-Suzanne, à deux kilomètres de Montbéliard. De ce succès, le général Peytavin, commandant une division voisine et observateur bien placé, déclarera : « La Légion a fait le travail d'une division. »

« Ce travail » bien mené permet d'entrer dans Montbéliard où s'installe un bataillon et demi. Cette implantation ne dure pas. Dès le lendemain, tout le régiment se retrouve à nouveau sur le plateau de Sainte-Suzanne. Il est là au point charnière de l'opération d'ensemble engagée par l'armée de l'Est pour dégager Belfort en l'abordant par le nord-ouest et l'ouest.

La manœuvre envisagée n'était pas obligatoirement défectueuse mais sa réalisation s'avère impossible : les Français n'ont plus la supériorité numérique. Les batteries prussiennes surclassent l'artillerie française. La Lizaine, en crue et aux eaux glacées, oppose un fossé difficilement franchissable.

Le courage ne suffira pas. Belfort ne sera pas secourue. Montbéliard devra être abandonnée. Le 19 janvier, l'armée de l'Est amorcera son repli vers le sud.

Dans cette tentative de percée vers Belfort, le Régiment étranger s'est vu confier la mission de conserver le plateau de Sainte-Suzanne, dominant la Lizaine. Stoïque sous le feu, attendant des ordres qui n'arrivent pas, il a tenu. A l'occasion, il a lancé une attaque coûteuse pour enlever une grosse batterie prussienne prenant de flanc la progression française. Là encore, un cours d'eau infranchissable a bloqué son élan.

Sur ordre de repli général, l'abandon du plateau de Sainte-Suzanne coûte cher. La compagnie de grande garde (7e compagnie du 5e bataillon) est encerclée. L'officier payeur est tué.

Alors que le gros de l'armée de l'Est s'oriente rapidement vers l'est et Pontarlier[1], le Régiment étranger et la 2e division piquent plein sud, par Beaume-les-Dames, afin de participer à la défense de Besançon. L'armistice de fin janvier le trouvera là, toujours en compagnie du 39e de ligne. La guerre franco-prussienne dite de 1870 est officiellement terminée. Sur une défaite française, lourde de l'abandon de l'Alsace et de la Lorraine.

*

Dans les annales de la Légion étrangère, cette guerre de 1870 fait sans doute figure de grande méconnue. L'Algérie, la Crimée, l'Italie, le Mexique, les campagnes coloniales, 1914-1918, la Seconde Guerre mondiale et ses lendemains ont un autre lustre et estompent ces cinq mois de lutte. Pourtant ne saurait être oublié que 14 officiers, 52 sous-officiers, 864 légionnaires sont tombés pour la défense de la France, soit sensiblement le tiers des effectifs engagés, pourcentage supérieur à celui de 1914-1918.

A cette longue liste s'ajoute celle de tous ceux qui sont restés en chemin victimes du terrible hiver et des conditions de vie.

Il serait injuste de ne pas se souvenir de tous ces sacrifices.

*

L'armistice est signé. Le traité de paix, creusant, avec la perte de l'Alsace-Lorraine, un fossé impossible à combler entre la France et l'Allemagne, le sera bientôt. A priori, rien ne retient plus les légionnaires en métropole. Sidi-Bel-Abbès les attend. L'ouvrage ne manque

---

1. D'où il passera en Suisse pour échapper aux Allemands.

pas en Algérie. La révolte de Mokrani vient d'éclater, ravageant le Constantinois et la Grande Kabylie.

Mais en France, un conflit terminé en dissimule un autre. A Paris, la guerre civile oppose Communards et Versaillais. Car c'est à Versailles que Thiers, pour rétablir l'ordre, reconstitue une armée avec les prisonniers libérés et les débris des armées de la Loire, de l'Est et du Nord.

Les 66 officiers et 1 003 gradés et légionnaires du Régiment étranger n'ont pas le choix, même s'ils n'ignorent pas que la poudre parle du côté de Sétif et de Tizi-Ouzou. Le 29 mars, de Besançon, ils sont dirigés sur Versailles par Dole, Dijon, Nevers, Bourges, Le Mans et Chartres [1], afin de participer à la reprise de la capitale tombée aux mains des insurgés depuis le 18 mars.

Cet épisode d'une lutte fratricide, la Légion n'aime pas l'évoquer. Le Livre d'Or écrit : « Ce n'est pas là besogne de légionnaires... »

Certes ! et l'auteur de ce commentaire a raison. Pourtant, ne serait-ce que pour écarter des interprétations tendancieuses, la participation de la Légion à la répression de la Commune ne saurait être éludée. L'Histoire doit être respectée. Ce qui fut, fut.

Le 1er avril, les légionnaires arrivent à Versailles. Ils se font tout de suite remarquer par un détail : leur patron, le lieutenant-colonel Canat, leur a fait coudre une étoile sur le bandeau du képi. Les Versaillais en les regardant s'illusionnent. Ils croient avoir devant eux un régiment d'infirmiers.

Le fidèle 39e de ligne a suivi. Avec lui, le Régiment étranger constitue la 2e brigade de la 5e division. Ils vont vivre ensemble les combats devant et dans Paris.

Le premier engagement intervient le 7 avril aux approches de Courbevoie où les fédérés sont passés à l'offensive. Déjà un tué et des blessés. A partir du 15, la lutte dans Neuilly révèle ce à quoi il faut s'attendre. Les hommes de la Commune sont résolus à se défendre vigoureusement et ne manquent pas de courage. Sur Neuilly, ils possèdent même deux pièces d'artillerie. La bataille coûte 15 morts et 111 blessés à la Légion.

La guerre ne serait pas la guerre sans certains à-côtés comiques en marge de la tragédie. Au hasard de leur avance, les légionnaires tombent sur une fabrique d'eau de toilette. Belle occasion pour dissimuler les odeurs nauséabondes, corporelles ou vestimentaires, accumulées

---

1. Long itinéraire afin d'éviter les régions occupées par les Prussiens et les Bavarois.

depuis plusieurs jours, voire plusieurs semaines. Jamais paraît-il ne se vit un régiment aussi parfumé. Les pisteurs peuvent le suivre à l'odorat.

Au début de mai, les Versaillais approchent des fortifications. Les légionnaires sont engagés après quelques jours de repos dans le bois de Boulogne puis dirigés sur Asnières. Le 21, la semaine décisive qui sera la « semaine sanglante » commence avec l'attaque généralisée par l'ouest de la capitale.

La 5e division, par Clichy, Levallois-Perret et Saint-Ouen, converge sur Montmartre[1]. Le 25, le Régiment étranger atteint les gares du Nord et de l'Est. Le lendemain un légionnaire s'empare du drapeau rouge du 124e bataillon de fédérés. Le 27, après avoir enlevé deux barricades, le 5e bataillon aborde le parc des Buttes-Chaumont. Le Régiment étranger aura l'honneur d'être cité dans le rapport de Mac-Mahon, commandant en chef de l'armée versaillaise :

> « Le 28, le Régiment étranger a planté le premier le drapeau tricolore sur les Buttes-Chaumont. »

La fin approche. La journée du 29 est consacrée au désarmement de Belleville (XXe arrondissement). Le 30, tout est pratiquement terminé pour les légionnaires. Ils se sont battus mais la répression aveugle et sanglante n'a pas été leur fait. Tout au plus a-t-il fallu sanctionner quelques cas de pillage individuel.

Comment les cadres et les légionnaires ont-ils vécu ces journées fratricides ? Même s'ils avaient le sentiment d'effectuer un travail qui n'était pas le leur, incontestablement leurs cœurs ne penchaient pas du côté des insurgés. Le drapeau rouge n'a jamais été celui de la Légion. Les ordres reçus ont été exécutés fidèlement. 22 tués dont 3 officiers, 128 blessés prouvent que le sens du devoir n'a pas faibli.

La Légion connaîtra d'autres drames aussi cruels. Au Levant en 1941, en Algérie, vingt ans après. Pire, alors, les deux camps face à face brandiront chacun un drapeau tricolore.

Les légionnaires ne profitent guère de la vie parisienne. Installés caserne de la Pépinière, ils ignorent les tentations du quartier libre dans un Paris qui doit d'abord panser ses plaies. Le 11 juin, ils partent pour Toulon. Au solstice d'été, la *Drôme* les reconduira à Mers el-Kébir.

Ils ne reviendront en métropole que dans quarante-trois ans. Pour la grande revanche !

---

1. Où n'a pas encore été édifiée la basilique du Sacré-Cœur.

Chapitre VIII

DIX ANS D'AFRIQUE

Les rescapés de 1870 ont remis le pied en Algérie. Sitôt débarqués, ils partent rejoindre Mascara, la seconde garnison de la Légion après Sidi-Bel-Abbès.

En 1871, la voie ferrée n'atteint pas l'ancienne capitale d'Abd el-Kader[1]. La côte est rude pour gagner la citadelle qui domine la ville. Le soleil d'Afrique, en ce 22 juin, fait oublier la froidure de l'hiver métropolitain. Trop peut-être, surtout lorsqu'on porte le barda sur le dos.

Les arrivants ont été à la peine mais les camarades qui les accueillent n'ont pas chômé. En mars Mokrani, on le sait, a déclenché dans la région de Bordj Bou Arreridj une révolte qui a fait tache d'huile. Dans une Algérie quasiment vide de troupes, l'insurrection s'est amplifiée, quelques marabouts s'en mêlant. La Grande Kabylie s'est embrasée. Pratiquement tout l'est algérien a été touché.

---

1. Qu'elle n'atteindra jamais directement. La ligne Oran-Saïda passera quelques kilomètres à l'ouest dans la vallée.

*

Le Régiment étranger existait depuis 1862. Le corps dans sa quasi-intégralité a participé à la campagne du Mexique. Puis plusieurs de ses bataillons ont été engagés dans la guerre en Europe. La formule Régiment étranger répondait assez bien à la réalité de l'institution. Des bataillons opérationnels étaient mis sur pied en cas de besoin.

Les légionnaires demeurés en Algérie (3e et 4e bataillons et Allemands des 1er et 2e) ont été appelés à participer à la répression. Un détachement de 12 officiers et 585 hommes a été formé à Saïda. Arrivé à Alger le 25 mai, il a aussitôt fait partie d'une colonne envoyée en Grande Kabylie afin de dégager Dra el-Mizan (5 juin). Après quoi il a effectué des pointes sur Bouira, Beni Mansour et Aumale. Le mois de juillet a été consacré à des sorties sur les pentes du Djurdjura avant de refaire mouvement vers l'ouest pour pacifier le Zaccar, entre Cherchell et Miliana, avec des méthodes rappelant celles de Bugeaud.

Finalement, le détachement, ayant eu quelques tués et blessés, a regagné Mascara le 10 septembre. Cette sédition de 1871 sur la moitié orientale de la colonie n'avait rien d'une gronde passagère. Des troupes ont dû être envoyées en nombre de métropole. Au total, le feu éteint, les Français auront eu 2 700 tués. Heureusement, l'Oranie n'a pas bougé. L'absence de la Légion de ses cantonnements traditionnels n'a pas eu d'incidence.

*

L'armée française des années 1870 vit en pleine mutation. L'armée du Second Empire, surclassée numériquement avec ses « vieux soldats » effectuant sept ans de service, est jugée en partie responsable de la défaite[1]. L'expérience des Mobiles hâtivement levés par le gouvernement de la Défense nationale ne s'est guère avérée concluante. Pour remédier à son infériorité numérique constatée face à la puissante Allemagne, la France glisse progressivement vers la conscription.

Sa spécificité paraît mettre la Légion à l'écart des grandes réformes en cours. La seule interrogation à son sujet pourrait se situer au niveau de son existence même. Mais le pays ne saurait se priver délibérément d'un corps dont les services rendus ne sont pas contestés. La Légion existe et subsistera[2].

---

1. Sans évoquer les lacunes du commandement.
2. L'existence de la Légion depuis 1831 n'a jamais été véritablement menacée (sauf en 1835 et 1961, voir plus bas). La situation des Forces armées françaises à

Elle n'échappe pas cependant à une modification de nom. En 1875, le Régiment étranger disparaît. On revient au vocable de Légion étrangère. Pratiquement, la mesure n'apporte pas grand changement : la Légion continue de faire figure de gros régiment (4 000 hommes) à plusieurs bataillons. La formule se prolongera durant dix ans[1]. Suite au décret du 14 décembre 1884, les 1er et 2e Régiments étrangers sont recréés par dédoublement de la Légion à compter du 1er janvier 1885. On en restera là jusqu'en 1914.

*

Dans ces lendemains de 1870 commencent à apparaître les paroles du pas redoublé :

« *Tiens voilà du Boudin...*
Pour les Alsaciens, les Suisses et les Lorrains
Pour les Belges, y en a plus... »

L'allusion est manifeste. Les engagements de l'après-défaite sont réservés en priorité aux Suisses et surtout aux Alsaciens-Lorrains, suite à la perte de leurs provinces. Le pourquoi de l'origine du boudin est plus discuté. Est-ce par référence à la couverture roulée en boudin sur le sac ? Est-ce tout simplement parce que ce mets figure fréquemment à l'ordinaire ?

De même, pourquoi les termes peu flatteurs à l'égard des Belges ? Faut-il y voir un coup de patte contre des Français trop débrouillards et engagés sous couvert de nationalité belge ? Quant aux paroles du couplet :

« *A Tuyen-Quang illustra notre drapeau...* »

elles attendront évidemment la campagnes du Tonkin (1883-1885)

*

---

l'aube du XXIe siècle, reposant sur la notion d'armée de métier, semble écarter à priori dans l'immédiat toute notion de disparition. Faut-il rappeler également que les légionnaires ne sont pas les seuls soldats de métier de l'armée de la jeune IIIe République ? On y trouve des tirailleurs algériens et sénégalais, des spahis. Avec l'expansion coloniale, cet éventail s'élargira.

1. La Légion aura alors pour chefs les colonels : Mallaret : 1er avril 1875 – Négrier : 7 juillet 1881 – Grisot : 11 septembre 1883. Le temps de commandement n'est pas alors, comme présentement, impérativement fixé à deux ans. Il n'est pas rare qu'un colonel reste en fonction trois ou quatre ans, voire plus.

Dans cette Algérie devenue française, les tisons de la révolte s'éteignent difficilement dans le Sud oranais [1]. L'importante tribu des Ouled Sidi Cheikh, de longue date, s'y est montrée hostile à la présence de la France. En 1864, un soulèvement dans la région de Géryville a coûté la vie au colonel Beauprêtre, commandant supérieur du cercle de Tiaret.

Au début des années 1880 l'agitation renaît dans cette région politiquement mal définie. A qui appartient-elle véritablement ? La frontière est floue. Au sud d'une ligne Oujda-Sebdou, le traité de Lalla Maghnia de 1845 (après la victoire française de l'Isly) entre la France et le Maroc n'a rien réglé. Si le tracé de la frontière, de la côte au Teniet el-Sassi, est bien marqué sur une centaine de kilomètres, au-delà l'incertitude commence. La notion de rattachement des populations prévaut au détriment de celle de frontière politique. Le texte prévoit :

> « Dans le Sahara (désert), il n'y a pas de limite territoriale à établir entre les deux pays, puisque la terre ne se laboure pas et qu'elle sert de passage aux Arabes des deux empires qui viennent camper pour y trouver les pâturages et les eaux qui leur sont nécessaires...
> « Ceux des arabes qui dépendent de l'Algérie sont : les Ouled Sidi Cheikh el Cheraga... »

Les Ouled Sidi Cheikh relèvent donc, en droit, du gouvernement général à Alger. Mais, en perpétuel déplacement, ils profitent sans vergogne du clair-obscur territorial. Un jour, ils se manifestent versant algérien, le lendemain ils se réfugient versant marocain. La France ne les poursuit pas, pour ne pas envenimer la querelle avec le voisin par une quelconque intrusion.

A la fin de l'hiver 1880-1881, sous l'impulsion du marabout Bou Amama, ces Ouled Sidi Cheikh relancent ce qui est pour eux le djihad (la guerre sainte). En mars, ils s'avancent jusqu'à cinquante kilomètres au sud de Saïda et massacrent des ouvriers espagnols travaillant sur des chantiers d'alfa près de Krafallah. L'intervention militaire les rejette vers l'ouest mais ils continuent de se montrer menaçants, sillonnant les monts des Ksours et la région au nord d'Aïn-Sefra.

La Légion, évidemment, a été dépêchée sur les lieux. Le 19 mai, elle a signé un engagement victorieux près de Chellala Gueblia, carre-

---
1. Et même ailleurs. Voir du même auteur chez le même éditeur : *Histoire de l'Algérie des origines à nos jours*.

four de pistes à soixante-quinze kilomètres au nord-est d'Aïn-Sefra et haut lieu de sanctuaires musulmans. Bou Amama s'était arrêté aux abords pour s'y recueillir.

Les Ouled Sidi Cheikh ont reflué. Le calme n'est pas rétabli pour autant, dans un secteur où l'implantation française est des plus ténues. Monts des Ksours et hauts plateaux de la région d'Aïn-Sefra ne sont pas sûrs.

Pour pacifier l'endroit, la Légion est envoyée sur place sous les ordres du colonel de Négrier [1], celui du célèbre : « Légionnaires, vous êtes soldats pour mourir, je vous envoie là où l'on meurt ! »

La lutte rappelle un peu celle menée au Mexique. Les distances s'allongent. L'adversaire se déplace sans cesse. Un jour il est là ; le lendemain il sera cinquante kilomètres plus loin. Dans ces contrées semi-désertiques, contrôler les points d'eau, surtout en été, est un impératif.

Vestige du précédent mexicain, sont alors mises sur pied les compagnies montées. Ah, les compagnies montées de la Légion ! Elles auront leur notoriété méritée, se révélant à l'expérience un excellent outil de guerre. Une brêle pour deux hommes : l'un à pied, l'autre sur la bête. On permute toutes les heures pour équilibrer fatigue et repos. La troupe abat ainsi de très longs trajets à une allure record pour l'époque. Quarante à cinquante kilomètres dans la journée à une vitesse moyenne de six kilomètres par heure. Les compagnies montées joueront un rôle majeur dans la pacification marocaine (elles ne seront dissoutes qu'en 1949).

*

Le 26 avril 1882, une colonne sous les ordres du capitaine de Castries effectue une reconnaissance topographique à environ soixante-dix kilomètres à l'ouest d'Aïn-Sefra, entre Forthassa Rharbia et Aïn ben Khellil [2]. Forte d'environ 300 hommes, elle comprend une compagnie de Légion (capitaine Barbier), une section de la compagnie montée (lieutenant Massone), un peloton de chasseurs d'Afrique et quelques goumiers. Une force de cette importance paraît à l'abri d'une mauvaise rencontre, même si des bandes sont signalées dans les parages.

---
1. 1839-1913.
2. Curieusement Aïn-Sefra, Forthassa Rharbia, Aïn ben Khellil correspondent aux trois sommets d'un triangle équilatéral de 65 km de côté, Aïn-Sefra-Forthassa Rharbia représentant la base est-ouest.

Une section ouvre la marche. Derrière, la colonne s'étire quelque peu, encadrant les animaux de bât et le troupeau qui assure la viande aux étapes. Fin avril, il fait déjà chaud. L'altitude, 1 400 mètres en moyenne, n'apporte pas de fraîcheur. L'horizon s'allonge sans arbres, apparemment plat et dénudé. Par intermittence se distinguent les croûtes blanchâtres des chotts déjà desséchés. Mais ce terrain à prime abord innocent recèle des traîtrises. Des ravinements, des becquets rocheux, de petites croupes permettent de se dissimuler.

Les Ouled Sidi Cheikh sont là, soigneusement cachés par les accidents du terrain. Soudain, ils se dévoilent à courte distance. La section montée est prise sous un feu violent. De tous côtés, des fantassins et des cavaliers fondent sur les Français. Ils jaillissent des ravins, surgissent de derrière de petites crêtes. Peut-être y a-t-il 1 500 fusils et 800 sabres entre les mains de combattants hurlant des slogans de mort.

La section montée, en arrière-garde, la plus exposée, se retrouve coupée et isolée. Le lieutenant Massone, ses sous-officiers et caporaux sont touchés.

« Quand officiers et gradés sont tombés, le soldat le plus courageux prend le commandement », énonce le règlement de service en campagne. Le courageux se révèle. D'une voix forte, il donne les ordres qui conviennent pour regrouper ses camarades et former le carré. Sur son cadavre, car il sera mortellement atteint à son tour, on découvrira une croix de la Légion d'honneur. Quel passé représentait cette croix ?

Le capitaine Barbier de son côté rallie les sections de sa compagnie sur une petite éminence. Les fusils Gras, successeurs des chassepots, les baïonnettes ne chôment pas pour refouler la multitude qui se presse. Camerone revit sous le soleil d'Afrique. Barbier connaît le sort de Danjou. Puis son adjoint le lieutenant Weber s'affaisse [1]. Les vivants protègent les blessés de leur mieux. Quant aux morts, ils sont la proie des furies qui exhortent leurs compagnons.

Après sept heures de lutte, les assaillants devant leurs pertes finissent par renoncer. Lentement, ils amorcent leur repli et s'éloignent comme toujours vers l'est.

Le capitaine de Castries, miraculeusement indemne, reforme une colonne qui prend la direction du nord. En fin de soirée, les rescapés atteignent le puits de Gaaloul, à une quinzaine de kilomètres au nord-est de Forthassa Rharbia.

A Aïn ben Khellil, où il s'était installé, Négrier a appris qu'un fort

---

1. Rétabli, il sera tué à Formose.

accrochage se déroulait au sud. Avec cinq compagnies et un escadron, il se précipite à marche forcée sur les lieux. C'est vers deux heures du matin qu'il reprend contact avec de Castries qui a fait l'appel. Près du tiers de l'effectif a été touché : 2 officiers, 46 gradés et légionnaires tués, 28 blessés.

Ce combat sera connu sous le nom de Chott Tigri. Cette appellation peut surprendre. Le chott se situe relativement loin à l'ouest en territoire véritablement marocain. Le point le plus caractéristique et le plus proche du combat était le puits de Forthassia Cherguia ou à la rigueur le djebel Caaboul. Pourquoi Chott Tigri ? L'ignorance géographique de l'époque, sans doute.

*

Camerone 1863, Chott Tigri 1882, Tuyen-Quang 1885, Rachaya 1925, Palmyre 1941, Bir Hakeim 1942, Phu Tong Hoa 1948, Dong-Khe 1950, Diên Biên Phu 1954. La longue trame guerrière de la Légion est balisée de farouches résistances face à un adversaire supérieur en hommes et en moyens. Ces défenses sans esprit d'abandon témoignent de la solidité d'une troupe dans laquelle l'esprit de Camerone est toujours vivant.

*

Négrier veut venger ses morts. Sans relâche, il traque Bou Amama et ses harkas. Le 12 mai, il les retrouve dans les dunes de sable de l'oued Malloulouah, près du puits de Mengoub[1], à cent kilomètres à l'ouest de Figuig (en futur territoire marocain). Bou Amama, sérieusement étrillé, se retire définitivement au Maroc.

Ces confins algéro-marocains n'ont pas fini de faire parler d'eux. Lyautey y aura fort à faire vingt ans plus tard. Naturellement, la Légion sera à ses côtés pour une nouvelle explication.

*

La Légion est donc loin d'en avoir terminé avec l'Afrique du Nord. Le sud-ouest oranais, le Maroc seront pour elle des secteurs de prédilection dans les trois premières décennies du XXe siècle. Le point d'orgue final sera au Sagho en 1933.

---

1. A une vingtaine de kilomètres au sud de Mengoub, mais en territoire algérien, le 28 novembre 1947, l'avion du général Leclerc s'y écrasera.

Mais d'ici là, hormis la période de la Grande Guerre, l'outre-mer l'accapare en majeure partie. La IIIe République a entamé ce qui sera dénommé l'expansion coloniale. Soucieuse de retrouver un peu de la grandeur perdue en 1870 et de compenser la perte de l'Alsace-Lorraine, elle se lance – à l'instar des autres puissances européennes – dans les conquêtes coloniales. Formidable entreprise qui en moins d'un demi-siècle procure à la France un empire de 12 millions de kilomètres carrés (vingt fois la surface de la France) peuplé de 70 millions d'habitants.

La Légion est présente presque partout où se plante le drapeau tricolore. Que ce soit au Tonkin, au Laos, au Cambodge, au Soudan, au Dahomey, à Madagascar, au Levant, au Sahara, et au Maroc bien sûr. Elle est même en Chine et au Siam. Ses soldats de métier trouvent en ces contrées lointaines des théâtres à la mesure de leurs talents et de leurs rêves. Ils affrontent les Pavillons noirs du Tonkin, les Amazones de Behanzin, les javalos de Madagascar, les méhallas marocaines, les révoltés druzes. Toujours au premier rang, fiers et stoïques, ils passent là où tant d'autres ne passent pas.

Ils découvrent des immensités de cailloux et de sable, sous des cieux embrasés, des paysages mouillés enveloppés d'un épais tissu de végétation, des djebels pelés truffés de ravines et d'éboulis, des sous-bois obscurs noyés dans la moiteur tropicale, des savanes au sol rougeâtre que piquettent de loin en loin une termitière ou un baobab. Au hasard de leurs périples, dans une ville, dans un village, devant une case, un gourbi ou une paillote, ils côtoient des conghaies au sourire enjôleur, des moukhères effarouchées drapées dans leurs voiles, des faciès d'ébène que l'âge n'a pas encore altérés, des hétaïres négociant leurs charmes à vil prix.

*

Pour ces légionnaires soldats de l'ère coloniale, plus encore peut-être que pour leurs anciens, adieu vieille Europe ! « Il leur faut du soleil, de l'espace pour redorer leurs carcasses. »

Sur le bateau qui les mène au loin, une chanson vient sur leurs lèvres avec une gouaille à la Mac Orlan :

> « *Quand on a bouffé son pognon*
> *Ou gâché par un coup d'cochon*
> *Toute sa carrière,*
> *On prend ses godasses sur son dos*
> *Et l'on file au fond d'un paquebot*
> *Aux légionnaires...* »

Les couplets s'enchaînent :

> « *On vit au pays des bicots*
> *Là où c'qu'baroud !* »

Il n'en faut pas plus pour façonner le mythe : le passé mystérieux, les amours perdus, les prouesses héroïques, les visages parfois à peine entrevus, les chaudes soirées de fin de campagne. Tournant résolument le dos à son existence, le héros s'est éloigné en quête de renouveau. Quelque part là-bas sur une terre africaine ou asiatique, il tombe pour son chef, ses camarades et son drapeau.

Dans cette allégorie, nul ne saura jamais – hormis ceux qui l'ont vécue – où la réalité rejoint la fiction.

Chapitre IX

AU TONKIN, LA LÉGION IMMORTELLE

La France commence à s'implanter sérieusement en Indochine. Mgr Pigneau de Behaine a ouvert la voie à la fin du XVIIIe siècle. Les amiraux du Second Empire ont bâti la Cochinchine française. En 1864, ils ont même imposé un protectorat au roi du Cambodge.

Sur cette lancée, Doudard de Lagrée et Francis Garnier ont regardé plus loin. En 1866-1868, ils ont remonté le Mékong. Leur périple leur a permis de découvrir que le meilleur accès à la Chine méridionale du Yunnan passe par le Tonkin et la vallée du Sông Coï, le Fleuve Rouge.

La guerre de 1870 impose un temps mort mais en 1873 le lieutenant de vaisseau Garnier remet les pieds au Tonkin afin de soutenir un compatriote, le négociant Dupuis, en butte aux mandarins annamites. A Saïgon, son supérieur hiérarchique le soutient discrètement. L'amiral désire en effet surveiller et contrer les menées hostiles de l'Empereur d'Annam à Hué, qui accepte mal la mainmise française sur la Cochinchine.

L'intervention s'achève tragiquement. Garnier est tué par les

Pavillons noirs, ces brigands de grand chemin soutenus en sous-main aussi bien par la Chine proche que par les mandarins au service de Sa Majesté impériale. Un compromis sans gloire clôt l'incident avec Hué. Le traité du 13 mars 1874 se solde par un accord commercial.

Des années passent. L'Empereur d'Annam, fort de l'appui chinois, se montre toujours hostile à la présence française. La liberté de commerce et de navigation définie par le traité de 1874 devient lettre morte. Les contingents militaires français installés à Hanoï et Haïphong afin de la faire respecter sont menacés.

Ayant mission d'imposer l'exécution des clauses convenues en 1874, le commandant Rivière débarque au Tonkin en avril 1882. Un mois après, le précédent Garnier se reproduit. Rivière est tué au « Pont de papier » avec 31 de ses officiers et soldats. Le dossier indochinois prend une autre ampleur. Jules Ferry, alors chef du gouvernement, décide de réagir. Début 1883, un corps expéditionnaire part pour l'Extrême-Orient. Il aura bientôt à sa tête un marin énergique, l'amiral Courbet, initialement chef de la division navale du Tonkin.

Les officiers subalternes n'ont pas eu à pétitionner comme leurs aînés vingt ans plus tôt, lors de la guerre du Mexique. La Légion est du voyage. Le 8 novembre 1883, le 1er bataillon du commandant Donnier pose le pied à Haiphong. Les légionnaires foulent la terre d'Indochine où ils vont demeurer près de soixante-dix ans [1]. C'est là qu'en 1930 sera créé le 5e REI, le célèbre régiment du Tonkin qui, au lendemain du 9 mars 1945, effectuera la terrible retraite de Chine.

Après le légionnaire des campagnes nord-africaines, mexicaines ou européennes, se dessine la silhouette de celui d'Extrême-Orient (qui sera celle des expéditions outre-mer jusqu'en 1914) : casque colonial modèle 1878, large cloche à carcasse de liège couvrant front et nuque, conçu essentiellement pour protéger des ardeurs du soleil. Pantalon de toile blanche, veste de drap bleu foncé. Cartouchière « à la Négrier » plaquée sur la poitrine. Fusil Gras 1874, à cartouche métallique et longue baïonnette [2]. Bidon réglementaire. Naturellement, havresac carré avec le barda, la couverture roulée en u, les piquets de la guitoune, la gamelle métallique. Rien n'a changé : le légionnaire est toujours un homme lourdement chargé [3]. Au casque, il préfère toutefois sa coiffure traditionnelle avec couvre-képi tombant sur le sommet des épaules. Le képi est vraiment le couvre-chef du légionnaire.

---

1. Les dernières unités de Légion finissent d'être rapatriées début 1956.
2. Le célèbre Lebel n'apparaît qu'à partir de 1886 (il sera par la suite connu sous le nom de modèle 1886, rectifié 1893).
3. Le havresac vide pèse déjà 2,380 kilos.

L'ennemi n'est plus uniquement les Pavillons noirs, meurtriers de Francis Garnier et du commandant Rivière. Les Chinois accourent en masse. Pékin envoie ses réguliers pour maintenir sa vieille suzeraineté sur l'Annam et le Tonkin [1].

Ces réguliers-là se battent bien et leur gouvernement a su leur acheter des armes modernes. Surtout, ils sont nombreux. Leur présence se discerne partout.

« Ça pue le Chinois ! » murmurent les légionnaires. Un demi-siècle plus tard, ils utiliseront une formule similaire : « Ça pue le Viet ! »

*

Les Français tiennent Haiphong, Hanoi et quelques autres bourgades du delta. Ces pavillons tricolores plantés de-ci de-là ne sont pas suffisants pour affirmer une présence que la Cour impériale de Hué a acceptée par le traité du 25 août 1883. Il convient également, au strict plan militaire, de se donner de l'air afin d'éviter une incursion brutale contre Hanoï.

Dans ce double but, l'amiral Courbet s'est fixé un premier objectif : Sontay. La ville, 10 000 habitants environ, à 45 kilomètres au nord-ouest d'Hanoi, en bordure du Fleuve Rouge, commande l'entrée du delta après les confluents de la Rivière Noire et de la Rivière Claire [2]. Paradoxe, elle possède en son centre une citadelle à la Vauban, édifiée jadis sur des plans réalisés par des officiers français. Elle est entourée d'une enceinte, parapet en terre de cinq mètres d'épaisseur, précédé d'un large fossé rempli d'eau et de sauts-de-loup, planté de bambous aux pointes acérées. Aux points cardinaux, quatre portes y donnent accès. Entre le fleuve et la ville, le village fortifié de Phu-Xa s'intègre à la défense. Au total la garnison comprendrait 10 000 Chinois, 10 000 Pavillons noirs et 5 000 miliciens annamites.

Courbet dispose de 5 500 hommes en deux colonnes. Des canonnières chargées d'assurer le ravitaillement et l'appui de feu remontent le fleuve, large de plusieurs centaines de mètres. Les légionnaires qui viennent d'arriver font partie avec les marsouins [3] de la première colonne du lieutenant-colonel Belin.

Le 14 décembre, les Français arrivent aux abords de Sontay et s'établissent à quelques centaines de mètres de Phu-Xa, que l'artillerie écrase sous ses feux.

---

1. Faut-il à rappeler que Viêt-nam signifie Chine du Sud ?
2. Rivière Noire, affluent rive droite, Rivière Claire, affluent rive gauche.
3. Soldats de l'infanterie de marine.

Cette première journée voit des combats assez indécis. Les défenseurs de Sontay s'efforcent de briser l'encerclement qui s'amorce. Le bataillon Donnier doit être envoyé en renfort sur un point particulièrement menacé et participe à la réduction de Phu-Xa.

En fin de journée, les turcos[1] lancent de furieux assauts contre l'enceinte. Malgré leur héroïsme, ils sont deux fois repoussés. Sontay n'est pas une proie facile. Le lendemain est consacré à panser les plaies et à compléter vivres et munitions. Les légionnaires en profitent cependant pour gagner du terrain et se rapprocher de la porte ouest.

Le 16, à dix-sept heures, l'artillerie lève son feu. L'assaut général est lancé contre Sontay. Coude à coude, légionnaires et marsouins se précipitent vers la porte ouest et les brèches provoquées par les batteries françaises. Dans les rangs de la Légion, le capitaine adjudant-major Mehl conduit la charge.

Postés sur les remparts, les défenseurs ajustent les assaillants. Les hommes foncent baïonnette haute. Tués et blessés s'affaissent sans retarder l'avance. Dans le tumulte général, on entend des « Vive la France ! » et les coups de gong et de cornet des Chinois.

Le tir adverse est meurtrier. Mehl tombe, touché au cœur. La vague d'assaut fléchit et recule quelque peu. Des Pavillons noirs en profitent pour se glisser près des morts et des blessés gisant sur le terrain. Les malheureux sont décapités et l'on voit bientôt des têtes fichées sur des bambous. Ces actes de barbarie soulèvent un hurlement de rage. Barricades, obstacles divers, haies de bambous, rien n'arrête plus les légionnaires qui ne font pas de quartier en arrivant sur les retranchements.

Le légionnaire Minnaert, qui se fera bientôt un nom au Tonkin, arrive l'un des premiers sur le rempart de la porte ouest. Sa haute carrure se détache, brandissant un drapeau tricolore. L'enceinte forcée, l'ennemi se réfugie dans la citadelle. Dans la nuit, il évacue la place, profitant d'un bouclage trop lâche eu égard à la fatigue des attaquants.

Le lendemain 17 décembre les Français pénètrent dans une position abandonnée. La prise de Sontay est une victoire incontestable, mais elle leur a coûté 600 hommes hors de combat dont 80 morts. Elle a aussi montré l'ardeur des combattants. Quittant son commandement, Courbet pourra écrire à juste titre :

> « Soldats et marins, jamais je n'oublierai avec quelle bravoure vous avez tenu le drapeau de la France. »

---

1. Tirailleurs algériens.

Rédigeant ces lignes, songeait-il plus particulièrement à Minnaert brandissant les trois couleurs sur les remparts de Sontay ?

*

Sontay occupée, le Tonkin n'est pas pacifié pour autant. Réguliers chinois et Pavillons noirs gardent encore des centres importants.

Les renforts augmentent le corps expéditionnaire, portant l'effectif à 17 000 hommes. En février 1884, le 2ᵉ bataillon de la Légion débarque à Haï-Duong [1]. Le général Millot a remplacé le marin Courbet, reparti sur son bâtiment.

Toujours pour se donner de l'air, Millot décide de se porter à Bac-Ninh, vingt-cinq kilomètres au nord-est de Hanoï. Ses troupes empruntent l'axe baptisé « La grande route mandarine de Hué à Pékin », qui passe par Langson. Une route que les légionnaires, par la suite, apprendront à bien connaître sous le nom de RC1 (Route coloniale Numéro 1). A Langson, ils déboucheront sur une route encore plus célèbre, la tragique RC4 menant de Moncay à Cao Bang le long de la frontière chinoise. Pour l'heure, la Route mandarine n'est le plus souvent qu'une mauvaise piste où les chevaux progressent difficilement.

Bac-Ninh est du même style que Sontay : retranchement, citadelle, forte garnison chinoise (12 000 hommes ?) disposant d'une centaine de canons.

Le général de Négrier dirige la brigade où est intégrée la Légion, comme toujours fortement à l'ouvrage. Elle enlève les forts proches de Bac-Ninh puis se lance à l'assaut de la ville, respectant les propos de Négrier : « Aux Légionnaires l'honneur de pénétrer les premiers dans Bac-Ninh ! » Plus de 100 canons, des milliers de fusils, une trentaine de drapeaux sont abandonnés par l'ennemi. Après Sontay, Bac-Ninh est un autre succès mais moins chèrement payé. L'adversaire s'est vite disloqué devant l'élan des attaquants, et les manœuvres d'encerclement des Français ont précipité la fuite des Chinois craignant d'être enfermés.

L'énumération des citadelles capturées les semaines suivantes – Yen-The, Thai-Nguyen, Hong-Hoa... –, la description des combats seraient vite fastidieuses quelle que soit la constante de l'héroïsme déployé. Dans ces affaires rondement menées, Négrier y gagne de la part des légionnaires, qui le connaissent bien, un surnom qui correspond au personnage : « *Maulen !* », le fameux « Vite ! » déjà rencontré.

---

1. 40 kilomètres à l'est de Hanoï sur le Thai-Binh.

Tous ces succès amènent des résultats. Devant la déconfiture de ses réguliers, Pékin se résout à négocier. Le traité de Tien-Tsin, le 11 mai 1884, reconnaît le protectorat de la France sur l'Annam et le Tonkin. Pékin s'engage à retirer ses troupes et à les ramener en deçà de la frontière[1]. Hué, le 6 juin, entérine une situation qu'il a déjà acceptée le 25 août 1883. Théoriquement...

*

Après les signatures de Tien-Tsin, la position de la France paraît s'affermir en Indochine. Mais rien n'est jamais définitif avec les gens du Céleste Empire. Une colonne française part occuper Langson. A hauteur de Bac-Le, les 23 et 24 juin, elle est bloquée par des réguliers chinois. Ce guet-apens en violation des accords récents lui coûte une centaine de tués et blessés.

Une fois encore, Jules Ferry réagit avec fermeté. Il mande à Courbet d'intervenir avec son escadre pour amener Pékin à résipiscence. Courbet appartient à la lignée des Tourville et des Jean Bart. Il frappe vite et fort. La flotte chinoise est envoyée par le fond devant Fou-Tchéou. Le blocus de Formose (Taïwan) est entamé. Des troupes débarquent au nord de l'île, aux abords de Kelung.

Le 4ᵉ bataillon de la Légion, arrivé en renfort peu après le 3 janvier, participe à l'opération. La Légion, pour un bref épisode, est en Chine. Elle y reviendra au printemps 1945, dans des conditions encore plus difficiles. Pourtant, celles de ce début de 1885 ne sont pas faciles. La mauvaise saison sévit. Il faut compter autant avec la maladie qu'avec les Chinois. Si Kelung est occupée, Tamsun résiste.

Le 4ᵉ bataillon restera deux mois à Formose, enlevant à plusieurs reprises des positions adverses avant que l'armistice du 17 mars ne mette un terme aux combats. Il sera alors dirigé sur Phu Nyho Quang, à cent kilomètres au sud de Hanoï, afin de surveiller la frontière d'Annam.

*

Tandis que les légionnaires du 4ᵉ bataillon se battaient à Formose, leurs camarades sur le sol tonkinois vivaient deux événements marquants de l'histoire de la Légion : le siège de Tuyen-Quang, l'affaire de Langson.

---

1. Frontières qu'il conviendra par la suite de préciser très exactement.

LE SIÈGE DE TUYEN-QUANG

Tuyen-Quang n'est qu'un modeste village à soixante-dix kilomètres au nord de Sontay, sur la rive gauche de la Rivière Claire. Pourtant il verrouille l'un des deux grands axes avec celui du Fleuve Rouge, menant du Yunnan chinois au delta. Les maîtres du pays ne se sont pas trompés sur l'intérêt de l'endroit. Ils ont édifié une citadelle afin de barrer l'accès au sud. Les Français prennent, à leur tour, conscience de la valeur de l'emplacement.

La colonne Négrier, avec les 1er et 2e bataillons de la Légion, a donc enlevé Bac-Ninh. Se rabattant vers l'ouest, Négrier occupe Huang-Hoa, pratiquement au confluent Fleuve Rouge-Rivière Noire. Il y laisse le 2e bataillon et remonte vers le nord en suivant la Rivière Claire. Le 1er juin 1884, il atteint Tuyen-Quang. Avant de rentrer à Hanoï, il y installe deux compagnies du 1er bataillon avec mission de tenir la position.

Début novembre, le commandant Franger rend compte : « Je tiens, mais mes hommes sont épuisés. » Dysenterie, manque de sommeil suite aux harcèlements nocturnes ont usé les organismes déjà éprouvés par des mois de campagne dans la moiteur du delta. Pour défendre Tuyen-Quang face à la menace chinoise qui se précise après Bac-Le, une relève s'impose. Celle-ci sera assurée par une nouvelle garnison confiée au commandant Dominé (trente-six ans) des troupes de marine.

Appelé à avoir des légionnaires sous ses ordres, Dominé n'a jamais servi à la Légion étrangère[1]. Le corps pourtant aurait mérité de l'avoir dans ses rangs à part entière. Saint-cyrien, blessé en Algérie puis à Beaune-la-Rolande, breveté de l'Ecole de guerre, Dominé est un officier complet qui honore le métier des armes. Tuyen-Quang va de nouveau le montrer.

Dominé dispose au total de 618 soldats et marins et 13 officiers, lorsque le 23 novembre 1884 il voit s'éloigner la colonne qui l'a accompagné jusqu'à Tuyen-Quang, soit :

– 2 compagnies de Légion : 1re et 2e compagnies (capitaines Moulinay et de Borelli) du 2e bataillon du 1er RE, coiffées par le capitaine adjudant-major Cattelin. Effectif : 8 officiers, 390 légionnaires ;
– 1 compagnie de tirailleurs tonkinois. 2 officiers, 160 tirailleurs ;
– 1 section d'artillerie. 1 officier, 31 artilleurs ;
– 1 escouade du génie. Sergent Bobillot, 7 sapeurs ;

---
1. Son cas, évidemment, n'est pas unique. Bien des officiers durant leur carrière ont eu l'occasion d'avoir des unités de Légion sous leurs ordres sans avoir été au préalable officiers de Légion.

— 3 infirmiers et 3 administratifs, dont un pasteur protestant ;
— l'équipage de la canonnière la *Mitrailleuse*, embossée sur la Rivière Claire. 13 marins commandés par l'enseigne de vaisseau Senez. Cette *Mitrailleuse* s'avérera un atout précieux par ses appuis feu. Les flots bouillonnants de la Rivière Claire, large en cet endroit d'environ trois cents mètres, rendent très difficile de l'aborder discrètement. Son blindage la met à l'abri d'une simple mousqueterie.

Avec les deux tiers de l'effectif total, la Légion assure ainsi l'ossature du dispositif de défense.

D'où proviennent-ils, ces légionnaires de Tuyen-Quang ? 50 % sont des Alsaciens-Lorrains, 20 % des Suisses résultant des mesures gouvernementales sur le recrutement. Italiens, Belges, Français, originaires de l'Europe centrale, à parts à peu près égales, fournissent le complément. L'encadrement officier est français. La présence d'officiers d'origine étrangère est beaucoup moins fréquente.

Si solide qu'il soit, le commandant de Tuyen-Quang, le 23 novembre 1884, est en droit, en se retrouvant seul, d'éprouver quelques inquiétudes. Le site à défendre n'a rien d'encourageant. Il est dominé de toutes parts par des collines proches. La brousse l'enserre, permettant de s'approcher au plus près. Si les approvisionnements sont suffisants, les amis sont loin. Sontay n'est vraiment accessible que par voie d'eau. A défaut, il faut des journées de marche dans un secteur où les Chinois rôdent et pullulent. On saura ultérieurement que trois armées se massent pour converger sur le delta : par le Fleuve Rouge, Langson et Tuyen-Quang.

Le pire est l'état réel de la citadelle, où se regroupe le gros de la garnison. Accolée pratiquement à la Rivière Claire, cette vieille forteresse chinoise, carré de près de trois cents mètres de côté, ne possède que des remparts en partie délabrés de trois mètres de haut entourés de fossés plus ou moins comblés. Si au cœur du dispositif, une éminence haute de soixante-dix mètres offre des possibilités de tir plongeant, l'ensemble est, on l'a vu, dominé. Les collines bordent la rive opposée. Côté citadelle, un éperon pointe dangereusement.

Dominé a pleine conscience de sa vulnérabilité. D'emblée, il se met à l'ouvrage. Des patrouilles s'enfoncent dans la jungle pour situer les lignes chinoises décelées de loin par les fumées de leurs bivouacs. Ces sorties occasionnent de légers accrochages permettant de jauger l'importance et la pugnacité de l'ennemi.

Tous ceux qui ne sont pas de patrouille, de reconnaissance ou d'embuscade à l'extérieur manient la pelle et la pioche. De ce côté, la Légion est imbattable. Les remparts sont renforcés, les fossés nettoyés et élargis, des abris créés à l'intérieur même de la citadelle. La végétation est dégagée pour améliorer la vue et les champs de tirs. Sur le mamelon central sont hissées des pièces d'artillerie.

Une semaine, deux semaines s'écoulent, relativement calmes. Les 4 et 5 décembre arrive un convoi de ravitaillement sur des jonques et des sampans.

7 décembre. Une reconnaissance de la compagnie Moulinay estime à environ 500 hommes une unité de réguliers chinois installée sur une hauteur voisine. Des espions[1] signalent une autre présence de 700 à 800 Pavillons noirs dans un ravin d'accès difficile. Un prisonnier confirme ces dires.

11 décembre. Sentant le danger se rapprocher, Dominé fait édifier un blockhaus sur l'éperon, à trois cents mètres de la corne sud-ouest de la citadelle. Après cinq journées de travail sans relâche par 70 légionnaires, des tireurs d'élite s'y installent. De ce belvédère fortifié, ils peuvent tenir les environs immédiats sous leurs feux.

Patrouilles et embuscades se poursuivent. Le 17, deux éclaireurs chinois sont abattus. Le lendemain, quatre jonques apportent encore un complément de ravitaillement, dont de l'alcool de quinquina contre le paludisme. La garnison a devant elle six mois d'approvisionnement.

Les renseignements d'espions se précisent. 1 500 Chinois seraient autour de Tuyen-Quang. Le 21, pour y voir plus clair, le capitaine Cattelin, avec une compagnie de Légion et une section de tirailleurs tonkinois, effectue une reconnaissance offensive en direction des lignes présumées. L'ennemi est bien là et se montre agressif, tentant d'envelopper les Français. Cattelin avait instruction de ne pas s'engager à fond – priorité à la stricte défense de Tuyen-Quang –, mais il doit forcer le passage pour rentrer. Le feu des légionnaires, celui de la pièce de 4 qu'il avait amenée sont aussi précis que meurtriers. Les pertes adverses sont estimées à 150, contre 9 blessés chez Cattelin. Ce premier accrochage sérieux prouve que l'étau chinois se resserre.

Cinq jours plus tard, un prisonnier fait par une patrouille de légionnaires annonce la présence de 5 000 Chinois et 2 000 Pavillons noirs. Tuyen-Quang est donc appelé à se battre à un contre dix au minimum.

L'année 1884 s'achève dans une quiétude relative. Les légionnaires fêtent Noël de leur mieux. Les libations sont interdites. Du reste, où se procurer de quoi oublier Tuyen-Quang ?

Avec l'an neuf, les Chinois se montrent plus incisifs. Ils n'hésitent pas à se manifester et à harceler de loin.

---

1. Vénalité ou adhésion sincère par hostilité envers les Chinois, des « Indigènes » œuvrent au profit des Français comme espions, agents de transmissions, combattants (cas des tirailleurs tonkinois par exemple).

Nuit du 9 au 10 janvier. Vers deux heures du matin, le blockhaus est attaqué. Le sergent-chef de poste a décelé des ombres et des bruits suspects. Il laisse approcher. A cinquante mètres, il commande un feu de salve. Les assaillants n'insistent pas et se contentent de tirailler de loin.

16 janvier. Une embuscade de la Légion, commandée par le sous-lieutenant Proye, abat trois éclaireurs de tête d'une forte colonne chinoise et parvient à rentrer sans dommages. Les jours suivants des nahque (paysans) annoncent encore l'arrivée de nouveaux renforts ennemis. De multiples fumées de bivouac s'élèvent dans la forêt. Des allées et venues sont parfaitement décelées. Des tirs plus fréquents s'en prennent au blockhaus. Une pièce d'artillerie entre en jeu. Les légionnaires avaient bien travaillé. Un coup au but n'entame pas l'ouvrage. Presque chaque nuit on perçoit le tam-tam des postes chinois qui se répondent en écho.

25 janvier. Plus de doutes s'il devait en rester ! A la longue-vue, il est possible de différencier les coloris des uniformes chinois : noir orné de bleu ou de rouge, gris fer, intégralement rouge, ou bleu ciel. Les estimations convergent toujours sur 5 000 « Célestes » et 2 000 Pavillons noirs.

26 janvier. Première attaque d'envergure. Un millier d'hommes s'élancent de la rive droite vers la face nord de la citadelle. Les tirs de *La Mitrailleuse* les prennent de flanc, ceux des remparts de front. Ces « deux feux combinés produisent un effet foudroyant », écrira Dominé. Les vingt-cinq tireurs dits de position, choisis parmi les meilleurs de la Légion, installés sur le mamelon central, complètent l'hécatombe.

Simultanément, trois autres colonnes – encore un millier d'hommes – s'en prennent au blockhaus. Bien appuyés par les pièces du mamelon, les dix-huit légionnaires du sergent Libert les maintiennent à distance.

Les Chinois ont échoué. Leurs pertes sont sérieuses, mais ils ne renoncent pas. Avec minutie, ils entament des travaux d'investissement rapproché avec tranchées et parallèles. Dès lors, le véritable siège débute. La garnison vit en permanence sous le feu ennemi et ne peut se hasarder dans de grosses sorties. Tout doit être consacré à la défense, aussi bien pour réparer les dommages que pour contenir les assiégeants.

Dans ces conditions, la situation du blockhaus, enfant perdu sur son éperon, devient précaire. Le 29 janvier, le chef de poste rend compte que la tranchée chinoise arrive à cent mètres. Le capitaine Cattelin, venu sur place, constate qu'il faudra bientôt évacuer, la ligne de communication avec la citadelle risquant d'être coupée. Dans la nuit du 29 au 30, trois assauts contre le blockhaus échouent, mais le 30 au matin la position est abandonnée. Les Chinois, devenus maîtres du point, ont maintenant vue sur l'intérieur de la citadelle. Leur tir de plus en plus nourri fait des victimes. Le 30 au soir, le légionnaire Fracey meurt de ses blessures. « Vieux légionnaire », Wunderli est déjà tombé. Le légionnaire Taube, de la 2e compagnie, a été blessé mortellement le 27.

Dans le camp français les jours se suivent et se ressemblent. Combats pour repousser les assaillants. Travaux pour réparer les dégâts et réaliser des défilements afin d'éviter les tirs directs. Car Tuyen-Quang est maintenant complètement encerclé et les Chinois ne ménagent pas leurs munitions.

Dominé a minutieusement réparti les tâches. Chaque compagnie de Légion s'est vu confier la défense de deux faces de la citadelle. Chacune fournit une section de garde (quatre sentinelles se partagent un front de cent cinquante mètres), une section de piquet, une réserve partielle, une de réserve générale. Outre les travaux, les réserves ont mission d'intervenir aux points les plus menacés.

Le grignotage « à la chinoise » des boyaux et parallèles se poursuit et gagne. Il atteint la haie de bambous, en avant des remparts. Protégés par des fascines, les travailleurs chinois avancent mètre par mètre. Certains osent planter des drapeaux sous le nez des légionnaires qui risquent leur vie pour s'en emparer.

Le 8 février, Bobillot constate que l'ennemi creuse une galerie de sape. Le sergent connaît son métier. Il fait aussitôt entamer deux contre-galeries. Mais l'avance des travaux souterrains impose d'éloigner les cantonnements des remparts, menacés par une explosion.

Dans ce labeur de taupe, à quelques pieds sous terre, un légionnaire est blessé dans de curieuses circonstances. Sa pioche crève brutalement une paroi. L'homme se trouve nez à nez avec un mineur chinois qui tire avec un pistolet et le blesse au pied. Ses camarades le dégagent à la hâte et obstruent l'orifice avec des sacs de terre. A côté de ce blessé des profondeurs, combien d'autres atteints en surface, par une balle ou un éclat d'obus ?

12 février. Une mine explose mais les contre-galeries forment évent. La brèche, mineure, n'est guère exploitable. L'assaut immédiatement lancé est repoussé par une section de réserve générale.

13 février. Une nouvelle mine explose vers trois heures quinze au saillant sud-ouest. Le capitaine Moulinay fait aussitôt sonner la charge et entraîne la réserve générale. Les Chinois sont rejetés au terme d'un dur combat de nuit puis de jour. Ce 13 février se solde par cinq légionnaires tués et six autres blessés.

A la nuit, le caporal Belin et trois volontaires se faufilent pour récupérer le corps du légionnaire Schelbaum, tué par l'explosion de la mine et projeté près des positions chinoises. Même mort, un camarade est sacré. Ses compagnons risquent leur vie pour que son cadavre ne soit pas outragé. On sait que les Chinois coupent les têtes et les plantent au sommet de triques en bambou.

Mi-février. Deux mois déjà que Tuyen-Quang résiste, bastion isolé sur la Rivière Claire au milieu des concentrations chinoises. Le moral demeure élevé malgré les pertes journalières et la pression adverse.

Le 16 février, un coup de main pour entraver les travaux ennemis ne connaît qu'un demi-succès. Quatre légionnaires sont tués. A l'intérieur du camp, Dominé fait édifier un retranchement afin de doubler le rempart extérieur. Si ce dernier était forcé, les défenseurs, comme jadis ceux d'un château fort avec leur donjon, disposeraient d'un ultime réduit.

18 février. Bobillot est grièvement blessé lors d'une ronde (il mourra un mois après, à l'hôpital de Hanoi). Ce sapeur, par son courage souriant, son parfait professionnalisme et son sens de l'humour, faisait l'unanimité chez les légionnaires. Son caporal adjoint le remplace.

Jour et nuit, le pilonnage s'intensifie. Manifestement, les Chinois, par le vacarme de leur artillerie, visent à couvrir le bruit de leurs mineurs creusant des galeries.

22 février. Le danger redouté se produit. Un fourneau explose, découvrant une brèche. Le capitaine Moulinay se précipite avec la section de réserve générale. Las ! Une seconde explosion ravage le terrain déjà dévasté. Moulinay et onze légionnaires sont tués sur le coup. Il y a une vingtaine de blessés.

Une autre section accourt. Les Chinois qui déboulaient refluent avec des pertes sévères.

24 février. Assaut massif au saillant nord-ouest de la citadelle. Le capitaine Cattelin et la section de réserve générale de la 2e compagnie rejettent les attaquants qui commençaient à pénétrer à l'intérieur du dispositif. Trois drapeaux plantés sur les remparts sont enlevés par les légionnaires.

Désormais, il n'y a presque plus de nuit sans explosion de mine, brèche, assaut, contre-attaque menée par les défenseurs. Durant la journée, il faut rétablir les fortifications mises à mal. La nuit du 27 au 28 février est particulièrement éprouvante. Trois tués, neuf blessés dont le sous-lieutenant Proye de la 1re compagnie.

Mais ce 28 février s'annonce une grande date synonyme d'espoir. Des fusées lancées par la colonne se portant au secours de Tuyen-

Quang sont nettement aperçues au midi. Le dénouement est proche. Il suffit de tenir.

3 mars. La délivrance. La fusillade devant Tuyen-Quang cesse vers quatre heures du matin. Des patrouilles envoyées en reconnaissance ne tombent que sur du vide ou de petits postes retardateurs. Au cours de l'un des ultimes combats, un légionnaire se jette devant son capitaine et tombe à sa place.

Il est quinze heures lorsque la brigade Giovanninelli arrive à Tuyen-Quang [1]. Le siège est terminé [2]. Les Chinois ont décampé.

Brière de l'Isle, le commandant en chef, est venu en personne. Il retrouve les accents de Napoléon à Austerlitz pour écrire dans sa proclamation aux défenseurs :

> « Vous tous aussi, vous pourrez dire avec orgueil : j'étais de la garnison de Tuyen-Quang, j'étais sur la canonnière *La Mitrailleuse*. »

Ce siège de Tuyen-Quang est entré dans l'histoire de la Légion, pièce maîtresse de la défense. Il lui a coûté 32 tués, dont un capitaine, et 126 blessés (tous les officiers ont été blessés). Aujourd'hui, consciemment ou non, son souvenir revit avec les mesures du second couplet du *Boudin* au libellé bien connu :

> « *Au Tonkin, la Légion immortelle*
> *A Tuyen-Quang illustra notre drapeau...* »

*

L'AFFAIRE DE LANGSON

Tandis que Tuyen-Quang vivait des heures héroïques, les combats se durcissaient devant Langson, car si la menace était sur la Rivière Claire, elle se situait également sur cette ville frontière.

Après de rudes engagement, Négrier y entre le 13 février 1885. Langson serait-elle une ville maudite pour les Français ? Ils y connaîtront des heures noires. En 1885. En 1940. En 1945. En 1950. Chaque fois, la Légion sera présente pour essayer de contrer un destin hostile.

---

1. La veille, elle a dû forcer le passage au défilé de Hoac-Moc au prix de 27 officiers et 600 hommes hors de combat. Avec la résistance victorieuse de Tuyen-Quang, c'est une lourde défaite pour les Chinois.
2. Sur 600 défenseurs, 48 sont morts, 216 ont été blessés (8 mourront de leurs blessures).

Négrier dispose de 3 500 hommes, dont deux bataillons de Légion (commandants Diguet et Schoffer). Ces deux bataillons ont été de ceux qui ont forcé le passage à Dong-Son pour pénétrer dans Langson. Négrier les envoie à Ki-Luan, un peu au nord de la ville, pour couvrir son implantation.

Soudain, le 28 mars, des milliers de réguliers chinois du Kouang-Si (un corps d'armée de 80 000 hommes ?) déferlent sur les positions françaises. Négrier tient bon, repoussant les attaques des Célestes, lorsque vers quinze heures, il est gravement blessé et doit passer son commandement au lieutenant-colonel Herbinger. Ce dernier n'a ni l'autorité ni la fermeté du général. A dix-neuf heures, se croyant menacé d'encerclement, il ordonne la retraite pour éviter le pire.

L'affaire de Langson commence.

A Paris, le gouvernement Ferry, informé par un télégramme alarmiste de Brière de l'Isle, est mis en accusation. « Ferry le Tonkinois » tombe.

Sur le terrain, Herbinger a précipité la marche en arrière. Cette précipitation provoque une semi-panique. Le trésor en numéraire est jeté à la rivière. Des pièces de 4 sont encloues, les impedimenta abandonnés. Des assoiffés se précipitent sur les fûts de tafia laissés sur le bord de la piste et se transforment en ivrognes titubants. Durant trois jours, la retraite est une déroute d'hommes persuadés d'avoir toute la Chine sur les talons.

A Ki-Luan, les deux bataillons de Légion ont reçu le choc sans vaciller. Sur ordre, ils décrochent par Dong-Son, laissant la Route mandarine à la colonne Herbinger. Chez eux, pas de panique. Le repli s'effectue à la légionnaire, le fusil à la main et la baïonnette menaçante. C'est une troupe compacte qui regagne le delta.

Herbinger voyait la Chine lui fondre sur la tête. Il se trompait. Les Chinois, échaudés par leurs pertes, ne profitent pas d'un avantage qu'ils ne discernent pas. A côté de l'incident de Langson déformé à Paris, sous-estimé à Pékin, il y a l'action de Courbet à Fou-Tchéou et Formose, et l'échec coûteux devant Tuyen-Quang. Le canon fait place à la diplomatie.

Le second traité de Tien-Tsin le 9 juin 1885 corrobore le premier. La suzeraineté française sur le Tonkin et l'Annam est confirmée. Des rapports de bon voisinage s'établissent. Le commerce s'ouvre par Langson et Laokay. Des voies de communications sont envisagées. La cour de Hué, lâchée par son puissant protecteur, ne peut que souscrire.

Dans ce final diplomatique, la vaillante résistance de Tuyen-Quang a pesé lourd.

*

Pour les légionnaires de Tuyen-Quang ou Langson, les décisions parisiennes sur le statut de la Légion présentent obligatoirement un petit côté dérisoire. En quoi peuvent-elles vraiment influencer leur quotidien face aux Célestes ?

Pourtant le corps subit une réforme de structure de plus. Suite au décret du 14 décembre 1884, à compter du 1er janvier 1885, la Légion se scinde en deux : 1er et 2e Régiments étrangers, avec Sidi-Bel-Abbès et Saïda pour garnisons officielles. Le 1er RE absorbe les 1er et 2e bataillons, le 2e, les 3e et 4e bataillons.

Cette fois, le cap définitif est à peu près pris sous réserve d'ajustements à certaines périodes. On parlera de l'entité Légion étrangère, celle-ci comprenant plusieurs régiments ou unités adaptées aux besoins du moment.

Cette réforme correspond sans doute à un formidable bond en avant dans les effectifs. Ceux-ci oscillaient sensiblement autour de 5 000 depuis la création avec quelques creux (1835-1840-1871-1880) et quelques pointes (Mexique, guerre de 1870). Ils se situent maintenant à 10 000 et auront tendance à augmenter légèrement jusqu'en 1914, date où débutera une autre période.

Quant au recrutement, il s'est diversifié : moins d'Alsaciens-Lorrains (40 %), d'Allemands (5 %) et surtout de Français (20 %). Les autres contingents se répartissent toujours à parts égales.

Une conclusion se dégage de ces derniers chiffres. L'ère de ce qui sera appelé la Légion des « Gaulois » commence. Ces « Gaulois » seront 46 % des légionnaires de 1910, les Alsaciens-Lorrains ne représentant plus que 7 %.

*

La restructuration est intervenue alors que le gros de la Légion œuvrait au Tonkin. Bientôt, les légionnaires ne se manifesteront pas uniquement dans ce nord de l'Indochine. On les voit quelque temps au Cambodge, en 1893-1897 sur le haut Mékong, où deux compagnies sont envoyées pour contrer les visées du Siam[1], au Laos, où certains accompagnant Pavie dans ses missions. Certains camperont avec lui dans un village dénommé Diên Biên Phu. A l'époque, le lieu

---

[1]. Prélevées sur le bataillon de marche du Siam, qui n'aura pas à y intervenir. Les canonnières françaises, apparues devant Bangkok après avoir remonté le Mennam, ont fait plier le roi.

s'appelle Theng. En y arrivant en mars 1888 avec 25 légionnaires et 50 tirailleurs, Pavie plante un drapeau tricolore et fait comprendre à la garnison siamoise que son maintien ne se justifie plus [1].

Mais c'est toujours au Tonkin que l'essentiel se déroule. La Légion participe aux colonnes qui traquent les Pavillons noirs.

Colonnes de Ha-Thinh 1886, du cap Oaklung 1887, du Loc-Nam 1888, du Bao-Day 1889, de Long-Kette 1890, du Yen-The, des Ba-Chau 1890-1894, de Mona-Luong 1892, de Kao-Khu 1893, du Haut-Song-Cau, du Haut-Song-Gam, de la Haute Rivière Claire 1894-1896 pour les éléments du 1er RE, colonnes de Chocu 1889, de Yen-The 1892, de Pa-Nai 1895 pour ceux du 2e RE.

Autant d'occasions pour les légionnaires de se distinguer. Le 2 juin 1892, les légionnaires Kinting et Linter sont cités à l'ordre général des troupes de l'Indochine. Linter, le 25 mars, a transporté sur ses épaules le lieutenant Holstein mortellement blessé, est revenu sur le lieu du combat pour enlever le légionnaire César et est retourné une troisième au feu.

Au combat de Huoi-Long, le 22 avril 1892, le sergent Tornier reçoit deux blessures en couvrant la retraite avec quelques hommes. Malgré ses blessures, il continue d'assurer son commandement, est blessé grièvement une troisième fois et n'en persiste pas moins à diriger les feux de son groupe jusqu'à la fin du combat.

Le lieutenant Brisach est blessé mortellement à l'assaut du fortin de Pa-Nai, le 30 juillet 1895.

Toutes ces actions permettent à deux officiers de découvrir la Légion : le colonel Gallieni, commandant le 2e territoire militaire à Langson de 1893 à 1895, le commandant Lyautey, son adjoint. L'un et l'autre n'oublieront pas la valeur de cette troupe. En temps utile, ils sauront y faire appel. Evoquant ce travail de pacification réalisé le long de la frontière de Chine, Lyautey, dans ses *Lettres du Tonkin*, parle « de cet immense chemin de ronde, fait dans le roc à coups de pioche par nos légionnaires ».

Il y aura encore de 1909 à 1913 la lutte contre Hoang Hoa Than dit De Than, vieil adversaire de la France depuis 1883, longtemps réfugié dans les calcaires de son fief du Yen-The au nord de Hanoi. Il ne succombera qu'en 1913, suite à une trahison.

Entre-temps, en 1907, il a été envisagé de rapatrier toutes les unités de Légion. L'Indochine, fief des coloniaux ! Les troubles qui

---

[1]. Pour des raisons strictement administratives, 12 cantons thaïs (dont Laï-Chau, Diên Biên Phu et Son-La) sont rattachés au Tonkin en 1888, en dépit de considérations historiques et ethniques les rapprochant du Laos.

persistent au Tonkin, l'anarchie en Chine conduisent à enterrer le projet. La Légion restera au Tonkin. A compter donc de 1907, trois bataillons y sont implantés, les autres étant rapatriés : 2e bataillon du 1er RE dans le secteur de Tuyen-Quang, 4e bataillon du 1er RE dans le secteur Hoa-Binh Laokay, 5e bataillon du 2e RE secteur Langson-Cao Bang. C'est du reste la 5e compagnie de ce bataillon qui, après 1897, a construit le poste frontière de Talung entre ces deux dernières cités.

Le 5e bataillon, au début de 1914 est appelé à livrer combat alors que le calme semblait acquis. Profitant du désordre régnant dans une Chine en pleine révolution, des groupes de pillards, sensiblement analogues aux fameux Pavillons noirs, s'organisent au-delà de la frontière. En janvier 1914, ils viennent voler des buffles et du bétail dans les villages de la région de Langson. Du 26 janvier au 5 mars, légionnaires et tirailleurs tonkinois mènent une série d'opérations pour les rejeter définitivement en territoire chinois. Les rencontres contre des adversaires nombreux, résolus et armés de fusils modèle 1874, ne sont pas innocentes. Quatre légionnaires sont tués et plusieurs blessés avant que les pirates ne disparaissent en Chine.

Au 1er janvier 1914, 1 717 légionnaires seront en garnison au Tonkin au sein de trois bataillons formant corps. Ils ne contribuent pas peu à la sécurité de la région frontalière, où la piraterie n'a jamais complètement disparu.

*

On a vu le 3 mars au matin, quelques heures avant la délivrance, un légionnaire se jeter devant son capitaine pour le protéger. Le premier s'appelait Tiebald Streibler. Le second était le capitaine de Borelli. Ce dernier ne devait pas oublier son sauveur. Il lui a dédié ainsi qu'à ses camarades disparus l'un des plus beaux poèmes écrits en l'honneur de la Légion étrangère.

A mes hommes qui sont morts
Et particulièrement à la mémoire de Tiebald Streibler
Qui m'a donné sa vie le 3 mars 1885.
Siège de Tuyen-Quang.

Mes compagnons, c'est moi ; mes bonnes gens de guerre,
C'est votre Chef d'hier qui vient parler ici
De ce qu'on ne sait pas, ou que l'on ne sait guère ;
Mes Morts, je vous salue et je vous dis : Merci.

Il serait temps qu'en France on se prît de vergogne
A connaître aussi mal la vieille Légion
De qui, pour l'avoir vue à sa rude besogne
J'ai la très grande amour et la religion.

Or, écoutez ceci : « Déserteurs ! Mercenaires ! »
« Ramassis d'Etrangers sans honneur et sans foi ! »
C'est de vous qu'il s'agit, de vous, Légionnaires !
Ayez-en le cœur net, et demandez pourquoi ?

Sans honneur ? Ah ! passons ! Et sans foi ? Qu'est-ce à dire,
Que fallait-il de plus et qu'aurait-on voulu ?
N'avez-vous pas tenu, tenu jusqu'au martyre,
La parole donnée et le marché conclu ?

Mercenaires ? sans doute : il faut manger pour vivre ;
Déserteurs ? Est-ce à nous de faire ce procès ?
Etrangers ? Soit. Après ? Selon quel nouveau livre
Le maréchal de Saxe était-il donc Français ?

Et quand donc les Français voudront-ils bien entendre
Que la guerre se fait dent pour dent, œil pour œil
Et que ces Etrangers qui sont morts, à tout prendre,
Chaque fois, en mourant, leur épargnaient un deuil.

Aussi bien c'est assez d'inutile colère,
Vous n'avez pas besoin d'être tant défendus ;
Voici le Fleuve Rouge et la Rivière Claire
Et je parle à vous seuls de vous que j'ai perdus !

Jamais Garde de Roi, d'Empereur, d'Autocrate,
De Pape ou de Sultan, jamais nul Régiment
Chamarré d'or, drapé d'azur ou d'écarlate,
N'alla d'un air plus mâle et plus superbement.

Vous aviez des bras forts et des tailles bien prises,
Qui faisaient mieux valoir vos hardes en lambeaux ;
Et je rajeunissais à voir vos barbes grises,
Et je tressaillais d'aise à vous trouver si beaux.

Votre allure était simple et jamais théâtrale ;
Mais, le moment venu, ce qu'il eût fallu voir,
C'était votre façon hautaine et magistrale
D'aborder le « Céleste » ou de le recevoir.

On fait des songes fous, parfois, quand on chemine,
Et je me surprenais en moi-même à penser.

Devant ce style à part et cette grand mine
Par où nous pourrions bien ne pas pouvoir passer ?

J'étais si sûr de vous ! Et puis, s'il faut tout dire,
Nous nous étions compris : aussi de temps en temps,
Quand je vous regardais vous aviez un sourire,
Et moi je souriais de vous sentir contents.

Vous aimiez, troupe rude et sans pédanterie,
Les hommes de plein air et non les professeurs ;
Et l'on mettait, mon Dieu, de la coquetterie
A faire de son mieux, vous sachant connaisseurs.

Mais vous disiez alors : « La chose nous regarde,
Nous nous passerons bien d'exemples superflus ;
Ordonnez seulement, et prenez un peu garde,
On vous attend... et nous on ne nous attend plus ! »

Et je voyais glisser sous votre front austère
Comme un clin d'œil ami doucement aiguisé,
Car vous aviez souvent épié le mystère
D'une lettre relue ou d'un portrait baisé.

N'ayant à vous ni nom, ni foyer, ni Patrie
Rien où mettre l'orgueil de votre sang versé,
Humble renoncement, pure chevalerie,
C'était dans votre chef que vous l'aviez placé.

Anonymes héros, nonchalants d'espérance,
Vous vouliez, n'est-ce pas, qu'à l'heure du retour,
Quand il mettait le pied sur la terre de France,
Ayant un brin de gloire, il eût un peu d'amour.

Quant à savoir si tout s'est passé de la sorte,
Et si vous n'êtes pas restés pour rien là-bas,
Si vous n'êtes pas morts pour une chose morte,
O mes pauvres amis, ne le demandez pas !

Dormez dans la grandeur de votre sacrifice
Dormez, que nul regret ne vous vienne hanter ;
Dormez dans cette paix large et libératrice
Où ma pensée en deuil ira vous visiter !

Je sais où retrouver, à leur suprême étape
Tous ceux dont la grande herbe a bu le sang vermeil,
Et tous ceux qu'ont engloutis les pièges de la sape,
Et ceux qu'ont dévorés la fièvre et le soleil ;

Et ma pitié fidèle, au souvenir unie,
Va du vieux Wunderli qui tombe le premier
En suivant une longue et rouge litanie
Jusqu'à toi, mon Streibler, qu'on tua le dernier !

D'ici je vous revois, rangés à fleur de terre
Dans la fosse hâtive où je vous ai laissés,
Rigides, revêtus de vos habits de guerre
Et d'étranges linceuls faits de roseaux tressés.

Les survivants ont dit – et j'ai servi de prêtre !
L'adieu du camarade à votre corps meurtri ;
Certain geste fut fait bien gauchement peut-être,
Pourtant je ne crois pas que personne en ait ri !

Mais quelqu'un vous prenait dans sa gloire étoilée
Et vous montrait d'en haut ceux qui priaient en bas,
Quand je disais pour tous, d'une voix étranglée,
Le Pater et l'Ave – que tous ne savaient pas !

Compagnons, j'ai voulu vous parler de ces choses,
Et dire en quatre mots pourquoi je vous aimais :
Lorsque l'oubli se creuse au long des tombes closes,
Je veillerai du moins et n'oublierai jamais.

Si parfois, dans la jungle où le tigre vous frôle
Et que n'ébranle plus le recul du canon,
Il vous semble qu'un doigt se pose à votre épaule,
Si vous croyez entendre appeler votre nom.

Soldats qui reposez sous la terre lointaine,
Et dont le sang donné me laisse des remords,
Dites-vous simplement : « C'est notre Capitaine
Qui se souvient de nous... et qui compte ses Morts. »

Capitaine DE BORELLI.

Par-delà l'hommage personnel du capitaine de Borelli à ses anciens compagnons, ce long poème s'inscrit également en mémoire des 23 officiers, 159 sous-officiers et 1 889 légionnaires tombés en Indochine dans les combats de la conquête et de la pacification de 1883 à 1914.

Chapitre X

AVEC LES BÂTISSEURS DE L'EMPIRE
DAHOMEY - MADAGASCAR - SOUDAN - SAHARA - MAROC

La cause est entendue depuis Jules Ferry. La IIIe République se taille un empire colonial. La conférence de Berlin, en 1885, a légitimé toutes les ambitions européennes. Dans cette « course au clocher », les Français n'ont aucune raison de se laisser distancer. Après l'Indochine, cette situation va conduire la Légion au Dahomey, à Madagascar, au Soudan, au Sahara, au Maroc. Etre légionnaire permet au moins de découvrir des horizons nouveaux. Cette quête d'inconnu n'est pas absente de bien des engagements.

*

DAHOMEY
(1892-1895)

Le traité du 19 mai 1868 a cédé à la France Cotonou et une partie du littoral de la Côte des Esclaves. Puis, en 1882, le petit royaume de Porto-

Novo s'est placé volontairement sous la tutelle française. L'embouchure de l'Ouémé, principal cours d'eau permettant de s'enfoncer dans l'intérieur par voie fluviale[1], est ainsi insérée entre deux possessions françaises.

Cette implantation est loin de trouver l'agrément des maîtres du royaume du Dan-Homé (terme dont les Français feront Dahomey), suzerain nominal des lieux. Depuis leur capitale Abomey, à une centaine de kilomètres de la côte, ils ont pour habitude de lancer des raids pour rançonner leurs voisins. Ils ont bâti leur domaine et leur puissance sur l'esclavage. La protection que Cotonou et Porto-Novo ont sollicitée s'explique.

En 1889, Behanzin succède à son père Glélé. Ce prince ne manque pas de bon sens. « Est-ce que j'ai été quelquefois en France faire la guerre contre vous ? », répétera-t-il plusieurs fois en substance pour justifier son hostilité. Des propos, il passe aux actes. A plusieurs reprises, il attaque des garnisons françaises. Les feux de salve des tirailleurs sénégalais, les tirs des batteries de la Royale ancrée au large repoussent les tentatives.

Un compromis, dit arrangement de Ouidah, est signé le 3 octobre 1890. Behanzin reconnaît la situation acquise par les Français.

La concorde ne dure pas. Behanzin s'affirme toujours farouchement opposé à la présence française. De l'autre côté, l'expansion coloniale ne cache pas ses visées sur le Niger, de sa source à son embouchure. Dans ce regard vers le fleuve, le royaume d'Abomey et son monarque constituent des obstacles.

Des incidents se reproduisent. Des postes sont harcelés. La chaloupe du gouverneur, venu se rendre compte, écope des coups de fusil. Il y a des blessés à bord.

Freycinet est alors ministre des Colonies. Ce polytechnicien est un « colonial » ardent. Les Chambres le suivent et votent les crédits pour en finir avec Behanzin[2].

Le 30 avril 1892, le colonel Alfred Amédée Dodds, un mulâtre de Saint-Louis, est désigné pour prendre le commandement de l'expédition envisagée contre le roi du Dan-Homé. Sur sa demande, il lui est affecté un bataillon de Légion, sous les ordres du commandant Faurax.

Le 5 août, ce bataillon embarque à Oran sur les paquebots *Mytho* et *San Nicolas*. Au total, issus des deux Régiments étrangers, ils sont 22 officiers et 802 sous-officiers et légionnaires, en quatre compa-

---
1. Avant d'atteindre l'Atlantique, l'Ouémé coule sensiblement nord-sud, étant navigable sur 130 kilomètres.
2. Soit 360 000 francs, votés par 387 voix contre 207 au Palais-Bourbon.

gnies, à prendre la mer pour la Côte des Esclaves[1]. Le capitaine Drude, rentré du Tonkin depuis peu, commande l'une de ces compagnies. La Légion le retrouvera lui aussi à un haut poste de responsabilités.

La campagne qui attend la Légion ne s'annonce pas facile. Le Dan-Homé ne correspond pas à une tribu inorganisée, à l'armement archaïque. C'est un véritable royaume. Son chef Behanzin, que les troupiers ne tarderont pas à dénommer « Bec en zinc », dirige son Etat avec autorité et possède une véritable armée. Il le clame ouvertement : « J'ai tant d'hommes qu'on dirait des vers qui sortent des trous. »

Au passage, Behanzin oublie seulement de signaler que parmi ces hommes, il y a des femmes : les fameuses Amazones. Jeunes ou non, elles ne sont pas les moins redoutables. Elles savent se servir de fusils Winchester ou Snider, manient avec dextérité un imposant coutelas, jouent à l'occasion des dents et des ongles dans les corps à corps. Avec les uns et les autres, Behanzin peut aligner environ 15 000 combattants, dont 2 000 Amazones, équipés pour beaucoup de fusils modernes achetés à des négociants européens.

Le terrain qu'il connaît bien lui est favorable. En cette zone subtropicale[2], il est hostile à l'homme blanc, provoquant les fièvres habituelles. Forêts, marécages, hautes herbes rendent la progression difficile. Il faut cheminer le coupe-coupe d'une main, le fusil de l'autre. L'embuscade peut surgir à tout moment. Les guerriers de Behanzin se dissimulent souvent dans les arbres et visent les cadres.

Dodds a reçu des instructions qu'il est bien résolu à appliquer : « Le roi du Dan-Homé, par son langage, par son attitude et par ses actes hostiles, a lassé la patience du gouvernement français », déclare-t-il à la veille de son départ. Il s'est donc fixé un objectif correspondant à la chute de Behanzin : Abomey, sa capitale.

La colonne Dodds, éclatée en trois groupes, compte 2 200 combattants et 1 850 porteurs. Comme toujours, les hommes sont lourdement chargés. 15,6 kilos au titre des vêtements et de l'armement. 15 kilos dans le havresac. Tout cela dans la moiteur de la forêt tropicale. La transpiration vide et dessèche les organismes. A l'époque les cachets de sel n'existent pas[3] !

Les quatre compagnies de Légion ont été ventilées dans les trois

---

1. Dans l'esprit de la conférence de Berlin, une convention franco-allemande le 23 juillet 1897 et une convention franco-britannique le 14 juin 1898 fixeront les limites occidentale et orientale de la zone d'influence française sur la Côte des Esclaves, c'est-à-dire les frontières du futur Dahomey.

2. Abomey se situe par 7° de latitude nord.

3. Une transpiration intense fait apparaître sur les bras une couche blanchâtre : du sel. L'absorption systématique de cachets de sel compris dans les rations alimentaires modernes permet de remédier à cette élimination, synonyme d'épuisement.

groupes constitués par Dodds, qui sont pour le reste à base de tirailleurs sénégalais levés à Dakar. Faurax dirige le 3ᵉ groupe, comprenant les 2ᵉ et 3ᵉ compagnies.

Après une démonstration de présence vers Cotonou, la colonne Dodds quitte Porto-Novo le 17 août et emprunte la rive gauche de l'Ouémé. Les deux canonnières *Opale* et *Corail* remontent le fleuve avec mission d'appui feu et de ravitaillement.

Des engagements sporadiques, les mesures de sécurité pour déjouer les surprises, échapper aux tireurs grimpés dans les palmiers à huile ou dissimulés dans les fourrés, les obstacles naturels, marécages et cours d'eau surtout, ralentissent la progression. Chaque soir, le bivouac s'installe au carré, « à la romaine ». Au préalable, il est nécessaire de dégager les abords afin d'éviter les infiltrations.

Le 18 septembre, en fin de journée, Dodds ordonne la halte à hauteur du village de Dogba sur un mouvement de terrain en forme de fer à repasser surplombant l'Ouémé. Comme d'habitude, les approches immédiates sont dégagées afin d'améliorer les vues.

Il est un peu moins de cinq heures du matin lorsque les sentinelles donnent l'alerte. Sortant de la forêt, des milliers de Dahoméens se ruent sur le campement. Ils reviendront à la charge à cinq reprises. Les Amazones ne sont pas les moins acharnées. Plusieurs fois, on entend les chefs lancer des invectives que des interprètes traduisent :

« Est-ce donc cela que vous avez promis à Behanzin ? Oserez-vous vous représenter devant lui ? En avant ! »

Rien n'y fait. Les tirailleurs sénégalais ne lâchent pas et les légionnaires montrent leur solidité habituelle, se portant sur tous les points où la défense a tendance à fléchir. Menant l'une de ces interventions à la tête d'une section, le commandant Faurax est mortellement atteint. Le capitaine Drude le remplace aussitôt.

Vers dix heures, l'ennemi reflue et disparaît. Dodds estime que les assaillants devaient être environ 4 000. On retrouvera 130 cadavres, mais beaucoup d'autres ont été emportés. Les Français ont eu cinq tués dont Faurax[1].

Les blessés évacués par voie fluviale, et un fort, appelé Fort Faurax, édifié pour servir de relais, la colonne reprend sa progression vers le nord. Le 28, nouvel accrochage. Le 2 octobre, traversée de l'Ouémé afin de se retrouver sur la rive d'Abomey. La forêt s'éclaircit quelque peu.

Dès lors, il n'est guère de journée sans engagement. Behanzin voit

---

1. Une rue de Sidi-Bel-Abbès portera son nom. Rencontre de l'histoire, les premiers services de la revue *Képi blanc* seront installés en 1947 dans cette rue Faurax.

la menace se rapprocher. Il veut barrer aux envahisseurs la route de sa capitale.

4 octobre. Combat dit de Poguesa. Les soldats de Behanzin reviennent trois fois à la charge durant deux heures. Deux officiers sont tués, dont le sous-lieutenant Amelot de la Légion. On relève près de 150 morts en face, dont 17 Amazones.

6 octobre. Combat d'Adegon.

12 octobre. Combat d'Oumbouémédi. Les Dahoméens tiennent des tranchées que les légionnaires enlèvent à la baïonnette afin de poursuivre la marche.

13 octobre. Combat d'Akpa.

14 octobre. Combat aux sources du Loto. Pour la première fois, l'adversaire se manifeste avec de l'artillerie. Des conseillers européens (allemands, belges) sont faits prisonniers et passés par les armes.

Pertes au combat, indisponibles pour maladies, Dodds sent que sa troupe a besoin de marquer un temps d'arrêt. Il effectue un léger repli afin de mieux se réorganiser. Phase délicate où la Légion assure la sécurité du mouvement. Le 15, deux légionnaires sont tués en secourant un convoi de blessés. Le 20, cinq autres sont tués en dégageant un peloton encerclé.

Le commandant Audeoud arrive avec des renforts (500 hommes) et Dodds en profite pour modifier son dispositif. Il constitue quatre groupes au lieu de trois, chacun comptant une compagnie de Légion. Le colonel sait qu'il dispose avec les légionnaires de son meilleur outil pour forcer le passage en direction d'Abomey.

De nouveau, les engagements se succèdent, une fois la colonne repartie : 27 octobre, 2, 3 novembre. Le 4, après une journée meurtrière, les Français entrent dans Kana, ville sainte et capitale historique du royaume. Manifestement ils ont pris l'avantage sur leurs adversaires qui à chaque rencontre éprouvent des pertes terribles. Les Lebel sont d'une redoutable efficacité.

Avec la prise de Kana, Abomey n'est plus qu'à douze kilomètres. Behanzin ne peut sous-estimer la déconfiture de son armée décimée par les feux des Français. Pour trouver une porte de sortie, il tente de négocier. Le 7 novembre, des parlementaires se présentent.

Dodds n'est pas d'humeur à transiger. Les instructions reçues, les pertes subies ne l'incitent pas à composer. Il exige le protectorat français sur le Dan-Homé, la cession du territoire en bordure du littoral ; une indemnité de guerre de 15 millions ; l'entrée dans Abomey. Il tient à cette entrée dans la capitale, afin de bien signifier à Behanzin et aux siens qui est le plus fort.

Les pourparlers traînent une semaine. Behanzin biaise. Dodds ne transige pas. Le 15, les négociations sont rompues alors que des reconnaissances signalent qu'Abomey est en flammes.

Behanzin a réalisé que la partie était perdue. Il a quitté sa capitale, après avoir incendié son palais et les principaux bâtiments.

Le 17 novembre, les Français pénètrent dans Abomey. A seize heures, le PC de Dodds, protégé par une compagnie de Légion, s'installe aux pieds des murs calcinés du palais Simbadge. La victoire française est totale. Le Dahomey est déclaré passer sous protectorat français. Le littoral est annexé. Behanzin en fuite est déchu et remplacé par son frère Ago Li Ago. Homme de paille, ce dernier sera à son tour déchu en 1900, le Dahomey deviendra colonie.

*

Behanzin erre toujours dans le nord du Dahomey et pourrait redevenir dangereux. Début octobre 1893, Dodds, qui a été promu général, lance la traque contre lui. Trois groupes analogues à ceux de l'année précédente sillonnent la région où il est localisé. Chacun s'appuie encore sur une compagnie de Légion (le bataillon du Dahomey a reçu fin 1892 un renfort de 150 légionnaires, avec les capitaines Brundsaux et Felineau). Drude, maintenant chef de bataillon, commande l'un de ces groupes.

A la fin du mois de novembre, le vide se fait peu à peu autour de l'ancien souverain. Ses derniers dignitaires restés fidèles finissent par l'abandonner et se rallient. Behanzin lui-même se résout à faire sa soumission. Le 1er février 1895, il arrive à Cotonou, accompagné d'une petite escorte française et d'une quarantaine de ses femmes. Bel homme, nez en bec d'aigle, pipe à la bouche, l'ex-monarque n'a pas perdu de sa superbe devant l'adversité[1].

Pour les légionnaires regroupés à Cotonou en janvier, l'heure du retour définitif a sonné. Ils laissent derrière eux 37 des leurs tués au combat. 200 ont été blessés. Avec les malades, la moitié de l'effectif a été mis hors de combat.

Avant leur départ, Dodds tient à les saluer :

> « Légionnaires, au moment où vous allez quitter le Dahomey, terrain de vos exploits, je tiens à vous remercier du fond du cœur de ce que vous avez fait. En 1892 vous avez montré vos belles qualités militaires en sachant vous imposer à l'ennemi,

---

1. Exilé, il mourra en Algérie en 1900.

> répondre à son feu, en n'hésitant jamais comme à Dogba à faire vaillamment tout votre devoir. Cette année, ce sont vos qualités de résistance et d'énergie que vous avez montrées et je puis vous assurer que ce sera pour moi un des meilleurs souvenirs de ma vie militaire d'avoir eu l'honneur de commander à une troupe telle que la Légion. »

Quelques années plus tard, présentant au gouverneur général de l'Indochine une garnison de légionnaires, Dodds tiendra le même langage :

> « Voici la Légion, troupe sur laquelle vous pouvez compter en toutes circonstances. Sans elle, je n'aurais jamais pu mener à bien l'expédition du Dahomey. »

A l'issue de la campagne, 23 médailles militaires seront décernées. L'adjudant Haberer sera fait chevalier de la Légion d'honneur. Sanctions méritées, comme l'ovation d'accueil à l'arrivée à Sidi-Bel-Abbès.

*

SOUDAN
(1892-1894)

Faidherbe, Gallieni, Borgnis-Desbordes, Archinard ont frayé le chemin qui mène au Soudan, le « Pays des Noirs ». Sur cette route, pour s'opposer aux Français, il y eut El Hadj Omar, puis Ahmadou. Au début de 1892, c'est surtout Samory, le fameux Almamy l'homme aux deux visages : négrier esclavagiste pour les uns, défenseur farouche du patrimoine africain pour les autres.

Pour en venir à bout, Archinard, commandant supérieur du Soudan, sollicite l'envoi en renfort d'une unité de Légion. Une compagnie de marche – 4 officiers, 120 hommes – est mise à sa disposition. Arrivée le 2 septembre à Kayes, sur le Sénégal, à quelque 700 kilomètres de Saint-Louis, elle s'organise immédiatement en compagnie montée, formule qui a prouvé son efficience dans le Sud oranais. Ainsi structurée, pendant plusieurs mois elle sillonne les bassins du haut Sénégal et du haut Niger, livrant 14 combats et parcourant plus de 3 000 kilomètres. Epuisée par les fièvres, elle rallie sa base de départ le 3 mai 1893 et le mois suivant regagne Sidi-Bel-Abbès.

Archinard, durant son commandement, a marqué des points. Le colonel Bonnier entend bien poursuivre et pénétrer dans Tombouctou, la cité mystérieuse visitée par René Caillié en 1828, là où, suivant un proverbe touareg, « la pirogue rejoint le chameau ». Deux compagnies de Légion, l'une du 1ᵉʳ RE (capitaine Nicolaï), l'autre du 2ᵉ RE (capitaine de Certeau), soit 10 officiers et 305 sous-officiers et légionnaires, sont censées être de l'expédition[1]. En fin de compte, elles seront maintenues en réserve sans participation notoire. Seul un petit détachement de 20 légionnaires, avec le lieutenant Betbeder et le sergent Minnaert, le héros de Sontay, participent à la prise de Bosse-Bangou (cent kilomètres à l'ouest de Niamey, sur la rive droite du Niger).

Au début de 1895, les deux compagnies rejoignent Sidi-Bel-Abbès.

L'expérience soudanaise a donc été relativement brève. Mais le Soudan n'est-il pas un peu chasse gardée des troupes de marine, future coloniale ? Le chiffre peut paraître modeste, eu égard aux autres hécatombes. Il n'est jamais de petit chiffre devant la mort. Un sacrifice est toujours un sacrifice. Deux légionnaires ont été tués au combat durant ces campagnes du Soudan.

*

MADAGASCAR

De longue date, la France s'est intéressée à la Grande Ile, celle que ses habitants dénomment Tani-Bé, la Grande Terre[2]. En 1643, Pronis fonde Fort Dauphin en l'honneur du futur Louis XIV. En 1665, un édit baptise Madagascar l'île Dauphine, pour la même raison. Au XVIIIᵉ siècle, en 1750 très exactement, l'île de Sainte-Marie, au large de la côte orientale, est cédée en toute propriété au roi de France.

Ces diverses tentatives d'implantation ne débouchent pas. Madagascar se refuse. Les Anglais contrent les entreprises françaises.

Au milieu du XIXᵉ siècle, les Britanniques sont installées dans l'île Maurice (ex-île de France) et les Français dans l'île de la Réunion (ex-île Bourbon). Ce sont là deux excellents observatoires susceptibles de servir de bases de départ. Sur Madagascar même, la lutte d'influence est ouverte entre missionnaires catholiques, pasteurs protestants, négociants français et britanniques. Au premier rang des aventuriers venus tenter leur chance dans la Grande Ile,

---

1. On sait que la colonne Bonnier est décimée par les Touaregs le 15 janvier 1894. Il appartient à l'adjoint de Bonnier, le commandant Joffre, d'entrer dans Tombouctou pour y planter le drapeau tricolore.
2. D'une superficie égale à la France et à la Belgique réunies.

émerge le Gascon Jean Laborde. Ingénieux, habile, Laborde sait se placer auprès de la reine tout en édifiant une confortable fortune. Son héritage en 1878 provoque conflit. Le gouvernement de Tananarive refuse à ses neveux l'héritage de leur oncle. « En conformité avec les lois immémoriales de Madagascar, la terre malgache ne peut être vendue à des étrangers [1]. »

Car à l'encontre d'un grand nombre des territoires coloniaux qu'accaparent les Européens, Madagascar constitue un véritable Etat, qui a une dynastie, un gouvernement, une administration, une armée. Cette façade ne doit pas toutefois dissimuler les rivalités intestines. L'ethnie Hova s'est imposée au détriment des Sakalaves du nord-ouest et des Betsiléos du sud. Des haines raciales qui serviront les Français divisent le pays. L'esclavage subsiste.

Les litiges et tensions nés de l'héritage Laborde, les scissions internes malgaches, l'impérialisme colonial de l'heure conduisent Paris à se manifester en 1883. Au terme de deux années de palabres entrecoupées de quelques canonnades, la jeune reine Ranavalona III signe le 17 décembre 1885 un traité qui établit un protectorat français officieux sur Madagascar. Un résident s'installe à Tananarive, la capitale, pour s'occuper, en principe, des relations extérieures de l'île.

Cet étrange compromis se poursuit une petite dizaine d'années, non sans frictions. Le résident souhaite augmenter ses prérogatives, le gouvernement Hova renâcle, hostile aussi bien à sa présence qu'à ses prétentions. Des Français deviennent les victimes de cette guerre larvée. Plusieurs sont assassinés. Des Sakalaves, francophiles par opposition aux Hovas, sont molestés. La rupture éclate ouvertement le 27 octobre 1894, le résident quittant les lieux pour signifier que l'abcès doit être crevé.

En métropole, colonialistes et catholiques, par souci d'expansion pour les uns, de protection de leurs communautés pour les autres, poussent à l'action. De la Réunion, que bien des intérêts rapprochent de la Grande Ile voisine, des voix poussent dans le même sens. La cause est aisément enlevée par le ministère Ribot, entraîné par le très colonialiste Hanotaux, ministre des Affaires étrangères [2]. Par 377 voix contre 143, le Parlement décide d'intervenir militairement.

*

---

1. Principe en contradiction cependant avec un traité passé en 1868.
2. Dans ce ministère : Poincaré, Chautemps, Leygues. En cette fin de XIXe siècle, le fait colonial trouve un très large assentiment politique.

D'entrée, les moyens confiés au général Duchesne, commandant du corps expéditionnaire, sont très importants pour une intervention de ce type : 15 000 combattants, dont des légionnaires, 8 500 conducteurs ou coolies, Kabyles, Abyssins ou Comoriens.

Duchesne connaît bien la Légion. Il y a servi en dernier lieu comme lieutenant-colonel. Il l'a vue à l'œuvre dans le Sud oranais, au Tonkin, à Formose. Il lui confiera logiquement les missions difficiles surtout dans la dernière phase de son expédition sur Tananarive.

Le bataillon désigné pour partir sous les ordres du commandant Barre est fort de quatre compagnies, soit 22 officiers, 46 sous-officiers, et 772 légionnaires [1]. Il appartient au régiment dit d'Algérie, commandé par le colonel Oudri, ancien chef du 2e RE, comprenant également deux bataillons de tirailleurs algériens. Le 4 avril 1895, il embarque à Oran. Après trois semaines de traversée, il débarque à Majunga, occupée par les Français depuis le 15 janvier.

A bien des égards, le légionnaire de Madagascar ressemble à celui du Tonkin. Sa tenue, son paquetage n'ont guère varié mais le Lebel remplace le fusil Gras. Cette arme à magasin de 8 cartouches, assez lourde (4,180 kilos sans la baïonnette), est précise, grâce à la longueur de son canon. Elle sera pendant plusieurs décennies l'arme du fantassin français et notamment de celui de 14-18. Bien des unités partiront encore en septembre 1939 avec le vieux Lebel. Par contre, le recrutement des légionnaires s'est diversifié au profit de l'élément français, qui compte déjà pour 25 % (mais les Allemands sont encore environ 15 %).

Duchesne a prévu de se porter sur Tananarive, en empruntant d'abord la vallée de la Betsiboka puis les hauts plateaux de l'Imerina par Andriba. Long cheminement de plus de 400 kilomètres, même si les cent vingt premiers sont en partie effectués par voie fluviale, jusqu'à Mevatanana. L'armée traîne ses impedimenta dans les fameuses voitures Lefebvre [2]. Celles-ci ont rendu d'excellents services dans les plaines du Soudan, mais à Madagascar, pays de marécages et de montagnes, elles exigent la construction d'une route.

Le mouvement en avant commence début mai. Assez vite, les vraies difficultés surgissent pour le corps expéditionnaire, condamné à se battre sur plusieurs fronts : Hovas, climat, conditions naturelles.

---

1. 1re compagnie : capitaine Perrot ; 2e compagnie : capitaine Courtois ; 3e compagnie : capitaine Bulot ; 4e compagnie : capitaine Sardi.

2. Ces voitures Lefebvre à 2 roues et à carcasse métallique, d'un poids à vide de 150 kilos, tirées par un mulet, peuvent emporter environ 400 kilos.

Les Hovas ne sont pas les plus dangereux. Ils tiraillent de loin sans grande précision et utilisent mal leurs armes. Leurs attaques comme leurs défenses se soldent par de lourdes pertes, suite au manque de métier. Par contre, la nature offre d'autres obstacles : marécages aux miasmes morbides, fourmis aux piqûres venimeuses, moustiques porteurs de fièvres, caïmans flottant entre deux eaux dans les marigots. L'inexpérience, le manque d'accoutumance aux latitudes tropicales coûtent cher aux unités du contingent métropolitain. Décimé par la maladie, le corps expéditionnaire n'avance pas. Il gagne à peine deux à trois kilomètres par jour, laissant constamment des tombes derrière lui.

Expérimentés et aguerris, les légionnaires résistent mieux. « Le légionnaire a la peau dure », formule un dicton dont on connaît mal l'origine exacte. La force de son expérience, en Afrique ou en Asie, en est certainement le premier fondement. Malgré les fièvres il manie la pioche pour construire la route, tout en gardant son fusil à portée de main pour écarter les Hovas. Il est le dernier à s'arrêter à bout de forces provoquant un autre dicton :

> « Quand un troupier de France entre à l'hôpital c'est pour être rapatrié, un tirailleur c'est pour guérir, un légionnaire, c'est pour mourir. »

Début septembre, Duchesne n'est qu'à mi-parcours, à hauteur d'Andriba. S'il a atteint les hauts plateaux à plus de 1 000 mètres d'altitude, deux cents kilomètres le séparent encore de Tananarive et la saison des pluies approche. Sa troupe autour de lui est épuisée. Ressemble-t-elle encore à une armée ? Les silhouettes ont pris une teinte ocre, coloris de la poussière qui colle aux visages et aux vêtements. Les unités sont exsangues. La Légion elle-même a perdu son commandant. Le capitaine Rabaud l'a remplacé.

Conscient de la situation réelle, Duchesne prend le risque d'un véritable quitte ou double. Une colonne légère, dite volante, composée des éléments sains et résistants – 4 000 combattants et 1 500 conducteurs auxiliaires –, foncera sur Tananarive. Bien qu'affaibli, le bataillon de Légion en fait naturellement partie, d'autant qu'il reçoit fort à propos un renfort de 150 légionnaires et 3 officiers conduits par le capitaine Brundsaux.

Ce Brundsaux fait partie de ces officiers riches en couleur dont la Légion d'hier n'était pas avare, avec les Conrad, Martinez, Rollet, Maire, Aage de Danemark, Hora... Il sort de Saint-Cyr. Lieutenant au 4e zouaves à Tunis, il tombe amoureux d'une jeune chanteuse de café-concert. Lui ayant fait un enfant, il démissionne pour l'épouser (un tel mariage n'est pas alors compatible avec l'état d'officier). Civil, désargenté, il obtient de reprendre du service comme lieutenant à titre étranger. Tonkin – Dahomey – Madagascar – Maroc ensuite. Il glane les décorations, rattrape le temps perdu, devient capitaine à titre français et passe chef de bataillon. Durant la Grande Guerre, il deviendra général et terminera gouverneur militaire de la Corse. Entre-temps, il s'est battu en duel avec un camarade, a abandonné épouse et enfant pour se mettre en ménage avec une négresse. « Loum-Loum », comme l'appelaient les légionnaires, avec sa barbe de Père Noël, son képi cabossé, sa « batterie de cuisine [1] » impressionnante sur le côté gauche, ne manquait pas d'allure. Sa grande distraction était de se rendre, en compagnie de jeunes officiers, dans des cafés-concerts et d'exiger de l'orchestre qu'il joue le *Boudin*. Faute de quoi il s'en prenait à la vaisselle et au mobilier. Quelles que soient ses facéties, ce Brundsaux a laissé un souvenir. Il prête ses traits à l'un des quatre légionnaires – celui des guerres coloniales – montant la garde aux pieds du monument aux morts érigé en 1931.

La colonne légère, que les légionnaires ne tardent pas à baptiser « Marche ou crève », démarre le 14 septembre. Les hommes ont été allégés au maximum. Les voitures Lefebvre ont été abandonnées. Des mulets portent le strict nécessaire. La Légion ouvre la marche.

Les Hovas ont édifié quelques forts sur l'axe menant à Tananarive. Des débordements bien menés les conduisent à évacuer les lieux. A défaut, les baïonnettes forcent le passage. Dans l'ensemble, malgré tout, le plateau de l'Emyrne offre une progression plus aisée.

Des marécages, des rizières aux diguettes étroites s'étendent à l'ouest de Tananarive. Pour les éviter, Duchesne fait contourner la capitale par le sud et l'est. Le 28 septembre, il est en position d'attaquer la ville. La Légion, qui a toujours été à la peine depuis le départ, reçoit la mission d'occuper le palais royal. C'est un honneur.

Vers quinze heures, quelques obus de la pièce de 80 de montagne qui accompagne la colonne frappent le bâtiment sur lequel flotte l'emblème de la reine. Il n'en faut pas plus. Le pavillon royal est remplacé par un drapeau blanc. Des parlementaires sont envoyés vers les lignes françaises. Le colonel Oudri et la 1re compagnie du bataillon de Légion vont s'installer dans les murs de Ranavalona III.

Le lendemain, à huit heures, le commandant en chef fait son entrée dans Tananarive. La reine accepte le protectorat français avec toutes ses conséquences.

---

1. Traduire par décorations (jargon militaire).

Duchesne aura l'élégance de reconnaître le travail accompli en s'adressant aux officiers de Légion et à leurs hommes :

> « C'est bien à vous, messieurs, que nous devons d'être ici. Si jamais j'ai l'honneur de commander une expédition nouvelle, je ferai en sorte d'emmener avec moi au moins un bataillon de Légion étrangère. »

Dodds, au Dahomey, tenait le même langage.

Mais, il était temps d'arriver au but :

> « ... les rations avaient dû être encore réduites et l'épuisement de nos hommes qui n'avaient reçu qu'une nourriture insuffisante pour lutter contre des fatigues exceptionnelles, était parvenu au dernier degré... Il ne restait que deux jours de vivres à peine [1]. »

Si la campagne s'achève sur un succès militaire et politique, puisque la reine et son gouvernement paraissent s'incliner, elle a été un gouffre en vies humaines. Sur 21 600 hommes, le corps expéditionnaire en a perdu 5 756 par maladie. Sept seulement ont été tués au combat (13 ont été blessés).

Le 22 octobre, la Légion quitte Tananarive pour être rapatriée. Le 30 novembre, 20 officiers, 358 sous-officiers et légionnaires embarquent pour Oran, destination Sidi-Bel-Abbès. Tous les autres reposent à jamais sur la terre malgache. Plus d'un sur deux.

*

Le 1er octobre 1895, tout semblait réglé. Maladresses françaises, xénophobie latente chez les Hovas : les difficultés surgissent et se multiplient. Des troubles éclatent. En France, l'opinion publique a été sensibilisée par les pertes de la campagne de Duchesne. Pas question de regarder ces sacrifices comme vains. Le 1er janvier 1896, le gouvernement français décrète « la prise de possession de Madagascar ». La réaction est immédiate. L'Imerina se soulève. Tananarive est encerclée par des révoltés. Les Européens sont contraints de se retrancher.

Les événements s'enchaînent. Le 6 août, la Chambre, allant plus loin, vote l'annexion de Madagascar. Les insuffisances de l'autorité en place exigent la désignation d'un homme fort pour reprendre en

---

1. Conférence à l'école de Guerre en 1908. *Avec les bâtisseurs de l'Empire*, OC, p. 78.

main la nouvelle colonie. Cet homme sera Gallieni, l'enfant de Saint-Béat dans les Pyrénées, devenu le colonial du Soudan et du Tonkin. Avant de s'éloigner pour prendre ses nouvelles responsabilités, il ne formule qu'une demande : « L'autorisation d'amener avec lui 600 hommes de la Légion étrangère, afin de pouvoir, le cas échéant, mourir convenablement. »

Evidemment, on ne refuse pas une telle requête à un Gallieni. Un bataillon de Légion part en septembre pour Madagascar[1].

Dès son arrivée à Tananarive, le gouverneur général tape fort pour montrer qu'il est le maître. Deux ministres malgaches sont fusillés en public. La reine est exilée, à la Réunion puis à Alger. Ces mesures sévères n'empêchent pas de devoir pacifier un pays en partie insurgé où rôdent les Favalos, version malgache des Pavillons noirs. Le bataillon de Légion y est employé.

La 1re compagnie part vers la côte ouest afin de réprimer une sédition sakalave, puis intervient sur Tuléar. La « 2 » assure la sécurité de l'axe Tananarive-Tamatave. La « 3 » travaille dans la région d'Ambatomango, la « 4 » en Emyrne.

La tâche n'est pas aisée, travail de longue haleine alliant la nécessité de vaincre à la volonté de rallier les cœurs et les esprits. Si les vrais faits d'armes sont rares, ils ne sont jamais négligeables.

Le 10 octobre 1897, le poste d'Andembe est attaqué par plusieurs milliers de Sakalaves. Les uns brandissent des sagaies, les autres possèdent des fusils introduits dans l'île par les Anglais, qui acceptent mal la présence française à Madagascar. Ils n'ont devant eux qu'une compagnie de Légion. Les légionnaires, rocs inébranlables dans la tempête qui gronde autour d'eux, tirent vite et bien. Ils utilisent avec maîtrise les boîtes à mitraille de leur unique canon. Les Sakalaves refluent.

Quelques jours plus tard, la compagnie Flayelle est surprise en pleine forêt. Le combat est cette fois à dix contre un. A l'instar de Danjou, Flayelle fait former le carré. Vingt-quatre heures après, la compagnie rentrera, en pleine nuit, ramenant sur des brancards ses morts et ses blessés. Pas un fusil, pas une cartouche n'ont été abandonnés sur le terrain.

Le capitaine Flayelle sera tué en forêt de Vohinghezzo le 12 mars 1898, dans la région de Tuléar.

---

1. A 4 compagnies, émanant des 1er, 2e RE, sous les ordres du commandant Cussac du 2e RE.
1re compagnie : capitaine Flayelle – 2e compagnie : capitaine Deleure – 3e compagnie : capitaine de Thuy – 4e compagnie : capitaine Brulard (futur général).

En janvier 1899, les rigueurs du climat et la vie opérationnelle ont fait fondre les effectifs. Heureusement, deux compagnies arrivent en renfort d'Algérie.

*

C'est le propre du vrai chef de savoir s'entourer. Gallieni ne faillit pas à la règle. Il a appelé Lyautey. Après Lyautey le Tonkinois, la Légion découvre Lyautey le Malgache. Bientôt, elle découvrira Lyautey le Marocain. Un Lyautey heureux de ces « retrouvailles » malgaches :

> « Je retrouve mes beaux postes de la Légion, évoquant le Tonkin avec ces légionnaires si précieux quand bien conduits, constructeurs industriels, bons à tout. »

Comment ne pas relever au passage la pertinence du propos « quand bien conduits » ? La pierre est bonne. L'œuvre sera ce qu'en fera le ciseau de l'artiste. Ainsi en est-il de la Légion. Une unité mal commandée devient l'ombre d'elle-même. Mais n'en est-il pas de même un peu partout. La valeur d'une troupe est largement tributaire de celle de ses chefs.

Le 1er avril 1900, arrive le colonel Joffre. La Légion a connu le futur généralissime au Soudan. Le 4e bataillon du 1er RE – commandant Felineau, un ancien –, débarqué le 20 avril, est mis à sa disposition pour assurer la mise en défense de la rade de Diégo-Suarez. Il sera relevé l'année suivante par le 2e bataillon du 2e RE. Ce dernier, sous le nom de « Bataillon étranger de Diégo-Suarez », force dans la forêt la célèbre route d'Ambre, à la pointe septentrionale de Madagascar.

Cette réalisation rejoint l'action engagée depuis le début à côté des opérations militaires : construction de postes, protection de villages, ouverture ou relance de marchés entreprises suivant les préceptes chers à Gallieni. L'un des premiers actes du gouverneur n'a-t-il pas été de supprimer l'esclavage ?

Lyautey s'extasie devant le travail effectué. A Behara (quatre-vingts kilomètres à l'ouest de Fort Dauphin), devant le poste bâti au cœur de la forêt avec ses pavillons à étages, ses vérandas, ses jardins, ses terrasses, il écrit : « Ah ! Nos vieux légionnaires ! Quelle troupe coloniale, quels fondateurs de villes, quelles ressources[1] ! »

Lorsque Gallieni rentre définitivement en France en 1905,

---
1. *Lettres du sud de Madagascar*, OC, p. 135.

Madagascar est calme. « Il avait reçu une forêt insurgée, il a rendu une colonie tranquille et prospère[1]. » La Légion l'avait précédé sur le chemin du retour, après avoir été l'un des grands artisans de son succès. Au prix de 260 des siens tués au combat[2].

*

SAHARA

La France, face au Sahara, cette immensité de sable et de cailloux, a longtemps hésité, ne voyant pas l'intérêt de s'enfoncer plus avant. Durant des années, la conquête de l'Algérie terminée, elle s'est contentée d'occuper les oasis de la frange septentrionale : Biskra, Laghouat d'abord puis Aïn-Sefra. Les massacres de missionnaires catholiques et d'explorateurs, le désastre de la mission Flatters en février 1881 ont encore freiné la pénétration saharienne. Le désert s'annonçait un monde violemment hostile, aussi bien par sa nature que par ses habitants.

Le succès de la mission Foureau-Lamy en 1899 lève enfin les hypothèques. Le Sahara est accessible. Les Touaregs ne sont pas invincibles.

L'accord franco-anglais de 1890 a rendu la marche vers le sud politiquement possible. Les étendues au nord d'une ligne Say (sur le Niger)-Baroua (sur le Tchad) ont été reconnues zone d'influence française. Les coloniaux français ont ainsi liberté d'action sur plus de deux millions de kilomètres carrés. Les audacieux ne vont pas s'en priver.

Fort heureusement pour eux, l'avenir a été respecté et même préparé. En 1885 un poste a été édifié à Djenien Bou Zreg[3], à soixante-dix kilomètres au sud d'Aïn-Sefra. En 1891, le capitaine Lamy, le futur chef de la mission Foureau-Lamy, a occupé El Goléa. Le rail a atteint ce même Aïn-Sefra en 1887 et Biskra en 1888. Les Français disposent ainsi, au seuil du Sahara, de bases de départ faciles à approvisionner. A partir de là l'armée d'Algérie – celle qu'on appellera l'armée d'Afrique – peut s'engager sous l'impulsion d'officiers énergiques dans la grande aventure saharienne :

– Le 29 décembre 1899, profitant de circonstances favorables, le capitaine Pein entre dans In-Salah, posant les premiers jalons de la soumission du Tidikelt.

---

1. Hanotaux.
2. Parmi les blessés dans ses rangs, le lieutenant Prételat, futur commandant du groupe d'armées de l'Est en 1940.
3. Là sera par la suite la compagnie de discipline des Régiments étrangers.

– Le 30 juillet 1900, le général Servière plante le drapeau tricolore à Adrar, la « capitale » du Touat.

– Le 7 mai 1902, les 130 méharistes du lieutenant Cottenest, au combat du Tit sur les flancs du Hoggar, mettent à bas le prestige militaire touareg.

Ce ne sont là que quelques points de repère de la sortie d'un long sommeil militaire et politique au Sahara. Dans cette partie, la Légion n'est pas totalement absente.

– En mars 1900, une colonne de 2 000 hommes conduite par le colonel Bertrand, commandant du 1er RE, parcourt la vallée de la Zousfana. Un bataillon du 1er RE, une compagnie organisée en compagnie montée du 2e RE en font partie.

– Le mois suivant une autre colonne dite du Gourara, 9 officiers et 400 légionnaires des 2e et 3e compagnies du 2e RE, réalise un véritable exploit de résistance physique. Elle traverse le grand erg occidental, atteint Timimoun, et revient par El Goléa, Ghardaïa, Laghouat. En soixante-douze jours, elle a effectué 1 825 kilomètres à travers les sables de l'erg et les cailloux calcinés de la hamada, marchant par des températures atteignant parfois 46-48° à l'ombre.

– Le 1er juillet 1900, Brundsaux, encore lui, entre à Taghit, à mi-chemin entre Aïn-Sefra et Beni Abbès.

Colonne Bertrand, colonne du Gourara, détachement Brundsaux. La « rue des Palmiers » des vallées de la Zousfana et de la Saoura, avec le Touat, s'ouvre aux Français. Elle n'est pas sûre pour autant. Dans les semaines suivant l'entrée à Taghit, à El Moungar, un peu au nord de l'oasis, une compagnie de Légion est sérieusement accrochée en escortant un convoi. Dans ce premier combat d'El Moungar, sur ce site appelé à connaître une tragique célébrité, les légionnaires ont huit tués et huit blessés. Preuve que la pacification n'est pas acquise, en cette contrée pré-saharienne du Sud oranais.

Au vu de ce rapide panorama, il est clair que dans cette pénétration saharienne, la Légion joue un rôle assez modeste. Plusieurs raisons l'expliquent.

La Légion est une troupe assez lourde, rançon de sa solidité et sans doute aussi de la pesanteur d'une partie de son recrutement. Certains auront même tendance à lui en faire grief. Le Sahara implique mobilité et rapidité. Si la Légion a mis sur pied ses compagnies montées, ses mulets ne résisteraient pas aux conditions de vie d'un univers que le chameau peut seul véritablement appréhender. Des enfants du cru, rompus à tous les artifices de la vie au désert, sont seuls capables de fournir les combattants qu'exige un tel milieu naturel. Laperrine, Pein, Cottenest, tous les grands Sahariens le comprendront vite. Ils mettent sur pied des unités sahariennes montées sur méharis avec des locaux [1].

L'heure de la Légion étrangère au Sahara n'interviendra qu'après la Seconde Guerre mondiale, avec la création de compagnies sahariennes portées de la Légion étrangère (CSPLE sur véhicules). La technicité, la ténacité des légionnaires feront merveille. Autonomes, ces CSPLE compteront parmi les plus belles unités de la Légion. Y servir sera prisé.

Mais il est une autre raison à l'absence de la Légion du véritable cadre saharien. De 1903 à 1914, le Maroc l'accapare. Si au Sahara, Laperrine et ses lieutenants peuvent mener leur politique « d'apprivoisement » pour infléchir les cœurs et se les attacher, au Maroc il faut d'abord s'imposer par les armes. La situation politique le veut ainsi. La Légion y est tout naturellement au premier rang.

Dans cette décennie d'avant-guerre, elle vit donc essentiellement pour le Maroc, même si le Tonkin réclame encore un peu de monde. Ses effectifs alors sont bien loin des 2 350 du 1er janvier 1879. Ils oscillent autour de 12 000 hommes (avec un léger creux en 1907-1908). Ses deux régiments ont de quoi alimenter leurs 6 bataillons à quatre grosses compagnies, plus les compagnies montées. Ces dernières sont de belles unités. En moyenne 5 officiers, une dizaine de sous-officiers, 200 caporaux et légionnaires. A Sidi-Bel-Abbès, plus que jamais la cité du 1er RE, à Saïda, devenue le 2 novembre 1886 celle du 2e RE, tout s'oriente pour instruire et équiper les troupes qui partent pour le baroud marocain

*

LA LÉGION AU MAROC
(1903-1914)

Le Sud-Ouest oranais et au-delà le Maroc sont deux vieux problèmes liés à l'implantation française en Algérie. La bataille d'Isly, en 1844, avec la victoire sans appel de Bugeaud, en a été la première manifestation. Puis, sous la pression anglaise, le traité de Lalla-Marnia de 1845, déjà évoqué, a rétabli une certaine concorde entre la France et le Maroc.

Ce traité de Lalla-Marnia laissait en suspens, on l'a vu, une véritable délimitation frontalière au-delà du Teniet-el-Sassi et du 34e parallèle. Bou Amama et les Ouled Sidi Cheikh ont largement

---

1. Les compagnies sahariennes sont créées par décret du 1er avril 1902.

profité de cette incertitude. D'où des affrontements comme celui du Chott Tigri.

Le traité était, par contre, plus explicite sur l'appartenance des ksour[1], ces villages fortifiés de la zone pré-saharienne à trois cents kilomètres plein sud d'Oran. Son article V les répartit sans ambiguïté :

> « Les Ksour qui appartiennent au Maroc sont ceux de Ich et de Figuig ;
> Les Ksour qui appartiennent à l'Algérie sont : Aïn-Sefra, S'Fissila, Assla, Tiout, Chellala, El-Abiod et Bou-Semghoune. »

La France avait pu ainsi, en toute légitimité, s'installer à Aïn-Sefra, au débouché septentrional de la vallée de la Zousfana. En contrepartie le Maroc, avec Figuig, avance un véritable coin en direction de l'Algérie. De ce saillant, il est relativement aisé de lancer des razzias contre l'axe Aïn-Sefra/Beni-Abbès, de plus en plus utilisé par les Français avec leur occupation du Touat et du Tidikelt. Bou Amama et ses partisans ne s'en privent pas.

Le problème frontalier se complique encore par la situation intérieure du Maroc. Le pays vit en semi-anarchie. Le bled el-Maghzen obéit au sultan. Le bled es-Siba lui échappe et les confins algéro-marocains relèvent presque tous de ce bled el-Siba où parle la poudre[2]. Le sultan Abd el-Aziz est contesté. Une bonne partie de ses administrés lui reproche ses affinités et ses goûts occidentaux. Un Rogui (prétendant) s'est dressé contre son autorité et a fomenté une révolte armée.

La France, de son côté, a des ambitions. Elle se verrait bien maîtresse de l'ensemble du Maghreb, de l'Atlantique au Golfe des Syrtes. Possédant l'Algérie et la Tunisie, elle aspire à réaliser à son profit une unité nord-africaine qui n'a jamais véritablement existé. Progressivement, à petits pas, pour ne pas heurter ses partenaires européens – Grande-Bretagne, Allemagne, Italie, Espagne –, elle s'efforce de passer des accords avec le sultan. En principe en vue de l'aider, sans pour autant négliger ses propres intérêts[3].

Malgré ces apparences, un climat conflictuel existe, né d'une

---

1. *Ksar*, pluriel *ksour*, terme berbère désignant un village fortifié dans le sud de l'Algérie et du Maroc.
2. *Maghzen* : gouvernement, *siba* : poudre. D'où pays du gouvernement et pays de la poudre.
3. Les accords d'Alger des 7 mars et 20 avril 1902 conviennent d'une politique d'association pour la police, les douars du Sud oranais, et poussent la frontière algérienne sur la vallée du Guir.

certaine xénophobie marocaine, des ambitions françaises, et aggravé par les incidents fomentés par les tribus frontalières d'obédience marocaine. En 1903, ces incidents se multiplient et prennent des proportions dans la région contrôlée par les Français : exactions et pillages contre les populations, harcèlements et attaques de postes.

La grande heure de la Légion dans le Sud-Ouest oranais et au Maroc commence.

Les 19 et 20 mars, à Ksar El-Azzouz, au sud de Figuig, un peloton de la 22e compagnie montée du 2e RE est attaquée par 150 Marocains qu'il parvient à repousser.

Cet engagement est significatif du quotidien. La pression monte du côté de Figuig et l'appel au djihad (guerre sainte) devient virulent. Cette réalité des marches du Sud-Ouest oranais éclate au grand jour le 1er juin. Le gouverneur général de l'Algérie, Charles Jonnart, en tournée d'inspection, manque de peu d'être victime d'une embuscade de grande ampleur au col de Zenaga, à courte distance de Figuig. L'escorte de légionnaires et de tirailleurs repousse avec force le danger. Le gouverneur général s'éloigne sain et sauf, mais il a senti passer le souffle du boulet. Belle occasion pour lui de prendre conscience de l'insécurité frontalière !

Une telle agression envers le représentant de la France ne pouvait rester impunie. Question de prestige ! Deux bataillons du 2e RE, trois compagnies du 1er RE, ainsi que des spahis et des tirailleurs, sont envoyés en opération de représailles contre Zenaga, d'où étaient partis les agresseurs.

L'embuscade du col de Zenaga, les suites apportées par les Français ne peuvent qu'attiser le brasier. Les hostilités s'enclenchent à grande échelle. Le 17 août, le poste de Taghit, édifié là où Brundsaux avait fait sonner un *Boudin* triomphal trois ans plus tôt, est attaqué par 4 000 Beraber débouchant de la vallée du Guir et du Tafilalet. Les Français sont 470. Après soixante-deux kilomètres de marche forcée dans la nuit, le peloton du lieutenant Pointurier, de la 22e compagnie montée du 2e RE, parvient à rejoindre et à renforcer la garnison. Pendant quatre jours, tirailleurs, joyeux, moghaznis et légionnaires tiennent en échec des milliers de combattants fanatisés par des marabouts prêchant le djihad. Finalement, une vigoureuse sortie fait refluer les assaillants vers l'ouest.

Tout s'est bien terminé, en dépit des 9 tués et des 21 blessés. Taghit n'est pas tombé. Mais les faits sont là. Sur la frontière marocaine, il faut compter avec des adversaires nombreux, bien armés et prêts à mourir au nom d'Allah et du refus de l'étranger.

Durant la présence française en Algérie, une plaque de marbre ornait le fronton de l'entrée du poste de Taghit avec l'inscription : « Ici pendant quatre jours, 17-20 août 1903, les détachements ci-après, sous les ordres du capitaine de Susbielle, commandant le poste de Taghit : 7ᵉ compagnie du 2ᵉ Tirailleurs, capitaine Guibert ; 1 peloton de la 3ᵉ compagnie du 1ᵉʳ bataillon d'Afrique, capitaine Mariande, 1 peloton de la 22ᵉ compagnie montée du 2ᵉ étranger, lieutenant Pointurier ; 60 cavaliers du maghzen de Taghit, lieutenant de Ganay ; 60 cavaliers du maghzen de Beni-Abbès, lieutenant de Lachaux.

Ont soutenu victorieusement les assauts répétés de 4 000 Beraber du Tafilalet, grossis de nombreux dissidents de la région du Guir, tous parfaitement armés, qui ont été contraints de battre en retraite, après avoir subi des pertes énormes. »

*

Malgré les menaces et les incursions, les postes du Sud-Ouest oranais et les oasis doivent continuer à être ravitaillés. De longues processions de brêles ou de chameaux suivant les destinations acheminent vivres et munitions.

Le 2 septembre 1903, l'un de ces convois, escorté par la 22ᵉ compagnie montée et 30 spahis, est attaqué dans la cuvette d'El Moungar par plusieurs centaines de Marocains. Trois ans plus tôt, dans ce même décor, le combat avait déjà été rude.

Il est environ neuf heures trente lorsque surgissent les cavaliers ennemis et crépitent les premiers coups de feu. Le capitaine Vauchez qui commande la compagnie montée dépêche aussitôt des spahis à Taghit pour réclamer du secours et regroupe ses pelotons sur une petite éminence. Ce monticule au sol rougeâtre, aux touffes buissonneuses desséchées par la canicule et piqueté de quelques blocs rocheux sera son hacienda de Camerone. Le lieutenant de Selchauhausen, d'origine danoise, est tué dès le début du combat en déployant ses hommes. Vauchez est aussi bientôt mortellement atteint. Lorsque vers seize heures trente apparaîtront les moghaznis du capitaine de Susbielle et les légionnaires de la compagnie montée du 1ᵉʳ RE, ils ne seront plus que trente-deux valides. Bien souvent, dans ce terrain découvert, les morts ont servi de rempart aux vivants. Le sergent fourrier Tisserand, bien que frappé par deux balles, a pris le commandement et dirigé la défense avec énergie et autorité[1].

---

1. Pour son courage et son attitude, Tisserand sera nommé sous-lieutenant et muté au 1ᵉʳ RE. Le changement de corps est en principe de règle pour faciliter l'exercice du commandement à un sous-officier passé officier mais il est des exceptions.

Comme à Taghit, une inscription sur un petit monument rappelait l'héroïsme déployé :

> « Ici, ont combattu, pendant huit heures, contre des dissidents marocains, 113 légionnaires de la 22ᵉ compagnie montée du 2ᵉ Régiment étranger. Deux officiers, le capitaine Vauchez et le lieutenant de Selchauhausen atteints mortellement, 34 tués et 47 blessés sont le témoignage impérissable de leur exemplaire et héroïque conduite. »

Les tués sont ensevelis sur place, les blessés ramenés à Taghit. Le 5 septembre au matin, à Beni-Abbès, à cent kilomètres de là, dès qu'il apprend ce qui s'est passé, un homme en djellaba blanche serrée par un ceinturon quitte son ermitage et saute en selle pour gagner Taghit. A mi-parcours, deux spahis dépêchés pour l'escorter le rejoignent. Le trio chevauche toute la nuit et atteint Taghit peu après l'aube.

Le père Charles de Foucauld, car c'est lui, passera vingt-cinq jours auprès des légionnaires blessés. Extraordinaire rencontre entre l'ancien officier devenu homme de Dieu et ceux qui se veulent avant tout des soldats et ont oublié le reste. Les rescapés de la 22ᵉ compagnie montée n'oublieront jamais leurs conversations avec le marabout des chrétiens que tous les musulmans respectent. Beaucoup retrouvent avec lui la foi de leur enfance[1]. Tous y gagnent un réconfort exceptionnel pour surmonter leurs blessures. Un seul décédera. Le père les quittera quelques heures le 18 septembre afin d'aller bénir les tombes des tués, puis reviendra à nouveau les voir en novembre.

Le lieutenant de Selchauhausen fait partie des morts. Cet élégant aristocrate, officier de l'armée danoise, suite à une liaison qui avait fait quelque bruit à la cour de Copenhague, avait obtenu de faire un stage à la Légion. Séduit par la vie menée, il avait réussi à être intégré dans l'armée française et s'était distingué au Tonkin. L'homme était aimé et estimé pour un courage sans faille et une courtoisie souriante. Sur sa tombe, le commandant Bonnelet, après avoir salué tous les légionnaires tombés à El Moungar, conclut :

> « Mon brave "Schau", tu n'avais qu'un désir, celui de rentrer dans ton petit pays avec sur la poitrine cette croix de la

---

1. Le 30 septembre, avant de regagner Beni-Abbès, Charles de Foucauld écrira à Mgr Guérin, prélat apostolique du Sahara : « Tous les catholiques gravement blessés ont rempli leurs devoirs religieux. »

Légion d'honneur que tu désirais tant et que tu avais si bien méritée au Tonkin et sur cette frontière. Mais si tes chefs ne te l'ont pas donnée, moi qui te connaissais et qui te pleure je te la donne. »

Joignant le geste à la parole, Bonnelet arrache sa propre croix et la dépose sur la dépouille de son lieutenant. Pour ce, il écopera de huit jours d'arrêt, compensés par les félicitations de ses camarades officiers.

Parmi les blessés se trouve un Italien nommé Corraldo Zoli. Son contrat terminé, il regagnera son pays. Des années plus tard, l'ancien légionnaire deviendra gouverneur de l'Erythrée et président de la Reale Societa Geografica Italiana.

La Légion, quel rassemblement d'hommes de fortunes et de destins divers !

*

A bien des égards, l'histoire se renouvelle. Comme hier Madagascar, la frontière algéro-marocaine a besoin d'une personnalité éclatante. Celle-ci sera Hubert Lyautey, nommé commandant de la subdivision d'Aïn-Sefra le 10 septembre 1903.

Lyautey à Aïn-Sefra, les légionnaires retrouvent un chef qu'ils connaît et qui les connaît. Les temps du Tonkin et de Madagascar ne sont pas si lointains. A peine arrivé à Aïn-Sefra, « petite capitale de l'Oranie désertique, seule dans sa vallée de sable, entre l'immensité monotone des hauts plateaux et la fournaise du Sud, très saharienne, très somnolente, avec son ksar fauve aux pieds de la dune en or, avec ses koubas saintes et ses jardins bleuâtres », il prend la route. De Taghit, il écrit à Emile de Voguë :

> « Ce matin, chevauchée à l'aube... pour venir voir ici les blessés d'El Moungar... Ils étaient là, à l'entrée du poste, et le fourrier Tisserand et le caporal Detz, et tous les autres, dont j'ai serré la main, un à un, pour réunir ensuite les quarante survivants et leur dire ce que nous sentons tous. Et à la question finale : "Eh bien, les garçons, qui parmi vous a déjà marché avec moi ?", cinq, six, sortent des rangs : "Moi, mon colonel, j'étais avec vous au Nuiken... j'étais avec vous à Ke-Tuoung... A Fort Dauphin... C'est moi qui vous ai escorté tel jour... qui vous ai apporté tel renseignement." Et il en est de même à chaque poste que je visite et où je retrouve mes vieux légionnaires... et qui ont l'air de me dire "Allons, ça marchera !". »

Avec Lyautey, effectivement, ça marche car tout change. Le nouveau patron d'Aïn-Sefra, en charge de la zone frontière du Teniet el-Sassi à Beni Abbès, prend ses responsabilités. Au nord, il occupe Berguent (Aïn-Beni-Mathat) et au sud Béchar qu'il dénomme Colomb (d'où Colomb-Béchar). Dans les deux cas, il est en secteur marocain. Cette intrusion lui permet de couvrir l'Oranie par un large glacis sur les hauts plateaux et le secteur de Figuig. Quant aux ordres reçus de s'en retirer, il fait en sorte de ne pas obtempérer.

A Berguent comme à Colomb-Béchar et Forthassa-Rhabia s'installent les trois compagnies montées de la Légion [1]. Leur organisation est maintenant bien rodée. Toujours une brêle pour deux hommes. Douze à quinze heures de marche si besoin est, en se relayant toutes les deux heures. Vie austère. Régime de la « kessra [2] » et de riz au gras arrosé d'un peu d'eau, faute de vin. Vie dangereuse, où ceux qu'on appelle les « Dissidents » continuent de se manifester et avec lesquels il est fréquent d'échanger des coups de fusil. Les rigueurs du climat s'en mêlent. La canicule succède à la neige et à la pluie ou inversement. Le 23 janvier 1908, la 20e compagnie du 1er RE est surprise par une tempête de neige, non loin du site du combat du Chott Tigri en 1882. 9 légionnaires meurent de froid, 93 sont plus ou moins atteints de gelures. 15 seulement sont indemnes. Une telle tragédie s'était déjà produite durant la conquête de l'Algérie, en Grande Kabylie et au sud de Sétif.

De la vie du légionnaire sur les hauts plateaux du Sud oranais, un journaliste de l'époque, Georges Claretie, a laissé une trace dans un article du *Figaro* en 1907 :

> « La route de Berguent à El-Aricha (quatre-vingts kilomètres à l'est de Berguent, en Algérie) s'allonge lugubre et désolée pendant des lieues et des lieues. L'alfa s'étend à perte de vue, et rien n'est monotone comme ce désert verdâtre, cette mer d'arbustes rabougris au-dessus desquels voltigent des sauterelles comme d'immenses papillons jaunes.
>
> « A l'horizon on aperçoit de petites tentes coniques en toile blanche. C'est un campement de soldats de la Légion étrangère. Nous faisons halte. Le temps de faire souffler les chevaux. Les légionnaires s'approchent. Un touriste, c'est une distraction dans leur désert. Ils sortent en rampant de dessous leurs tentes et viennent causer un peu timides, un peu gênés.

---

1. Novembre 1903 à Colomb-Béchar ; printemps 1904 à Forthassa-Rhabia ; 1906 à Berguent.
2. Galette de blé dur.

C'est l'heure du repos ; ils ont ôté leurs lourds souliers, leur tunique trop chaude et, comme des enfants au bord de la mer, ils sont joyeux d'être pieds nus dans le sable. Il y en a de très jeunes que le soleil d'Afrique n'a pas bronzés encore ; d'autres noircis, tannés, l'œil plein de fièvre, presque des vieillards. Ils n'ont plus d'âge. Et l'on cause, on échange des cigarettes. »

Dans son équipement extérieur, ce légionnaire du Sud oranais et bientôt du Maroc n'a guère changé, par rapport à ses anciens de Madagascar et du Tonkin, à l'exception d'un point d'importance : sa coiffure. Le casque colonial en liège tend à disparaître. Le képi, avec large couvre-nuque tombant sur les épaules, le supplante de plus en plus. En dehors des mois où « Mohammed » tape fort, il n'est même plus que le képi avec couvre-képi blanc ou sable. Une habitude se prend, une tradition se forge. Une unité de Légion se reconnaît de loin à ce couvre-chef appelé à s'intégrer au personnage. Mais il faudra attendre la fin de la Seconde Guerre mondiale pour que le képi blanc devienne l'apanage caractéristique du légionnaire.

De cette vie souvent ingrate, en contrepartie, à l'occasion, il est des succès longtemps commentés le soir sous les guitounes (tentes). Ainsi celui obtenu en janvier 1906 par le commandant Pein, chef du cercle militaire de Berguent. Le 22 janvier, Pein apprend qu'un rezzou ayant opéré du côté de Colomb-Béchar paraît vouloir se réfugier chez Bou Amama, vieille connaissance, au sud-ouest de Berguent. Dès le lendemain il se met en route avec 300 fusils, soit un peloton de spahis, 50 cavaliers du Maghzen, et une compagnie montée de Légion. Dans la neige d'abord, dans la pluie et la boue ensuite avec le dégel, il abat en cinq étapes plus de 200 kilomètres. Le 27 au matin il tombe sur les pillards. Agissant promptement et par surprise, il leur cause des pertes et récupère le butin volé : plus de 700 chameaux.

*

Méthode Lyautey, action des légionnaires – et des autres – le Sud oranais retrouve un certain calme alors que le Maroc se place chaque jour un peu plus au premier rang des préoccupations coloniales françaises.

Le pacte d'Algésiras, en 1906, a légèrement entrouvert à la France et à l'Espagne les portes d'un pays qui s'enfonce et se déchire. A Rabat, le sultan Abd el-Aziz est complètement rejeté. A Marrakech, son frère Moulay Hafid s'est posé en prétendant, les armes à la main.

L'assassinat du docteur Mauchamp à Marrakech le 19 mars 1907, le massacre de neuf Européens à Casablanca le 30 juillet et l'incursion dans la ville des tribus de la Chaouia (plaine de l'arrière-pays de Casablanca) précipitent une intervention militaire française qui était dans l'air. Le 7 août un corps expéditionnaire de 3 000 hommes placé sous les ordres du général Drude, l'ancien du Dahomey, débarque à Casablanca. Il comprend le 6e bataillon du 1er RE.

Son premier travail est de nettoyer une ville livrée au carnage et au pillage, et où les poignées de résidents français se sont retranchés de leur mieux[1]. Les légionnaires forcent les portes de France et de la Marine, dégagent les carrefours, chassent les pillards. Le soir, le drapeau tricolore flotte sur Casablanca, alors petite cité de 15 000 habitants environ. Mais l'incursion des tribus a laissé des traces sanglantes, surtout dans le mellah, le quartier juif. Il y aurait 200 victimes. Plus de 250 femmes et enfants ont été enlevés. Et le bombardement par la marine, quelques jours auparavant, pour permettre aux Européens de se dégager a lui aussi été sanglant.

Occuper Casablanca n'est pas tenir la plaine environnante, la fameuse Chaouia, et encore moins le Maroc. Si Casablanca est le port d'entrée des Européens, elle n'a en aucun cas le lustre des capitales historiques, Fez, Meknès, Marrakech. A défaut d'instructions précises de Paris, le corps expéditionnaire se contente de s'organiser pour durer et résister. Un camp retranché s'édifie à 400 mètres des remparts de la ville sur un front de trois kilomètres. Une nouvelle fois, les légionnaires manient la pelle et la pioche, et perdent des décilitres de sueur. Il ne fait pas froid à Casablanca à la mi-août...

Autre conséquence des incidents de Casablanca, Lyautey, promu en mars 1907 divisionnaire à Oran, a reçu l'ordre d'occuper Oujda, authentique ville marocaine. Du coup, les Beni Rassen, rudes montagnards au nord de la cité, s'insurgent. Avec maîtrise, en décembre 1907, Lyautey amène les révoltés à capituler et s'assure de leur soumission. La Légion était de l'opération. Lyautey l'écrit à son ami de Voguë, le 1er janvier au soir :

> « C'était la fin. Les hommes le sentaient ; une compagnie de Légion passait triomphale.
> "Bonjour mes légionnaires", leur criai-je.
> "Bonjour, mon général, tout va bien !"
> me répondirent les 200 bouches, d'une seule voix, et tout

---

[1]. Ils ont été sauvés dans un premier temps par l'intervention de la marine et de la compagnie de débarquement de l'enseigne de vaisseau Ballande.

vibrait autour de moi ! Oui, ce sont des heures inoubliables... Avec cet outil-là, j'irai partout, je les mènerai partout... »

Souvenir de cette campagne sur le sommet du Ras Foughal qui de ses 1 420 mètres domine les Beni Rassen, on lira longtemps, gravés dans la pierre, les noms des 100 légionnaires tombés sur les pentes et les crêtes du massif.

*

Débarquement à Casablanca. Occupation d'Oujda. Sans parler de celles de Berguent et Colomb-Béchar. Que ce soit au Maroc occidental ou oriental, la France commence à s'imposer en force au Maroc.

En Chaouia, Drude a grignoté quelques portions de terrain. Sans aller très loin eu égard aux ordres reçus. Harcelés la nuit, les Français, dans la journée, lancent des pointes de 8 à 10 kilomètres pour faire le vide autour d'eux. Souvent il y a rencontre et escarmouche. Début septembre 1907, le commandant Provost est tué à l'occasion de l'une de ces sorties. Le 6e bataillon a perdu son chef. La liste des officiers de Légion, tués pour cause de Maroc après Vauchez, de Selchauhausen, Provost, Ihler (capitaine), ne cessera de s'allonger.

Au début de 1908, le général d'Amade remplace Drude avec plus de latitude que son prédécesseur. Il a reçu instructions et possibilités de mettre Casablanca à l'abri. Résolument il s'enfonce en Chaouia. Le 10 janvier il occupe Fedhala sur la côte nord ; le 15, il pénètre dans Settat à 75 kilomètres au sud. Les légionnaires qui ont enlevé la ville à la baïonnette après avoir parcouru 70 kilomètres sans repos durant 25 heures et combattu durant 10 sont ravis. « Enfin, on a pris l'air ! » s'exclament-ils.

Cette nouvelle politique implique d'étoffer le corps expéditionnaire porté en avril à 17 000 hommes. Il était temps. Moulay Hafid, qui a fini par se proclamer sultan, non content de s'en prendre à son frère prêche aussi le djihad dans les tribus du sud contre les Français.

*

Le dossier marocain déjà suffisamment complexe – certains Marocains ne sont pas foncièrement hostiles aux Français dans l'espoir de remettre de l'ordre chez eux – se complique encore de la rivalité allemande. L'affaire des légionnaires déserteurs de Casablanca en est une illustration.

La désertion est la maladie du légionnaire, du jeune légionnaire principalement. Résultat d'un coup de cafard, d'une vie soudain devenue trop rude. Cinq ans paraissent longs. La tentation survient d'y mettre fin avant le terme officiel. Inutile de le cacher. Les désertions font partie [1] de l'arrière-plan de la vie du légionnaire. On a vu des désertions de rengagés, de légionnaires arrivant presque en fin de contrat. Bien des déserteurs sont repris. Certains réussissent. Quelques-uns finissent mal. Dans le Rif, en Indochine, des légionnaires déserteurs iront servir les ennemis de la France.

La Légion de la décennie d'avant 1914 est encore « La Légion des Gaulois » mais elle compte près de 20 % d'Allemands. A l'occasion de l'arrestation de six déserteurs à Casablanca, on découvre en août 1908 que le consulat d'Allemagne a organisé au profit de ses nationaux – et des autres – une véritable filière d'évasion. L'affaire fait grand bruit, même si sur les six déserteurs trois sont suisses ou autrichiens. Berlin s'échauffe et parle d'envoyer un navire de guerre dans le port de Casablanca. Un arbitrage international est nécessaire pour tourner la page. Mais quelques légionnaires ont bien failli, avant l'heure, mettre le feu aux poudres entre la France et l'Allemagne.

*

L'année 1908 voit une évolution de la politique intérieure marocaine. Abd el-Aziz, définitivement évincé par Moulay Hafid, se retire à Tanger. Paradoxalement, le nouveau sultan en titre se rapproche des Français. Le gouffre financier marocain l'étrangle et lui impose de composer et de prescrire aux tribus de renoncer au djihad. Le personnage, hier adulé, mais au fond sanguinaire et cruel, perd toute popularité auprès de ses compatriotes. La révolte gronde contre lui. Elle éclate en mai 1911. Le souverain « vendu aux Français » est bloqué dans Fez par des tribus insurgées. Est-ce lui qui demande assistance ? Est-ce le gouvernement français qui saisit l'occasion ? Le général Moinier se porte sur Fez avec 12 000 hommes puis occupe Meknès et Rabat. Dans cette opération d'envergure, le 1er bataillon du 2e RE et une compagnie montée font partie de ceux qui ouvrent la route. A cette date, la Légion entretient en permanence trois bataillons au Maroc occidental, et les combats ne manquent pas. 11 mai, Sidi-Ayech. 13 mai, Lalla-Ito où se distingue un

---

1. Plus exactement « faisaient partie ». L'implantation en métropole, les nouvelles conditions de vie du légionnaire ont singulièrement réduit les cas de désertion.

certain Rollet, baptisé « Capitaine espadrilles » par ses légionnaires de la 3ᵉ compagnie montée. 15 mai, Daret el-Aïcha. Il n'est pas que Rollet à se signaler. Le légionnaire Christian, avec quatre camarades, interdit l'accès de son camp à un fort parti adverse. En souvenir de ce fait d'armes, un village de colonisation portera son nom [1].

L'Allemagne n'a cessé de porter intérêt au Maroc. Avec l'occupation de Fez, Meknès et Rabat, elle voit le pays lui échapper. Le 1ᵉʳ juillet 1911, la canonnière *Panther* se présente devant Agadir. « Le coup de la canonnière » a au moins un avantage : au pied du mur, il faut trancher. Le différend germano-français se conclut par un marchandage le 4 novembre 1911 : liberté d'action pour la France au Maroc contre 275 000 kilomètres carrés au Congo et en Oubangui pour l'Allemagne, au profit de sa colonie du Cameroun. La France a les mains libres. Le 30 mars 1912, la convention de Fez signée avec Moulay Hafid établit le protectorat français sur le Maroc dans une forme sensiblement identique à celle du traité du Bardo avec la Tunisie [2].

*

Il n'est pas que les tribus du Maroc occidental à se dresser contre Moulay Hafid. Celles de l'est, sur la Moulouya, s'agitent simultanément. Lyautey n'est plus là, rentré en France pour prendre le commandement du Xᵉ corps d'armée à Rennes. Il appartient au général Toutée d'intervenir contre une sédition qui vise autant les Français que le sultan. Il rassemble 12 000 hommes à Berguent et Taourirt (105 kilomètres à l'ouest d'Oujda). Debdou est occupée, Guercif bombardée. Ces opérations facilitent d'autant les mouvements de la colonne Moinier dans sa marche sur Fez.

Au cours de ces opérations dans le Maroc oriental, le 15 mai, une compagnie de Légion, commandée par le capitaine Labourdette, est surprise en pleine montagne au milieu d'un brouillard intense. La section de tête est fauchée. Le brouillard rend difficile l'organisation de la résistance. Le combat devient du chacun pour soi. Labourdette est tué le fusil à la main. Le lieutenant Fradet, blessé à plusieurs reprises, essaie de regrouper quelques hommes autour de lui. Les légionnaires vont tenir cinq heures, sous le feu d'un ennemi

---

1. Sur la route de Rabat à Oued Zem, à 100 km de Rabat et 30 km d'Oued Zem (aujourd'hui Souk el-Arba).
2. L'Angleterre et l'Italie entérinent, moyennant liberté d'action en Egypte et Libye. L'Espagne obtient la frange septentrionale du Maroc.

qui les surplombe et fait rouler d'énormes rochers pour achever les blessés incapables de se mouvoir. Un caporal Rumisky fait preuve d'un flegme imperturbable : « Puisque nous devons crever ici, ils n'auront pas mes cigarettes. » Il s'apprête à allumer la dernière lorsqu'une balle lui tranche la carotide.

Enfin la couche opaque se dégage légèrement. Surviennent les autres compagnies du 6e bataillon, emmenées par le commandant Goertz. On découvrira que plusieurs légionnaires, mortellement blessés, avaient dissimulé la culasse de leur fusil pour le rendre inutilisable.

*

Madagascar : Gallieni. Sud oranais : Lyautey. Maroc ? Qui établira le régime du protectorat et commandera les 38 000 hommes que compte désormais le corps expéditionnaire (sur lesquels il y a près de 8 000 légionnaires). Un nom s'impose très vite : Lyautey. Son expérience de l'Indochine, de Madagascar et de l'Algérie, où il a partout parfaitement réussi, le désigne entre tous pour le poste de commissaire résident général de la République française au Maroc et commandant supérieur des troupes. La décision est adoptée le 28 avril 1912.

Lyautey débarque dans un pays en pleine insurrection. Aux environs de Fez, les tribus sont reparties en guerre contre Moulay Hafid. Dans la ville même, une sédition militaire s'est dressée contre les instructeurs français. Des cadres militaires, des civils ont été assassinés.

Lorsque Lyautey arrive à Fez, le 26 mai, la situation est sérieuse. Les tribus ceinturent la cité, des émeutiers en tiennent le tiers.

Le 28, un bataillon de Légion installé sur les hauts, complètement encerclé, doit former le carré et retraiter pour se dégager. Tout serait-il perdu ? On peut le craindre durant quelques heures. Une concentration d'artillerie, une contre-attaque bien menée par le colonel Gouraud renversent la situation. Provisoirement, car tout reste à faire au plan politique comme au plan militaire.

Au plan politique, le résident tranche vite. Il pousse Moulay Hafid à abdiquer. Son demi-frère Moulay Youssef est proclamé sultan à Fez le 13 août. Le représentant de la France travaillera en relations courtoises avec lui.

Au plan militaire, le commandant supérieur dispose de bons soldats commandés par des chefs qui se nomment Gouraud, Mangin,

Pein, Tahon... Il a la Légion dont il écrira : « La Légion a été durant tout mon commandement oranais et marocain ma troupe, ma plus chère troupe... », avant de parapher d'une plume maniée comme une épée.

Effectivement les légionnaires sont là, en nombre, dans ce Maroc « héroïque » et agité de 1912-1914. Qu'ils proviennent du 1er ou du 2e RE, ils sont à Fez, à Oujda, à Guercif..., et le plus souvent dans le bled et le djebel qu'au bivouac. En mai 1914, ils constituent les colonnes Baumgarten et Gouraud qui effectuent à Taza la jonction du Maroc oriental et du Maroc occidental. Pour son entrée personnelle à Taza, Lyautey a tenu à leur rendre hommage. La musique a été spécialement dépêchée de Sidi-Bel-Abbès. Le drapeau du 1er RE, qui a été décoré de la Légion d'honneur le 16 février 1906, est arrivé transporté par avion. Une première ! Les légionnaires défilent devant le commissaire résident au son du *Boudin*.

Ce drapeau, cette musique, ce salut de Lyautey sont le juste prix de la sueur et du sang versés sur cette terre marocaine. Et qui continuent d'être versés.

Trois semaines après l'entrée dans Taza, le 4 juin, le commandant Met qui commandait l'un des bataillons de la colonne Baumgarten (1er bataillon du 2e RE) est grièvement blessé au genou. Il doit être amputé. Au lendemain de sa blessure, ses légionnaires qui apprécient ce chef qui les a si souvent conduits au feu, demandent dans une adresse collective, qu'il soit sur-le-champ promu lieutenant-colonel. Ce vœu sans précédent est exaucé. Et les légionnaires reverront le colonel Met. A cheval ! A force de volonté, il reprendra place dans les rangs, mais à cheval à défaut de pouvoir marcher à pied. Patron à Sidi-Bel-Abbès, il sera au Chemin des Dames en 1916, où une journée durant il restera en selle.

Bon sang ne saurait mentir. Les croix de guerre (39-45, TOE, AFN) de son fils, devenu lui aussi chef de bataillon au 2e REI, figurent aujourd'hui en bonne place au musée d'Aubagne. Met : un nom doublement honoré à la Légion !

A côté de Met, combien de légionnaires et de leurs officiers tombent dans ces combats oubliés... Et ce n'est qu'un début ! Le Maroc français coûte cher.

Chapitre XI

LA GUERRE 1914-1918
LE RÉGIMENT LE PLUS DÉCORÉ
DE FRANCE

Le contentieux né de la mainmise allemande sur l'Alsace-Lorraine persistait. Le pangermanisme de Guillaume II ne désenflait pas. La montée des nationalismes dans les Balkans ne cessait de créer des convulsions, etc. Bref, les causes de conflit ne manquaient pas.

Le 2 août 1914, la France, la Grande-Bretagne et la Russie se retrouvent côte à côte contre les Empires centraux. Les « Petits » devront également, à quelques exceptions près, choisir leur camp. Les Français unanimes répondent « présent » à l'appel aux armes. Dans un formidable élan de ferveur patriotique, ils courent au canon pour défendre la patrie et recouvrer les provinces perdues.

Les fils de France ne sont pas les seuls à se porter au créneau. Dès le 29 juillet, devant l'imminence de l'explosion, un petit groupe d'écrivains, dont le Suisse Blaise Cendrars et l'Américain Alan Seeger, a signé un manifeste invitant à s'engager pour participer à la lutte aux côtés de la France. Appel relayé le 3 août par un autre Américain, George Gasmèze. Celui-ci fait paraître dans le *New York Herald* de Paris une lettre où il écrit :

> « Dans une guerre où se trouve d'un côté le despotisme allemand et de l'autre l'idéal de Liberté, de Justice, d'Egalité et de Fraternité, défendu par la noble France et ses Alliés, je suis prêt, pour ma part, à m'offrir comme volontaire et à obéir aux ordres du ministre de la Guerre.
>
> « Il y a certainement d'autres Américains qui partagent mes sentiments et qui, ayant toujours considéré la France comme une seconde Patrie, ont, pendant des années profité de l'hospitalité de cette glorieuse République Sœur.
>
> « Les citoyens américains résidant en France et capables de porter les armes qui veulent exprimer leurs sentiments d'amitié et de fraternité envers leurs frères français ne doivent pas hésiter à s'engager. »

Gasmèze est entendu. A la fin de la semaine, ils sont déjà une cinquantaine de volontaires américains à se présenter. Le 12 août, un navire arrivant d'outre-Atlantique en débarque d'autres. Ces groupes de jeunes gens enthousiastes brandissent des drapeaux tricolores et des bannières étoilées. Certains s'orienteront par la suite vers l'escadrille La Fayette : Victor Chapman, le premier tué de l'escadrille le 23 juin 1916, Raoul Lufbery qui en sera l'as et tombera lui aussi.

L'élan est donné. De toutes parts, des étrangers accourent. Ils sont Américains, mais également Tchèques, Polonais, Italiens, etc.

Au total, ils seront 36 000 étrangers, représentant 51 nations, à venir durant la guerre se battre, prêts à mourir s'il le faut. Devant cet afflux, le *Chicago Herald* du 16 avril 1915 écrira :

> « Jamais on n'entend parler de volontaires qui se battent pour la Grande-Bretagne, pour la Russie, pour l'Allemagne, pour l'Autriche. Aucun de ces pays ne peut s'enorgueillir d'une Légion étrangère. Pourquoi ?
>
> « Il n'y a qu'une réponse : "Parce que c'est la France !" Il y a quelque chose dans la France qui impose à l'imagination du monde et l'émeut. »

Merveilleuse explication qui répond très certainement à la réalité.

Le 21 août, le gouvernement français, d'abord surpris, décrète que les engagements d'étrangers peuvent être reçus. Fortes de ce blanc-seing, les candidatures peuvent prendre forme. Blaise Cendrars signera son engagement le 3 septembre.

Tous ces volontaires n'ont pas vocation à s'engager à la Légion étrangère. Ils ne viennent pas dans la perspective d'un contrat de cinq ans. Ils ne s'engagent que pour la durée de la guerre et dans un but très précis : défendre un pays qu'ils aiment et qui représente pour eux le droit et la liberté. C'est pourtant vers la Légion étrangère que les pouvoirs publics décident de les orienter. La Légion, avec son expérience, s'annonce comme l'institution la plus apte à les recevoir.

Au préalable, il convient de séparer le bon grain de l'ivraie. Si les intentions de l'immense majorité sont droites, quelques-unes le sont moins : Allemands, Autrichiens, Bulgares, Turcs résidant en France préfèrent faire acte de candidature plutôt que de se retrouver dans des camps d'internement. De ces individus aux mobiles douteux, le colonel Maire écrira qu'ils ne sont pas des légionnaires « de race ». Tout au moins dans les débuts. Par la suite, plus d'un prendra le pli. Ils sont donc immédiatement dirigés vers l'Algérie, où il sera plus facile de les intégrer et de les surveiller. Certains peuvent avoir la tentation de rester fidèles à leur patrie d'origine et de fomenter des rébellions dans le « milieu indigène »[1].

Par la suite, des Alsaciens, des Lorrains, des Polonais incorporés de force dans l'armée allemande et faits prisonniers demanderont à s'engager. Ces « Malgré Nous » sont évidemment d'une autre veine et d'une autre qualité que les précédents. Par précaution, pour éviter qu'ils ne risquent de retomber dans les mains adverses, ils seront envoyés dans les unités de Légion du Maroc. Là aussi, il y a à se battre pour la France[2].

Devant cette irruption massive et imprévue de bonnes volontés, il est nécessaire d'improviser. Des centres de regroupement et d'instruction sont organisés. Des régiments de marche se mettent sur pied : 2e de marche des 1er et 2e RE au camp de Mailly, dès septembre, 3e de marche du 1er RE à la caserne Reuilly à Paris, puis 4e de marche du 1er RE encore à Mailly, en novembre.

Les ensembles ainsi constitués sont de valeur inégale. Les deux régiments de marche issus des 1er et 2e RE, avec un apport d'anciens venant d'Algérie, sont de bonne facture. Par contre, le 3e de marche pèche par son encadrement issu des pompiers de Paris. Les soldats du feu sont des Parisiens peu tentés par la vie en campagne. Quant au 4e de marche, il est composé quasi intégralement de garibaldiens. Le panache du lieutenant Duranti, tué le 5 janvier 1915, sortant le

---

1. Ce qui se produira dans certains cas, si l'on en croit encore les mémoires du colonel Maire, capitaine au 1er RE en Algérie en 1914.
2. Voir plus bas.

premier de la tranchée en lançant : « En avant, fils de l'Italie ! Il est beau de mourir pour la France ! », ne sera pas oublié.

Curieusement, le vieil amalgame de Bernelle est parfois remisé. Ainsi le bataillon C du 2e de marche du 1er RE. Ses Polonais, Tchèques, Grecs sont répartis en compagnies spécifiques, chacune arborant son pavillon national. Les 300 Polonais appartiennent à la 2e compagnie. Cette organisation, contraire au brassage traditionnel, ne durera pas. En juin 1915, la page sera tournée pour revenir à la formule devenue la véritable marque de la Légion.

Tous ces incorporés pour la durée de la guerre ne dissimulent pas leur identité. Pourquoi le feraient-ils, hormis quelques cas particuliers ? Ils donnent ouvertement leur nom, leur nationalité d'origine, la raison profonde de leur présence. Ainsi en est-il pour Blaise Cendrars, Alan Seeger, Naram Aga, fils de l'ambassadeur de Perse (Iran) à Paris, Zinovi Pechkov, fils adoptif de Gorki [1]...

Il en est un cependant qui a motif à modifier son état civil : André Ruettard n'a pas quinze ans et demi lorsque, au lendemain de la mobilisation générale, il parvient à rejoindre la Légion. Son père, officier de réserve, est parti. Sa mère, par patriotisme, l'aide à dissimuler son âge [2]. André Ruettard est ainsi le plus jeune engagé volontaire de la guerre et il est à la Légion. Sergent à seize ans, sa supercherie est finalement découverte. Traduit devant un conseil de guerre pour falsification d'état civil, il est acquitté et félicité à l'unanimité. Ayant été grièvement blessé, il passera dans l'aviation... Officier à dix-huit ans, il terminera la guerre chevalier de la Légion d'honneur.

Ce légionnaire de 1914 s'équipe tout naturellement comme le fantassin de l'armée française : pantalon garance, veste en drap bleu, képi, fusil Lebel. Il ne dispose que de six mitrailleuses Saint-Etienne modèle 1907 par régiment. A partir de 1915, il endossera la célèbre tenue bleu horizon ou en drap kaki « moutarde » et se coiffera du casque Adrian. Il faudra se rapprocher pour distinguer la grenade à sept flammes.

*

La guerre débute mal pour les Franco-Britanniques. Survient heureusement le rétablissement spectaculaire de la Marne. La course à la

---

1. Une certaine légende veut que le futur maréchal soviétique Malinovski ait servi à la Légion en 1914-1918. Il n'en est rien. Malinovski a en fait servi en 1918 à la « Légion russe des Volontaires », unité sous commandement russe totalement indépendante de la Légion étrangère française.
2. L'âge minimum d'engagement en temps de guerre est de dix-sept ans.

mer qui suit s'achève sur une stabilisation du front. Les adversaires s'immobilisent et s'enterrent dans un face à face appelé à se prolonger près de quatre ans.

Les légionnaires envoyés en ligne en octobre 1914 découvrent cette guerre de position, où l'adversaire n'est parfois qu'à quelques dizaines de mètres. Ils creusent des tranchées, des boyaux de liaison, installent des nids de mitrailleuse, posent des réseaux de barbelés. Ils vivent sous la pluie, dans la neige, repoussant les attaques ennemies ou lançant leurs propres assauts pour grignoter quelques mètres. Terrible guerre d'usure, où les hommes tombent fauchés par les rafales de Maxim, décimés par les salves d'artillerie, ou abattus au parapet par un sniper inconnu.

3e et 4e de marche ont dans cette phase initiale une existence assez brève. Le 4e « garibaldien » disparaît en mars 1915, rejoignant l'armée italienne, après la perte de 429 des siens, tués, blessés ou disparus. Le 3e sera dissous en juillet. La présence légionnaire repose donc essentiellement en 1915 sur les 2e de marche des 1er et 2e RE.

*

Au printemps 1915, autant pour soulager le partenaire russe à l'est que pour sortir de l'impasse de ce front statique, le généralissime Joffre décide d'attaquer en Artois. La division marocaine du général Blondat est en premier échelon. Cette « Marocaine » commence à avoir belle réputation, avec ses unités d'élite de tirailleurs et de légionnaires. Les légionnaires feront toute la guerre à l'ouest avec la « Marocaine ».

Depuis son engagement à l'est de Reims en octobre 1914, le 2e régiment de marche du 1er RE, à fort pourcentage de Tchèques, Suisses, Belges, Grecs et Polonais, a déjà eu l'occasion de se signaler. Le 22 décembre 1914, il a réalisé un gain de terrain important par une opération bien montée et bien exécutée. Fier de sa troupe, son chef, le colonel Pein, écrit : « Il nous faut retenir nos gens qui s'exposent inutilement. »

Le matin du 9 mai doit voir l'attaque de la crête de Vimy qui, à l'est du plateau de Notre-Dame-de-Lorette, domine toute la plaine de Lens à Béthune. Les cœurs flambent. Pein, qui a passé son régiment au lieutenant-colonel Cot pour prendre le commandement de la brigade 7e RTA-2e de marche, est optimiste :

> « Mes hommes partiront sans sacs pour mieux courir ; si leurs vêtements les gênaient, ils iraient tout nus mais ils sauteraient sur la cote 140. »

A dix heures, la division marocaine s'ébranle. Tirailleurs du 7ᵉ RTA sur leur gauche, les légionnaires foncent en tête. Dans un élan irrésistible, malgré les réseaux de barbelés et les feux croisés des mitrailleuses, ils commencent par enlever les « ouvrages blancs », réputés pour leurs défenses, à 2 000 mètres en avant de la crête. A onze heures trente, ils coiffent leur objectif, la cote 140, ayant avalé trois bons kilomètres. La rupture du front est acquise.

Mais à quel prix ! Le colonel Pein, les trois chefs de bataillon, Noire, Muler, Gainbert, ont été tués. Le lieutenant-colonel Cot est blessé. Blessé aussi au bras droit, lors de la prise des « ouvrages blancs », le légionnaire Pechkov. Il devra être amputé. 50 officiers, 1 889 légionnaires manqueront à l'appel au soir du 9 mai.

De cette attaque, dans une lettre du 29 mai, le capitaine Gabet, l'un des adjoints du colonel Pein, rapportera :

> « Cette affaire fut pour la Légion une belle page, je vous assure. La sortie en masse du 1ᵉʳ bataillon, puis immédiatement du second et ensuite du troisième, fut un de ces spectacles émouvants qu'on n'oublie pas. »

Arrivés sur la crête de Vimy, légionnaires et tirailleurs sont épuisés et exsangues, mais ils ont ouvert la brèche. La plaine de Lens s'étale à leurs pieds, en contrebas de la cote 140. Des coureurs s'éloignent, porteurs de brefs messages : « Des renforts ! Des renforts ! » Oui, des renforts, d'autant qu'à l'ouest de Vimy la 77ᵉ DI a également connu une belle réussite. Las ! A l'arrière, le commandement ne croit pas à un succès qu'il n'envisageait pas d'une telle ampleur[1]. Les prévisions ont été dépassées et rien ne suit. Les Allemands peuvent se reprendre et contre-attaquer depuis la ferme de la Folie.

En fin de journée, le régiment de marche est contraint de se replier avec l'ensemble de la « Marocaine ». Il s'installe à environ 1 500 mètres de cette crête de Vimy, si chèrement conquise quelques heures plus tôt.

Ce 9 mai, les légionnaires du 2ᵉ Régiment de marche du 1ᵉʳ RE ont gagné leur première citation à l'ordre de l'armée.

Quelques apports de sang neuf sont les bienvenus pour regonfler les sections et les compagnies. Le régiment, en partie reconstitué, participe en juin à une nouvelle offensive dans ce même secteur, au

---

1. Le général d'Urbal, commandant la 10ᵉ armée, dont dépend la « Marocaine », s'écrie : « Ces fantassins n'en font jamais d'autres. Ils ne savent pas lire une carte. Ils ne se sont certainement pas avancés de plus d'un kilomètre et ils se croient déjà sur la cote 140. »

nord-ouest de la terrible crête de Vimy. Dans les combats pour les villages de Carnecy, Souchez, Givenchy, autour du lieu-dit « Le Cabaret rouge », il laisse encore 21 officiers et 624 légionnaires. L'intégration des éléments résiduels du 3e de marche, en juillet-août, sera ô combien nécessaire.

L'Artois s'est soldé par un échec coûteux. Obstiné, Joffre relance en septembre une nouvelle offensive, toujours dans l'espoir de forcer une brèche dans le front ennemi. Cette attaque est fixée en Champagne, au nord-est de Reims.

La division marocaine y est encore au cœur de l'action. Heureux rapprochement, les deux régiments de marche s'y retrouvent fraternellement unis. Tous les deux, à des instants divers, sont appelés à participer à cette bataille de Champagne.

Il a plu, énormément plu le 24 septembre, veille du déclenchement de l'attaque. La craie de Champagne s'est transformée en glaise collante ou en boue liquide, aggravant encore les conditions de progression sous le feu ennemi.

Le 2e régiment de marche du 1er RE est engagé le premier contre la ferme de Navarin et la butte de Souain (cote 190). Au Bois Sabot et à celui du Trou Bricot, en dessous de 190, le combat prend une âpreté singulière. Deux chefs de bataillon sont tués. Engagé à son tour, le régiment frère perd 14 officiers et 300 légionnaires. La ferme de Navarin, la butte de Souain finissent par être enlevées par les efforts conjugués des légionnaires et des coloniaux de la division Marchand sur leur flanc gauche. La légende – qui dit peut-être vrai – rapporte qu'entre le village de Souain et la ferme de Navarin, l'ouvrage de Wagram aurait été conquis au son du *Boudin*.

La Champagne de septembre comme l'Artois en mai-juin n'ont pas débouché et se sont achevés sur des fiascos sanglants. Le front n'a pas été enfoncé. La guerre de tranchées se poursuit. Tribut rendu, les deux régiments de Légion gagnent chacun une palme dans ces combats de Champagne[1]. C'est là aussi que Blaise Cendrars perd un bras. Ayant survécu, il rapportera avec sa main valide les heures vécues[2].

Les saignées ont été terribles, tant en officiers qu'en légionnaires. Une autre hémorragie contribue à rendre les effectifs squelettiques. A l'été 1915 intervient la clause de mutabilité, accord passé entre la France et les gouvernements alliés. Les légionnaires étrangers sont autorisés à rejoindre leurs armées nationales. On a déjà vu les

---

1. Citation à l'ordre de l'armée, à porter sur le ruban de la croix de guerre nouvellement instituée.
2. Voir Blaise Cendrars, *La Main coupée*.

garibaldiens, à quelques exceptions près, regagner l'Italie. Tchèques, Polonais, Russes partent pour les unités qui se constituent sous leur drapeau sur le territoire français. Bien des Américains épris d'aviation se tournent vers ce qui deviendra l'escadrille La Fayette. Du coup, on l'a vu, les 3e et 4e de marche ont été dissous.

Tout contribue à faire fusionner les rescapés des deux autres régiments de marche. Le 11 novembre 1915, apparaît sur le front français une seule formation de Légion, commandée par le lieutenant-colonel Cot : le régiment de marche de la Légion étrangère, pour la légende le RMLE[1]. A cette date, il compte 71 officiers et 3 115 légionnaires, chiffre qui n'évoluera guère. Le RMLE, avec des hauts et des bas, sanction des arrivées et des pertes, oscillera autour de 2 700 hommes. Sur son drapeau, les trois palmes héritées de ses deux prédécesseurs. Il en ajoutera six autres.

*

1916, l'année de Verdun. Verdun, cancer qui ronge l'armée française et épuise tout autant l'armée allemande. Pour tenter de soulager Verdun, voire de dégager le camp retranché, Joffre lance en juillet une offensive de part et d'autre de la Somme.

Les Franco-Britanniques entrent en action le 1er juillet, mais la division marocaine[2] n'intervient pour sa part qu'à compter du 4. Le RMLE, qui y a pris la place de ses deux aînés, attaque devant Belloy-en-Santerre[3]. Ses 2e et 3e bataillons, en première ligne, commencent par traverser un large terrain découvert piqueté par les rafales de mitrailleuse puis, en deux heures, conquièrent le village, maison par maison. Les témoins s'en souviendront toujours... A l'annonce de la prise du village, les blessés rassemblant toutes leurs forces se redressent pour crier : « Vive la Légion, Vive la France ! » Dix contre-attaques ne parviendront pas à déloger le régiment.

Le RMLE, ce 4 juillet, a fait 700 prisonniers, un chiffre supérieur à celui de ses combattants encore valides en fin de journée.

Au début de l'assaut contre Belloy-en-Santerre est tombé Alan Seeger, le légionnaire poète américain. Il était prêt. Dans sa dernière lettre à un ami datée du 28 juin, il écrivait :

> « Nous montons à l'attaque demain. Nous aurons l'honneur de marcher dans la première vague. Quand on est dans de telles affaires, le mieux est d'y être en plein. »

---
1. Prononcer ReMeLe.
2. Elle-même intégrée au 1er CA colonial.
3. 10 kilomètres au sud-ouest de Péronne.

Effectivement, il était prêt. Conscient de son destin, il l'avait fixé dans un poème :

> « *J'ai rendez-vous avec la mort...*
> *Au feu rageur d'une redoute,*
> *A l'heure où revient le printemps,*
> *Ombres mouvantes et fleurs blanches,*
> *J'ai rendez-vous avec la Mort,*
> *Aux jours bleus et beaux du printemps.*
>
> *Me prendra-t-elle par la main,*
> *Pour me conduire au noir Royaume,*
> *Les yeux fermés, le souffle éteint ?*
> *Ou bien m'échapperai-je encore ?*
> *J'ai rendez-vous avec la Mort,*
> *Au flanc meurtri d'une colline,*
> *A l'heure où revient le printemps,*
> *Semant ses fleurs dans les prairies.*
>
> *Dieu sait qu'il vaudrait mieux dormir*
> *Au duvet des soies odorantes,*
> *Où l'Amour peuple de bonheur*
> *L'union des bouches et des cœurs*
> *Et les doux réveils attendris.*
> *Mais la Mort est au rendez-vous,*
> *A minuit dans la ville en flammes,*
> *A l'heure où le printemps accourt :*
> *Fidèle à mon serment juré,*
> *A mon rendez-vous je serai.* »

*

L'offensive, comme trop souvent, n'a grignoté que quelques arpents de terre contre des flots de sang. Le RMLE reprend sa vie de tranchée dans la boue de la Somme. C'est là, ayant obtenu une quatrième palme, qu'il reçoit à l'occasion d'un court répit à l'arrière la fourragère aux couleurs de la croix de guerre[1]. L'ordre général « 1 F du 5 juin » le désigne parmi les premiers attributaires[2].

---
1. Nouvelle distinction, la fourragère récompense les unités ayant obtenu plusieurs citations à l'ordre de l'armée. Elle est aux couleurs :
   – de la croix de guerre pour deux palmes ;
   – de la médaille militaire (jaune) pour quatre palmes ;
   – de la Légion d'honneur (rouge) pour six palmes.
2. Avec les 152e et 224e RI, les 1er et 22e BCP, le 8e de marche de tirailleurs et la 5e compagnie du génie.

*

Les attaques infructueuses, les pertes démesurées, sans parler des intrigues politiciennes ou de la suffisance du GQG, ont laminé la toute-puissance du généralissime. Fin 1916, Joffre doit céder la place, relevé par Nivelle, qui se fait fort de détenir les secrets de la réussite. En avril 1917, il lance son offensive destinée à rompre le front et à entraîner la victoire. Pour ce « grand coup » annoncé décisif, la 15e armée dont dépend la division marocaine et par conséquent le RMLE attaquera à une vingtaine de kilomètres à l'est de Reims. Elle s'en prendra au massif de Moronvilliers, zone de collines boisées relativement peu élevées. Le RMLE, à l'aile droite de la « Marocaine », se voit confier mission d'enlever le bois des Bouleaux et le petit village d'Aubérive-sur-Suippe. Si leurs camarades auront à digérer quelques bosses (Mont Sans-Nom, cotes 220, 181), les légionnaires se battront dans l'évidement de la Suippe, modeste affluent de l'Aisne où se niche Aubérive.

Le colonel Cot ayant pris le commandement d'une brigade, le RMLE, depuis février 1917, a pour chef un officier bien connu à la Légion, le lieutenant-colonel Duriez. L'homme n'est pas très haut sous la toise, d'où son surnom digne de celui du « Petit Caporal » : « le Petit Militaire ». Car Duriez est un vrai soldat, sous un aspect bonhomme, fidèle à ses devoirs et à ses responsabilités. Témoignage de sa vaillance, simple chef de bataillon mais déjà officier de la Légion d'honneur depuis un an, il lui a été donné, le 14 juillet 1914 au Maroc, de remettre la même distinction à son propre colonel.

Ce 17 avril, jour où doit démarrer l'attaque, il neige. Un peu avant l'aube, afin de mieux suivre la progression, Duriez se porte aux avant-postes. L'un de ses commandants de compagnie, le capitaine Maire, lui fait remarquer que son PC est bien exposé. La réplique tombe sans appel : « Vous me prenez pour un "Jean Foutre", par hasard ? Non ! Non ! C'est d'ici et de nulle autre part que j'assisterai à votre danse. »

Le colonel n'assistera pas à la « danse » de son régiment. A cinq heures trente, avant même que la première vague ne franchisse le parapet, un obus pulvérise son PC. Il ne reste plus rien du « Petit Militaire ». « Des chefs comme lui, on les remplace difficilement », note Maire.

Le RMLE vengera son chef. Au terme d'une lutte farouche à la grenade (il en consommera 50 000), il enlève Aubérive. Mais ils ne sont que 275 survivants indemnes à occuper le village.

L'héroïsme déployé par tous les combattants, poilus ou légionnaires, n'a pas payé. L'offensive Nivelle s'achève sur un terrible fiasco. Son promoteur est remercié. Pétain devient patron d'une armée française qui un moment vacille. Découragement, rancœur devant les sacrifices inutiles, conditions de vie, action à l'arrière de ceux que Léon Daudet appelle les « Embochés » expliquent cette mauvaise passe. Des mutineries ébranlent au printemps 1917 près de la moitié des unités.

Dans la bourrasque, la Légion ne bronche pas. Au contraire. Elle fait partie des piliers sur lesquels le commandement peut s'appuyer pour stopper la fronde et ramener le calme dans les esprits. Car la crise a été grave. 68 divisions contaminées. 72 RI, 21 BCP (troupes d'élite) ont été touchés. Même le RICM, grand émule en héroïsme du RMLE, n'a pas été épargné.

*

« Un chef comme lui se remplace difficilement », estimait le capitaine Maire, évoquant la mort de Duriez. Celui qui le remplace va pourtant l'estomper.

Il s'appelle le lieutenant-colonel Paul Rollet, saint-cyrien [1], arrivé à la Légion à vingt-trois ans, en 1899. Il y est resté jusqu'au printemps 1914 et a eu le temps d'y faire parler de lui. La guerre l'a surpris en congé de fin de campagne en métropole et l'a piégé dans la « régulière » [2]. Enfin, le 15 mai, Pétain signe la décision le nommant commandant du RMLE. Le revoici légionnaire [3].

> « Petit, sec, un visage creusé où flambaient sous l'épaisse floraison des arcades sourcilières deux yeux bleus et transparents, il ramenait brusquement à nous une puissante odeur d'Afrique [4]. »

Ah, le personnage ne passe pas inaperçu, dans sa présentation et dans son style ! Contre toutes les règles, il arbore une tenue de toile kaki, des leggings noires et délaisse le casque Adrian pour le képi. Lorsque le soleil tape, il s'abrite sous une ombrelle rose [5]. A l'occasion, il sort le grand jeu. Une batterie de décorations à faire pâlir un maréchal de l'empire britannique. Pour le reste, c'est du Marcel Bigeard avant l'heure. « Bien faire et le faire savoir. » Avec lui, le

---

1. Promotion 1894, Alexandre III.
2. Toutes les unités en dehors de la Légion.
3. Du 17 avril au 30 mai, le commandement du RMLE est assuré par le commandant Deville.
4. Maire, OC, p. 183.
5. Aujourd'hui au musée de la Légion.

RMLE sera tenu d'une main aussi exigeante qu'habile, même si les écarts vestimentaires ou les décisions tactiques de son patron irritent plus d'un étoilé.

*

La Légion a été à la peine. Brutalement, elle se retrouve à l'honneur. Le 14 juillet 1917, le colonel, la musique, le drapeau et une compagnie de marche défilent à Paris, follement applaudis. Le RMLE est ce jour-là le premier régiment de France à recevoir la fourragère aux couleurs de la médaille militaire. Le président de la République, Raymond Poincaré, la remet en personne à quelques-uns.

Il n'y a pas à s'en étonner. Cette visite à Paris, ce défilé, cette fourragère méritent d'être fêtés et arrosés. Le légionnaire a toujours un faible pour les « petits verres ». Il aime lever le coude. Il serait vain de le dissimuler : les fêtards sont une plaie au cantonnement.

Trois mois plus tard, le 3 novembre, la fourragère rouge sanctionnera six palmes.

*

Entre-temps, le front a repris ses droits.

La division marocaine est envoyée sur Verdun pour participer à une offensive visant à améliorer les positions défenses de la Meuse. En haut lieu, ce type d'opération est appelée opération à « objectifs limités ».

Le RMLE, presque en bordure de la vallée, s'est vu confier un secteur aux noms lourds de souvenirs : Mort-Homme, côte de l'Oie. Là, en 1916, se déroulèrent quelques-uns des combats les plus sanglants de la bataille de Verdun.

Parti le 20 août à quatre heures quarante, le régiment progresse en une heure de trois kilomètres, enlevant et dépassant le village de Cumières. Poursuivant sans marquer de temps d'arrêt, il s'empare de la cote 265 sur la fameuse côte de l'Oie. Le 21 au matin, il repart à l'attaque. Appuyé par deux compagnies de tirailleurs, il occupe Regneville et s'installe solidement à ses lisières nord. En quarante-huit heures, il a fait 680 prisonniers dont 20 officiers, et s'est emparé de 14 canons. Sa renommée n'en peut que croître même si, dans le cas présent, Rollet a pris quelques libertés et initiatives avec les ordres initiaux pour conforter le succès.

Un succès tactique repose sur l'élan donné par le chef et le courage apporté par les exécutants. La conquête bien menée de la côte de l'Oie puis de Regneville en fournit un bel exemple. Le bataillon Waddell a été vigoureusement lancé en avant par son commandant et à tous les échelons chacun s'est dépensé, joignant l'initiative au courage. Ainsi le caporal Thirion, de la 5e compagnie. Ce petit gradé s'est vu confier une mission de reconnaissance. Voici ce que rapporte le journal de marche du régiment de la conduite du caporal Thirion :

> « Chargé d'une reconnaissance, s'est porté jusqu'aux batteries ennemies, malgré un violent tir de mitrailleuses, a réussi, par sa bravoure, à détruire deux pièces de 77, mettant en fuite les servants et capturant le sous-officier commandant le groupe. »

Ses camarades ne s'étonneront pas de lui voir conférer la médaille militaire sur le champ de bataille.

*

1918. Mars n'augure pas de novembre. Le front britannique est enfoncé au sud-est d'Amiens. Le coin allemand dépasse Montdidier.

Le 26 mars, à Doullens, les Alliés serrent les rangs devant le péril. Foch est chargé de coordonner la bataille commune. Il aura vite fait de s'imposer comme commandant en chef de tous.

Dans la nuit précédant cette réunion de Doullens, le danger croissant dans la région d'Amiens, la « Marocaine » est lancée dans la fournaise. « Marocaine », donc RMLE.

Le régiment reçoit mission de s'emparer du plateau au sud de Villers-Bretonneux, à l'est d'Amiens, là où l'avance allemande pointe dangereusement en direction de Beauvais et au-delà de Paris. Soutenu par des chars britanniques, le régiment atteint son objectif, repousse cinq contre-attaques et gagne une nouvelle citation à l'ordre de l'armée.

Il a encore fallu en payer le prix fort. La veille de l'attaque, le capitaine Maire avait fait une partie de cartes avec trois autres capitaines. Le 26 mars au soir, il se retrouve seul avec une balle dans la cuisse gauche. Ses trois camarades sont morts. Son commandant a également été tué. Maire, rétabli, le remplacera.

*

Le printemps 1918 ne finit pas d'égrener ses heures sombres. Les Allemands, qui n'ont pas réussi à forcer une brèche dans la région nord, ne renoncent pas. Le 27 mai ils refont effort au nord-ouest de

Reims entre Aisne et Ailette. Une fois de plus, la « Marocaine » se précipite à la rescousse du côté de Soissons.

La situation a empiré. L'Allemand a enlevé le Chemin des Dames, haut lieu de tant de combats, et vient de pénétrer dans Soissons. Piquant résolument vers le sud-est, il entend briser la résistance française en menaçant Paris.

Le 29 mai à sept heures trente, le RMLE, transporté en camion (un luxe !), débarque à six kilomètres au sud-ouest de Soissons. L'ordre reçu du commandant de la division marocaine est simple : « Arrêter coûte que coûte la menace très grave de l'ennemi qui tente de déboucher de Soissons. »

Le régiment s'installe aussitôt sur la Montagne de Paris, à moins de trois kilomètres des faubourgs de la ville. Oh, le terme Montagne de Paris est bien prétentieux ! La cote 153 est le point le plus élevé de ce redan triangulaire qu'écorne la route de Paris, d'où son nom.

Le terrain est relativement dégagé : des prairies, quelques haies et bosquets d'arbres. Il faut au plus vite s'y enterrer. Avant que le contact soit pris, les légionnaires s'activent. Ils se doutent que les heures à venir seront chaudes. Les bruits de bataille se rapprochent.

Les 30 et 31 mai, les fantassins allemands déferlent, précédés par des pilonnages massifs. Au RMLE, il est un moment critique par manque de munitions. Les Saint-Etienne et les Chauchat[1] ont épuisé leurs bandes et leurs chargeurs. Sous le matraquage ennemi, la liaison avec l'arrière est coupée. Les cartouches doivent être réservées aux Lebel pour le tir à tuer à coup sûr. Mais tous les assauts sont repoussés. Ludendorff ne percera pas par la Montagne de Paris. Relevé par les 123e et 57e RI dans la nuit du 31 mai au 1er juin, le régiment s'éloigne, ayant sur ces pentes hier verdoyantes et aujourd'hui labourées par les explosions laissé 400 des siens.

Après un court repos, juin est de la même facture. Le RMLE, en dépit de l'appauvrissement de ses effectifs, est envoyé là où une brèche est à combler.

L'adversaire a atteint la Marne à Château-Thierry. Mais la riposte se prépare. Les 15-16-17 juillet, Gouraud brise habilement l'attaque allemande à l'est de Reims. Le 18, Mangin surgit de flanc, des couverts de la forêt de Villers-Cotterêts. Les Français vivent une seconde Marne.

La « Marocaine », le RMLE sont dans le vif de cette phase décisive, un peu au sud-ouest de Soissons. Cette fois, c'en est fini de la stricte défensive. Les clairons sonnent la charge. Les Français entament la marche qui les mènera à la victoire.

---

1. Fusil mitrailleur modèle 1915.

Le 18, le RMLE fait 500 prisonniers. Le 19, il réalise une avance de onze kilomètres. Le 20, il atteint la route Soissons-Château-Thierry. En ces trois jours, il a perdu 780 officiers et légionnaires et gagné sa 8e palme. Sans doute est-elle à rapporter, cette citation qui résume les actions menées par le RMLE du 28 mai au 20 juillet 1918 :

> « Magnifique Régiment qui, sous les ordres de son chef, le lieutenant-colonel Rollet, dans la dure période du 28 mai au 20 juillet 1918, vient de rehausser sa réputation par sa vaillance, son énergie, sa ténacité. Les 30 et 31 mai, a arrêté net la ruée ennemie et maintenu intégralement ses positions (Montagne de Paris). Le 12 juin, avec des effectifs extrêmement réduits, a réussi à briser une attaque ennemie très supérieure en nombre et a causé à l'ennemi des pertes considérables (Amblemy, Saint-Bandry). Le 18 juillet, a enlevé avec un entrain merveilleux une succession de positions puissamment fortifiées (plateau Dommiers). A ainsi atteint d'un seul élan son objectif situé à près de quatre kilomètres des premières lignes, capturant plus de 450 prisonniers, 20 canons et un nombre considérable de minenwerfers et de mitrailleuses. Dans la nuit du 19 au 20 juillet, a mis une fois de plus en valeur ses incomparables qualités manœuvrières en débordant par le Nord un ravin (ravin de Chazelles-Léchelles) où l'ennemi avait accumulé de nombreuses défenses, faisant sauter toutes les résistances et réalisant ainsi une avance de près de onze kilomètres. S'est maintenu énergiquement sur la position conquise en dépit de violentes contre-attaques ennemies. »
>
> Général Mangin, commandant la 10e armée.

En septembre, le RMLE se retrouve en bordure ouest de l'éternel Chemin des Dames, à une vingtaine de kilomètres au nord-est de Soissons. Il s'agit cette fois d'affronter la ligne Hindenburg, ultime barrage dressé par les Allemands pour contenir les armées alliées.

Durant treize jours, du 2 au 14, le régiment culbute le 1er régiment prussien (celui du Kronprinz), enlève une série de villages ou de hameaux fortifiés, Sorny, Neuville-sur-Margival, Allemant, où il a capturé un bataillon du 43e prussien avec l'état-major du régiment.

Lorsqu'il est relevé, il a perdu la moitié de son effectif initial (2 600 hommes). Les compagnies ne sont plus qu'à 50. Le capitaine de Lannurien, le chef légendaire du 2e bataillon, a été tué.

Cette attaque des défenses de la ligne Hindenburg est la dernière grande action du RMLE. Il se prépare à déborder à l'est de la Meuse dans le cadre de l'offensive prévue par Pétain pour pénétrer en

Allemagne, lorsque, le 11 novembre, le clairon Sellier sonne un cessez-le-feu synonyme de victoire.

Six jours plus tard, le RMLE entre avec la division marocaine en Lorraine libérée et vit un grand moment. Il défile dans Château-Salins sous les ovations des Lorrains qui n'ont cessé depuis quarante-quatre ans de garder un cœur français.

Puis, durant quelques mois, il tiendra garnison en occupation dans le Palatinat. Bref répit. Le Levant, le Maroc attendent les légionnaires au drapeau désormais le plus décoré de France [1] : fourragère double, neuf palmes. Le décret du 30 août 1919 lui conférant la médaille militaire débute ainsi : « Merveilleux régiment que son amour pour la France et sa bravoure légendaire ont placé au premier rang. »

Est-il possible de mieux résumer l'héroïsme déployé en ces années de la Grande Guerre ?

*

La guerre, le fait est connu, permet aux caractères bien trempés de se révéler et de s'exprimer. 14-18 n'échappe pas à cette règle. Des noms émergent et se mettent en exergue. La Légion en est riche.

Rollet domine le lot, mais combien d'autres l'accompagnent. Leur sillon est loin d'être oublié, à la Légion surtout :

– Blaise Cendrars, Alan Seeger, les deux écrivains et poètes légionnaires, l'un amputé, l'autre mortellement atteint.

– Le capitaine Du-Hu-Vi. Ce fils de haut mandarin cochinchinois passe par Saint-Cyr. Après plusieurs années à la Légion, il se dirige vers la jeune aviation. Grièvement blessé, il doit revenir dans l'infanterie. Réaffecté volontairement à la Légion, il tombe le 9 juillet 1916 en entraînant sa compagnie à l'assaut.

– Le capitaine baron de Tscharner, major de l'armée suisse. A quarante ans il demande à servir dans l'armée française pour la durée de la guerre. Capitaine à titre étranger, cité et blessé, il reçoit le 20 août 1917 la Légion d'honneur après les combats de Cumièges près de Verdun, avec cette motion : « Officier d'un courage merveilleux. » Séduit par la Légion, il y restera. Il ne la quittera qu'en mars 1933, à l'heure de la retraite, ayant été en France et au Maroc sept fois blessé.

– Zinovi Pechkov s'est engagé le 1er août 1914, pressentant ce qui allait arriver le lendemain. Blessé le 9 mai 1915 à Neuville-Saint-Vast,

---
1. Avec celui du RICM.

en Artois, il est amputé d'un bras. Refusant d'être réformé, il reprend du service, devient officier et poursuit une longue carrière à la Légion. Français libre en 1940, il sera comme général ambassadeur de France en Chine auprès de Tchang Kaï-chek.

– Mader, qui reste l'adjudant-chef Mader même si ses exploits lui procurent l'épaulette. Son point de départ est flou. Après une rixe mortelle avec un supérieur, semble-t-il, il quitte son Allemagne natale et s'engage à la Légion. Résolument et sans remords, il se bat pour sa nouvelle patrie, au Maroc d'abord en France ensuite. Ses coups de mains audacieux sont célèbres. Chevalier de la Légion d'honneur, il est de la garde du drapeau, haute silhouette, traits accusés et moustaches généreuses sous le casque Adrian.

– A côté dans cette garde, entourant Rollet, tenant fièrement l'emblème, trois caporaux également chevaliers de la Légion d'honneur, Arocas, Dieta et Leva. Pour se trouver là, quels dangers ce trio n'a-t-il pas affrontés ! Deux palmes, trois étoiles sur la croix de guerre d'Arocas !

– Alphonse-Sylvestre van Hecke, jeune Belge engagé à dix-huit ans peu avant 1910. Ayant parcouru l'Algérie, le Maroc, le Tonkin, il est en 1913 le plus jeune médaillé militaire de l'armée française. Puis il est au RMLE, qu'il quitte en 1919 officier et chevalier de la Légion d'honneur.

Faut-il à rappeler que le colonel van Hecke fera partie du groupe des « Cinq » préparant le débarquement allié en AFN en 1942. Après quoi il commandera un régiment blindé en Italie et durant la campagne de la Libération. En 1968, il portera la Main, escorté de l'adjudant-chef Abstein, huit fois cité, trois fois blessé, belle figure de sous-officier de Légion.

– Maire, le Mousquetaire, commandant du 1er RE à Sidi-Bel-Abbès en 1934, figure pittoresque de condottiere moderne. Né en 1876, il passe huit ans au Prytanée militaire de La Flèche, matricule 5441. N'ayant pu intégrer à Saint-Cyr, il fait Saint-Maixent. En juin 1914, il rejoint enfin comme capitaine la Légion, faute d'avoir obtenu auparavant la mutation désirée. L'épopée commence. Elle durera vingt ans, accompagnée de cicatrices multiples, de libations généreuses – son péché mignon – de prouesses épiques et de facéties que les anciens se racontent. Ce rescapé de plus d'un baroud, à la baraka insolente, mourra dans son lit. Comme Rollet.

Il y a ces figures marquantes, mais il y en a tant d'autres, hommes au courage obscur qui ont fait de la Légion de 14-18 ce qu'elle fut. Ils mériteraient tous d'être mentionnés.

*

LA GUERRE EN ORIENT

Winston Churchill, Premier Lord de l'Amirauté de Sa Majesté britannique, n'est jamais à court. La Turquie est entrée en guerre. La liaison la meilleure entre la Russie et les Alliés par les Dardanelles est ainsi coupée. Devant ce double état de fait, le bouillant gentleman amène ses pairs à s'en prendre directement à Constantinople en débarquant dans les Dardanelles.

En mars 1915, des escadres et des unités franco-britanniques partent pour le Proche-Orient. Les marins n'ayant pu forcer le passage des détroits, il est décidé de débarquer dans la presqu'île de Gallipoli. Celle-ci se révélera très vite une véritable souricière.

Pour le corps expéditionnaire qui sera appelé l'Armée d'Orient, les Français, à l'instar des précédentes expéditions coloniales, constituent un régiment de marche d'Afrique (RMA) à deux bataillons de zouaves et un bataillon de Légion. Ce dernier, 3e bataillon, placé sous les ordres du commandant Geay, voit respecter un strict équilibre dans sa composition : deux compagnies du 1er RE, deux compagnies du 2e RE.

Le 27 avril, zouaves et légionnaires débarquent à l'extrémité de la presqu'île. Dès le lendemain à six heures quarante-cinq, ils partent à l'attaque en vue d'enlever le mont Achi-Baba (cote 216) à dix kilomètres dans l'intérieur. S'approprier l'Achi-Baba procurerait un excellent belvédère de tir et d'observation.

Les hommes progressent lourdement chargés. 300 cartouches par combattant[1] plus le sac, l'outillage, les sacs à terre, les piquets pour les réseaux bruns. Un tel barda n'est pas fait pour faciliter l'avance dans un terrain difficile sous le feu des Turcs.

A seize heures, le ravin de Kérévès Déré (« le ruisseau des écrevisses[2] »), qui barre la presqu'île avant l'Achi-Baba, oppose ses nids de mitrailleuses et ses épais réseaux de barbelés. Des jours durant, le RMA s'use dans ce ravin. Presque tous les officiers sont tués ou blessés. Un capitaine prend le commandement du régiment. Au bataillon de Légion, un adjudant-chef commande les 120 rescapés.

En France, interviennent les relèves des unités par trop décimées. Aux Dardanelles, la pénurie d'effectifs n'autorise guère les rotations.

---

1. Au poids de 29 grammes par cartouche de Lebel, soit près de 10 kilos de munitions par combattant (le Lebel représente pourtant un progrès. La cartouche du fusil Gras modèle 1874 pesait 43 grammes).
2. Personne sur-le-champ ne fait l'analogie. Camaron signifie aussi écrevisses.

A peine rétablis, les blessés doivent remonter en ligne. Le 3ᵉ bataillon reçoit heureusement 7 à 800 légionnaires prélevés au Tonkin. Ceux-là sont presque tous des anciens à plus de cinq ans de service. Les compagnies exsangues reprennent des forces.

Le Kérévès Déré a fini par être franchi mais les pentes de l'Achi-Baba se montrent inexpugnables. Avec les chaleurs du printemps et de l'été, les conditions de vie s'aggravent. Moustiques, puces, rats, cafards pullulent. Les mouches porteuses de germes putrides se plaquent partout, sur les visages, les membres, la nourriture. Le sol est un véritable cimetière. Les commentateurs, non sans raisons, parlent du « charnier de Gallipoli ». Dysenterie, paludisme finissent d'épuiser les organismes.

Pourtant, il faut se battre. Les légionnaires, qui sont un exemple pour tous, gagnent leur première citation à l'ordre de l'armée (*Journal officiel* du 18 septembre 1915).

> « Le bataillon de Légion du 1ᵉʳ RMA (3ᵉ bataillon), depuis le débarquement dans la presqu'île de Gallipoli, n'a cessé de faire preuve dans tous les combats des qualités de bravoure, sang-froid et solidité qui sont, depuis de longues années, l'apanage de la vieille Légion. A l'assaut du 21 juin, a enlevé d'un bond les tranchées turques devant lesquelles nous étions en échec depuis le matin et les a conservées malgré une très violente contre-attaque. »

A la longue, les Dardanelles s'avèrent un gouffre sans espoir, en dépit d'un nouveau débarquement plus au nord. Le 8 décembre, l'évacuation totale de la presqu'île de Gallipoli est décidée.

De son côté, la France s'est engagée en octobre à porter secours à la Serbie amie, agressée par les Empires centraux auxquels s'est jointe la Bulgarie. Faut-il à rappeler que le souverain serbe régnant, le roi Pierre Iᵉʳ, ancien saint-cyrien de la promotion Plevna, fut le sous-lieutenant Kara engagé à la Légion étrangère en 1870 afin de défendre la France contre la Prusse[1] ?

Début octobre, le RMA quitte les Dardanelles pour Salonique[2], base de départ de l'intervention française dans les Balkans. Dès son arrivée, il entame une progression difficile vers le nord, par la vallée du Vardar. Le 19 octobre, les légionnaires franchissent la frontière serbe et continuent dans l'espoir de tendre la main à la malheureuse

---

1. Voir plus haut, chapitre 7.
2. Salonique est un territoire neutre où les Alliés se sont imposés. La Grèce n'est pas encore entrée dans le conflit.

armée serbe en pleine retraite. Fichés sur les hauteurs, les Bulgares ne cessent d'essayer d'entraver la marche par des bombardements et des attaques répétés. Le 8 décembre, dit l'historique du régiment, « il faut en raison du repli imminent modérer l'ardeur des légionnaires qui ramènent l'ennemi à sa position de départ en chantant *La Marseillaise* ».

« En raison du repli imminent » : les unités françaises sont par trop faibles – à peine une division – et la marche en avant ne se justifie plus. Les Serbes, malmenés par leurs agresseurs, finissent de se replier sur l'Adriatique. Les Français dès lors rebroussent chemin sur Salonique qui se transforme en véritable camp retranché. Le bataillon de Légion assure la couverture et l'arrière-garde de ce délicat repli. Sa belle conduite lui vaut une autre citation.

L'hiver se passe à Salonique. Les légionnaires y connaissent les « joies » très relatives du camp retranché. Le front au nord s'est stabilisé et est relativement calme. Les belligérants respectent un certain statu quo sur la ligne frontière grecque. Dans leur esprit, l'essentiel se joue ailleurs, c'est-à-dire sur le front français.

A un printemps radieux succède un été torride. Dans la cuvette de Salonique, la fraîcheur se fait rare.

Peu à peu, les Alliés à Salonique – Français, Britanniques, Serbes, Italiens et Russes – se renforcent. Plus de 250 000 hommes sont rassemblés devant Salonique. Le 12 septembre 1916, le général Sarrail, commandant en chef depuis décembre 1915, passe à l'offensive contre les forces adverses, essentiellement bulgares. Cette offensive durera pratiquement sans interruption jusqu'au 19 novembre.

Engagé en pleine montagne à l'ouest de Salonique – les Balkans portent bien leur nom : montagne en turc –, le RMA livre de terribles combats à hauteur de Perotak. Du 12 au 27 septembre, le bataillon de Légion perd le tiers de son effectif, soit 193 tués et blessés. Le capitaine Azan, qui commandera le 1er RE de 1935 à 1939, est sérieusement touché.

Les pluies d'automne entravent la progression, mais les Bulgares fléchissent sous la pression franco-serbe. Monastir, l'objectif assigné, n'est plus très loin. Le village de Kanala en barre l'accès. Un débordement et une attaque hardie des légionnaires permettent de faire sauter le verrou. Mais ils ont encore 15 morts et 71 blessés. Les compagnies alignent à peine 40 fusils. Faute de personnel, une compagnie mixte de mitrailleuses est mise sur pied : une section de légionnaires, deux sections de zouaves.

Les intempéries entraînent des inondations, rendant les liaisons précaires et les ravitaillements incertains. Par obligation, Sarrail doit faire marquer un temps d'arrêt. Transis et boueux sous le déluge, les adversaires, comme à l'ouest, s'enterrent et s'observent.

Cette immobilisation forcée, cet inconfort généralisé sont l'occasion de rencontres inopinées et de conversations à cœur ouvert. Un soir, un sous-lieutenant servant à titre étranger au 3e bataillon et assurant une liaison arrive à l'improviste à la cagna PC du colonel. On se serre autour de la table du chef de corps. On lui tend un couvert pour partager le frugal dîner. L'homme, ancien officier d'un pays longtemps neutre, a eu jadis « quelque chose » chez lui. Depuis Sidi-Bel-Abbès, il a regagné l'épaulette. Une correspondance vient de tomber à son sujet. Son pays, maintenant entré dans la guerre au côté de la France, lui offre de le reprendre comme lieutenant. Paris est d'accord. La réponse de l'intéressé a valeur de nouvel engagement. Il s'en explique à un camarade :

> « Ils sont bien gentils de vouloir me reprendre. Après la guerre, je ne dis pas. Mais quand ils n'ont plus voulu de moi, la Légion m'a accepté et c'est par elle que je suis redevenu officier et que je peux dîner aujourd'hui avec le colonel. Tu ne voudrais tout de même après que je la quitte comme cela ! »

Tel est l'attachement du légionnaire à ce corps qui est devenu pour lui, selon les cas, un asile, une famille, ou une patrie.

*

Le 20 octobre survient un renfort vigoureusement salué. Les renforts sont toujours les bienvenus. Le RMLE en sait quelque chose. Ces 138 arrivants, de surcroît, n'arrivent pas les mains vides. Ils apportent une richesse : 36 bonnes vieilles mitrailleuses Saint-Etienne, modèle 1907.

*

Le ciel se calme quelque peu. L'offensive peut reprendre. Le 19 novembre, il appartient à une patrouille de légionnaires accompagnée de cavaliers serbes de pénétrer la première dans Monastir. Sarrail a exécuté son plan. Le front élargi des Balkans se stabilise sur des bases qui autorisent à voir grand.

*

La marche sur Monastir a été ingrate mais le RMA a enfin latitude de souffler quelque peu. La neige qui recouvre la vallée de Monastir et les monts environnants entrave la circulation. Il est judicieux d'économiser les munitions. Les deux parties en tiennent compte et se ménagent. Parfois cependant, un obus bulgare s'ébrase dans un cantonnement, des balles chuintent au-dessus des têtes. Rien de vraiment redoutable après les canonnades et les mitraillages des semaines écoulées. Les légionnaires, du coup, s'occupent à améliorer l'ordinaire.

A la fin de 1916, l'armée française d'Orient comptait quatre divisions, les « quatre vieilles ». Durant l'hiver, quatre divisions supplémentaires débarquent à Salonique. Les Serbes de leur côté se sont étoffés et les Grecs se sont décidés à rallier le camp allié. Il est possible d'envisager de reprendre l'offensive.

Dans la neige qui subsiste, le front se réveille dans les derniers jours de mars. Les Bulgares n'économisent plus leurs obus et leurs torpilles qui ne cessent de s'abattre sur les positions françaises. En quatre jours, le 3e bataillon, remonté en première ligne, a 9 morts et 37 blessés.

Le 26 mars, le RMA qui le surlendemain aura un nouveau patron, Geay, promu lieutenant-colonel, est lancé à l'attaque des défenses bulgares. Débouchant d'une hauteur baptisée, par la résistance qu'ils y ont montrée, « la crête des légionnaires », le 3e bataillon avec seulement 300 combattants en premier échelon atteint un point extrême qui ne sera pas dépassé avant septembre 1918.

La guerre de position, quelque temps interrompue, retrouve ses droits face à des Bulgares toujours opiniâtres. En une semaine, le 3e bataillon accuse 25 tués et 94 blessés. Il regroupe à peine 200 fusils pour repousser les contre-attaques.

Le 11 avril, le 3e bataillon reçoit sa seconde palme. L'un des siens, l'adjudant-chef Naudmann, est promu chevalier de la Légion d'honneur, premier sous-officier de l'Armée d'Orient à obtenir une telle récompense.

Malgré ses pertes, faute de possibilités de relève, les légionnaires restent en première ligne. Sous le pilonnage bulgare, la fameuse « crête des légionnaires », point d'ancrage du dispositif français, est devenue un chaos. Les obus de 130 ou de 210 mm à fusée retardée pénètrent profondément en terre et forment mine. Le sol se soulève en une formidable explosion, emportant les hommes et leur armement. A ce rythme, le 3e bataillon qui n'a reçu qu'un appoint de 43 légionnaires ne ressemble plus guère à un bataillon.

Le printemps, le début de l'été 1917 s'écoulent ainsi. Le 31 juillet, le RMA, enfin relevé, redescend sur le Vardar. Faute de l'effectif correspondant, le 3ᵉ bataillon est dissous le 30 septembre. Les 5 officiers, 32 sous-officiers, 318 légionnaires encore présents[1] sont rassemblés en une compagnie hors rang commandée par le capitaine Comte. Elle s'intègre ainsi au RMA et finira la campagne avec lui. Le 3ᵉ bataillon ayant été cité deux fois à l'ordre de l'armée, la compagnie Comte, regardée comme son héritier, a droit au port de la fourragère. Celle-ci lui est officiellement remise le 30 octobre 1917.

En 1918, le RMA avec sa compagnie de légion connaît encore les avant-postes, souvent cette fois contre des unités allemandes. Puis il revient à Monastir pour participer à l'offensive finale victorieuse déclenchée par le général Franchet d'Esperey en septembre.

L'armistice signé en Orient, le 13 décembre le RMA s'embarque pour Odessa où sévit la révolution bolchevique. Lorsque le navire s'éloigne du port, la musique joue la marche des zouaves et le *Boudin*, témoignage de la fraternité d'armes au sein du régiment.

Les derniers légionnaires d'Orient débarqueront à Bizerte le 14 avril 1919. De là, ils gagneront Sidi-Bel-Abbès pour une ultime parade.

Sans doute leurs camarades et eux méritent-ils mieux que l'ombre qui trop souvent recouvre l'action qu'ils ont menée des Dardanelles aux monts de Serbie. Cette campagne d'Orient n'a-t-elle pas coûté à la Légion 16 officiers, 78 sous-officiers et 721 légionnaires ? Un pourcentage supérieur en valeur absolue à celui du front de France.

*

LA GUERRE AU MAROC

« Le sort du Maroc devant se régler en Lorraine, réduire l'occupation du Maroc à celle des principaux ports du Maroc... », télégraphie le ministre des Affaires étrangères à Lyautey dès l'annonce de la déclaration de guerre.

Un tel ordre paraît logique. Priorité à la mère patrie. De son destin dépendra celui de ses territoires d'outre-mer. Lyautey le Lorrain est d'accord sur ce point, mais il est aussi Lyautey le Marocain. Ses hommes et lui ont trop donné pour tout abandonner brutalement. S'il « vide la langouste » en dépêchant en métropole tous les régiments et bataillons réclamés, il « garde la carapace », écrémant l'intérieur pour conserver la ceinture extérieure.

Dans cette « carapace », la Légion occupe une place privilégiée. Pas question, on le sait, d'envoyer sur le front métropolitain les

---

1. Les autres, rentrés en France pour une raison ou une autre (blessures, maladie), rejoindront le RMLE.

légionnaires originaires des Empires centraux, Allemagne ou Autriche-Hongrie. Ceux-là qui représenteront 75 %, voire plus de la Légion marocaine, restent en place. Ils monteront la garde sur le *limes* de 400 kilomètres qui s'étire d'Oujda à Agadir par Taza, Meknès, Kasba Tadla et Marrakech. La bataille du Maroc commence. Cinq bataillons de marche, trois compagnies montées y seront le fer de lance de Lyautey face aux insurrections qui secouent épisodiquement le bled es-Siba.

Ah, les officiers de ces bataillons de Légion préféreraient se trouver avec leurs camarades engagés quelque part en Artois, en Champagne ou dans les Vosges. Ils brûlent eux aussi de Grande Revanche et de reconquérir Metz et Strasbourg. Ils font des pieds et des mains pour obtenir une mutation [1]. Mais Lyautey ne lâche pas. La France se bat aussi au Maroc.

Loin des feux de l'actualité tournée vers la Marne ou Verdun, les légionnaires vont ainsi mener durant les quatre années de la Grande Guerre dans le bled marocain un combat aussi obscur que sanglant.

Le 10 août 1914, une reconnaissance au sud de Taza se heurte à un adversaire en nombre et bien abrité. Le capitaine Kappeler, commandant la 6e compagnie du 1er RE, est tué. Tous ses officiers sont touchés. L'accrochage fait 26 tués et 50 blessés, se terminant par l'arrivée à la rescousse de deux compagnies emmenées par le commandant Duriez.

La Légion a aussi ses aumôniers, personnalités encore peu évoquées mais bien présentes. En ce combat du 10 août à Sidi-Omram, le père Laurent rentre avec une soutane plusieurs fois percée.

Le 8 juillet 1917, le 6e bataillon du 2e RE, assurant l'arrière-garde d'une colonne se rendant de Scoura à Tarout (Moyen Atlas), est attaqué dix heures durant par un adversaire très largement supérieur. Encore 49 tués et 29 blessés.

Le 9 août 1918, à Gaouz dans le Tafilalet, la compagnie montée du 1er RE livre un combat désespéré pour soutenir le 15e bataillon de tirailleurs sénégalais qui a lâché prise. Elle y gagne une superbe citation :

> « Unité d'élite ayant l'esprit de dévouement et de sacrifice porté au point le plus élevé, qui a toujours donné de beaux exemples d'énergie et de courage. Au combat de Gaouz, le 9 août 1918,

---

1. Des mutations, des relèves interviennent cependant. Ainsi le colonel Tahon, commandant le 1er régiment de marche du 1er RE à Taza en novembre 1914, part en avril 1915 pour la Champagne. Duriez est aussi dans la région de Taza en 1914 et partira ensuite en France où il sera tué.

sous la vigoureuse impulsion du capitaine Timm, s'est élancée par de nombreuses charges à la baïonnette au secours d'unités aux prises avec un ennemi dix fois plus nombreux et fanatisé ; a tenté par d'héroïques efforts la reprise du mouvement en avant. A été le noyau où sont venus se grouper tous les éléments épars des autres unités, perdant deux officiers et 50 sous-officiers et légionnaires tués, ramenant quand même son capitaine grièvement blessé. »

Le 11 novembre 1918, le Maroc français, sous l'ardente impulsion de Lyautey, est sauf. (Ce qui ne signifie en rien que la lutte y soit terminée, loin de là !) La Légion a largement contribué à ce qu'il en soit ainsi.

*

AU TONKIN

A 10 000 kilomètres de la métropole, aux marches de l'Empire, des légionnaires se battent et meurent aussi pour la France.

A la déclaration de guerre, trois bataillons formant corps (2e et 4e bataillons du 1er RE, 5e bataillon du 2e RE) veillent sur la frontière chinoise de Laokay à Langson ou stationnent en moyenne région, à Yen-Bay, Vietri, Tuyen-Quang et Phu-Doanh.

La priorité accordée, comme au Maroc, au front occidental pompe progressivement les effectifs. Le 2e bataillon est dissous le 27 octobre 1914, le 5e bataillon le 29 avril 1915. Le 4e bataillon, qui avait été porté à six compagnies et deux sections de mitrailleuses, disparaît à son tour en août 1916 (on a vu 7 à 800 de ces légionnaires du Tonkin arriver au RMA à Salonique).

A l'automne 1916, ne demeure plus au Tonkin qu'une grosse compagnie à base de légionnaires de souche allemande. Il en sera ainsi jusqu'en 1919.

Ces ponctions successives n'empêchent pas les légionnaires encore en place d'intervenir chaque fois que besoin est : contre les pirates mi-chinois, mi-tonkinois, qui poursuivent leurs brigandages ; contre des séditions militaires d'unités autochtones présentant une tout autre gravité : révolte des miliciens de la garde indigène de Thai Nguyen en 1917, révolte des tirailleurs tonkinois de Bien Lien en 1918.

L'affaire des miliciens de Thai Nguyen est de loin la plus sérieuse. Plus de trois mois, à l'automne 1917, sont nécessaires pour en venir à bout. Dans tous ces accrochages contre les uns et les autres, la Légion perd un officier (commandant Nicolas) et 54 légionnaires [1].

Tonkin, terre et guerre lointaines. Il fallait là-bas aussi défendre le drapeau tricolore.

*

42 883 légionnaires, soit 36 604 étrangers et 6 239 Français, ont servi à la Légion en 1914-1918. 5 931 ont été tués sur le théâtre européen, 815 en Orient, 348 au Maroc et 55 au Tonkin.

En leur honneur et en témoignage des sacrifices consentis, Pascal Bonnetti, en 1920, a composé un poème qui est, avec celui du capitaine de Borelli, l'un des plus beaux à la gloire de la Légion étrangère.

LE VOLONTAIRE ÉTRANGER DE 1914

Le monde entier disait : La France est en danger ;
Les Barbares, demain, camperont dans ses plaines.
Alors, cet homme que nous nommions « l'Etranger »,
Issu des monts latins ou des rives hellènes

Ou des bords d'outre-mer, s'étant pris à songer
Au sort qui menaçait les libertés humaines,
Vint à nous, et, s'offrant d'un cœur libre et léger,
Dans nos rangs s'élança sur les hordes germaines.

Quatre ans, il a peiné, lutté, saigné, souffert !
Et puis un soir, il est tombé dans cet enfer.
Qui sait si l'Inconnu qui dort sous l'arche immense,

Mêlant sa gloire épique aux orgueils du passé,
N'est pas cet étranger devenu fils de France,
Non par le sang reçu, mais par le sang versé ?

« *Devenu fils de France/Non par le sang reçu, mais par le sang versé* » : la formule est éloquente dans sa simplicité. Elle s'est gravée dans les mémoires.

---

1. Livre d'or des officiers et légionnaires morts pour la France au cours de la guerre 1914-1918, chapitre Tonkin. Les pertes du 1er RE sont les mieux connues et donnent très exactement : 32 Français, 9 Allemands, 4 Italiens, 3 Suisses, 2 Espagnols, 1 Autrichien, 1 Belge, 1 Luxembourgeois, 1 Tchèque.

Chapitre XII

DU DJEBEL DRUZE AU SAGHO

La réaction est légitime. Le conflit terminé, les engagés volontaires pour la durée de la guerre demandent à regagner leurs foyers. Leur démobilisation creuse automatiquement un trou dans les rangs. 1920 voit les effectifs chuter de 13 000 à environ 10 000.

Ce tassement ne dure pas. L'Europe centrale et orientale est en crise. Phénomène habituel, les aléas politiques provoquent un afflux de candidatures. Les jeunes Allemands[1] fuient la grisaille des lendemains de la défaite de leur patrie (il en sera de même après 1945). Les Russes blancs s'exilent pour échapper au totalitarisme de la révolution soviétique.

La remontée sera rapide et conséquente. La Légion de 1930 n'a jamais atteint un score aussi élevé : plus de 30 000 hommes ! 33 000 même en 1933, pointe extrême de l'entre-deux-guerres. Les Allemands alors représenteront 50 % des effectifs, les originaires de l'Europe

---

1. 1 000 candidatures mensuelles en Rhénanie durant l'année 1920. 600 seulement sont retenues.

centrale 15 %, les Français 12 %. Les Russes, en forte chute, ne seront plus que 8 %, Latins et Belges se partageant le solde.

Ces arrivées massives dans les années 1920 surviennent à propos. La France doit envoyer des troupes au Levant, au Maroc et au Tonkin. Ses nationaux, au lendemain de l'hécatombe de la Grande Guerre, n'aspirent plus qu'à mettre le fusil au râtelier. Le recours à des légionnaires étrangers épargne des poitrines françaises.

*

Démobilisation, engagements en nombre, effort de guerre à poursuivre outre-mer conduisent à une totale réorganisation des structures de la Légion. Depuis 1885 cette dernière comptait deux régiments, les 1er et 2e Régiments étrangers, implantés à Sidi-Bel-Abbès et Saïda. Suivant les besoins, chacun d'eux fournissait un régiment de marche ou des bataillons opérationnels. La formule appliquée au Tonkin, au Dahomey, à Madagascar et en 1914-1918 était lourde. Un régiment pouvait avoir à gérer six bataillons dispersés sur plusieurs théâtres.

Le RMLE rentre en Algérie au printemps 1919. Le 15 novembre 1920, en application d'une décision ministérielle du 20 septembre, il prend la dénomination de 3e REI, 3e Régiment étranger d'infanterie. La nouvelle unité est regardée comme l'héritière du RMLE dont elle conserve le drapeau et porte les fourragères. Elle reçoit pour garnison officielle Fez dans le nord du Maroc. Rollet en garde le commandement.

Simultanément, le 17 décembre, avec les bataillons du 1er RE œuvrant de longue date au Maroc est constitué un 4e REI, appelé à travailler surtout dans le Sud marocain. De Marrakech, sa garnison principale, il détache des compagnies à Ouarzazate et Agadir.

Précédemment, on parlait de Régiment étranger. Les deux nouveaux venus sont désormais qualifiés de régiment étranger d'infanterie. Ce label se justifie au moment où se met sur pied un autre type de régiment : le 1er REC, régiment étranger de cavalerie. Ce REC introduit une composante qui manquait à la Légion. Si les compagnies montées apportaient une mobilité accentuée, elles restaient avant tout une troupe d'infanterie. L'incorporation massive de Russes blancs, anciens cavaliers habitués aux longues chevauchées, fournit à la Légion l'opportunité de créer une véritable unité de cavalerie. Naturellement, ce REC se veut dans la lignée de glorieux prédécesseurs, Régiments étrangers de cavalerie de l'Ancien Régime. Il ne lui déplaira pas de se présenter en « Royal-Etranger ». Après sa formation à Saïda, le REC prend garnison à Sousse en Tunisie, dépêchant lui aussi des escadrons là où il faut se battre. On verra bientôt un escadron au Levant et deux autres au Maroc.

Dix ans plus tard, interviendra en Indochine la création d'un 5ᵉ REI, avec les bataillons formant corps déjà au Tonkin[1]. Cinq REI, un REC, plus différentes antennes. La Légion de l'entre-deux-guerres a belle allure.

*

Avant d'évoquer le Levant et le Maroc, mentionnons brièvement une intervention sur un front inédit.

La guerre est terminée en Europe occidentale mais se prolonge à l'est. La révolution bolchevique fait éclater le vieil empire des tsars. Ce bouleversement inquiète les démocraties anglaise et française qui tentent à plusieurs endroits d'appuyer les armées blanches.

Ainsi dans la poche de résistance constituée dans le nord, autour de Mourmansk et Arkhangelsk, elles comptent à l'été 1918 environ 15 000 hommes, presque tous britanniques. Le front lui-même s'est stabilisé à deux cents kilomètres au sud d'Arkhangelsk.

En vue de renforcer ce modeste détachement et d'augmenter sa propre participation, la France met sur pied à la fin de la guerre un bataillon de Légion à base de volontaires en provenance des unités russes servant aux côtés de l'armée française. La 1ʳᵉ compagnie débarque en décembre 1918 et est aussitôt dirigée vers les lignes. La seconde compagnie arrive en mars 1919. Une troisième compagnie et une compagnie de mitrailleuses rejoignent en juillet. Mais les Britanniques, principaux animateurs de ce corps expéditionnaire, se lassent. En septembre, ils décident de rembarquer. Le bataillon de Légion sera dissous en fin d'année. Entre-temps, les démobilisés rejoignent presque tous l'armée de Youdénitch. Avec elle, ils participeront à l'offensive infructueuse contre Petrograd (Saint-Pétersbourg) en octobre 1919.

*

LA LÉGION AU LEVANT

A la conférence internationale de San Remo, en 1920, les pays arabes ex-ottomans sont placés sous mandat français (Liban, Syrie) et

---

1. Voir plus bas.

britannique (Irak, Transjordanie, Palestine). Ce mandat, dit de type A, vise à guider les pays intéressés vers une indépendance regardée comme une échéance prochaine.

La France se retrouve ainsi en terre franque. Dans ces contrées qu'elle appelle le Levant, elle estime posséder des droits remontant aussi bien aux croisés qu'aux capitulations signées sous François Ier. La Grande-Bretagne, de son côté, entend continuer à couvrir Suez et le canal, tout en profitant au maximum des retombées de « l'effet Lawrence d'Arabie ». En cette époque où l'impérialisme colonial n'a pas fléchi, elle multipliera les coups bas à l'endroit de son allié officiel dont la présence la gêne.

Si l'armée française est bien accueillie au Liban, elle se heurte en Syrie à l'hostilité de l'émir Fayçal, fils du chérif de La Mecque, qui s'est fait proclamer roi de la « Grande Syrie ». Gouraud, nommé haut-commissaire de France, doit s'ouvrir par les armes le chemin de Damas.

Installés à Damas puis dans les principaux sites du pays, les Français sont vite confrontés aux sentiments nationalistes de populations à 90 % musulmanes. Des troubles éclatent. Des renforts militaires doivent être envoyés. Le 4e bataillon du 4e REI débarque au Levant au début de 1921. Intégré à la colonne du colonel Nieger, il participe à la pacification de la montagne des Ansarieh, dans la région d'Alep, en Syrie du nord.

Le calme paraît s'instaurer mais les passions couvent. L'incendie éclate en 1925 au djebel Druze dont Gouraud, peu après son arrivée, a fait un Etat autonome sous contrôle français.

Ce djebel Druze, région méridionale de la Syrie, en bordure de la Transjordanie, présente une double spécificité, géographique et humaine. Haricot d'environ cinquante kilomètres sur vingt, il est une contrée austère et aride relativement élevée (920 mètres à Souéida, sa capitale). Sa moitié septentrionale, le Ledja, zone de coulées de laves avec ses éboulis et ses amas rocheux, a de tout temps offert une zone refuge [1] aux habitants. Ceux-ci, les Druzes, forment une communauté islamique dissidente sous régime féodal. L'un de leurs cheikhs, Soltan el-Attrach, a combattu avec les Alliés contre les Turcs. Fort de ce passé et son prestige personnel, il compte bien s'imposer comme seul maître du pays druze. Il doit pour cela écarter ses rivaux et se débarrasser des Français, nouveaux venus qui ont implanté des garnisons à Souéida et dans des postes en périphérie du djebel.

La révolte éclate le 25 juillet 1925, surprenant la puissance mandataire. Un petit détachement de spahis tunisiens et de légionnaires

---
1. *Ledja* signifie repaire en turc.

syriens, sous les ordres du capitaine Lenormand, est attaqué et décimé au point d'eau d'Ezraa, à dix kilomètres à l'ouest de Souéida. Cette dernière cité, occupée par une garnison d'environ 500 hommes, tirailleurs algériens et spahis, est investie par plusieurs milliers de cavaliers et de fantassins druzes bien décidés à prendre pied dans leur capitale.

Eu égard au calme général ambiant, les forces militaires françaises avaient été allégées. Souéida doit pourtant être secourue. A la hâte, le général Michaud organise une colonne de secours. Celle-ci, attaquée à son tour le 3 août au point d'eau d'Ezraa, est contrainte de se replier non sans pertes sévères en hommes et en matériel. Le prestige de la France est en cause, alors que 500 de ses soldats sont assiégés dans Souéida. Seuls des avions parviennent à larguer sur la forteresse des sacs de munitions et des denrées de première nécessité.

Le général Gamelin – futur généralissime de 1939 –, récemment arrivé de France, est chargé de former une nouvelle colonne afin de libérer définitivement Souéida.

Dans un premier temps, il décide de regrouper son dispositif dans la plaine, au village de Mousséifré, à vingt kilomètres à l'ouest de Souéida. A cet effet, le 4e bataillon du 4e REI du commandant Kratzer, renforcé du 4e escadron du 1er REC (capitaine Landriau), débarqué à Beyrouth le 20 août, est envoyé en précurseur pour occuper Mousséifré.

Dès leur arrivée au village, les légionnaires, en vieux soldats habitués des guerres coloniales, se mettent en état de soutenir un siège. Ils se retranchent derrière les murs existant, bâtissent des murettes, creusent des tranchées, disposent des mitrailleuses pour balayer les directions dangereuses. Ces précautions se révéleront salutaires. Une fois encore, la sueur épargnera le sang.

Les Druzes, mal renseignés, pensent avoir devant eux non des légionnaires français mais des légionnaires syriens, troupe qu'ils ont défaite au point d'eau d'Ezraa quelques semaines plus tôt. La surprise sera à leurs dépens.

Dans la nuit du 16 au 17 septembre, 2 000 guerriers druzes descendus de la montagne se portent sur Mousséifré. Les légionnaires, fantassins et cavaliers, sont à peine 500. Faute de lune, l'obscurité est totale, les sentinelles ne discernent les assaillants qu'à très courte distance. En quelques secondes cependant, les coups de feu précipitent la garnison aux postes de combat. Les Druzes, persuadés d'avoir des Syriens face à eux, invectivent les défenseurs en arabe. Ils les somment de cesser le combat et de les rejoindre pour aller avec eux attaquer les Français à Ezraa. L'équivoque est brève. Les légionnaires répliquent dans toutes les langues, hurlant à leur tour des imprécations. Dans le brouhaha se distinguent toutefois les ordres donnés en français et fidèlement exécutés. A plusieurs reprises, il est nécessaire de charger à la baïonnette contre les silhouettes blanchâtres qui se distinguent faiblement dans la nuit.

Avec la complicité de villageois très certainement, des assaillants parviennent à s'infiltrer dans la place. Ils grimpent sur les toits en terrasses. De là, ils tirent dans le dos des légionnaires repérables par les lueurs de départ de leurs coups de feu. A la fin de la nuit, la situation devient délicate. Le jour naissant permet de renforcer les défenses. Les tireurs des toits sont localisés et abattus. Les mitrailleuses Hotchkiss, de leur rythme lent et poussif, font des ravages sur les glacis. Les Lebel et les baïonnettes finissent d'éloigner les agresseurs.

A seize heures, lorsque les secours atteignent Mousséifré, la victoire est acquise, mais elle a coûté cher. Si des centaines de cadavres ennemis gisent autour du périmètre de l'enceinte, 47 légionnaires ont été tués et 83 blessés. La résistance de Mousséifré s'inscrit dans la ligne des héroïques défenses de la Légion.

Ce succès incontestable efface l'échec d'Ezraa et laisse la colonne Gamelin libre d'achever sa concentration. La marche sur Souéida s'organise. Les Français ont des canons, de la cavalerie, des camions et même quelques automitrailleuses. Dans la plaine ils disposent donc de mobilité et de puissance de feu. Les Druzes, avec leurs fusils, ne sauraient leur barrer la route. Après avoir tiraillé de loin, ils se replient dans la montagne. Le 25 septembre, Souéida est dégagée mais doit être abandonnée. La capitale ne dispose pas de suffisamment d'eau et de vivres pour une solide garnison.

Dans l'espoir de s'imposer en montrant sa force suivant le principe cher à Lyautey[1], le commandement organise des tournées de « pacification » avec de fortes colonnes. Le 5 octobre, l'une de ces colonnes manque de peu de finir tragiquement.

Un peu avant l'aube, le bivouac de Ressas (dix kilomètres au sud de Souéida) est levé. La troupe se remet progressivement en marche. Le 4e bataillon de Légion, laissé en couverture arrière, a reçu ordre de ne pas quitter les lieux avant le signal de deux fusées rouges lancées du PC central.

Une brume épaisse recouvre la plaine et dissimule la lueur des deux fusées. Discipliné, le bataillon de Légion reste sur place, guettant vainement le signal convenu. Soudain les légionnaires laissés seuls en arrière, à un bon kilomètre du gros, sont assaillis par des centaines

---

1. Qui ajoute : « pour ne pas avoir à s'en servir ».

de Druzes qui, à la faveur de la nuit et du brouillard, ont réussi à se rapprocher sans être éventés.

Le général Andréa, commandant des unités d'infanterie du djebel Druze à l'époque, écrira :

> « La Légion étrangère d'Afrique sait se battre et voir clair dans les desseins de l'adversaire ; la surprise n'a pas eu de suites graves, grâce au sang-froid et au courage des légionnaires[1]. »

*

Mousséifré est l'un des gros combats de la Légion au Levant. Celui de Rachaya, deux mois plus tard, l'est tout autant.

Au lendemain de Mousséifré, le 4ᵉ escadron du 1ᵉʳ REC[2] se reforme à Rayack et s'intègre à une colonne légère de cavalerie d'environ 350 hommes. Sous les ordres du capitaine Maurice Granger, ce détachement part pour la partie occidentale du massif de l'Hermon, à environ cinquante kilomètres à l'ouest de Damas. Le 5 novembre 1925, il s'installe dans la vieille citadelle de Rachaya, ancienne forteresse franque. Cette citadelle domine sur une petite éminence le village[3] du même nom, mais l'ensemble est sous la vue des crêtes voisines.

Peu après leur implantation, les renseignements se recoupent. 3 000 Druzes aventurés jusque-là s'apprêteraient à attaquer la place. Celle-ci, aussitôt, s'organise pour résister. Des maisons obstruant les champs de tir sont abattues. Des barbelés ceinturent la position. Un boyau est réalisé à l'intérieur de l'enceinte pour relier les deux points forts de la citadelle : la grande tour sud-est et le réduit nord-ouest.

Afin de situer la position et les effectifs des forces signalées, le capitaine Granger envoie des patrouilles de reconnaissance. Le 18 novembre deux de ces rondes se terminent mal. Dans une, un officier de spahis est tué. Dans l'autre, le lieutenant Gardy avec une dizaine de légionnaires se retrouve coupé de son peloton. Il ne rejoint que le lendemain au prix de deux tués, deux disparus et trois blessés. Manifestement, l'ennemi est aux portes de Rachaya.

Le 20 novembre, alors que le dernier peloton revient à peine de ramener les chevaux de l'abreuvoir du village, la fusillade se déclenche de toutes les crêtes voisines. La nuit se passe ponctuée de coups

---

1. Andréa, OC, p. 67.
2. Capitaine Landriau, lieutenants Castaing, de Medrano, Gardy.
3. Environ 1 500 habitants mi-druzes, mi-chrétiens. Rachaya est à 1 350 mètres d'altitude.

de feu, mais au matin il est clair que toutes les communications avec l'extérieur sont coupées. Pour transmettre, le capitaine Granger ne dispose que de pigeons voyageurs.

Durant la journée, la pression druze s'accentue. Un sous-officier et trois légionnaires sont tués en défendant la tour sud.

Le lendemain 22, le capitaine Granger tombe, frappé d'une balle en pleine tête. Le capitaine Cros-Mayrevieille, des spahis tunisiens, officier le plus ancien, le remplace.

Les Druzes font effort au sud. Ils veulent enlever la tour. Manifestement, les grenades ne leur manquent pas. Par contre, les légionnaires doivent ménager les leurs et veiller à n'utiliser les mousquetons 92 qu'à bon escient.

Le 23, vers dix heures, la tour sud finit par tomber. Tous ses défenseurs ont été neutralisés par l'avalanche des grenades adverses. L'adjudant-chef Gazeau, qui avait été blessé à Mousséifré, est tué.

La défense se regroupe dans la partie nord. Les chevaux, parqués dans la cour centrale, pris entre deux feux, sont les premières victimes des combats à courte distance. Avec rage, les légionnaires et spahis voient leurs fidèles coursiers sacrifiés.

Rachaya parviendra-t-elle à tenir ? Le commandant d'armes lance son dernier pigeon :

> « Très nombreux blessés graves légionnaires et spahis... J'estime les Druzes à un millier environ... Tout le monde fera son devoir jusqu'au bout... Les munitions s'épuisent. »

Dans l'après-midi, des avions viennent bombarder les assaillants. Leur intervention procure un léger répit, mais en fin de journée l'évidence est là : il n'y a plus de grenades. Les survivants se partagent les ultimes cartouches.

L'espoir du salut paraît ténu lorsque, vers vingt heures, une fusée verte strie l'horizon. Puis un poste optique annonce : 6e spahis. Quelques minutes plus tard, quatre obus de 75 s'abattent au nord du village. Les secours arrivent !

Au matin du 24, les défenseurs n'ont plus que 15 cartouches par homme alors que les Druzes tentent un dernier effort. Les légionnaires tirent à coup sûr. Rachaya ne tombera pas. Dans les lointains, les avant-gardes des spahis font leur apparition. A treize heures trente, leurs premiers éléments pénètrent dans la citadelle dont les Druzes ont déserté les abords. La défense de Rachaya a sauvé le Liban de l'invasion druze.

La garnison a eu 20 tués et 80 blessés. Le 4e escadron compte 12 morts et 34 blessés. Son fanion s'orne aujourd'hui d'une palme

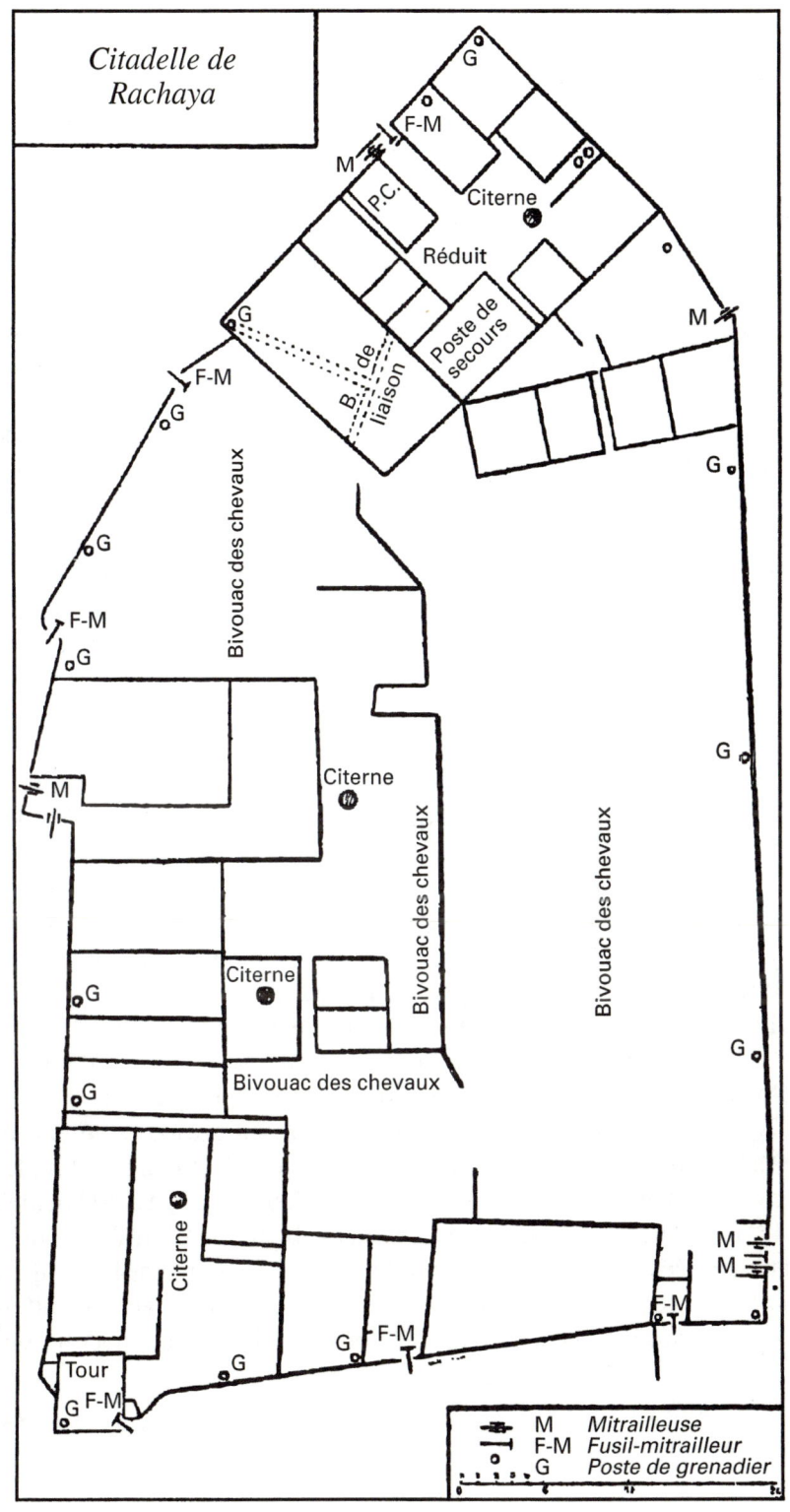

en souvenir de Rachaya ainsi que de la fourragère aux couleurs de la croix de guerre des TOE[1].

*

Si Souéida a pu être dégagée, l'abandon de la capitale du djebel Druze reste un camouflet pour les Français. Les Druzes sont maîtres chez eux et font fi de l'autorité du mandataire de la Société des Nations.

Au printemps de 1926, le dossier ressort dans un but bien précis : retourner à Souéida, y installer une base et à partir de là rayonner afin de déboucher sur une totale pacification du pays druze. La ville, bâtie au bord d'un plateau dominant la plaine d'une centaine de mètres, ne sera pas facile à enlever. Des escarpements rocheux, des murettes constituent d'excellents emplacements de tir pour les défenseurs.

Le commandant de l'opération Souéida prévoit deux colonnes. Une colonne légère appelée à manœuvrer par le sud, la seconde chargée de l'effort principal. Cette dernière avec chars, artillerie, plusieurs bataillons d'infanterie, le IV/1 REI, le 4e escadron du REC en font partie. Après regroupement à Ezraa, la date de l'attaque est fixée au 25 avril.

Les Druzes se font un point d'honneur à défendre leur capitale. Plus de 6 000 fusils sont embusqués sur les pentes parfois très raides qui y mènent. Quelques pièces de 65 et de 75, récupérées lors du désastre de la colonne Michaud en août 1925, entreront également en action. L'une de ces pièces, servie par un légionnaire déserteur, explosera au cours de l'action, tuant ses canonniers. Certainement une fausse manœuvre d'un personnel inexpérimenté.

La brume matinale est rapidement chassée par le chaud soleil du printemps syrien. Partie de son bivouac à cinq heures quarante, la colonne légère, comme prévu, se dirige sur Souéida par le sud. Attaquée de flanc vers sept heures, elle est mise en difficulté durant un certain temps avant de reprendre sa progression. A la même heure, les légionnaires abordent résolument les pentes du plateau, à 1 500 mètres à l'ouest de la ville. Appuyés par deux batteries d'artillerie, bien flanc-gardées par deux escadrons des spahis, ils donnent l'assaut au son du clairon. Escaladant rochers, murettes, escarpements, ils atteignent le haut du plateau et foncent en direction de la citadelle qui

---

1. S'y ajoutent le Mérite libanais, la médaille coloniale avec agrafes « Maroc », « Sahara », « Liban ».

coiffe la ville à l'est. Leur avance victorieuse, leur débordement par le nord menacent de verrouiller Souéida si la colonne légère les rejoint. Les Druzes s'en rendent compte. Redoutant d'être pris au piège et encerclés, ils abandonnent précipitamment leurs positions et s'enfuient vers la montagne.

A treize heures, les légionnaires font jonction à la citadelle avec la colonne légère tandis que d'autres éléments pénètrent dans Souéida. La capitale du Djebel druze est cette fois solidement aux mains des Français[1].

Souéida parfaitement tenue, le plan envisagé peut se dérouler. La pacification se prolongera durant l'année 1926. Les colonnes sillonnent le Djebel druze vers Chahba, Salkhad et les autres points principaux du pays. Presque toutes ont en leurs rangs une unité de Légion.

Progressivement, les ralliements se précisent et se multiplient. La paix enfin s'instaure en Syrie, confortée par des accords avec les Anglais pour fermer la frontière avec la Transjordanie. Faute de concours extérieurs, l'insurrection druze se meurt.

En 1927, le gros des légionnaires pourra repartir vers le Maroc, là où la lutte continue d'être chaude. La Légion, au pays des croisés de 1925 à 1927, y a laissé deux officiers, six sous-officiers et 37 légionnaires.

*

AU MAROC

Lyautey a gagné la « bataille du Maroc » et sauvé ce qu'il appelle le « Maroc utile ». Pour ce faire, il a été contraint de se résigner à des impasses. S'il a réussi à maintenir la paix française dans la plaine, le djebel lui échappe en grande partie. Hormis au sud, une bonne portion du Grand Atlas est tenue en main par les « grands caïds », conduits par El Hadj Thami el-Glaoui, pacha de Marrakech. Tous ces féodaux, sensibles au prestige d'Hubert Lyautey, lui sont fidèles.

La guerre en Europe terminée, le résident général ne peut envisager d'élargir tout de suite la pacification militaire. La France, qui panse ses plaies, n'a pas, on l'a vu, le cœur à lui expédier des renforts.

Accroché au « Maroc utile », Lyautey, dans les trois premières années de l'après-guerre, tempère donc ses ambitions. Des territoires toujours insoumis restent ainsi sous simple surveillance. Le patron du Maroc les regarde comme de « simples fronts passifs ». Par contre, il

---
1. Au prix de 84 tués, dont 9 officiers et 310 blessés.

veut s'ouvrir les voies et les cols menant à la Moulouya, au Tafilalet, au Dades. Là se situe le « front actif ».

Pour mener ses projets à bien, Lyautey sait ne pouvoir compter que sur les autochtones – goumiers, tirailleurs – et surtout sur la Légion. Sans le clamer, il est conscient de devoir ménager le sang national. Fin décembre 1920, il ne s'en cache pas et déclare au président du Conseil, Georges Leygues : « Depuis la reconstitution de la Légion étrangère, je n'emploie jamais à l'avant d'unités d'infanterie française... »

Propos qui ont le mérite de la franchise et répondent à l'attitude plus que fréquente du commandement dans les guerres dites coloniales.

Les effectifs de Légion présents au Maroc et en constant accroissement autorisent également Lyautey à tenir un tel langage : 3 630 hommes en juin 1912, 4 114 en 1915, 5 500 en août 1920. Et la courbe continuera de grimper.

Dans cette guerre au Maroc, des années 1920 et du début des années 1930, l'unité tactique de base, pour la Légion, s'affirme le bataillon (accessoirement la compagnie montée). L'émulation intervient assez vite entre les patrons et *ipso facto* entre leurs hommes. On parle du bataillon Maire, du bataillon de Corta, du bataillon de Tscharner, du bataillon Cazaban, du bataillon Nicolas... Tous les chefs de bataillon ont le verbe haut, le geste provocant, la discipline insolente. Personnages de panache, ils ne pèchent guère par le respect absolu des convenances et une stricte obéissance à leurs propres supérieurs. Peu importe ! Le commandement a besoin d'eux pour mener au feu des hommes qui suivraient avec moins d'ardeur des personnalités plus fades.

Lyautey a été formé à l'école de Gallieni. Il pratique la politique de la « tache d'huile » de l'ancien commandant du 2e territoire militaire au Tonkin. Un bataillon se voit confier un secteur. A charge à lui de bâtir un premier poste, puis un second, de rallier les dissidents et de se battre si besoin. Les légionnaires édifient des blockhaus, construisent des routes, des ponts. En 1920-1921, ce travail de pionniers n'est pas sans provoquer une certaine crise. La Légion est là pour se battre et non pour se consacrer intégralement à « casser des cailloux ». Les désertions connaissent une pointe aiguë : 385 durant les deux premiers mois de 1921.

Si la monotonie quotidienne du travail de la pierre explique bien des « coups de cafard », il est aussi d'autres raisons. Des éléments douteux se sont glissés dans le recrutement d'origine allemande. Des Hongrois, des Bulgares, en toute bonne foi, pensaient que leur engagement allait déboucher sur un autre avenir. Ils croyaient obtenir rapidement un contrat de travail dans le pays neuf que représente le Maroc français. Des Danois pensaient devenir douaniers ou gendarmes...

Certains de ces déserteurs rejoignent le bled es-Siba des insoumis. Leur destin y sera le plus souvent tragique.

Le commandant Maire, qui n'est pas l'homme des demi-mesures, trouve une formule sans appel pour enrayer le mouvement. Sur le front des troupes, il promet aux populations de son secteur : « Si vous me ramenez un déserteur, 20 francs pour vous ! Si vous me ramenez la tête, 100 francs ! »

Il y a eu beaucoup plus grave. Des militants rouges, Fischer, Gresser, Schultz, Lowalski, ont semé la subversion. Dans le nord, les déserteurs filent vers la zone espagnole afin de gagner Ceuta ou Melilla, les ports de la liberté. Dans le sud, les possibilités de fuite n'existent pas. Il n'existe que le passage à la dissidence ou la révolte.

A Aoufour, dans le Tafilalet, deux compagnies envisagent de rallier la dissidence [1]. Dans le Tadla, une tentative pour neutraliser le poste de Dechra el-Oued échoue de justesse. Dans un poste de la région de Bou Dnib, du matériel est saboté.

Peu à peu, la mauvaise passe s'estompe. De 1923 à 1925, on ne dénombre que 150 déserteurs sur le territoire marocain.

*

Au début de 1922, en vue d'établir une solide liaison entre Fez et la haute vallée de la Moulouya, est lancée une opération destinée à occuper Skoura (quatre-vingts kilomètres au sud-est de Fez). Les renseignements étaient optimistes. La désillusion est sévère. Les Berbères de l'endroit ne sont pas décidés à se soumettre et à laisser passer les Français. Les crêtes se couvrent de combattants en armes. Le 6 mai, le détachement français, insuffisamment étoffé, est forcé de faire demi-tour. Le bataillon Nicolas assure l'arrière-garde d'un difficile repli. Plusieurs fois submergés, les légionnaires ne se dégagent qu'à la baïonnette. Mais sur le plateau du Taddout, ils ont 17 tués et 18 disparus, dont les cadavres affreusement mutilés ne seront retrouvés que des semaines après.

La leçon porte. L'opération est reprise avec des moyens suffisants. Skoura est enfin occupée. L'insoumise « poche de Taza » (ainsi dénommée à cause de sa position au sud de Taza) se scinde désor-

---

1. Les dix meneurs arrêtés sont abattus par les goumiers « lors d'une tentative de fuite ».

mais en deux : djebel Tchkhout et djebel Bou Ibane. La partie future, en ce paysage de hautes montagnes, s'y annonce difficile.

*

L'insurrection rifaine qui éclate en avril 1925 impose auparavant de faire face à un danger autrement plus sérieux. Cette insurrection dans le nord du Maroc, Lyautey l'avait vue se profiler depuis les désastres subis par les Espagnols dans leur zone [1]. Pour contrer Abd el-Krim, le nouveau rogui, il avait fait édifier sur l'oued Ouergha (sensiblement ligne frontière entre Maroc français et espagnol) une série de postes. En outre, il avait réclamé des renforts que Paris ne s'était pas montré enclin à lui accorder.

Le 12 avril 1925, les mehallas d'Abd el-Krim déferlent en vagues contre le dispositif français. Sur toute la longueur du front rifain, la période héroïque de la guerre du Rif commence. Elle durera le printemps et l'été, avant que l'arrivée de puissants renforts de métropole ne fasse pencher la balance.

Abd el-Krim dispose d'au moins 20 000 combattants bien armés. Sous la marée, de petits postes de l'Ouergha tombent. A Beni Derkoul, le 14 juin, le sous-lieutenant Pol Lapeyre, se voyant submergé, se fait sauter. Fez, Taza paraissent menacées.

Les 1er, 2e, 6e, 7e bataillons du 1er REI ont été lancés dans la bataille. Dans un méandre de l'Ouergha, le petit poste de Mediouna, tenu par des tirailleurs sénégalais, est encerclé depuis un mois. Le bataillon Cazaban (VI/1 REI) fait effort pour le dégager, mais le rideau rifain est étanche.

Faute de parvenir à passer en force, le commandant Cazaban monte un coup de main. Il demande 32 volontaires pour s'infiltrer de nuit à travers les lignes rifaines, gagner Mediouna et ramener la garnison. Les volontaires sont nombreux. Tout le bataillon lève la main. Cazaban doit désigner lui-même les partants que plus d'un rejoint discrètement. Ces braves, sous les ordres du lieutenant Guyon, parviennent à atteindre Mediouna mais sur le chemin du retour, isolés dans la vallée, ils succombent dans l'obscurité sans pouvoir être efficacement secourus. De ce « commando » ne rentrent que trois rescapés. Quatre officiers, 60 légionnaires ont été tués (ils n'auraient dû partir qu'à 32 avec deux officiers...).

---

1. Le 20 juillet 1921, les Espagnols ont subi à Anoual un véritable désastre : 15 000 tués ou prisonniers. Ils ont laissé aux mains des Rifains 129 canons, 400 mitrailleuses, 20 000 fusils.

Durant des semaines, les Français vivent des heures tragiques. On craint le pire devant Taza sauvée par la détermination de Lyautey de ne pas abandonner la ville. A la Légion, le commandant Deslades, patron du II/1 REI, est tué le 18 juillet au combat de Teroual. Paris enfin réagit pour faire barrage aux milliers de combattants qu'Abd el-Krim, après ses premiers succès, a réussi à mobiliser. 100 000 hommes arrivent de métropole. Les Français seront 150 000 à l'entrée de l'hiver.

Le Rif, obligatoirement, pour la Légion, conduit à citer le nom de Joseph Klems, légionnaire déserteur d'origine allemande passé à l'ennemi. L'homme a du métier, du courage. Il devient le conseiller militaire d'Abd el-Krim avant d'être finalement capturé en 1926. Condamné à mort pour trahison, il sera gracié sur intervention du gouvernement allemand.

Cette trame certaine se pare d'une légende douteuse. Klems, grâce à son intelligence et à sa technicité, a-t-il vraiment été le grand maître de l'artillerie d'Abd el-Krim, utilisant habilement les pièces saisies aux Espagnols ? Ce n'est pas impossible. Son surnom El Hedj-Aliman (le chef allemand) atteste un rang dans la hiérarchie. A-t-il été trahi pour de l'argent par une maîtresse indigène ? Là encore, tout est possible.

*

Lyautey ne voit pas la victoire. Pétain lui souffle le commandement militaire et précipite sa retraite (le maréchal résident démissionne le 24 septembre 1925).

Avec la saison des pluies, les opérations marquent un temps d'arrêt. En février 1926, les commandements français et espagnol se mettent d'accord pour coordonner leurs actions contre Abd el-Krim, réduit désormais à la défensive.

Le 11, les légionnaires des 1er et 3e bataillons du 2e REI se couvrent de gloire en s'emparant dans un premier temps du djebel Izkkritten, puis jusqu'au 18 ils résistent à toutes les contre-attaques, au prix de 28 tués et 51 blessés. Leur attitude vaut à chaque bataillon une citation à l'ordre de l'armée.

La suite s'enclenche très vite. Le 25 mai, Abd el-Krim s'avoue vaincu et effectue sa reddition au colonel Corap. Le danger rifain est écarté.

*

Les troupes rendues disponibles au nord peuvent se retourner contre les deux poches résiduelles au sud de Taza : djebels Tachkount et Bou Ibane. Les crêtes de ce Moyen-Atlas accrochent les 3 000 mètres. Les combats, au-dessus des sous-bois de cèdres séculaires, se déroulent sur des sommets dénudés semés d'éboulis rocheux. Les Marocains, à la vue perçante, y ajustent les arrivants à longue distance. Il appartient aux 1er, 3e bataillons et à la compagnie montée du 3e REI d'enlever le Tachkount.

La tache de Taza réduite, la pacification glisse vers la partie méridionale du Moyen-Atlas et les approches du Tafilalet. Il serait long et fastidieux d'énumérer et de relater tous les combats menés alors par des unités de Légion. L'histoire parallèle ne saurait oublier qu'à cette époque les 40 sapeurs pionniers de l'adjudant Michez creusent le fameux tunnel du légionnaire, sur la route entre Midelt et Ksar-es-Souk (Er-Rachidia). Le premier coup de pioche est donné le 24 juillet 1927. Le dernier le sera le 6 mars 1928, marquant la fin d'un ouvrage de 60 mètres de long, 8 de large, 3 de haut. On sait qu'à l'entrée pouvait se lire l'inscription : « L'énergie de leurs muscles et une farouche volonté furent leurs moyens [1]. »

*

Au printemps 1929, leur avance a conduit les Français dans les hautes vallées à la corne nord-est du Haut-Atlas. En pleine montagne, au cœur du pays chleuh, deux postes ont été édifiés côte à côte à Aït-Yacoub (70 kilomètres de Ksar-es-Souk).

Le 38e goum occupe la kasbah. La 6e compagnie du 3e REI s'est installée dans un bordj en construction sur une éminence surplombant légèrement la vallée de l'oued Tazarine avec le village d'Aït-Yacoub et la kasbah tenue par les goumiers. Plein nord, se dressent les crêtes, neigeuses par endroits, du djebel Ayachi (3 737 mètres).

Le 8 juin, la ligne téléphonique joignant Aït-Yacoub à El-Bordj est coupée dans la nuit. Pour y remédier, des télégraphistes sont dépêchés avec une petite escorte. Le détachement tombe dans une embuscade. Des goumiers, la section de Légion du lieutenant Lemarchand, partent pour le dégager. Soudain, de tous côtés, des centaines de Chleuhs fondent sur les légionnaires et les goumiers. La section Lemarchand est décimée. Ne rentrent que quelques goumiers.

Dans la journée du lendemain, tous les sommets environnant Aït-

---

1. Par la suite, le 4e REI forcera la route en lacets vertigineux du col de Tizi N'Tichka (2 260 mètres) menant de Marrakech à Ouarzazate.

Yacoub sont occupés par des insurgés. A partir de dix-sept heures, la fusillade générale se déclenche. Vers trois heures du matin, un assaut est lancé contre le bordj de la 6ᵉ compagnie. Il est repoussé à la grenade.

Le siège commence. Le problème majeur est d'abord celui du ravitaillement en eau. A contre-pente, face à l'est, les légionnaires creusent un défilement leur permettant d'atteindre une seguia. Les corvées d'eau s'effectuent au pas de gymnastique.

Les jours s'écoulent, sensiblement identiques. Les Aït-Haddidou et les Aït-Yahia qui mènent l'attaque contre Aït-Yacoub s'élèveraient à environ 2 500. Pensant épuiser les défenseurs, légionnaires et goumiers, ils tiraillent sans relâche, occasionnant des blessés. Le canon du poste réplique en arrosant les groupes repérés.

Le 13 juin, un avion prenant des risques fous et volant à 30 mètres largue des cartouches, des pansements, du courrier. Son apparition conforte les défenseurs. Ils ne sont pas oubliés.

Le 18 juin, l'attaque est pratiquement continue durant toute la nuit. Des groupes ennemis parviennent à s'infiltrer à quelques mètres, faisant preuve d'une belle audace. Faute de grenades, ils accompagnent leur fusillade de jets de pierres.

Vers sept heures, les avant-gardes du groupe mobile de secours se distinguent à six kilomètres alors que les goumiers livrent un combat désespéré dans les maisons du village. A huit heures, la liaison par héliographe est assurée. Le lieutenant Labrouche qui commande le poste fait passer : « Tout va bien, mais pressez. » A onze heures, en effet, il ne disposera plus que de 300 cartouches. A treize heures quarante-cinq, la colonne amie débouche à 1 000 mètres.

Les légionnaires en tête de ce groupe mobile du général Nieger ont réussi à forcer le passage pour secourir leurs camarades. Les Chleuhs s'enfuient, emportant leurs blessés. Le siège d'Aït-Yacoub a duré dix jours. Le 38ᵉ goum, sur un effectif global de 117, a perdu un officier, deux sous-officiers et 49 goumiers. La 6ᵉ compagnie du 3ᵉ REI a eu surtout les pertes de la section Lemarchand et de nombreux blessés [1].

*

Dans la routine de la vie de poste avec ses gardes, ses patrouilles, ses embuscades, ses convois de ravitaillement, ses contacts avec les

---
1. La compagnie Moras, au poste voisin d'El-Bordj, a connu également un siège difficile.

populations interviennent des coups de main. A cette date, on ne les dénomme pas encore des « commandos ».

A la fin d'août 1930, remonte un renseignement présenté comme d'excellente valeur. Un fort campement de la dissidence serait installé dans l'oued Gheris, près de Tadighourt, à environ 60 kilomètres à l'ouest de Ksar-es-Souk. Une opération surprise est aussitôt décidée, mettant en œuvre le 33e goum, le maghzen de Ksar-es-Souk (soit une centaine de partisans) et la compagnie montée du 2e REI (capitaine Fauré).

Le 30 août à la nuit tombée, le détachement quitte discrètement Tarda[1]. Le bivouac rebelle est signalé à 35 kilomètres au nord-est.

Aux premières lueurs de l'aube, la surprise paie. Le campement adverse est ravagé, mais la réaction se révèle brutale. De forts contingents d'Aït-Moghrad surgissent de partout. Leur chef, le lieutenant Chavin, tué, les moghaznis fuient en désordre. Goumiers et légionnaires portent dès lors seuls le poids d'un combat de plus en plus dur. Près de 300 fusils contre environ 1 500. L'intervention de l'aviation permet de se dégager mais dans le repli sur Tarda les morts doivent être abandonnés sur le terrain. Priorité aux vivants et aux blessés. De cette retraite sanglante, le médecin capitaine Vial écrit :

> « Mais le grand espoir repose sur les légionnaires du capitaine Fauré qui retiennent l'avalanche et décrochent par échelons successifs ; tous, officiers et soldats, furent d'une bravoure exceptionnelle ; tous, et surtout le fougueux lieutenant Brencklé[2] qui, blessé à l'épaule, charge à plusieurs reprise à la baïonnette et reprend de ses propres mains une mitrailleuse de sa section. Quarante cadavres jonchent la piste qui ne pourront être relevés que douze jours plus tard[3]. »

Quatre fois citée à l'ordre en 1914-1918, arborant à son fanion le mérite militaire chérifien, la compagnie montée du 2e REI sera à la suite de ce combat citée à l'ordre de l'armée.

> « Superbe unité de Légion qui, le 31 août 1930, au combat de Bou Laggou, s'est engagée avec une audace et un entrain remarquables pour secourir les éléments des troupes supplétives accrochées par un ennemi supérieur en nombre. Sous l'impul-

---
1. La petite palmeraie de Tarda, tenue par les Français, se situe à 25 kilomètres au sud-est de Ksar-es-Souk.
2. Le lieutenant Brencklé sera tué au Bou Gafer aux côtés de Bournazel, en février 1933. Voir plus bas.
3. *Le Maroc héroïque*, OC, p. 224.

sion énergique de ses officiers, le capitaine Fauré, les lieutenants Garnier et Brencklé, celui-ci blessé au cours de l'action, a soutenu pendant trois heures un dur combat contre un ennemi mordant et cherchant constamment le corps à corps. Grâce à des actes de bravoure répétés, a réussi à s'imposer à l'ennemi, à arrêter son mouvement et à assurer jusqu'au bout le repli des forces supplétives qu'elle avait mission de protéger. »

Signé : Maginot.

En novembre 1930, le président de la République décore personnellement à Fez de la croix de guerre des TOE le fanion de la compagnie.

*

Cette opération, mi-succès, mi-échec, est un avertissement supplémentaire. La vaste palmeraie du Tafilalet, l'Anti-Atlas oriental, toute la zone frontière mal définie entre Algérie et Maroc ne supportent pas la politique des petits paquets. Dans cette zone sensible, afin de coordonner l'action, est créée la région dite des confins algéro-marocains confiée à un soldat dont le courage n'est plus à démontrer : le colonel, bientôt général, Giraud. Sans tergiverser, Giraud va se lancer dans la soumission du Tafilalet.

La Légion participe encore à ce rendez-vous, engageant ses unités d'infanterie mais aussi ses cavaliers. Depuis 1929, le 1er REC entretient deux escadrons motorisés (5e et 6e) au Maroc. Avec leurs automitrailleuses, ces légionnaires cavaliers disposent d'une redoutable puissance de feu. Leurs canons de 37 mm sont à même de forcer les murs en pisé des kasbahs fortifiées. L'année 1931 est consacrée aux longs travaux de reconnaissance et d'approche. Les accrochages sont fréquents. Le 20 novembre, la compagnie Fauré est dégagée à temps par les automitrailleuses, débouchant à 40 kilomètres à l'heure en crachant la mitraille.

Au début de 1932, le cœur de la palmeraie reste à réduire. Belgacem N'Gadi y anime la résistance d'une poigne sans complaisance.

Le 17 janvier, la compagnie motorisée du 1er REI assure l'avant-garde d'un convoi se portant sur la palmeraie de Mecisi. Deux pelotons, l'un sur véhicules légers Berliet avec mitrailleuses, l'autre sur véhicules White avec canons, se tiennent prêts à l'appuyer. Vers neuf heures, les éléments de tête arrivent en vue du ksar et de la palmeraie. A 1 500 mètres, les guerriers de N'Gadi saluent leur apparition par un tir nourri. Sautant de leurs camions Panhard, les légionnaires se précipitent à l'ennemi tandis que les 37 ajustent les points de résistance. A 400 mètres de la lisière de la palmeraie, des bancs de sable entravent l'avance. Les véhicules s'enlisent. Ils doivent être dégagés en rampant sous le feu. Le lieutenant Agostini a relaté la suite :

> « Tourné par le peloton Berliet, canonné par le peloton White, pris à la gorge par les fantassins du peloton porté, le ksar se défend toujours. Mitrailleuses et canons de 37 criblent de leurs projectiles le sommet des remparts et les petites fenêtres d'où jaillissent sans arrêt les lueurs des coups de fusil. Traversant au pas de charge les derniers mètres qui les séparent de l'ennemi, les légionnaires se précipitent alors vers la porte du ksar, l'enfoncent, et pénètrent dans la kasbah, dont les défenseurs se rendent après une courte mais violente lutte... La victoire a été possible sans grosses pertes, grâce à la coopération intime des légionnaires à pied et des légionnaires blindés.
> « Et le soir, au bivouac, la boîte de singe fut rarement trouvée aussi bonne [1]... »

Belgacem N'Gadi est en fuite. La prise de Mecisi a un effet irrémédiable. Le Tafilalet se soumet. A Rissani, le capitaine de Bournazel, nommé chef du Bureau arabe, se plaît à se présenter en « gouverneur du Tafilalet ». Ce Tafilalet qui est le berceau de la dynastie alaouite régnante et que la présence française remet sous la tutelle du sultan.

Le Tafilalet pacifié, les généraux Catroux et Giraud, commandant les groupes mobiles de Marrakech et des confins algéro-marocains, s'en prennent aux ultimes résistances du Haut-Atlas. La partie est rarement facile. La compagnie Lehur du 4e REI n'est sauvée de l'anéantissement que par l'arrivée des bataillons amis.

En 1933 demeure essentiellement un point chaud : le djebel Sagho, bastion oriental de l'Anti-Atlas, en bordure de l'univers saharien. Ce massif de 200 kilomètres sur 60 est une région tourmentée et aride, enchevêtrement de crêtes rocheuses dépassant les 2 000 mètres avec des à-pics vertigineux et des gorges étroites. Dans ce cadre chaotique, pauvre en points d'eau, se sont réfugiés plusieurs milliers de montagnards. Ces Aït-Atta, Aït-Hammou, Aït-Motghad, menés par Asso ou Baselham, qui s'imposera comme le héros et le chef de la résistance, refusent toute ingérence extérieure.

Le gros des forces du Sud marocain est là : tirailleurs, goumiers, légionnaires. Catroux attaque de l'ouest, Giraud de l'est.

Très vite la défense des Aït-Atta et de leurs compagnons se localise sur le Bou Gafer, « haut plateau orienté est-ouest, à pente légèrement

---

1. Ouvrage cité, p. 240.

descendante vers l'est, qui forme une espère d'oppidum de 3 000 mètres de long environ sur quelques centaines de mètres de large. Les murs de l'oppidum sont constitués, au sud par des pentes rocheuses descendant à pic d'abord, au nord par des falaises fortement entaillées dans tous les sens[1] ». La crête du Bou Gafer n'est qu'une série de pitons rocheux numérotés par les Français P1, P2, P4. L'un d'eux, P1, est même surnommé la Chapelle, suite à sa forme caractéristique.

Le capitaine de Bournazel, « Bou h'amra vesta » (l'homme à la tunique rouge), le héros du Rif et de tant de combats, se voit confier la mission de conclure.

Le 13 février, avec ses goumiers Branes levés en limite du pays rifain, il quitte Alnif dans la vallée. Dès le milieu de l'après-midi, le contact est pris. A la droite de Bournazel, la Légion montre son héroïsme habituel. Un convoi égaré est assailli par les dissidents. Les conducteurs s'enfuient, les légionnaires d'escorte sont tués sur place.

Bournazel tire la conclusion de cette première rencontre avec ses futurs adversaires : « Ils en veulent. Ce sera intéressant ! »

« L'intéressant » éclate dès le lendemain à l'aube. Chaque point haut a été transformé en château fort. Chaque conquête est une mêlée sanglante.

Le 24 février, goumiers et légionnaires coiffent P1, P2 et P3.

— Sur P1 (« la Chapelle »), la compagnie montée du 3e REI (capitaine Faucheux) avec un peloton de la compagnie montée du 2e REI (lieutenant Brencklé) plus des éléments de PC ;

— Sur P2, Bournazel avec trois goums ;

— Sur P3, un peloton et un groupe de mitrailleuses de la compagnie montée du 3e REI.

Durant quatre jours, les adversaires s'observent et se fusillent. Il n'est pas bon d'élever trop la tête au-dessus des murettes. Un képi dressé, une balle claque.

Dans cette rocaille, 75, 105 et aviation ne produisent pas grand effet. L'attaque finale, fixée au 28, doit être menée par deux détachements marchant l'un derrière l'autre :

— Bournazel, en tête, avec deux goums et en renfort le peloton Brencklé suivi de la compagnie Faucheux.

— Fauré, avec deux goums, un peloton du 1er REI, et derrière la compagnie montée du 2e REI (lieutenant Garnier).

En principe, Bournazel enlève ses objectifs P6, P8 et P10, après quoi Fauré le dépasse pour atteindre P16, P17 et P19. En principe ! Le terrain, la vigueur de la résistance en décideront autrement.

---

1. Général Huré, commandant en chef des troupes du Maroc.

Devant P6, sur la base de départ, goumiers et légionnaires sont protégés par leurs murettes et le renflement naturel du terrain. Après quoi la pente s'élève en glacis jusqu'au sommet, bloc de rochers coupés de cheminées. A mi-parcours, ce glacis s'étrangle, formant un point de passage obligé. Sur la gauche de cet étroit passage, une petite paroi rocheuse offre un abri des coups directs.

A sept heures, au sifflet et au commandement « En avant », le détachement Bournazel s'élance. La pente est raide. Les impacts piquettent le sol. Des hommes tombent. Bournazel est blessé une première fois, mais à force de volonté continue. Il parvient à franchir l'étranglement mais s'affaisse, touché une seconde fois. Leur chef à terre, les goumiers fléchissent et refluent. Les légionnaires se retrouvent seuls en tête. A sept heures quarante-cinq, le capitaine Faucheux, le lieutenant Brencklé sont tués. Décimés, les légionnaires se replient légèrement pour faire face et constituent un point d'arrêt derrière la petite paroi rocheuse de mi-parcours. Sous le feu, le légionnaire Vurusic[1] parvient à ramener le capitaine de Bournazel.

De son côté, le capitaine Fauré tente la manœuvre prévue. Ses pertes lui imposent de stopper et de s'organiser défensivement. Cette position avancée est renforcée par la compagnie motorisée du 1er REI, arrivée à la rescousse.

Bournazel a été conduit légèrement en arrière par deux légionnaires. Le médecin capitaine Vial ne peut plus rien pour lui. Adieu l'homme rouge ! Ce jour-là, sur ordre formel de Giraud, il portait une gandoura grise sur sa veste rouge.

64 tués, dont 4 officiers, 115 blessés. Il n'est plus possible de poursuivre ainsi. Le général Giraud conclut dans son rapport d'opérations :

> « Malgré les prodiges d'héroïsme déployés par la Légion, l'attaque a échoué. Les supplétifs n'ont pas tenu, insuffisamment encadrés à la suite de pertes subies au cours de combats précédents. »

Soucieux de ménager les vies humaines, le général Huré, commandant supérieur des troupes, devant cette intransigeante résistance, décide de se contenter d'investir la place. Le blocus du Bou Gafer se prolongera un mois, coupé de combats et d'ébauches de conversations. Le 25 mars, Asso ou Baselham et ses derniers fidèles mettent bas les armes. L'aman consenti est généreux. Le Sagho connaît enfin la paix.

Sur le Bou Gafer et le fameux piton 6, où les Français peuvent maintenant mettre le pied, seront découverts des cadavres de légionnaires

---

1. Pour son courage et son dévouement, Vurusic sera cité à l'ordre de l'armée.

qui, dans l'élan du 28 février, avaient poursuivi. Ils avaient fini par tomber au milieu des positions ennemies.

De ces combats du Bou Gafer, le médecin capitaine Vial qui en fut un acteur et un témoin écrira :

> « Il faudrait sur le piton Bournazel élever un monument à la Légion, à ces Régiments étrangers qui, commandés par des Français d'élite, sont les premiers soldats du monde... »

*

Avant même la reddition d'Asso ou Baselham, les légionnaires – compagnies montées des 1er, 2e, 3e REI, peloton motorisé du VI/1 REC, batterie d'artillerie du 4e REI – ont quitté le Sagho. L'heure n'étant plus au baroud mais aux palabres, ils ont été envoyés pour participer aux ultimes opérations de l'Atlas central. Au printemps puis durant l'été, dans les hautes vallées du Dades, du Todra et sur le plateau des lacs, ils achèveront la pacification du château d'eau du Maroc.

1934 les verra dans l'anti-Atlas occidental au sud d'Agadir[1]. Action menée cette fois par quatre escadrons du 1er REC, deux compagnies motorisées du 1er REI, deux compagnies de sapeurs pionniers des 2e et 4e REI, la compagnie montée du 4e REI, les batteries portées des 2e et 4e REI. Bref, un éventail représentatif de la Légion au Maroc, alors que les autres unités sont éparpillées dans les divers postes et garnisons marocains. Il n'est guère de coin perdu où ne se profile un képi de légionnaire.

Avec 1934, la guerre au Maroc arrive à son terme. De 1920 à 1935, elle a coûté à la Légion 74 officiers, 158 sous-officiers, 1 264 légionnaires, soit pratiquement la moitié du terrible holocauste de 1914-1918. C'est dire le prix de ces « barouds » aujourd'hui largement oubliés et méconnus. Le VI/1 REI, le III/2 REI y ont gagné la fourragère des TOE. Plusieurs bataillons et compagnies ont accroché une palme à leur fanion. Dans le bled ou le djebel marocain, la Légion s'est montrée égale à elle-même.

---

[1]. C'est à la Légion qu'il appartient de créer le poste de Foum el-Hassan, en bordure du Draa, à 170 kilomètres au sud-est d'Agadir.

Chapitre XIII

LE PASSÉ ET L'AVENIR

L'entre-deux-guerres, pour la Légion, du moins de 1920 à 1935, est évidemment dominé par les combats qu'elle mène au Levant et au Maroc. Toutes ses préoccupations, tous ses efforts s'axent sur les besoins des unités appelées à participer à la lutte. Toutefois, en ces deux décennies de fausse paix, interviennent parallèlement un certain nombre d'événements. Certains marquent l'existence du moment. D'autres correspondent aux évolutions en cours.

*

TENUES ET ARMEMENT

1914-1918 a introduit des changements importants dans la tenue du légionnaire qui en Europe s'est calquée sur celle du poilu français. Par contre, son armement n'a guère évolué. Les armes de base restent le fusil Lebel, et surtout le mousqueton modèle 1892 avec sabre baïonnette. Plus court, ce mousqueton est plus facile à porter en bandoulière pour les hommes des compagnies montées et les cavaliers du REC.

A la fin des années 1920, entre en service une arme robuste appelée à un bel avenir : le fusil mitrailleur 24-29 [1]. Cet engin, autrement plus maniable que la trop lourde mitrailleuse Hotchkiss et à la mise en batterie immédiate, apporte la mobilité d'appui de feu indispensable aux voltigeurs.

Pour la tenue en Afrique, le commandement finit par comprendre que, suivant la formule de Lyautey, le « Maghreb est un pays froid où le soleil est chaud ». Vêtements chauds et légers alternent. L'été, vareuse et pantalon culotte en toile kaki. L'hiver, tenue de drap kaki « moutarde » héritée de 1914-1918.

Les cavaliers ont droit à la gandourah de toile kaki [2]. Le cheich se veut un complément aussi décoratif qu'utile. Le képi à coiffe blanche ou recouvert d'un étui kaki en campagne s'impose de plus en plus [3].

Faut-il rappeler que le troupier français de 1939, dont le légionnaire, se chausse de brodequins à clous. Ce type de godillots manque totalement de discrétion. Les semelles raclent bruyamment le sol, surtout la nuit. Le restant de l'équipement garde son petit côté vieillot : bidon de deux litres modèle 1877, qui présente l'avantage de sa contenance et permet de boire à la régalade ; étui musette modèle 1892 ; buffleterie de cuir (le fameux « brelage ») type 1903 ou 1892. Mais en ce domaine, il s'agit de ne pas contrarier les professionnels de la maroquinerie. Les politiques y veillent.

L'exemple américain sera nécessaire pour introduire un équipement de toile, autrement mieux adapté.

En tenue de sortie ou pour les cérémonies apparaissent ceinture bleue, épaulette verte et rouge, décorations et fourragère le cas échéant. L'ensemble ne serait pas complet sans les célèbres bandes molletières, attribut aussi caractéristique qu'ingrat à utiliser du soldat français.

*

LA CRÉATION DU 5ᵉ REI

Au début des années 1920, deux bataillons formant corps, les 4ᵉ bataillons des 1ᵉʳ et 2ᵉ REI, stationnent au Tonkin. Durant le premier trimestre 1927, un autre bataillon vient les renforcer. Si les pirates se

---

1. Poids : 9 kilos ; cartouche de 7,5 mm ; chargeurs de 25 (pratiquement de 22).
2. Les escadrons motorisés à partir de 1929 endossent la veste de cuir et le casque modèle 1926, casque type Adrian avec bourrelet sur le devant. Un nouveau casque propre aux unités de cavalerie apparaîtra en 1935.
3. Le bonnet de police de 1914-1918 reste encore largement employé.

font oublier, les nationalistes indochinois s'agitent. Une insurrection à Yen Bay en février 1930 puis au nord Annam nécessite l'intervention des unités blanches.

Ces opérations font ressortir la nécessité d'un commandement centralisé. En juillet 1930 est donc décidé le principe de la création d'un REI d'Indochine. Avec les trois bataillons déjà en place, auxquels s'adjoint un quatrième bataillon quittant l'Algérie le 18 juillet 1930, est constitué le 1er septembre le 5e REI [1]. Celui-ci sera par excellence le régiment du Tonkin, PC à Vietri.

Servir au 5e REI sera toujours, avant 1939, regardé comme une récompense par les légionnaires et les cadres.

*

LE CENTENAIRE DE LA LÉGION ÉTRANGÈRE

En 1925, Rollet est enfin nommé colonel, après dix années de grade de lieutenant-colonel. Sa personnalité accusée, ses frasques, ses humeurs n'ont pu toujours compenser ses éloquents titres de guerre [2]. Avec ses cinq galons pleins, l'ancien chef du RMLE, devenu celui du 3e REI, prend le 9 septembre 1925 à Sidi-Bel-Abbès le commandement du 1er RE. Rollet, intronisé à la maison mère, a tout naturellement tendance à se regarder comme le grand patron de la Légion et à se comporter comme tel. D'où ses initiatives.

Même si on continue de se battre dans le djebel marocain, même si des troubles nationalistes secouent par intermittence l'Indochine, le colonialisme vit son âge d'or. La France commémore avec éclat le centenaire de l'Algérie (1930) et organise avec autant de relief l'Exposition coloniale (1931). Est-ce cette commémoration du centenaire de l'Algérie française qui incite Rollet à vouloir marquer un autre centenaire ? En l'occurrence, celui de la création de la Légion étrangère en 1831.

Le projet, soulevé dès 1927, donne naissance à un comité présidé par le lieutenant-colonel Forrey, doyen des officiers de Légion, afin de rassembler les fonds nécessaires aux festivités et à l'édification du monument aux morts de la Légion.

Ce monument en onyx [3], de grande taille (neuf mètres sur six), est

---

[1]. Soit donc avec les 1er, 4e, 7e, 9e bataillons du 1er REI.
[2]. Il n'a il est vrai que cinquante ans, ce qui est jeune pour un colonel à cette époque. Juin et de Gaulle passent colonel à quarante-sept ans et font figure d'exception.
[3]. L'onyx a été tiré des carrières de Sidi-Hamra, à 70 kilomètres de Sidi-Bel-Abbès.

réalisé par les légionnaires et édifié au cœur du quartier Viénot à Sidi-Bel-Abbès. Il supporte un globe terrestre, œuvre du sculpteur Charles Pourquet, sur lequel se détachent en or les parties du monde où combattit la Légion. Une étoile indique l'emplacement de Camerone au Mexique. Aux quatre angles du monument, quatre combattants en armes évoquent les grandes époques de la vie de la Légion étrangère :
– La conquête de l'Algérie,
– Les campagnes du Second Empire,
– Les campagnes du Tonkin,
– La guerre de 1914-1918.

On peut lire sur la face avant du monument : « La Légion à ses morts », et sur la face arrière : « Honneur et Fidélité. »

Louis-Philippe avait instauré la Légion étrangère le 9 mars 1831. La commémoration précise devrait donc se situer le 9 mars 1931. Mais l'anniversaire de Camerone possède une autre valeur. L'inauguration officielle du monument intervient le 30 avril 1931, en présence du maréchal Franchet d'Esperey, du gouverneur général de l'Algérie, du prince Louis II de Monaco et de nombreux officiers français et étrangers. Rollet, au premier rang, arbore ses récentes étoiles de général.

*

L'INSPECTION DE LA LÉGION ÉTRANGÈRE ET LE DCRE

Nommé général de brigade à date du 23 mars 1931, Rollet devient le 1er avril suivant inspecteur de la Légion étrangère, fonction nouvellement créée.

L'idée était dans l'air depuis plusieurs années, soigneusement entretenue par l'intéressé lui-même. Elle apporte au général inspecteur une fonction à sa mesure et répond à une réelle nécessité :

> « Chef renseigné et responsable de la Légion étrangère, l'inspecteur est le gardien de ses traditions et l'interprète autorisé de ses aspirations et de ses besoins. »

Dans la pratique, Rollet qui a passé le commandement du 1er REI au colonel Nicolas, l'un des « Mousquetaires » de la Légion[1], est loin de se présenter en véritable inspecteur d'armes, comme c'est par exemple le cas pour les troupes coloniales. Il chasse sur trop de terres jalousement gardées, à commencer par celles du 1er REC et du

---

1. Avec Rollet, Maire et Tscharner.

2ᵉ REI. Rollet n'aura guère pour lui que son prestige personnel de « Père de la Légion ».

La création du DCRE (Dépôt commun des Régiments étrangers) le 1ᵉʳ octobre 1933, afin d'unifier la formation de base de tous les légionnaires, fantassins ou cavaliers, et leur ventilation dans les unités, se heurte aux mêmes réserves.

L'inspection de la Légion disparaîtra en janvier 1934, peu avant le départ à la retraite de Rollet. Le DCRE ne sera une formule véritablement appliquée qu'après 1945. Mais ces précédents ont semé. Ils ressurgiront. L'inspection revivra en 1948 avant son remplacement par le COMLE (Commandement de la Légion étrangère) en 1984. Le DCRE trouvera application au 1ᵉʳ RE, devenu aussi bien à Sidi-Bel-Abbès qu'à Aubagne le grand point d'arrivée et de départ d'une vie de légionnaire.

*

LA CATASTROPHE DE TURENNE

Les cérémonies du centenaire se sont depuis longtemps estompées lorsqu'un terrible accident ferroviaire endeuille l'ensemble de la Légion. Le 14 septembre 1932, un détachement de 27 officiers et 479 sous-officiers et légionnaires quitte Sidi-Bel-Abbès par train spécial, en direction d'Oujda. Il s'agit de renforts destinés aux trois régiments du Maroc.

Après Tlemcen, un peu avant d'arriver à la petite gare de Turenne [1], à quatorze heures cinquante-trois très exactement, le train déraille. Plusieurs wagons sont précipités dans un ravin. Cet accident aux causes multiples (état de la voie notamment) provoque la mort de 5 cheminots et de 57 légionnaires. 217 légionnaires sont blessés.

Cette catastrophe de Turenne est douloureusement ressentie. Rollet ne se prive pas pour exiger de déterminer les responsabilités. Ses rapports avec le gouvernement général de l'Algérie se tendent mais il a l'habitude de telles situations.

*

LA CRÉATION DU 2ᵉ REC

Les légionnaires cavaliers du 1ᵉʳ REC ont prouvé leurs qualités et démontré que des unités de Légion de cavalerie se justifiaient pleinement.

---

1. Aujourd'hui Sabra.

Le général Joseph Bernelle (1785-1871)

Le 24 juin 1857, le 2ᵉ bataillon du 2ᵉ Régiment étranger monte à l'attaque des retranchements d'Ischeriden

Le capitaine Danjou, tué à Camerone le 30 avril 1863

Le colonel Maire (1876-1948)

Le lieutenant-colonel Rollet, commandant le régiment de marche de la Légion à partir de 1917, et sa garde

Le quartier Viénot à Sidi-Bel-Abbès

Le président Poincaré décore le drapeau du 2e régiment de marche du 1er Etranger, le 13 septembre 1915

Maroc 1927 : les sapeurs du fameux tunnel du légionnaire

La vieille Légion dans les années trente

Maroc, février 1933. Mitrailleurs de la Légion en action durant les combats de Bou Gafer, où Bournazel trouva la mort

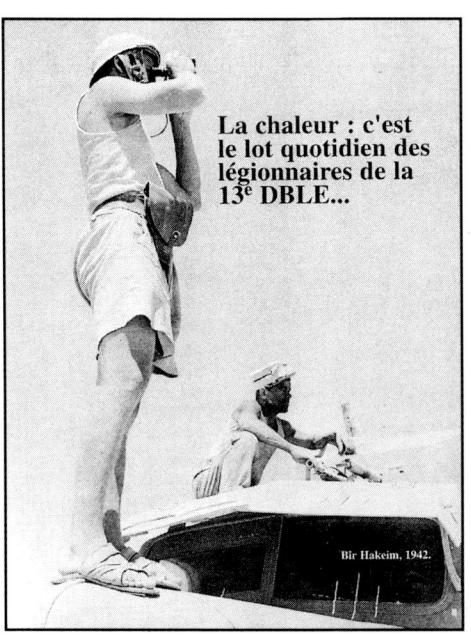

La chaleur : c'est le lot quotidien des légionnaires de la 13ᵉ DBLE...

Bir Hakeim 1942. Il faut affronter les Allemands et les Italiens, mais aussi la chaleur et la soif

Quastina, Palestine. Au son des tambours de la « 13 », de Gaulle décore le général Catroux

1941. Retour en France du 6ᵉ Régiment étranger après la campagne de Syrie

Bir Hakeim, février-juin 1942. Un camion Ford de 3 tonnes transporte un canon de 75 faisant office d'antichar

Libye, février 1942. La 13e DBLE règle une position de tir au mortier

Rome, juin 1944. Le général de Gaulle inspecte la «13» que lui présente le commandant Arnault

1945. Des légionnaires arborent un emblème nazi qu'ils viennent de capturer

Mars 1945. Le RMLE à l'assaut des premières casemates de la ligne Siegfried, dissimulées dans les futaies du Bienwald

Allemagne 1945. Dans un village, le 1er REC
attend l'ordre de continuer la progression

18 juin 1945. Le défilé de la victoire sur les Champs-Elysées.
Le lieutenant Hallo à la tête d'une compagnie du RMLE

Les premiers légionnaires parachutistes s'apprêtent à embarquer dans un JU 52

Pendant tout le conflit indochinois, de nombreux renforts les rejoindront par mer. Ici, ils sont transférés du *Pasteur*, ancré en mer de Chine, sur un LST, direction Saigon

La célèbre RC4, qui relie Langson à Cao Bang,
appelée aussi «Route de la mort»

Convoi de légionnaires sur la RC4

Poste de la Légion au Tonkin

Phu Tong Hoa, juillet 1948. Les vivants campent près des morts

Le lieutenant-colonel Simon interroge les survivants de Phu Tong Hoa

Le lieutenant-colonel Brunet de Sairigné, tué le 1er mars 1948 en Indochine

1954. Diên Biên Phu. Le capitaine Cabiro, le «Cab», en observation

Algérie, décembre 1960. Les rescapés du djebel Beni Smir

Algérie, début 1961. Le capitaine Pierre Montagnon présente la 4ᵉ compagnie du 2ᵉ REP au commandant Cabiro. Porte-fanion, le sergent-chef Abstein

Algérie, la Légion au poste de combat, dans la cuvette Faidget Si Salem

Le capitaine Pierre Bourgin, commandant la CP du 2ᵉ REP, auteur de la «Prière du para»

Au milieu : les Pionniers escortant la Main du capitaine Danjou, portée par le général Letestu

Ci-dessous : prise d'armes au quartier Viénot à Aubagne, le 11 octobre 1982

Soldats bâtisseurs au Liban : réfection du mur d'enceinte de l'ambassade de France

La Légion à Chatila, 1982

Liban, 1983

Déminage humanitaire au Cambodge dans les années 1990, par les sapeurs du 6ᵉ REG

Mortiers lourds en Bosnie, de 1991 à 1996

C'est pourquoi est décidée, en 1939, la création d'un second régiment étranger de cavalerie. Ce 2e REC voit le jour à Midelt, le 1er juillet 1939, à partir de deux escadrons à cheval et des deux escadrons motorisés présents au Maroc depuis 1929.

Le colonel Farine prend le commandement de ce nouveau corps appelé à recevoir Saïda pour garnison. Ce 2e REC aura dans l'immédiat une existence éphémère. En raison de la réduction des effectifs de la Légion, il sera dissous le 15 novembre 1940. Il revivra en 1946.

*

La Légion du 1er septembre 1939 se présente donc avec cinq régiments d'infanterie, deux de cavalerie, des bataillons formant corps (au Levant) et des compagnies motorisées ou montées plus ou moins autonomes en Algérie et au Maroc. Avec ses 22 000 légionnaires dispersés aux quatre coins de l'Empire, elle représente une composante non négligeable des troupes de métier de l'armée française.

Certes ses effectifs ont chuté par rapport aux 33 000 de 1933, conséquence des restrictions budgétaires de 1932. L'Anschluss, les Sudètes viennent toutefois d'ouvrir les yeux sur le danger outre-Rhin. Le recrutement a repris en 1938. Le tableau des engagements en 1939 témoigne de l'incidence des événements politiques européens :

Allemands	171	Hongrois	65
Autrichiens	381	Italiens	639
Anglais	42	Lettons	4
Arméniens	6	Luxembourgeois	88
Américains	5	Lituaniens	12
Belges	779	Norvégiens	3
Bulgares	4	Polonais	615
Danois	11	Portugais	49
Espagnols	3 052	Roumains	47
Estoniens	10	Russes	109
Egyptiens	1	Suédois	5
Français TE	43	Tchécoslovaques	801
Français TF	5	Turcs	12
Finlandais	3	Yougoslaves	60
Grecs	19	Divers	44
Hollandais	61		

Total : 8 465

Espagnols, Allemands, Polonais, Italiens, Tchécoslovaques fournissent donc les gros contingents, résultante des situations dans leur pays.

Ce tableau des origines nationales rappelle aussi que la Légion est bien un grand rassemblement d'étrangers, d'Européens essentiellement. Les Français, même sous couverture de nationalité belge ou luxembourgeoise, y sont très minoritaires. Tous, quel que soit leur lieu de naissance, sont venus trouver à Sidi-Bel-Abbès une terre d'accueil et un autre destin.

La Légion est devenue, depuis 1914-1918, une troupe connue et populaire. Son apparition soulève les vivats. Son défilé à Paris le 14 juillet 1939 connaît un éclatant succès. Nul ne peut alors se douter que parmi les officiers marchant à la tête de leurs légionnaires se profile la haute carrure d'un futur héros de Bir Hakeim, le capitaine Amilakvari.

D'ores et déjà, le jeune cinéma s'est emparé du légionnaire « sentant bon le sable chaud » et brasse généreusement réalité, fiction ou grands sentiments. Le romantisme d'un passé à oublier s'y double de l'image du guerrier héroïque défenseur jusqu'à la mort de la cause française. La Légion, c'est aussi cela.

Chapitre XIV

COMBATS POUR L'HONNEUR

La pacification marocaine achevée, la Légion ne se bat plus. Exceptionnel temps d'arrêt dans sa fresque guerrière. Mais il ne s'agit pas pour elle d'un temps mort. A défaut de se battre, elle bâtit. Bien des sites au Levant, au Tonkin, au Maroc portent encore l'empreinte de son passage.

L'orage qui montait, inéluctable, depuis de longs mois éclate début septembre 1939. La Pologne agressée par l'Allemagne nazie, la Grande-Bretagne et la France se portent à son secours. Le 3 septembre, avec l'entrée en guerre des deux grandes puissances occidentales contre l'Allemagne, la Seconde Guerre mondiale s'enclenche. Elle occasionnera 65 millions de victimes avant que ne triomphent le droit et la liberté.

Le précédent d'août 1914 se reproduit. De nombreux étrangers se portent volontaires pour défendre la France et ses idéaux et se retrouvent dans les rangs de la Légion étrangère. Celle-ci, le 9 mai 1940, à la veille de l'offensive allemande à l'ouest, compte 48 924 légionnaires. Un chiffre record jamais atteint. Tous, à vrai dire, le 9 mai,

211

n'ont pas encore reçu une affectation dans une unité combattante. Beaucoup sont encore dans des dépôts, en attente ou à l'instruction.

1914, on le sait, avait connu la création de régiments de marche avant la fusion au sein du seul RMLE. 1939 voit une situation identique, avec toutefois quelques particularités notoires.

*

Si le danger se situe en Europe, il est également susceptible de se manifester au Levant, où le général Weygand, rappelé au service, a été envoyé comme commandant en chef. Trois bataillons formant corps du 1ᵉʳ REI y stationnent. Fin août 1939 le VI/1 REI leur a été dépêché. Ces quatre bataillons constituaient le GLEL, Groupement de Légion étrangère du Levant.

La menace potentielle conduit à un regroupement et à une structure régimentaire propre à mieux coordonner les moyens. Le GLEL, le 1ᵉʳ octobre, cède le pas au 6ᵉ REI, lequel se verra peu après adjoindre le GALL, Groupement d'artillerie de Légion du Levant. Le colonel Imhaus prend le commandement de ce 6ᵉ REI fort de 85 officiers, 334 sous-officiers et 2 876 caporaux et légionnaires[1]. Lui succédera le 10 mars 1940 le colonel Barre, qui mourra centenaire en 1993, doyen des officiers généraux de l'armée française.

Le 6ᵉ REI sera au cœur de la tragédie de la lutte fratricide au Levant en 1941[2]. Son drapeau, héritier des fanions des bataillons des 2ᵉ et 4ᵉ REI, porte cinq palmes gagnées en 1925-1926.

*

Le destin du 6ᵉ REI se situe encore à moyen terme. Par contre, celui des autres unités mises sur pied pour participer au conflit en Europe, 13ᵉ DBLE, 11ᵉ, 12ᵉ REI, 21ᵉ, 22ᵉ, 23ᵉ RMVE, ne tarde pas à se dessiner.

Chronologiquement, le premier régiment constitué est le 11ᵉ REI. Il voit le jour au camp de La Valbonne, dans l'Ain, sitôt après la déclaration de guerre. Le colonel Maire, tiré de sa retraite, en prend le commandement le 6 novembre. A soixante-deux ans, le vieux briscard de 1914-1918 et du Maroc n'a rien perdu de sa pétulance. Il mène ses 79 officiers, 184 sous-officiers, 2 390 caporaux et légionnaires tambour battant, imposant une discipline dans le droit fil de Sidi-Bel-Abbès.

---

1. Avec une CHR et quatre bataillons.
2. Voir chapitre 15.

Le 12ᵉ REI est créé un peu plus tard, en février 1940 [1], au camp de La Valbonne également. Commandé par le lieutenant-colonel Besson, il compte à la veille de son engagement 84 officiers, 321 sous-officiers et 2 685 caporaux et légionnaires.

Pour la formation de ces deux régiments, le principe appliqué en 1914 est reconduit. Pas question, sauf cas très particulier, d'envoyer des légionnaires d'origine germanique se battre sur le front français. Ceux-là resteront en AFN (ou au Tonkin), à titre de troupes de souveraineté. La composition du 11ᵉ REI, le 20 avril 1940, est à cet égard significative :
- Italiens : 290,
- Français : 545,
- Espagnols : 664,
- Suisses : 105,
- Belges : 112,
- Polonais : 914,
- Russes : 92,
- Tchèques : 24,
- Hongrois : 24.

Tous ces légionnaires sont des anciens issus des régiments d'AFN ou des engagés pour la durée de la guerre.

Il n'est donc pas, théoriquement du moins, de Germains dans les rangs. Quelques-uns s'y glissent toutefois. Antinazis notoires venus chercher un refuge à la Légion, des Allemands, des Autrichiens, ont un vieux compte à régler avec le Führer. Ils seront des soldats fidèles et intrépides, farouchement accrochés à la cause choisie.

La composition du 12ᵉ REI est légèrement différente de celle du 11ᵉ. A côté des Espagnols et des Italiens, beaucoup de Juifs polonais et allemands réfugiés en France (un Titi parisien parlera du « 12ᵉ israélite de marche »). Ceux-là, engagés pour la durée de la guerre, espèrent par leur geste obtenir à terme leur naturalisation. C'est dire que leur choix est clair. Ils ont opté pour la France. La Légion s'est préoccupée de leur cas s'ils venaient à tomber aux mains de l'ennemi. Leurs livrets matricules, leurs plaques d'identité gomment soigneusement leurs véritables origines.

Ce recrutement, où se mêlent des Espagnols de l'armée républicaine et des Israélites souvent matériellement à l'aise dans le milieu civil, est moralement prêt à se battre. Par contre, il est peu enclin à se couler dans le moule rigide de la discipline. L'encadrement « Vieille Légion » qui assure l'ossature des nouvelles unités a du mal à imposer

---
1. Décision ministérielle du 18 février 1940.

le style Sidi-Bel-Abbès. Les sous-officiers, parfois d'origine germanique, qui ne passent rien, sont mal acceptés. Des heurts se produisent. Cette Légion de 1940 se soudera au feu.

Simultanément se mettent sur pied les 21ᵉ, 22ᵉ, 23ᵉ RMVE (régiment de marche de volontaires étrangers), regroupant au total 9 700 hommes issus de 47 nationalités. Polonais, Tchèques, Espagnols réfugiés en France y sont majoritaires. S'y trouvent encore quelques Allemands opposés au nazisme. Le terme volontaire étranger est dans le cas présent parfois excessif. Un décret gouvernemental a en effet stipulé que tous les anciens légionnaires mobilisés à des titres divers serviraient à nouveau à la Légion. L'état d'esprit, la discipline s'en ressentent. Tous les incorporés des RMVE ne sont pas moralement prêts à reprendre le harnais qu'ils ont endossé des années plus tôt.

*

Ces régiments, en principe à trois bataillons, représentent des troupes de caractère traditionnel. Avec leur armement classique, fusil Mas 36, FM 24-29, mortiers de 60 et de 81, mitrailleuses Hotchkiss, canon antichars de 25, ils sont destinés à mener un combat d'infanterie dans le plus pur style défini par le règlement de manœuvre de l'armée française. A savoir rééditer 1914-1918. Tel n'est pas le cas au départ de deux autres unités à vocation spécifique : le GRD 97 et la 13ᵉ DBLE.

A l'encontre de la Wehrmacht qui a rassemblé ses moyens blindés en un bélier puissant, l'armée française a ventilé les siens. Elle les a éclatés dans les DLM, les DC, les DCR ainsi que dans les GR (groupes de reconnaissances). Ces derniers, de la valeur d'un ou d'un demi-régiment, sont affectés aux corps d'armée ou aux divisions d'infanterie. Il existe ainsi 23 GR de CA et 121 de DI (GRD). Ils ont la charge, comme leur appellation l'indique, de reconnaître et d'éclairer au profit de la grande unité dont ils dépendent.

Le GRD 97, rattaché à la 7ᵉ DINA, a fait l'objet d'une décision du 11 novembre 1939. Il est organisé au camp du Valdahon, dans le Jura, avec le II/1 REC, l'escadron d'instruction du DCRE de Sidi-Bel-Abbès et un escadron motocycliste. Ses cadres proviennent du 2ᵉ REC. Le lieutenant-colonel Lacombe de La Tour en prend le commandement le 3 février 1940. Fort de 23 officiers, 650 sous-officiers et légionnaires, le GRD 97 est donc une unité de Légion et de souche cavalerie. Il ne dispose évidemment, comme tous les GRD, que de blindés légers et sera souvent amené à se battre en fantassins. Son panache au feu sera digne de sa double origine.

REI, RMVE, GRD 97, ne dérogent pas aux normes habituelles des légionnaires, qu'ils soient à pied ou montés. Plus originale encore que le GRD 97 apparaît une autre unité, à laquelle la guerre réserve une singulière fortune. Déjà elle est engagée la première. Ce premier point conduit à commencer par elle la relation des combats de la Légion au printemps 1940.

*

La guerre sur le Rhin et en Lorraine marque le pas. Roland Dorgelès la dénommera la « drôle de guerre ». Rares sont ceux qui, côté français, veulent en découdre. Hitler, que les Alliés ont laissé dépecer la Pologne avec l'aide de Staline, a latitude d'achever ses préparatifs.

Pourtant, curieusement, les gouvernements français et anglais manifestent des velléités d'action. L'agression soviétique contre la Finlande, le 30 novembre 1939, a soulevé l'indignation. A Paris, on envisage très sérieusement d'aller soutenir ce petit pays attaqué par son puissant voisin allié de l'Allemagne. A cet effet, le 4 janvier 1940, est décidée la création d'une brigade dite de haute montagne, à six bataillons de chasseurs, sous les ordres du colonel Béthouart. A la mi-février, ce groupement initial s'étoffe et est porté à 35 000 hommes. Il doit comprendre une unité de Légion.

En Algérie et au Maroc, il est fait appel aux volontaires. Un premier bataillon se forme à Sidi-Bel-Abbès à partir du 1er REI et du DCRE, un second à Fez à partir des 2e, 3e et 4e REI. Chaque bataillon comporte trois compagnies de fusiliers voltigeurs et une compagnie d'accompagnement.

La capitulation finlandaise du 12 mars met un terme au projet d'assistance à Helsinski mais entre-temps a surgi une nouvelle idée : couper la « route du fer ». Le minerai suédois s'écoule par les ports norvégiens au profit de l'Allemagne. Interdire cette exportation porterait à priori un coup sérieux à la sidérurgie allemande, dépourvue de gisements sur son propre sol. Sur cette nouvelle donne, acceptée aussi bien côté français que britannique, la préparation militaire s'accélère.

Les chasseurs alpins de Béthouart sont regroupés en demi-brigades, terminologie remontant à la Révolution. A leur exemple, puisqu'ils doivent œuvrer conjointement, les légionnaires se retrouvent enrôlés sous le sigle de demi-brigade de marche (ou de montagne). Celui-ci adopte le numéro 13 puisqu'il existe des 11e et 12e REI. Le 27 mars, cette demi-brigade de marche devient simplement la 13e DBLE. L'avenir lui appartient.

Débarquée en France début mars, l'unité prend forme au camp du Larzac puis dans la région de Belley, comprenant au total 2 322 hommes, soit 63 officiers, 255 sous-officiers, 235 caporaux chefs et caporaux, 1 752 légionnaires. A l'encontre des 11e et 12e REI, qui comptent environ 16 % de réservistes, tous sont d'active. Le contingent espagnol est de loin le plus important. Béthouart parlera, dans ses Mémoires, de 500 Espagnols bruns, turbulents, difficiles à commander mais d'un magnifique courage. Ceci fait pardonner cela. Il y a aussi 60 Allemands volontaires pour la campagne de Norvège. Plusieurs y trouveront la mort.

Le chef de cette troupe ardente et résolue est digne de la commander. La Légion, il en a toujours rêvé. A quinze ans et demi, Charles-Raoul Magrin-Vernerey a voulu s'y engager. Renvoyé dans sa famille, il intègre Saint-Cyr en 1912, promotion de Montmirail. Sur 464 saint-cyriens de cette promotion, 235 sont tombés au champ d'honneur. Sous-lieutenant en août 1914, Magrin-Vernerey termine la guerre avec onze citations et sept blessures. L'homme ne fait rien à moitié. Heureusement pour lui, il a la « baraka », écrira l'un de ses anciens officiers, le colonel Passy. La Légion, il l'a rejointe enfin en 1924, et dès lors ne la quitte plus. Maroc. Tonkin. Algérie. Cet officier, au caractère bien trempé, est maintenant à quarante-huit ans patron de cette demi-brigade qu'on commence à appeler tout simplement la « 13 ». Le commandant Boyer-Resses est à la tête du 1er bataillon, le commandant Gueninchaut à celle du 2e. Le commandant Cazaud assure les fonctions de chef d'état-major. Au-dessous d'eux, de futurs grands noms de la « 13 » : le capitaine Amilakvari à la CAB/2, le capitaine de Bollardière à la CHR. Parmi les chefs de section, les lieutenants de Sairigné, Arnault, Saint-Hillier, Morel. Contrairement à une certaine légende, le capitaine Koenig n'a pas de commandement effectif à la « 13 ». Il est détaché à l'état-major du général Audet, commandant de l'ensemble des forces françaises destinées à intervenir en Norvège.

Si l'on écarte ses passages sur le continent (Crimée, Italie, 1870-1871, 1914-1918), le légionnaire s'est presque toujours battu outre-mer. Sa tenue était généralement celle d'un soldat de pays chaud. Pour la première fois, il est appelé à combattre en région très froide, polaire même, et montagneuse de surcroît. Son équipement a donc été adapté et donnera satisfaction : canadienne en peau de mouton, chèche, pantalon kaki de type golf, bandes molletières, gants et moufles. L'armement est identique à celui des 11e et 12e REI. Sa robustesse se confirmera, malgré les conditions climatiques. Particularité qui sera la grande marque de la « 13 », le képi a été abandonné. Il est remplacé par le béret kaki des troupes de forteresse orné d'une petite grenade verte à sept flammes en drap. Ce béret s'incline sur l'oreille droite pour les légionnaires, sur l'oreille gauche pour les officiers. Par la suite, jusqu'à la fin de la guerre, la « 13 » mettra toujours un point d'honneur à l'arborer. Elle le voudra le signe distinctif, témoignage de son ralliement à la France libre, la différenciant des autres unités de Légion [1].

*

Le 9 avril 1940, l'Allemagne envahit le Danemark et la Norvège. Le départ de la « 13 » se situe désormais dans la double perspective assignée au corps expéditionnaire français appelé à œuvrer avec la Royal Navy responsable de la partie maritime : couper la route du fer, soutenir la Norvège.

Après un défilé très remarqué dans les rues de Brest, la demi-brigade embarque le 2 avril. Lorsqu'elle débarque en Norvège, au nord de Narvik, quelques jours plus tard, la situation militaire s'est dégradée. A Namsos, à Andalsnes, à Alesund, à Molde, en Norvège centrale, les contingents alliés ont connu des échecs. Manque de métier des Britanniques, supériorité de la Luftwaffe ont conduit à un repli coûteux et précipité. Le seul espoir de succès repose sur le nord, à Narvik, où Béthouart, promu général, a été désigné pour diriger les forces terrestres engagées.

Narvik, 68°45 de latitude nord, nichée au fond de l'Ofotenfjord, à 30 kilomètres de la haute mer, n'est apparemment qu'une bourgade de pêcheurs. Mais son port est devenu le point d'écoulement par excellence du minerai de fer suédois. 85 % des exportations suédoises en la matière y transitent.

Les Allemands, premiers clients des Suédois, en ont mesuré l'intérêt. Un détachement d'environ 4 000 hommes (chasseurs de montagne, marins rescapés de la destruction de leurs bâtiments par la Royal Navy dans l'Ofotenfjord) occupent les lieux [2]. Leur chef, le général Dietl, alpiniste de haut niveau, vieux compagnon de route du Führer, est bien résolu à se défendre vigoureusement. Son dispositif pour couvrir Narvik est large. Il tient Narvik et sa presqu'île, Ankenes, quatre kilomètres au sud-ouest de l'autre côté d'un bras de

---

1. Pour le défilé de la victoire de Paris en 1945, avec la musique, la Légion et le RMLE, la « 13 » reprendra son képi blanc.
2. 600 à 700 hommes seront parachutés en renfort, portant le potentiel allemand à environ 4 500 hommes.

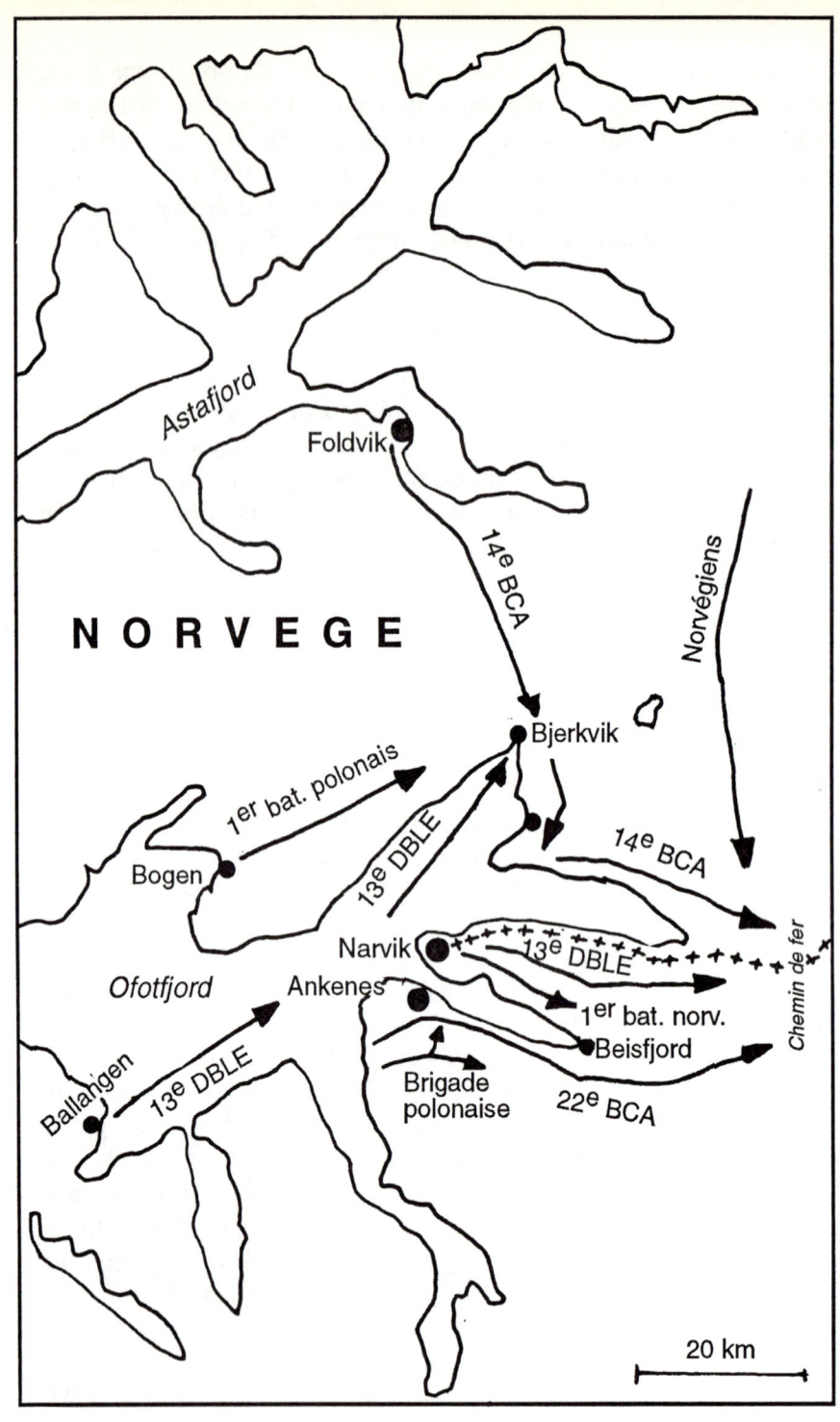

Les opérations dans le secteur de Narvik

l'Ofotenfjord, Ofjord, cinq kilomètres au nord-est, également sur la rive d'un autre bras, et Bjervik, 30 kilomètres au nord. Béthouart dispose de bonnes troupes : une brigade polonaise, trois bataillons de guards britanniques, deux brigades norvégiennes et ses nationaux. Ceux-là, chasseurs alpins de la 27ᵉ demi-brigade, légionnaires de la « 13 », sont des soldats d'élite.

Progressivement, le général français resserre l'étau et prépare son plan d'opérations. Dans un premier temps, avec la Légion, il occupera Bjervik en débarquant au plus près. Après quoi il se portera sur Narvik par Ojord. Dans l'intervalle, alpins et Norvégiens, attaquant du nord, couperont la ligne de repli allemande. Les Polonais, eux, épauleront les légionnaires. Quant aux Britanniques, avec la Navy, ils fourniront l'appui de feu et les moyens de transport maritime.

Le 12 mai, en fin d'après-midi, les légionnaires regroupés à Ballangen, au sud-est de l'Ofotenfjord, embarquent sur les bâtiments de la Navy. Le temps est bouché. Il pleut ou neige par intermittence. Cette météo sert les assaillants. Elle dissimule leurs mouvements.

Béthouart a choisi d'attaquer à minuit pour profiter de la courte nuit polaire (deux heures à cette date). A son « Fire ! », les batteries anglaises se déchaînent tandis que les chalands blindés foncent à la grève. A leur bord le I/13 de Boyer-Resses et quelques chars H 35 d'accompagnement d'infanterie [1].

Les mitrailleuses allemandes balaient la plage retenue. Les fantassins sont forcés de s'orienter vers une anse plus abritée. Moins sensibles aux longues rafales de MG, les chars débarquent sans trop de difficultés. Ayant fait jonction, les uns et les autres convergent sur Bjervik. En deux heures la résistance est bousculée.

Ce succès autorise la mise à terre, un peu à l'est, du 2ᵉ bataillon qui aussitôt se porte vers le lac gelé d'Hartvigland que les Allemands ont transformé en terrain d'aviation.

Sur l'axe de marche, la barrière rocheuse de la cote 220 barre la route. De la crête trois MG/34 en interdisent l'approche. Un char, au canon de 37, réussit à en éliminer deux mais la troisième crache toujours. Trois légionnaires se lancent dans l'escalade de la paroi. Deux, repérés, sont impitoyablement fauchés. Le rescapé, Gayoso, poursuit son ascension, parvient à se glisser au sommet et précipite mitrailleuse et servants dans le vide. La voie est enfin libre [2].

---

[1]. Hotchkiss 35, équipé d'un canon de 37 insuffisant pour le combat antichars.
[2]. Pour son exploit, ce brave recevra à Sidi-Bel-Abbès, le 25 septembre 1941, la médaille militaire des mains du général Béthouart. Promu sergent, Gayoso retrouvera ses camarades de la « 13 » en Italie.

La lutte est chaude pour enlever le camp d'Elvegaard à proximité du lac. Le lieutenant Maurin, de la CAB/2, est frappé d'une balle en pleine tête. Il est le premier officier de la « 13 » mort au combat. Enfin, à 11 heures, après avoir réduit baraque par baraque, le 2ᵉ bataillon est maître des lieux. Le bilan est impressionnant : une dizaine d'avions pris au piège, plus de 100 mitrailleuses saisies.

Les jours suivants, le nettoyage se poursuit mais avec l'amélioration des conditions atmosphériques la Luftwaffe se manifeste à nouveau. Le PC du colonel est visé. Magrin-Vernerey, sorti quelques instants, est indemne[1] mais le commandant Gueninchaut, le capitaine de Lusancay, le lieutenant Herzog, un sous-officier et 14 légionnaires sont tués. La 7ᵉ compagnie est plus heureuse. 48 bombes tombent sur son point d'appui sans faire de victimes.

*

Bjervik et Elvegaard tombées, la route de Narvik s'ouvre par le nord, d'autant que le peloton motocycliste de la « 13 » s'est emparé d'Ofjord le 12 après-midi. Cette première possession offre une excellente base de départ face à la presqu'île de Narvik.

La situation s'aggrave de jour en jour sur le front occidental. Les Allemands ont percé dans les Ardennes. Une partie des forces franco-britanniques aventurées en Belgique reflue sur Dunkerque où les attend un périlleux embarquement. Une autre partie va bientôt se trouver encerclée autour de Lille. Le 26 mai, Béthouart reçoit un ordre du Britannique dont il dépend : « Le gouvernement de Sa Majesté a décidé que vos forces devraient évacuer la Norvège le plus rapidement possible. »

Effectivement, que pèse Narvik alors que le sort de la Grande-Bretagne et de la France est en jeu ? Toutefois, pour Béthouart, prendre Narvik faciliterait son évacuation et lui permettrait de détruire le chemin de fer et les installations portuaires. La route du fer serait coupée. En plein accord avec les marins anglais, le Français décide d'enlever Narvik. Après quoi, il évacuera.

*

Pour l'assaut décisif fixé au 28 mai à zéro heure, la « 13 » occupe encore les places d'honneur. Son 1ᵉʳ bataillon marche en tête, accompagné des Norvégiens. Le 2ᵉ bataillon doit lui emboîter le pas.

---

1. Pour satisfaire un besoin pressant, si l'on en croit le colonel Passy. Toujours sa baraka !

Comme prévu, à zéro heure, la Navy ouvre le feu tandis que les légionnaires du 1er bataillon, ayant traversé le petit bras du fjord, prennent pied à hauteur d'Onerset, à l'est de Narvik. Ils s'élancent aussitôt pour s'emparer des hauteurs de la presqu'île (cote 457) et couper la voie ferrée Narvik-Suède. S'ils ont pu débarquer sans trop d'aléas, le 2e bataillon, à l'embarquement à Ofjord sur les « puffers [1] » norvégiens, tombe sous le feu de la contre-batterie allemande. Il y a des pertes. L'arrivée des renforts accuse du retard. Elle s'avère pourtant urgente. La bataille pour s'emparer de la cote 457, point fort de la péninsule de Narvik, demeure incertaine quelques heures durant. L'irruption des bombardiers allemands conforte les positions des défenseurs.

Il est six heures du matin lorsque le II/13 débarque à son tour. La demi-brigade, désormais presque au complet, enlève dans un ultime effort 457. Non sans mal. Le capitaine Quitaut, commandant de la 2e compagnie, est mortellement frappé après avoir lancé un vigoureux « A moi la Légion ! ». Le tiers de sa compagnie tombe à côté de lui.

457 occupée, les Allemands risquent l'encerclement. Par le sud encore libre, ils se dégagent à temps. Dans l'après-midi, légionnaires et Norvégiens pénètrent dans Narvik abandonnée.

Partout l'adversaire se dérobe, car alpins et Polonais n'ont pas ménagé leur peine. Il s'éclipse vers l'est, c'est-à-dire vers la Suède. Sans désemparer, le I/13 fonce dans l'intérieur et s'empare de Sildvikom où Dietl avait placé son PC. La frontière suédoise n'est qu'à 13 kilomètres.

Si la victoire est totale, elle ne peut qu'être brève. Les ordres sont formels : la Norvège septentrionale doit être abandonnée. L'évacuation commence. Le 2e bataillon embarque le 5 juin, le 1er le 7. Le 8 à minuit, Béthouart et son état-major montent à bord d'un destroyer de la Navy, tandis qu'une poignée de légionnaires exécute les ultimes destructions.

Dans la bataille de Narvik, les Franco-Polonais ont eu 250 tués, dont 12 officiers et 500 blessés [2]. Ils ramènent 400 prisonniers. A priori, leur mission est remplie. Le port et ses infrastructures, la voie ferrée et ses ouvrages d'art [3] ont été mis à mal. La route du fer est coupée pour longtemps [4].

---

1. Petits chalutiers norvégiens, ainsi dénommés par onomatopée du bruit de leurs moteurs.
2. Les Norvégiens restent sur place pour continuer à défendre leur terre natale.
3. Les légionnaires ont fait sauter 300 mètres de remblai sur la voie ferrée.
4. Les Allemands la rétabliront. Ils évacueront 60 000 tonnes en 1941, 180 000 en 1943.

La « 13 » a laissé sur la terre norvégienne les corps de 7 officiers, 5 sous-officiers et 55 légionnaires. Pour reprendre une expression de son chef, « elle a fait une rentrée remarquée dans l'histoire ».

Relique précieuse, elle emporte avec elle un fanion confectionné à son intention par les femmes de Narvik [1].

De cette prise de Narvik, le général Béthouart, bien placé pour voir et juger, écrira dans ses Mémoires :

> « La Légion a obtenu les résultats les plus spectaculaires. C'est elle qui a opéré les deux débarquements de vive force à Bjervik et Onerset, alors qu'elle n'y était en rien préparée, mais outre la bravoure traditionnelle des légionnaires, elle était entraînée par son colonel, Magrin-Vernerey [2]... »

*

LE 11ᵉ REI

Sa formation achevée, le 11ᵉ REI part pour la Lorraine. Dans le secteur de Sierk, à l'ouest de Thionville, il participe bien malgré lui à la « drôle de guerre ».

« Guerre pourrie ! » gronde Maire non sans raisons. Le vieux soldat grommelle d'autant plus que, la veille de Noël, vu son âge, il doit céder la place au colonel Robert. La Légion perd avec lui l'une de ses têtes d'affiche.

Le 14 avril, le régiment est intégré à la 6ᵉ DINA du général de Verdilhac. Cette grande unité relève de l'armée d'Afrique et inclut, outre le 11ᵉ REI, le 21ᵉ RTA (colonel Thouvenin) et le 9ᵉ RTM (colonel Lancon). Avec satisfaction, le 11ᵉ REI évolue dans un environnement familier. Verdilhac, appelé à commander le 11ᵉ REI dans le cadre de sa division, a derrière lui un splendide passé militaire en 1914-1918 : neuf citations, deux blessures. Les légionnaires des deux bords retrouveront ce soldat sans complaisance en 1941 en Syrie.

Au déclenchement de l'offensive allemande du 10 mai, la 6ᵉ DINA stationne dans la région de Pagny-Pont-à-Mousson au nord de Nancy. Le 14 mai, à quatre heures du matin, elle commence à faire mouvement en camions vers la région de Sedan où la 2ᵉ armée est étrillée par les Panzers. A partir du 16, elle débarque à Dun-sur-Meuse, un peu en retrait de la ligne de combat.

En réserve de corps d'armée durant quelques jours (secteur de

---

1. La « 13 » est partie sans drapeau.
2. *Cinq années d'espérance*, OC, p. 76.

Damvillers), elle relève dans la nuit du 21 au 22 deux divisions éprouvées de la 2ᵉ armée, avec mission de tenir face au nord le mouvement de terrain entre Meuse et Chiers, en avant de Stenay.

Installé au bois d'Inor, sur la rive droite de la Meuse, le 11ᵉ REI a été chargé d'interdire l'avance ennemie aussi bien par les hauts que par la vallée de la rivière. La départementale 964 Sedan-Stenay, après Inor, longe les fonds et représente un axe de pénétration convoité par l'adversaire.

Le 27 mai à neuf heures, après une intense préparation d'artillerie, les 58ᵉ et 71ᵉ ID allemandes se lancent à l'attaque des positions du 11ᵉ REI. En dépit d'une lutte à un contre deux et des pertes subies, le régiment tient ferme. Verdilhac salue cette farouche résistance par un « Bravo la Légion ! » qui fait oublier un moment les difficultés qui se prolongent. Plusieurs jours durant, les Allemands relancent leurs attaques. Vainement.

Mais l'ensemble du front vacille. Dunkerque a été évacuée. La bataille sur la Somme tourne au désavantage des Français. Le 11 juin, le 11ᵉ REI ainsi que la 6ᵉ DINA reçoivent ordre de se replier sur Verdun par la rive droite de la Meuse et Juvigny-sur-Loison.

Ce mouvement en retraite voit les légionnaires marquer des temps d'arrêt sur des hauts lieux de 1914-1918 : le Mort Homme, le bois des Caures, où fut tué le colonel Driant.

L'avance allemande est inexorable. Chaque journée ou presque, un repli supplémentaire s'impose pour éviter le débordement par les Panzers de Guderian qui foncent vers le sud-est.

Le 18 juin – jour où de Gaulle lance son célèbre appel –, le 11ᵉ REI est encore sur la Meuse, à Saint-Germain-sur-Meuse, un peu au sud de Commercy. Vaucouleurs, où la Pucelle alla réclamer quelques hommes d'armes au seigneur du lieu, n'est qu'à quelques kilomètres[1]. Le régiment a reçu mission de sacrifice. La vallée s'est élargie et autorise les infiltrations. Le 11ᵉ REI doit en verrouiller les passages.

Les Allemands veulent passer. Ils ont des moyens : blindés, artillerie, aviation. Les légionnaires ne disposent que de leurs FM, de quelques canons de 25 et de leur courage. La résistance est héroïque. Chacun fait le coup de feu. Le commandant d'Alegron est tué. En fin de journée, par crainte du pire, le drapeau du régiment est brûlé en respectant scrupuleusement les prescriptions réglementaires.

A la nuit, sur ordre, le 11ᵉ REI décroche mais il a été laminé. Ses compagnies ne sont plus que de grosses sections avec un seul officier.

---

1. Domrémy est à 25 kilomètres au sud, toujours sur les bords de la Meuse.

Le colonel Robert ayant pris le commandement de l'infanterie divisionnaire, le commandant Clément l'a remplacé.

C'est une unité très éprouvée qui entame la dernière semaine de la campagne de France (l'armistice interviendra le 25 juin à zéro heure), et ce dans un contexte où le flottement s'accentue. Le 17 juin, le discours du maréchal Pétain, nouveau chef du gouvernement, annonçant qu'il fallait cesser le combat, a sapé la combativité de plus d'un.

Mais au 11e REI, il n'est pas question de baisser la garde. Même si le régiment est entraîné dans la retraite du groupement Dubuisson [1] auquel la 6e DINA a été incorporée après l'éclatement de la 2e armée.

Le 19 juin au matin, le reliquat du 11e REI, au terme d'une pénible marche de nuit, atteint la forêt de Meine, au sud-ouest de Toul. Surveillés en permanence par un Henschel 126 qui patrouille au-dessus d'eux, les légionnaires ont du mal à se déplacer tout en restant camouflés.

En milieu de journée, devant la ferme des Quatre-Vaux, ils repoussent une nouvelle attaque allemande fortement appuyée par l'artillerie. A vingt-trois heures, ils reprennent leur marche en direction de Blenod-lès-Toul. Après des heures de combats, de marches et de contremarches, les hommes titubent de fatigue. Pâles, barbus, les yeux creux, ils sont méconnaissables. Pour avancer, ils doivent faire appel à l'énergie du désespoir. Les pièces de 25 ont été sabotées, car leurs servants finissaient de s'épuiser en les tirant à bras. Les mitrailleuses ou mortiers ont été détruits ou jetés dans la rivière. L'armement collectif est réduit au FM 24-29. Heureusement, les munitions ne manquent pas, même si elles alourdissent les sacs. Fatigue et dénuement ne font pas vaciller le moral. La cohésion de l'unité ne faiblit pas.

Le 20 juin à l'aube, la 6e DINA s'organise au mieux pour se mettre en garde face à l'est. La Légion tient le centre du front de la division. Voilà que le danger provient du sud. L'ennemi déborde la division et avec elle l'ensemble du groupement Dubuisson. Trois divisions allemandes (24e, 36e, 76e ID) font pression pour les envelopper depuis la rive gauche de la Meuse.

Au soir du 20, l'encerclement au sud de Toul du groupement Dubuisson se précise. Le général Dubuisson ordonne de brûler les drapeaux et de resserrer le dispositif. Au 21e RTA et au 11e REI, cet ordre est mal perçu. Les chefs de corps refusent d'obtempérer. Ils font valoir l'épuisement de leurs troupes et la chance qu'ils ont d'occuper

---

1. Comprenant initialement la 3e DIC et la division légère Burtaire, issue des secteurs fortifiés de Montmédy et Marville.

une position dominante sur laquelle ils sont bien décidés à « faire Camerone ». Verdilhac, qui jouit d'un autre prestige que le sexagénaire[1] Dubuisson, doit renouveler les ordres :

> « Je reçois à l'instant les rapports du 11ᵉ REI et du 21ᵉ RTA, disant que les régiments n'exécuteront pas l'ordre de repli prévu pour la nuit du 20 au 21 sur de nouvelles positions. Etant donné que cet ordre de repli a été prescrit par l'autorité supérieure et est exécutée en liaison avec nos voisins de droite et de gauche, je le maintiens et en prescris l'exécution immédiate.
>
> Le général de Verdilhac.
Commandant la 6ᵉ DINA. »

Le 21 juin à l'aube, légionnaires et tirailleurs reprennent la route, vite repérés par le « mouchard ». Heureusement, ni l'artillerie ni l'aviation ne se manifestent. Quoi qu'il en soit, le sort en est jeté. 58ᵉ, 71ᵉ, 212ᵉ, 24ᵉ, 76ᵉ ID encerclent maintenant le 42ᵉ CA et le groupement Dubuisson. 68 000 hommes sont pris dans la nasse, sur la rive gauche de la Moselle, au sud-est de Toul. Le 11ᵉ REI est pris au piège avec eux.

De son PC de Viterne, Dubuisson, officier général le plus ancien, fait savoir à l'adversaire qu'il est prêt à déposer les armes. A vingt-deux heures, les commandants d'unités en sont informés.

Le lendemain, à quinze heures trente, le colonel Cuzin signe l'acte de capitulation sans conditions.

Au 11ᵉ REI, les légionnaires ont d'abord songé à dormir afin de récupérer et d'être en condition de reprendre le combat. Apprenant la reddition, le commandant Gaultier, qui commande le 3ᵉ bataillon, a un réflexe immédiat et réunit ses compagnies :

> « J'avertis les hommes que je laisse chacun d'entre eux libre de filer individuellement pour traverser les lignes allemandes. Quelques-uns veulent partir et certains d'entre eux veulent emporter leur arme, ce qui leur est accordé. »

Gaultier reste dans la ligne qui a été et sera toujours la sienne. Il préfère l'honneur. Tous, au groupement Dubuisson, n'ont pas le même comportement. Gaultier, du moins, a montré la voie. En soirée, le commandant Clément convoque ses chefs de bataillon et le commandant Robitaille son chef d'état-major. La consigne est vite donnée : fermer les yeux si des légionnaires s'échappent. Chaque officier est

---

1. Dubuisson, soixante-trois ans, a été tiré de la retraite.

libre devant sa conscience de sa propre décision. Mais il doit en rester un par compagnie pour ne pas abandonner les hommes.

La convention de capitulation prévoit une mesure inacceptable pour une unité de Légion : rendre les armes. Il ne saurait en être question. Armes, véhicules, matériel sont sabotés. Les munitions sont enterrées. Les moteurs des camionnettes ont tourné sans huile ni eau.

Il pleut, ajoutant à la tristesse du moment. Le 23 au matin, en colonnes, la 6e DINA prend la route de Toul où l'attend l'internement. Le 11e REI ferme la marche. Sur 3 000 légionnaires, ils ne sont plus que 578. Il reste 23 officiers sur 79. 11 ont été tués et 17 blessés. Beaucoup ont déjà choisi la liberté ou la choisiront.

Parmi ceux qui « sont partis tout droit en direction de Sidi-Bel-Abbès », les commandants Robitaille et Gaultier, le capitaine Trimaille, commandant la 10e compagnie, le capitaine Clément de la CA, le lieutenant Sigmann, des sous-officiers chefs de section, Liebuda, Brushcaus, Sigenthale. Ceux-là seront présents à l'heure de la revanche. Gaultier sera l'un des grands noms du RMLE en 1944-1945. D'autres, comme les lieutenants Binoche et Beaumont, s'évaderont dès qu'ils auront repris des forces. Au total, moins de 200 officiers et légionnaires seront prisonniers.

*

Le drapeau du 11e REI a été incinéré le 18 juin à Saint-Germain-sur-Meuse. Par contre, au pied de l'église de Crézilles[1], le commandant Robitaille a réussi à enterrer dans une boîte en fer-blanc la cravate du drapeau et le fanion du 1er bataillon. Cette boîte sera récupérée en 1941 sur les indications de Robitaille, de retour de Syrie. Une femme, L.-C. Meifredy, première classe d'honneur du 1er RE, lui fera passer la ligne de démarcation et la remettra au commandant. Cravate et fanion seront déposés à la salle d'honneur à Sidi-Bel-Abbès en février 1942.

*

LE 12e REI

Le 10 mai 1940, le 12e REI poursuit son instruction à La Valbonne. Il fait partie de la 8e DI, commandée par le général Dody qui

---
1. Dans la poche du groupement Dubuisson, au sud de Toul.

conduira la 2ᵉ DIM durant la campagne d'Italie. Cette 8ᵉ DI appartient à la 6ᵉ armée (général Touchon) [1].

L'offensive allemande précipite des départs. Dès le 11, le 12ᵉ REI, par voie ferroviaire, fait mouvement sur Meaux où des autobus le prennent en charge direction Villers-Cotterêts. A compter du 18 mai, devant la rupture intervenue sur la Meuse, la 6ᵉ armée s'installe sur l'Ailette et l'Aisne, en gros de Soissons à Rethel, en vue de couvrir Paris. Sur sa droite, la 2ᵉ armée, sérieusement ébranlée. Sur sa gauche, la jeune 7ᵉ armée du général Frère, qui s'organise.

Durant quelques jours, les Allemands retenus au nord devant Dunkerque se contentent d'assurer la sécurité de leur flanc méridional. Le 5 juin, ils reprennent leur poussée vers le sud pour forcer les défenses que Weygand [2], nouveau commandant en chef, s'est efforcé de réaliser. Le 12ᵉ REI reçoit le choc d'une infanterie ardente puissamment soutenue par artillerie et stukas.

Il se bat d'abord sur l'Ailette, puis sur ordre, le 7 juin, repasse l'Aisne, s'accrochant à Berzy-le-Sec dans la banlieue sud de Soissons. En quarante-huit heures, il perd le tiers de son effectif. Son 3ᵉ bataillon est décimé dans des assauts désespérés au moulin de Laffaux et à la ferme de la Malmaison, des lieux qui hantent les souvenirs des anciens de 1914-1918. Le capitaine Thomas, qui commandera le 1ᵉʳ RE en 1953, mène avec une compagnie du 1ᵉʳ bataillon une contre-attaque qui fera date.

Dans ces combats, les légionnaires du 12ᵉ REI, comme leurs autres camarades, peuvent surtout opposer leur courage. Le ciel est vide de cocardes tricolores. L'artillerie, trop lente, est dépassée par le rythme de la bataille. Les moyens radio n'ont sans doute pas reçu l'aval des pontifes brevetés. Ils n'existent pas. Des lieutenants, véritables missi dominici, assurent les liaisons entre le colonel et les chefs de bataillon. Ils sont même habilités à statuer le cas échéant et à ordonner de se défendre à tous prix ou de reculer. Terribles responsabilités et quelles conséquences ! Si l'esprit de Camerone fait partie des traditions légionnaires, une manœuvre concertée, une riposte instantanée sont impossibles.

Weygand espérait contenir l'adversaire, mais malgré des héroïsmes locaux, des pans de son dispositif s'écroulent. La ligne de défense sur la Somme et sur l'Aisne est enfoncée. La retraite est inéluctable pour éviter l'encerclement. Le 12ᵉ REI doit décrocher.

---

1. Armée initialement tenue en réserve pour faire face à une irruption allemande par la Suisse.
2. Le 19 mai, il a remplacé Gamelin, qui avait par trop manifesté sa médiocrité et son manque de caractère.

Après une éprouvante marche de nuit, toute la journée du 8 il se bat à Neuilly-Saint-Front, au sud de l'Ourcq. Ce bourg n'est qu'un modeste chef-lieu de canton, mais il représente un nœud routier important. Le tenir s'inscrit bien dans la politique des hérissons préconisée par Weygand, et barre la route de Château-Thierry. Dans les demeures transformées en fortins, les légionnaires bloquent pendant de longues heures l'avance ennemie.

Nouveau mouvement vers le sud, sur ordre encore. Le 11, le régiment est sur la Marne, à l'ouest de Château-Thierry. Un bref temps d'arrêt avant de recevoir instruction de se porter de Romilly sur la Seine. Durant ce mouvement où il faut sans cesse se battre, le 13 en fin d'après-midi, à La Ferté-Gaucher, le lieutenant Masselot, futur commandant des 2e BEP et 2e REP, est grièvement blessé. Dans un geste bien légionnaire, il portait personnellement secours à l'un de ses hommes blessé à la tête. Des journées d'épreuves l'attendent dans la débâcle généralisée, où seules quelques bonnes volontés se dévouent pour les blessés.

Le 14, le 12e REI défend les passages de la Seine avant de reprendre sa marche inexorable vers le sud, mêlé aux débris de la 6e armée.

N'ayant jamais cessé de combattre, les légionnaires du 12e REI seront à peine 300[1], serrés autour de leur colonel et de leur drapeau, lorsque l'armistice les surprendra un peu au nord de Limoges. Son attitude en ce mois de juin 1940 vaudra au 12e REI une citation.

*

LE GRD 97

Le 17 mai, vers dix-sept heures, le général Frère, héros de 1914-1918[2], reçoit mission de constituer une nouvelle armée, la 7e. Cette armée doit s'intégrer, à l'ouest de Saint-Quentin, à l'ensemble que le GQG s'efforce de rassembler pour barrer la route de Paris. La 7e DINA, en réserve face à la Suisse, au camp de Valdahon, lui est affectée. Elle part aussitôt sur la Somme, à l'est d'Amiens, dans la région de Cerisy. Le GRD 97, son groupe de reconnaissance, fait mouvement avec elle.

Dès son arrivée sur la Somme, à hauteur de Péronne, le 18 mai, le GRD 97 livre son premier combat. La bataille de France, engagée les

---

1. Ils étaient 2 800 le 10 mai.
2. Il avait terminé la guerre commandeur de la Légion d'honneur, huit citations, trois blessures. Le général Frère, chef de l'ORA, est mort en déportation. Une promotion de Saint-Cyr (1948-1950) porte son nom.

jours suivants par Weygand pour contenir la Wehrmacht au nord de la Somme et de l'Aisne, le conduit à tenir plusieurs hérissons au sud de Péronne : Epenancourt, Béthencourt, Barleux, Villers-Carbonnel. Puis il est dirigé vers le sud-ouest. Il se bat à Belloy-en-Santerre où est tombé Seeger, le légionnaire poète, puis au Quesnel.

Emporté par le repli général de la 7e armée, il défend les passages de l'Oise. Dans les bois de Noroy et Ravenelnau, au nord de Compiègne, il livre contre les blindés allemands un combat inégal faute de véritables armes antichars. C'est là que le 11 juin son chef, le lieutenant-colonel de La Tour, est tué. Le capitaine Guiraud lui succède à la tête d'une unité exsangue. A l'armistice, le GR 97 sera réduit à 12 officiers et 250 gradés et légionnaires ayant mérité une citation à l'ordre de l'armée :

> « Sous les ordres du colonel Lacombe de La Tour, chargé avec ses seuls moyens organiques de contenir un ennemi numériquement supérieur et doté d'engins blindés, a réussi, du 18 au 23 mai 1940, en attendant l'arrivée des premiers éléments d'infanterie amie, à le harceler, à l'empêcher de remplir sa mission, fournissant sur cet ennemi des renseignements précieux, parvenant à lui détruire plusieurs automitrailleuses, et lui faisant des prisonniers.
> « Le 7 juin, la résistance ayant été reportée de la Somme sur l'Avre, a participé vigoureusement aux combats d'arrière-garde, détruisant plusieurs engins blindés ennemis. »

*

LES RMVE

Ceux-là sont, à bien des égards, des parents pauvres. Mal équipés, mal armés, sous-encadrés.

Début mai, les 21e et 22e RMVE quittent le Midi pour l'Alsace. De là, le premier est envoyé au sud de Sedan. Il se bat devant Buzancy, les 9 et 10 juin. Contraint par la retraite générale de se replier, il est engagé à nouveau à La Grange-aux-Bois, près de Sainte-Menehould, au débouché du défilé des Islettes. Le 22e RMVE arrive le 24 mai au sud de Péronne. Il sera écrasé par les chars à Berny et Villers-Carbonnel.

Le 23e RMVE, lui, n'est formé qu'en mai. Il intervient le 7 juin au sud de Soissons, puis les 15 et 16 à Pont-sur-Yonne.

Ces trois régiments partagent en fait le même destin. Ils sont décimés par la supériorité adverse et les bombardements aériens, dans des hécatombes héroïques et hélas trop souvent sans portée tactique. Pour preuve de cet héroïsme, le 22ᵉ RMVE gagne une citation à l'ordre de l'armée.

*

La « 13 », le RMLE, le 1ᵉʳ REC, unités des heures victorieuses, éclipsent bien involontairement les légionnaires de 1940, ceux des heures douloureuses. Ces légionnaires-là pourtant n'ont point failli. L'Histoire, à leur égard, manque d'équité.

Mai et juin 1940 ont vu la Légion se battre avec son stoïcisme habituel partout où elle a été engagée. Le bilan de ses pertes en témoigne. La Légion accuse 9 017 morts durant la Seconde Guerre mondiale. Près de 1 000 sont tombés dans les quelques semaines précédant l'armistice du 25 juin 1940.

Chapitre XV

LA LONGUE ROUTE DE LA « 13 »

En juin 1940, la France a subi la plus humiliante défaite de son histoire. Battue en quelques semaines, elle s'est résignée à un armistice qui a scindé le pays en deux. Le vainqueur s'installe en zone occupée. Le gouvernement du maréchal Pétain, à Vichy, ne dispose que de la zone dite libre, à peu près les deux cinquièmes du territoire national. L'armée de l'armistice est réduite à 100 000 hommes.

Dans ce désastre, subsiste l'outre-mer[1] que Hitler néglige, sous réserve de l'envoi de commissions de contrôle germano-italiennes. La Légion va pouvoir reprendre force en Afrique.

Au printemps 1940, avec 48 900 hommes, elle avait culminé à un plafond jamais atteint auparavant. La démobilisation des EVDG et des réservistes la ramène à 24 000. Les difficultés de recrutement liées à l'occupation par l'Allemagne de la majeure partie de l'Europe feront chuter ces chiffres à 15 000 en 1945. La Légion connaît le temps des mortes eaux, au moment où elle aurait le plus besoin de

---

1. Et la flotte, sortie pratiquement indemne.

s'étoffer. Naturellement, toutes les unités levées pour la campagne sont dissoutes. Les légionnaires qui ont échappé à la capture regagnent l'AFN et les régiments traditionnels : 1er, 2e, 3e REI et 1er REC (2e REC et 4e REI ne tarderont pas à disparaître vu la pénurie d'effectifs). Evidemment subsistent les 5e et 6e REI, en Indochine et au Levant. Un bataillon de volontaires étrangers envoyé au Levant disparaît également, suite à une mutinerie de travailleurs espagnols.

Ces régiments, toujours en place, se rangent sans état d'âme apparents derrière le gouvernement Pétain. Vichy se présente alors comme le régime légal de la France, remplaçant la IIIe République, discréditée. 40 millions de pétainistes, écrira l'historien Henri Amouroux, non sans arguments, pour qualifier les Français du second semestre de 1940.

En septembre 1940, de Gaulle, qui à Londres le 18 juin a pris le parti de refuser la défaite, tente un coup de force, qui échoue, contre Dakar [1]. Dakar, capitale de l'AOF, est une place trop importante pour que Vichy prenne le risque de la voir mal défendue et susceptible de tomber entre les mains de la « dissidence ». Une 4e DBLE est alors constituée. La discipline et la solidité légionnaires s'annoncent comme les meilleurs garants d'une terre française contre les tentatives de quiconque.

Démobilisés, rescapés et blessés rétablis ayant rejoint qui leurs foyers qui leurs garnisons, telle se présente sensiblement la situation de la Légion en AFN puis en AOF fin 1940. L'absence immédiate du vainqueur recrée des conditions matérielles sensiblement analogues à celles d'avant-guerre, sous réserve de certaines restrictions. Le conflit mondial est toujours là. La défaite n'est pas oubliée. Weygand, promu proconsul à Alger, parle à mots couverts de revanche. Il lui arrive même de s'exprimer sans fard. Venu à Sidi-Bel-Abbès le 16 novembre, il le fait sans ambiguïté devant un parterre d'officiers de Légion :

– L'ennemi est toujours le même : celui qui occupe notre pays.

– L'AFN sera la base de départ indispensable pour la libération de la métropole.

– Il faut camoufler le maximum de moyens.

La « mystique » Weygand alimente ainsi l'esprit de revanche. Sans le clamer ouvertement, l'encadrement de la Légion se prépare, avec les faibles moyens dont il dispose, à reprendre la lutte. Le 8 novembre 1942, le débarquement allié en AFN trouvera la Légion prête moralement à marcher à nouveau au canon contre l'Allemand. Elle le prouvera en Tunisie et sur le continent. Mais les choses n'en sont pas

---

1. Voir plus bas.

encore là. Déjà une autre page de l'histoire de la Légion se joue à la « 13 ».

*

Cependant, avant d'évoquer ce qui sera dénommée l'épopée de la « 13 », il convient de rapporter deux événements. Ces deux faits, occultés à l'époque, sont insolites dans la vie de la Légion. Ils appartiennent tout de même à son histoire.

La Légion se veut un havre. Celui qui est venu s'enrôler sous les plis de son drapeau doit avoir le sentiment absolu d'être à l'abri de son passé.

Hitler a gagné la première manche. En juillet 1940, seule l'Angleterre reste en lice. La convention d'armistice franco-allemande stipule que les ressortissants du Grand Reich seront rendus à l'Allemagne[1]. Fort du texte signé, le Führer réclame le rapatriement de ses nationaux engagés à la Légion. Ce retour est contraire à toutes les normes de Sidi-Bel-Abbès. Que va-t-il se passer ? La réponse tient en deux formules : restitution des volontaires, mise à l'abri des menacés.

Des volontaires, il y en a. Avant la guerre, des Sudètes germanophiles, des jeunes Allemands ont pris le chemin de Sidi-Bel-Abbès. Les uns pour y trouver refuge, les autres en mal d'aventure. Les victoires de la Wehrmacht exaltent leurs sentiments nationalistes. 300 d'entre eux environ, dont quelques éléments douteux, exigent leur retour au pays. Pour la Légion, leur départ n'est pas regardé comme une grande perte et peut éviter bien des déboires à tous niveaux. Aussi la décision à leur endroit est-elle vite prise.

Regroupés à Saïda, les intéressés forment un groupe assez explosif que les cadres doivent maîtriser. Les conduire à Marseille n'est pas une mission de tout repos pour le capitaine Tchenkeli et le jeune sous-lieutenant Hallo, désignés à cet effet.

Le 26 septembre 1940, ce détachement embarque à Oran sur le *Dal Piaz*, cargo mixte passablement fatigué. Les deux officiers, en accord avec leurs cadres, ont prévu de dérouter le navire sur Gibraltar. Au moins, ces 300 ex-légionnaires n'iront pas grossir les rangs de la Wehrmacht. Le projet se présente bien. L'équipage ne paraît pas hostile. Las ! Un torpilleur d'escorte surgit à quelques encablures du

---

1. L'article 19, regardé comme condition *sine qua non* par les Allemands. Sans ouvrir le débat sur le bien-fondé ou non de l'armistice, cet article a un caractère déshonorant pour les signataires français.

Dal Piaz. La tentative de déroutage ne saurait être menée à bien. Le lendemain, le cargo touche Marseille. L'hébergement dans une tuilerie à la sortie de Marseille est médiocre. Le ton monte. Des incidents éclatent. Une mini-révolte est matée à coups de manche de pioche. Il était grand temps que des gardes mobiles viennent en force prendre en charge cette troupe rebelle. Dirigée sur le camp de Carpiagne, elle partira de là vers l'Allemagne.

Quelques jours après, survient un second détachement de 80 hommes, emmenés par le capitaine de Boissieu[1]. Ceux-là ne sont qu'un troupeau d'hommes éméchés. L'officier allemand venu les récupérer à Marseille refuse de les prendre en compte. Ces brebis galeuses repartiront en Algérie. Elles partiront près de la frontière tunisienne « casser des cailloux ».

Les ex-légionnaires de Carpiagne ont quitté leur uniforme volontairement et ont librement choisi leur destin en reniant leur signature. La Légion ne peut rien se reprocher à leur endroit. Elle ne peut que poser une interrogation : combien de ces renégats ont survécu au chaos dans lequel Hitler a précipité l'Allemagne ?

Par contre, il en est d'autres qu'il ne saurait être question de rapatrier. Opposants au régime, leur sort serait vite réglé. A Sidi-Bel-Abbès, on le sait. Avec l'assentiment des pouvoirs publics, du général Weygand en premier chef, une vaste conspiration se noue pour les mettre à couvert. Elle les conduira en Extrême-Orient.

Les commissions allemandes de contrôle de l'armistice en AFN ont soudoyé des agents pour repérer et localiser les ressortissants germaniques servant à la Légion. Le danger se précisant, Sidi-Bel-Abbès prend les devants. Fin mai 1941, un premier groupe de légionnaires allemands antinazis est regroupé discrètement à Marrakech d'où il gagne Agadir, Tiznit et Foum el-Hassan. Arrivés là, les hommes se mettent en civil. Puis débute un long périple en camion : Tindouf, Fort Trinquet, Fort Gouraud, Atar et enfin le Sénégal. A Dakar, ce détachement en retrouve un autre parti de Saïda et arrivé par Colomb-Béchar, Bourem (sur le Niger) et Bamako. Ils sont 83 au total, appartenant à ce qui est baptisé « Détachement de travailleurs européens ». Leur chef, un jeune sous-lieutenant de vingt-deux ans, Charles Chenel, sorti de Saint-Cyr en août 1939, a reçu la mission de les conduire à une destination qu'il est encore le seul à connaître : l'Indochine française. Le général Barreau, commandant supérieur des troupes d'AOF, a donné les ordres en conséquences. De nuit, les « travailleurs européens » embarquent sur le *Cap Padarian*, cargo

---

1. Futur commandant du 5ᵉ REI en 1954.

mixte à destination de Saïgon. Ce n'est qu'un peu avant de monter à bord qu'ils ont appris où la Légion les envoyait pour échapper à Hitler et à ses séides.

La guerre impose de doubler le cap de Bonne-Espérance, et le *Cap Padarian* n'est pas un rapide marcheur. Le ravitaillement des machines nécessite de longues escales à Tamatave, à la Réunion et même un retour sur Diégo-Suarez. Ce n'est que le 2 novembre 1941 que le *Cap Padarian* accoste à Saigon. Trois jours plus tard, Chenel et ses légionnaires se présentent à Vietri, PC du 5e REI. Ils seront le dernier renfort du régiment du Tonkin. Une autre aventure les attend.

Fidèle à ses traditions, la Légion a protégé les siens.

*

LA « 13 »

Cet épisode relaté, il faut maintenant revenir à la « 13 », même si entre-temps le 5e REI, qui a accueilli Chenel, a eu sa part de combats[1]. Au terme d'une navigation scabreuse et mouvementée via l'Ecosse, la « 13 » retrouve les quais de Brest les 15 et 16 juin. Elle est aussitôt plongée dans le chaos de la débâcle de l'armée française. On parle de défendre la Bretagne, mais chez beaucoup le cœur n'y est pas. Ordres, contrordres se succèdent. A la hâte, les 1er et 2e bataillons sont expédiés vers Dinan. Dans le désordre général, le PC est coupé du gros. Finalement le 18, les deux bataillons sous les ordres du commandant Cazaud, avec des chasseurs alpins de la division Béthouart, embarquent à Brest sur un ferry et un cargo direction l'Angleterre, afin d'échapper aux Allemands.

Durant ce temps, Magrin-Vernerey et les officiers qui l'accompagnent vivent des heures tumultueuses dans la région de Dinan pour échapper à l'ennemi. Le 19, un bateau de pêche les transporte à Jersey. Puis, en deux petits groupes, ils parviennent à rallier Southampton.

Le 22 juin, les rescapés de la « 13 » campent sous une pluie battante à Trentham Park, près de Glasgow. Le court passage en Bretagne n'a pas été sans dommages. Egarés, déserteurs se chiffrent à 7,5 % des effectifs. L'équivalent des pertes de la campagne de Norvège.

Que va-t-il se passer maintenant ? Pour les 1 619 officiers, sous-officiers et légionnaires de la « 13 » de Trentham Park, les heures

---
1. Voir chapitre 17.

vécues en métropole ont fait prendre conscience du désastre militaire et de l'imbroglio politique. Le prestige de l'armée française est atteint. La discipline s'en ressent. Les légionnaires espagnols se cabrent vis-à-vis des sous-officiers d'origine germanique toujours aussi stricts sur le règlement. Dans ses Mémoires, Béthouart arrivé lui aussi en Angleterre écrit : « 300 légionnaires espagnols d'origine rouge, sur un mot d'ordre, jettent leurs armes. »

Ces « Rouges » sont des anciens de l'armée républicaine, et peut-être ne sont-ils que 250. Mais le mal est fait : la « 13 » est en crise. D'autres légionnaires, refusant de rester parqués à Trentham Park, désertent tandis que les Britanniques incarcèrent les mutins.

En fond de tableau, se profilent l'armistice en vigueur en France depuis le 25 juin à zéro heure, et l'appel du 18 juin du général de Gaulle qui commence à être perçu. Les militaires français stationnés en Angleterre sont vite placés devant un choix inéluctable : demeurer en Grande-Bretagne derrière de Gaulle afin de poursuivre la lutte, ou rentrer au Maroc, les combats étant officiellement terminés. D'un côté, la rébellion ouverte ; de l'autre, l'obéissance. Quel dilemme pour un soldat ! Où se situe le devoir ? Refuser la défaite au nom de la grandeur nationale, ou se ranger derrière le gouvernement à priori régulièrement investi. Quel officier féru d'histoire ne sent à cette heure planer l'ombre de Rossel ?

Paradoxalement, les Anglais incitent les Français à partir.

Magrin-Vernerey, accompagné de Koenig qui a repris ses fonctions d'adjoint au colonel, effectuent un aller et retour sur Londres. Sans tapage, les deux officiers rencontrent de Gaulle. Leur dilemme est rapidement tranché. Ils se rangent derrière l'homme du 18 juin, prêts à faire basculer leur propre troupe. De Gaulle, à son tour, se rend à Trentham Park, où 4 000 Français rescapés de Norvège ou de Bretagne doivent opter.

Tout se règle les 29 et 30 juin. A la « 13 », sur un total de 1 619 dont 59 officiers, 636 décident de rentrer. 900 restent, dont 24 officiers[1]. Parmi eux, derrière Magrin-Vernerey qui a plaidé à fond pour le ralliement, le commandant Cazaud, les capitaines Koenig, Puchois, Amilakvari, de Bollardière, les lieutenants Brunet de Sairigné, Arnault, Morel... Tous seront un jour Compagnons de la Libération, mais tous ne verront pas se lever l'aube victorieuse. Parmi ceux qui optent pour le retour au Maroc, le commandant Boyer-Resses, les

---

[1]. Il y a donc un petit écart (80 environ) entre le global des ralliés et rentrants au Maroc avec l'effectif théorique de 1619. Il provient de disparitions plus ou moins bien expliquées.

lieutenants Vadot, Lefort. Vingt ans plus tard, les deux derniers se montreront des fidèles de celui qu'ils refusent de suivre en juillet 1940.

Pourquoi les uns franchissent-ils le Rubicon du Channel et d'autres non ? Les motivations des officiers ralliés à la France libre sont certainement les plus claires à cerner. Ils disent non à la défaite et se rangent derrière celui qui leur offre une autre issue. Chez les tenants du retour, respect de la discipline et de la légalité du moment, prestige personnel du vainqueur de Verdun, soucis familiaux jouent. Certains estiment aussi que la reprise de la lutte interviendra en AFN et qu'il convient de s'y trouver. Comment ne pas penser également qu'il est toujours plus facile d'obéir, car les ordres reçus de France prescrivent de rentrer.

Pour les sous-officiers et la troupe, l'antinazisme de certains influe incontestablement. Les autres suivent leurs chefs, rêvent d'aventure, refusent le retour à la vie de garnison. Tout se mêle.

Sur le fond, ces ralliements sont relativement modestes[1]. Il n'en est pas moins vrai que ces 900 légionnaires constituent le noyau dur et le fer de lance de la force militaire que de Gaulle s'efforce de regrouper. Quelques arrivées supplémentaires renforcent légèrement les rangs : les lieutenants Simon, de Corta, le sous-lieutenant Messmer. Des légionnaires blessés et hospitalisés en Grande-Bretagne rejoignent. Au 31 août, l'unité aligne 31 officiers, 110 sous-officiers, 797 caporaux et légionnaires. Elle comprend même un aumônier, le père Malec, d'origine étrangère, qui suivra fidèlement jusqu'à la fin[2].

Magrin-Vernerey, devenu Monclar, ayant été appelé à diriger la Brigade française libre, le commandant Cazaud a pris le commandement de ce qui n'est qu'un gros bataillon. Durant quelques semaines se pose le problème du numéro de l'unité. Pour éviter toute confusion avec les éléments rentrant en AFN, elle adopte le numéro 14. La « 13 » d'AFN ayant été dissoute le 2 novembre 1940, la « 14 » redevient la « 13 ». Elle le restera pour l'Histoire.

*

---

1. Peu après, sera précisé le statut du personnel FFL. L'article du titre 1 de ce statut concerne plus particulièrement la Légion : « ... La Légion étrangère française ne peut recevoir d'engagement ni des sujets britanniques ni des sujets allemands et italiens. La situation des autres étrangers fera toujours l'objet d'un examen individuel. Ceux d'entre eux qui seraient reconnus aptes à servir pourront être admis à contacter soit un engagement pour une durée de six mois soit un engagement pour la durée de la guerre. »
2. Le capitaine aumônier Malec sera fait Compagnon de la Libération le 20 novembre 1943. La « 13 » aura également un autre aumônier, le père Hirlemann, présent à Bir Hakeim, fait Compagnon de la Libération le 7 mars 1945.

Les « Trois Glorieuses », les 26, 27 et 28 août, avec le ralliement à la France libre du Tchad, du Cameroun, du Moyen-Congo et de l'Oubangui-Chari[1] ouvrent à de Gaulle des horizons élargis. Mais déjà, avant même ce dénouement en AEF, il s'était entendu avec Churchill pour s'emparer de Dakar. Les « Trois Glorieuses » ne peuvent donc que conforter et précipiter ce qui se trame.

Une armada franco-britannique se met sur pied. La « 13 » doit fournir le gros des troupes destinées à débarquer. Le 30 août, à Liverpool, les légionnaires prennent place à bord de deux paquebots hollandais. Une compagnie sur le *Westerland*, deux autres avec le PC sur le *Pennland*. L'AOF se refuse. L'opération « Menace » se solde par un fiasco pénible. Sur leurs bâtiments, au large, les légionnaires se sont contentés d'entendre la canonnade entre les batteries de Dakar et celles des navires de Sa Majesté. L'affaire, militairement mineure, politiquement négative[2], a surtout chez les Français libres soulevé un grave problème de conscience.

L'accord passé entre de Gaulle et Churchill, le 7 août, en vue de la constitution des Forces Françaises libres, est catégorique :

> « 1. Le Général de Gaulle procède à la constitution d'une force française constituée de volontaires…
> 2. Cette force ne pourra jamais porter les armes contre la France. »

Cet accord confirme le contrat précédemment signé le 1er juillet 1940 :

> « En aucun cas, les volontaires ne pourront être mis dans le cas de combattre des troupes formées de Français ! »

A cet obstacle, la dialectique de Charles de Gaulle trouvera un biais :

> « Cela ne signifiait nullement qu'ils ne devaient jamais combattre des Français. Il fallait bien, hélas ! prévoir le contraire, Vichy étant ce qu'il était et non pas du tout la France[3]. »

Mais à tirer sur des camarades français, plus d'un parmi les Français libres, à commencer par Monclar, ne se résignera jamais.

---

1. Actuels Congo et Centrafrique.
2. Elle permet toutefois à Vichy de montrer sa volonté de défendre ses territoires d'outre-mer. D'où une certaine facilité accordée par les Allemands pour renforcer les troupes d'AFN et d'AOF (voir plus haut avec la création de la 4e DBLE).
3. Charles de Gaulle, *Mémoires de guerre*, OC, p. 80-81.

*

Si le dilemme de l'ouverture du feu contre des Français a été résolu par l'évolution infructueuse de l'opération « Menace » contre Dakar, il ne pourra être évité au Gabon.

Dans le ralliement de l'AEF, le Gabon a formé bloc à part. Il demeure fidèle à Vichy. Faute de conciliation, de Gaulle déclenche l'épreuve de force, dirigée par le colonel Leclerc.

Un petit bataillon – 457 légionnaires – sous les ordres du commandant Koenig, devenu le commandant Mutin, est dirigé sur Libreville depuis Douala, au Cameroun. Du 5 au 13 novembre, l'affaire ne se solde pas sans affrontements sanglants. Trois légionnaires sont tués, dix autres blessés.

Dans le cadre global de la Seconde Guerre mondiale, à côté de Mers el-Kébir et Dakar, l'épisode gabonais passe généralement inaperçu. Il compte pourtant dans la vie des Français libres et de la « 13 ». La rupture est consommée entre « gaullistes » et « pétainistes ». Les premiers sont traités de « dissidents », les seconds de « vichystes », chaque épithète portant son poids d'opprobre. Les uns se réclament de l'honneur, les autres de la discipline. Honneur et Discipline, vertus premières à la Légion ! Les hommes de la « 13 » sont désormais entraînés dans ce divorce, que même la fin de la guerre menée en commun n'estompera pas.

*

Le Gabon laisse des traces. Certains refusent de poursuivre. Environ 15 % de l'effectif de la « 13 » renoncent et ne rengagent pas.

Au 1er décembre 1940, l'unité rassemblée à Yaoundé ne compte plus que 26 officiers, 97 sous-officiers, 677 légionnaires, total 800. Le problème des effectifs sera durant toute la campagne l'un des grands soucis.

*

LA CAMPAGNE D'ÉRYTHRÉE
(6 janvier-2 mai 1941)

Benito Mussolini n'a jamais manqué d'ambitions. Bravant la France et la Grande-Bretagne, il a occupé en 1936 l'Ethiopie et l'Erythrée. Avec la Somalie italienne, il tient ainsi la corne orientale de l'Afrique, avec environ 280 000 hommes sous le commandement du duc d'Aoste.

En face les Britanniques, en Egypte et au Soudan, n'alignent que 80 à 90 000 hommes. Ils souhaitent malgré tout se débarrasser au plus vite de la présence italienne en Afrique orientale afin d'avoir les mains libres en Libye. L'intervention de la Brigade française d'Orient (BFO), dépêchée par de Gaulle soucieux de montrer la détermination des Français libres, s'intègre dans cette offensive engagée en janvier 1941, en Ethiopie et en Erythrée, par l'armée britannique.

Cette BFO, commandée par Monclar, comprend environ 4 000 hommes : le BM/3, venu du Tchad, le BIM, issu du 24e RIC, et la « 13 ». Embarqués le 6 janvier 1941 à Freetown, en Sierra Leone, les légionnaires débarquent enfin à Port Soudan[1] le 14 février. Le voyage a été éprouvant. Cinq semaines d'un long périple où il a fallu contourner l'Afrique australe. Retrouver la terre ferme est apprécié.

Dès son arrivée, la « 13 » est rattachée à la 7e brigade hindoue puis dirigée sur Cheren. Après une progression victorieuse de 200 kilomètres à partir du Soudan, les Britanniques piétinent devant cette place solidement tenue, nœud de communications sur l'axe Asmara-Massaouah. Dans un terrain montagneux peu propice aux déplacements automobiles, la demi-brigade reçoit mission d'attaquer la ville de l'est et par les hauts.

Les tenues ont été allégées au maximum. Short et chandail seulement, eu égard à la latitude et aux pentes à gravir. L'Engiabat, massif par lequel les légionnaires doivent s'infiltrer, culmine à 2 154 mètres.

La progression débute le 12 mars à vingt et une heures, par une longue marche de nuit de 30 kilomètres. Puis au jour, attaque des sommets du Grand Willy, enlevé à la grenade. Les sergents Kriezloch et Zoler sont tués. Ce premier succès permet d'escompter s'emparer de l'Engiabat, pourtant solidement défendu. Obusiers et mortiers italiens clouent au sol les sections.

La chaleur du jour aggrave les difficultés de la lutte. En ces montagnes arides, les points d'eau sont rares. Le ravitaillement n'a pu suivre. Les légionnaires, éprouvés par le feu adverse, souffrent cruellement de la soif. La première tentative contre l'Engiabat, le 15 mars, s'achève sur un échec coûteux : 11 tués, 35 blessés.

L'attaque reprend le 27, avec des moyens renforcés. Elle tombe cette fois dans le vide. Menacés d'encerclement, les Italiens décampent. La route de Massaouah, principal port de l'Erythrée, est ouverte. Dans leur marche en avant, les légionnaires capturent de nombreux fugitifs.

---

1. Port Soudan, sur la rive occidentale de la mer Rouge, est sensiblement à mi-distance entre Djibouti et Suez.

Asmara, la capitale, est occupée le 1ᵉʳ avril par les Britanniques. Poussés sur véhicules, les légionnaires se fixent Massaouah comme objectif. Le 8 avril, la « 13 » débouche devant la cité, où est signalée une importante garnison. Sur sa gauche, la 5ᵉ division hindoue surgit du nord. Des coups de main hardis font sauter les avant-postes. Les forts suivent. Partout la vitesse prime. Forçant le destin et en dépit des ordres reçus, Monclar s'enfonce dans la ville avec une faible escorte de légionnaires. Payant d'audace, il s'offre le luxe de faire prisonniers un amiral et deux généraux. Massaouah est un total succès français, obtenu au prix de pertes légères (4 tués). Il donne un coup de fouet aux Français libres et à la « 13 ». Les légionnaires ont rappelé que leur vaillance était intacte et que la victoire pouvait couronner leurs sacrifices.

*

De Gaulle, sérieusement affaibli par Dakar, sort renforcé de la campagne d'Erythrée. Ses Français libres ont prouvé leur détermination. D'emblée, il envisage de jeter les dés encore plus loin : au Levant. Ce territoire sous mandat l'intéresse. Intégré à la France libre, il peut lui procurer le matériel et surtout les hommes dont il a tant besoin.

Pourtant, le moment ne paraît guère favorable. La position britannique se détériore en Méditerranée orientale. Les Allemands achèvent d'occuper la Grèce et s'emparent de la Crète. En Libye, Rommel bouscule Wavell. Une révolte anti-anglaise éclate en Irak.

Cette sédition de Rachid Ali à Bagdad offre à de Gaulle prétexte à intervenir au Levant. Hitler, occupé en Crète, préparant « Barbarossa[1] », n'a pas au départ apporté grand soutien aux Irakiens. Soudain, il fait mine de leur prêter main-forte. Des avions allemands transitent pour les appuyer par les aéroports français en Syrie. De Gaulle tient son casus belli. La BFO, devenue la BFLO (Brigade française légère d'Orient), de retour d'Erythrée, est disponible. Le chef de la France libre parvient à convaincre Churchill, initialement réticent. Pourtant, les renseignements émanant de Syrie n'incitent pas à l'action. La rébellion irakienne matée, les aviateurs allemands ont déserté les escales syriennes. Sur place, les Français, après Mers el-Kébir et Dakar, se défendront contre une agression anglaise. Le légendaire colonel Collet, rallié de fraîche date, ne le cache pas.

Ces Français de Syrie, sous les ordres du général Dentz, sont

---
1. L'attaque contre l'URSS date du 22 juin 1941.

environ 30 000 [1]. Au premier rang de leurs forces terrestres, le 6e REI du colonel Barre.

Ce 6e REI, lors de l'armistice de juin 1940, a eu velléité de rejoindre les Britanniques en Palestine. Certains de ses officiers ont aidé le colonel de Larminat, interné pour « gaullisme », à s'évader. Puis les « circonstances » ont évolué. Le général Mittelhauser, commandant supérieur et favorable à la résistance, a changé d'avis. Mers el-Kébir est survenu. Les officiers le plus « gaullistes » ont été mutés en métropole ou en AFN. Au 1er juin 1941, le 6e REI, fort de 3 344 hommes et quatre bataillons, s'il n'est pas pro-allemand – loin de là – se veut fidèle à Pétain. Il est prêt à se battre pour défendre une terre française dont la France l'a chargé d'assurer la défense.

La BFLO s'est légèrement étoffée – 4 500 hommes maintenant – et a pris le nom de 1re DFL. Son patron est le général Legentilhomme. Monclar, comme au Gabon, a fait jouer la clause de conscience. Le vainqueur de Massaouah a fait part à ses officiers de ses scrupules : « Il y a en face de nous le 6e étranger. La Légion ne tire pas sur la Légion [2]. »

Conscient de l'état d'esprit, de Gaulle, fin mai, rend visite à la « 13 ». Il en profite pour remettre les premières croix de la Libération. Parmi les récipiendaires, les capitaines Morel, de Bollardière, les lieutenants Simon, Messmer. Elle s'allongera, la liste des Compagnons de la « 13 », titulaires de cette distinction prestigieuse honorant les plus valeureux combattants de la Résistance et de la France libre [3].

*

Comme l'avait annoncé Collet, les troupes du Levant vont se défendre, et farouchement. Elles ont au fond du cœur Mers el-Kébir, Dakar, le Gabon, les ordres de Pétain, la volonté de protéger une terre française.

Au 6e REI, pas d'états d'âme. Pour les officiers, les mobiles patriotiques sont évidents. Pour la troupe, les vieux réflexes joueront à plein : discipline, fidélité envers les chefs, professionnalisme parfait.

---

1. Soit 20 bataillons d'infanterie, 3 régiments de cavalerie, 2 régiments d'artillerie. Avec 4 bataillons, le 6e REI représente donc le cinquième de l'infanterie des troupes du Levant.

2. De Gaulle rancunier mettra Monclar sur la touche jusqu'à la fin de la guerre. Il lui devait pourtant en grande partie le ralliement de la « 13 ». L'homme du 18 juin à Colombey, Monclar de 1948 à 1950 deviendra inspecteur de la Légion. La promotion de Saint-Cyr 1987-1990 porte son nom. Grand-Croix de la Légion d'honneur, Compagnon de la Libération, Monclar totalise 22 citations.

3. Voir Annexe 3.

La campagne s'ouvre le 8 juin. Les forces terrestres sont sensiblement équivalentes, mais les Britanniques ont l'avantage dans le ciel et sur mer. En outre, ils bénéficient de la surprise et de l'initiative tactique. Le commandement anglais a prévu d'attaquer sur deux axes principaux :
– Le long de la route côtière, en direction de Saïda et Beyrouth, avec la 7e division australienne ;
– Dans l'intérieur, en direction de Damas par Cheikh-Meskine, avec la 5e brigade indienne suivie par la DFL[1].

Ultérieurement, une brigade de cavalerie provenant d'Irak se portera sur Palmyre et Homs. Ces axes de marche situent les positions sur lesquelles les quatre bataillons du 6e REI vont se trouver impliqués pour stopper l'avance ennemie au Liban et en Syrie.

Au sud de Saïda, le IV/6 REI est confronté d'entrée à des conditions particulièrement difficiles. Les Australiens disposent d'un écrasant appui de feu de la Navy. Du bataillon Hourtané, plongé dans l'enfer d'Hassaniyé, ne sortiront que 80 rescapés. La 13e compagnie du capitaine Babonneau est décimée : 12 tués, 12 blessés, 75 prisonniers, dont Babonneau lui-même.

Un peu au nord-est, le chef de corps, le colonel Barre, à la tête du groupement du Chouf incluant le I/6 REI, livre une bataille farouche sous Jezzine. Les efforts des légionnaires ne parviennent pas à enlever cette bourgade qui leur permettrait de piquer vers la côte pour soulager les défenseurs de Saïda.

Plus au sud, le III/6, retiré de Damas, bloque les Australiens devant Merdjayoun, porte de la Bekka, au débouché du Litani vers la Palestine. Quant au 2e bataillon, accouru pour couvrir Beyrouth devant l'évolution de l'affrontement, il défendra Damour à un contre cinq. Il ne décroche que sur un ordre impératif.

Ces combats, toujours sanglants, se prolongent plusieurs jours, mais le plus long se déroule à Palmyre. Palmyre, à 200 kilomètres au nord-est de Damas, commande l'accès septentrional de la Syrie et du Liban. Si Palmyre tombe, les forces du Levant sont prises à revers.

L'oasis de la reine Zénobie est investie le 21 juin par la « Hab Force » motorisée débouchant d'Irak. Sa garnison est modeste. Une compagnie de Légion du IV/6 REI (15e, capitaine Collot), une compagnie légère du désert, une poignée d'aviateurs de la base aérienne. En tout, quelque 300 hommes sous les ordres du capitaine Ghérardy, un vieux blédard.

---

1. Ces forces, devant la résistance rencontrée, seront renforcées de deux DI britanniques et d'une division indienne.

Sur les hauts, près de la Qalaat Ibn Maan, vieux fort arabe datant des croisades, le fort Weygand, le blockhaus 13, tenus par deux escouades de légionnaires repoussent tous les assauts. Dans la palmeraie, des tireurs bien embusqués arrêtent les tentatives d'infiltration. Les balles claquent le long du mur de Justinien ou dans le temple de Bel. Des impacts effritent les colonnades millénaires.

La compagnie légère du désert s'est très vite débandée. La compagnie de Légion s'est retrouvée pratiquement seule, appuyée au mieux par des aviateurs se dévouant dans le ciel pour tenter de desserrer l'étreinte.

Le 3 juillet, à court de munitions, Ghérardy doit cesser le combat. Il n'a plus que 88 combattants plus ou moins valides autour de lui. Les Anglais croyaient avoir devant eux au moins un bataillon.

Camerone. Tuyen-Quang. Bir-Hakeim. Phu Thong Hoa. Diên Biên Phu. L'histoire de la Légion étrangère est riche de belles défenses. Un voile pudique recouvre celle de Palmyre. Les assaillants eussent été allemands et non anglais, en 1941 la gloire des défenseurs de Palmyre eût, elle aussi, été éternelle.

Et la « 13 » dans cette tragédie ?

Elle intervient, mais paraît n'être engagée qu'avec une certaine retenue. Le commandement aurait-il décelé une certaine réticence des légionnaires et de leurs cadres à ouvrir le feu contre des camarades français ? Ce n'est pas impossible, même si personne n'ose vraiment l'avouer.

Comme le plan initial le prévoyait, elle se manifeste, avec la 1re DFL, devant Damas. Le 19 juin, elle livre un premier et sanglant combat pour s'emparer de la cote 748, tenue par des tirailleurs des 29e RTA et 1er RTM[1]. 748 occupée, elle se déploie pour marcher sur Damas. A hauteur de Kadem, elle se heurte à un petit poste du III/6 REI. Un tué à la « 13 ». Un blessé au 6e REI. Le drame que chacun redoutait s'est produit. Le capitaine Saint-Hillier a raconté la suite :

> « Pour récupérer ses légionnaires égaillés dans la nature, le commandant Amilakvari fait sonner le refrain de la demi-brigade, qui commence par les premières notes du *Boudin*. A la barricade qui nous arrête, un clairon répond par le refrain de la Légion. Immédiatement debout, le commandant Amilakvari ordonne le cessez-le-feu et, avec son adjoint, se porte vers l'adversaire. "La Légion ne combattra pas la Légion", dit-il. Il

---

[1]. 4e bataillon du 1er RTM. Ce bataillon perd quatre officiers dans ces combats du Levant en 1941.

trouve un poste de quelques légionnaires qu'un sous-officier commande, ce sont des isolés, prélevés sur un dépôt car le 6ᵉ étranger est engagé au Liban ou à Palmyre ; il lui demande sa mission : "Résister jusqu'à une heure du matin". "C'est bien, répond-il, reposez-vous, nous n'avancerons qu'après la fin de votre mission : si vous avez besoin de quelque chose, venez le chercher chez nous." Le groupe présente les armes au commandant avant de disparaître, sa mission remplie[1]. »

Ainsi « les légionnaires ne s'entre-tuèrent pas », selon le mot d'un officier britannique de liaison près de la « 13 ».

Libérée de ce côté, la « 13 » poursuit et contribue à la prise de Damas. Après quoi elle s'immobilise, jusqu'à l'armistice du 12 juillet. Là encore, y a-t-il peut-être à ce temps mort une explication qui l'honore.

« Horrible gaspillage », a écrit Charles de Gaulle, grand responsable[2] de cette lutte fratricide sans justifications militaires réelles[3]. Hitler était trop préoccupé par Barbarossa pour se soucier du Levant. Lequel Levant, en 1942, serait rentré à son tour dans la guerre aux côtés des Alliés, comme l'AFN et l'AOF.

Ce « gaspillage » a coûté 21 tués à la « 13 » et 47 blessés. Au 6ᵉ REI, le mal est pis. 128 tués, 728 blessés ; plus de 25 % de l'effectif. L'unité n'a jamais été ménagée par les Britanniques. Blessés abandonnés, parfois brutalisés, voire achevés. Les légionnaires du 6ᵉ REI ont tout connu. La compassion n'était pas au programme de l'adversaire. La Grande-Bretagne aspirait depuis si longtemps à supplanter la France au Levant !

*

La bataille terminée, une autre, hypocrite et sournoise, s'engage. Les gaullistes entendent amener à eux le maximum de ceux qu'ils ont combattus, les vichystes préserver l'intégrité de leurs unités.

La convention de Saint-Jean-d'Acre relative à l'armistice, entre Français et Britanniques, prévoit en effet la liberté d'option et le

---

1. *L'Epopée de la « 13 »*, OC, p. 154.
2. Il l'a formellement reconnu après la guerre : « C'est la France qui prit l'initiative d'entrer en Syrie en 1941 en y entraînant l'Angleterre » (conférence de presse, 2 juin 1945).
3. La campagne a coûté 1 066 tués et 4 500 blessés aux forces du Levant, 650 tués et blessés à la DFL, 3 500 tués et blessés aux Britanniques.

retour en France ou en AFN de ceux qui le désirent. Mais après ces cinq semaines de rudes affrontements, les esprits, côté Forces du Levant, ne sont pas à la conciliation. Pas question de rejoindre ceux qui les ont agressés [1].

Le 6e REI est l'objet d'une attention toute particulière. L'occasion est trop belle pour la « 13 » de gonfler ses rangs. La propagande FFL s'intensifie, ne lésinant ni sur les méthodes ni sur les promesses.

Les officiers renâclent. Le contentieux est trop lourd et persistera longtemps. Ils ne sont que trois [2], prisonniers des Anglais, à changer de camp : le capitaine Babonneau [3], les lieutenants Digonnet et Martinelle [4]. Tous les autres, derrière leur colonel, rentrent en France. La « 13 » y perd de beaux soldats qui viennent de se battre avec ardeur. Andolenko, Pépin Le Halleur, Favreau, Bouchard gagneront leurs étoiles. Jacquot commandera le 2e REI, Laimay le 3e REI, Segrétain, commandant le 1er BEP, sera tué sur la RC4. Lisenfelt commandera le 2e BEP à Diên Biên Phu. Jeanpierre, résistant, déporté, tombera à la tête du 1er REP à Guelma en mai 1958. Une promotion de Saint-Cyr porte son nom. Tous s'éloignent avec le sentiment absolu d'avoir fait leur devoir en défendant, comme il leur avait été prescrit, une terre française.

Après ce rejet collectif de leurs officiers de la France libre, il est étonnant de voir un nombre important de légionnaires rejoindre la « 13 ». A Trentham Park, les chefs avaient été généralement suivis. Ce n'est plus le cas en Syrie. Pourquoi ? Attrait de l'aventure ? Refus de la vie de garnison en AFN ? Hostilité au nazisme ? Perspectives alléchantes ? Prestige personnel d'Amilakvari ? Les motivations ne manquent pas pour expliquer le geste du millier de ralliés [5]. L'issue de la guerre est aussi beaucoup moins hasardeuse qu'un an auparavant. L'Angleterre n'est plus seule. Depuis le 22 juin, l'URSS est partie prenante et l'ombre de l'Amérique se profile derrière Churchill. Comment aussi ne pas rester insensible en écoutant narrer les exploits de la campagne d'Erythrée ?

Par dépit peut-être, le capitaine Andolenko – camarade de promotion et ami d'Amilakvari – note : « Certains de nos hommes, cédant au goût de l'aventure, abandonnent leur drapeau et quittent le régi-

---

1. Selon le général Catroux, une centaine d'officiers et 2 000 sous-officiers et hommes de troupe se sont ralliés.
2. Dans *La Bataille de la Méditerranée*, OC, p. 201.
3. Babonneau sera fait Compagnon de la Libération après Bir Hakeim, le 9 septembre 1942.
4. Le lieutenant de Luzancay a rallié les FFL avant le 8 juin 1941.
5. Le chiffre exact est contesté. 1 030 paraît le plus plausible, 1 400 est excessif.

ment », et il ajoute : « Nous constatons que ceux qui nous trahissent sont loin d'être les meilleurs. »

C'est un régiment réduit au tiers de son effectif initial, avec 1 233 hommes seulement, qui débarque à Marseille fin août. L'histoire du 6e REI est provisoirement terminée [1]. Il est dissous et ses légionnaires ventilés dans les unités de Légion d'AFN.

*

L'épisode malheureux et unanimement condamné [2] de cette guerre de Syrie se soldera à court terme par un retrait précipité et dans de mauvaises conditions de la France du Levant. Il ne présente en 1941 qu'un seul élément positif : les ralliements apportent des hommes à la France libre qui récupère également un peu de matériel. Les 75 récupérés en Syrie se révéleront à Bir Hakeim d'excellents canons antichars.

La « 13 » bénéficie donc d'un apport d'un millier d'hommes et recrute sur place quelques individualités. L'unité, qui n'avait plus que la valeur d'un bataillon, peut reprendre une structure régimentaire. Au 1er octobre, elle se présente avec trois bataillons :
– 1er bataillon : capitaine de Bollardière,
– 2e bataillon : capitaine Babonneau,
– 3e bataillon : commandant Puchois.

Cazaud étant devenu le patron de l'une des deux divisions française libres en formation, Amilakvari, promu lieutenant-colonel, prend le commandement de la demi-brigade. Les lieutenants de 1940 sont maintenant capitaines. Les Morel, Arnault, Sairigné, Lamaze, Messmer, Morel, Simon commandent des compagnies. Saint-Hillier est officier adjoint. Ces avancements rapides, dignes des temps révolutionnaires, provoqueront des grincements de dents lors des retrouvailles. Mais les besoins sont là et même les récents ralliés en profitent. Babonneau passera bientôt commandant.

Le 19 octobre 1941, à Homs en Syrie, le général Catroux remet officiellement au lieutenant-colonel Amilakvari le drapeau de son unité [3]. Merveilleux moment pour cet ancien saint-cyrien de trente-cinq ans, réfugié en France avec sa famille après la révolution d'octobre. Officier à titre étranger, il sert à la Légion depuis sa sortie de

---
1. Le 6e REI renaîtra en 1949, commandé par le lieutenant-colonel Babonneau, le rallié de 1941.
2. Chaque camp rejetant la responsabilité sur l'autre.
3. Confectionné par des dames du Caire. La « 13 » était partie en Norvège sans drapeau et n'avait que le fanion réalisé à Narvik.

l'école en 1926. L'homme n'est pas inférieur à la légende qui aujourd'hui entoure et illumine son nom. De famille princière géorgienne, Dimitri Amilakvari est un seigneur et se comporte comme tel.

*

L'une des premières tâches du jeune colonel est de souder les rangs. Volontaires de juillet 1940, ralliés du Levant s'équilibrent. L'amalgame est à réaliser entre les uns et les autres. Quelques jeunes officiers – jeunes aspirants ou vieux ralliés comme le capitaine Lalande[1] – viennent compléter l'encadrement.

Il faut également dominer une nouvelle donne technique. Pour affronter la guerre du désert en Libye, la « 13 » se motorise. Elle perçoit du matériel fourni par les Britanniques : camions Chevrolet, véhicules de liaison, (les fameux pick-up Dodge) et chenillettes tout-terrain Bren Carrier[2]. L'unité y gagne en mobilité et en puissance de feu. Encore est-il nécessaire d'instruire le personnel. La fin de 1941 y est consacrée.

Une ombre se glisse dans la cohésion recherchée. Les 2e et 3e bataillons sont affectés à la 1re brigade française libre du général Koenig. Le 1er bataillon est rattaché à la 2e BFL (général Cazaud) et ne rejoindra la Libye qu'en avril. Amilakvari n'a pas l'intégralité de sa troupe sous sa main.

*

A la mi-janvier 1942, les 2e et 3e bataillons sont effectivement engagés en Libye. La guerre, en cette partie de l'Afrique du Nord, connaît un mouvement de balancier. Alternativement, Germano-Italiens et Britanniques avancent ou reculent, de la Cyrénaïque à la frontière égyptienne. Pour l'heure, l'opération Crusader, lancée par

---

1. André Lalande est avec Amilakvari, Sairigné et Lamaze l'une des plus nobles figures de la « 13 ». Capitaine au 6e BCA en Norvège, il est l'un des rares chasseurs à suivre de Gaulle en juillet 1940. Retenu comme instructeur en Angleterre, il rejoint sur sa demande la « 13 » en décembre 1941, avec laquelle il se battra jusqu'à la victoire. Chef de corps du 3e REI en Indochine en 1954, le colonel Lalande commandera le PA Isabelle, le dernier à tomber à Diên Biên Phu. La promotion de Saint-Cyr (1996-1999) porte son nom. Compagnon de la Libération le 20 novembre 1943.

2. Bren Carrier : poids : 4,5 tonnes ; vitesse : 48 km/h ; blindage : 7 à 10 mm ; équipage : 4 hommes ; armement : FM ou mortier suivant les cas ; longueur : 3,7 m ; largeur : 2,10 m ; hauteur 1,60 m. Autonomie : 260 km. La 1re BFL dispose de 63 Bren Carrier, la « 13 » de 31 à elle seule. Le commandement sait que la Légion en fera bon usage.

le général Auchinleck en novembre 1941, a repoussé les forces de l'Axe vers l'ouest et reconquis la Cyrénaïque. Mais des points forts tiennent toujours, comme la passe d'Halfaya.

Les deux bataillons de la « 13 » s'apprêtent à attaquer cette fameuse passe lorsque, le 17 janvier, la garnison allemande met bas les armes. La frustration d'un combat ne durera pas.

Le 21 janvier, Rommel contre-attaque. Le 29, il entre dans Benghazi puis marque un long temps d'arrêt. Logistique oblige. Hitler, le regard tourné vers le front russe, a tendance à négliger l'Afrika Korps. La 8e armée britannique, elle, s'organise à hauteur de Gazala, à l'ouest de Tobrouk, en vue de barrer la route de l'Egypte. A cet effet, elle organise une série de môles défensifs, des « boxes » dans son jargon, prolongés par des champs de mines. Le plus méridional de ces môles, à 80 kilomètres au sud-ouest de Tobrouk, s'appelle Bir Hakeim. Le 14 février, la 1re BFL de Koenig y relève une brigade indienne.

Durant plusieurs semaines, les légionnaires mènent une double activité. Ils sortent. Leurs « Jock Colonnes[1] » patrouillent dans le no man's land, harcelant les convois ennemis, surveillant les champs de mines. Ces expéditions conduisent à se mesurer à l'adversaire et aux conditions naturelles. Les tempêtes de sable se déchaînent sans préavis. Le sable alors aveugle, s'infiltre partout, se mêle à la nourriture. Avec l'arrivée du printemps, la température s'élève. Les hommes qui ont soif doivent ménager un liquide rare.

Dans cette guerre de course des « Jock Colonnes », les compagnies Lamaze et Messmer, du bataillon Puchois, sont passées reines. Les Bren Carrier et les 75 y font merveille. Dans un rayon de 10 à 20 kilomètres autour de Bir Hakeim, les Français libres font la loi.

Si dans leurs sorties les 957 légionnaires de la « 13 » glanent quelques beaux succès, détruisant des camions et même des chars adverses, ils ont d'abord à se fortifier. Le « box » de Bir Hakeim épouse sensiblement la forme d'un triangle équilatéral. Son périmètre, délimité par des champs de mines, est de l'ordre de 17 kilomètres. Le 2e BLE (commandant Babonneau) garde la face est. Le 3e BLE (commandant Puchois) fournit la réserve d'intervention de Koenig. Mines, canons de 47 et 75 mm assurent les défenses antichars. Peu de barbelés sauf aux chicanes des trois portes d'entrée dont l'une, devant le bataillon Babonneau, tenue par la compagnie Morel.

Bir Hakeim ne présente qu'une faible ondulation : la cote 186 au

---

1. Détachement sur véhicules de la valeur minimum d'une compagnie armée de canons antichars et bien pourvus en moyens radio.

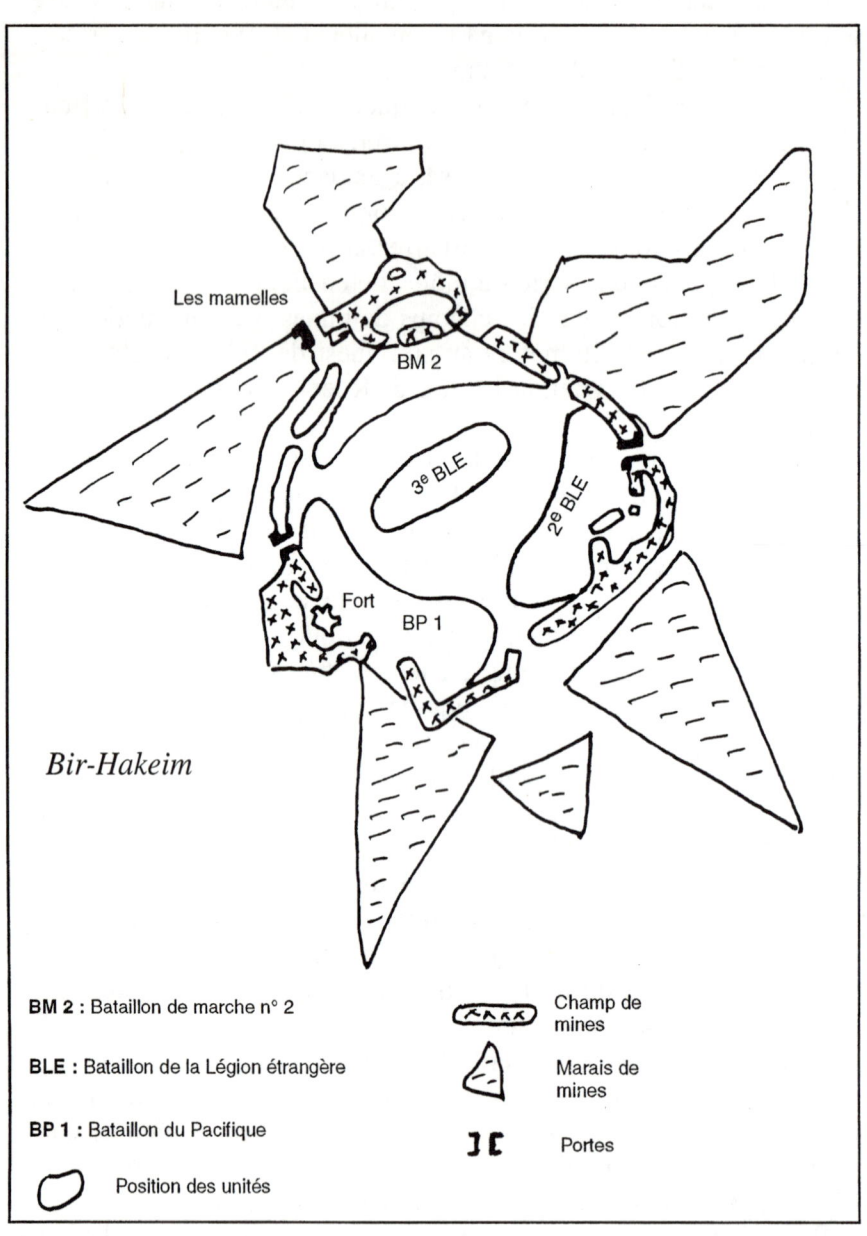

nord-ouest. Le sol tout autour est plat, dénudé. A peine quelques touffes desséchées piquettent la pierraille. Pour se protéger sur ce glacis, les hommes n'ont qu'un recours : manier la pelle et la pioche pour s'enterrer. Les légionnaires, même s'ils préfèrent les « Jock Colonnes », le font avec entrain (ce qui n'est pas le cas de tous). Ils sont habitués à remuer la terre. Sans répit, ils creusent boyaux, tranchées, abris. Ils s'en trouveront bien. Dans leurs trous, les défenseurs ne sont vulnérables qu'aux coups directs de l'artillerie et de l'aviation.

Le 26 mai, Rommel lance enfin son offensive généralisée. L'ensemble du front s'embrase. Le fougueux général allemand veut enlever Tobrouk et atteindre l'Egypte.

Bir Hakeim le gêne. Ses feux et ses patrouilles motorisées entravent les lignes de communication de l'Afrika Korps. Sa présence interdit le débordement massif par le sud des autres « boxes » de la 8e armée. Cet abcès doit donc disparaître.

*

Le 27 mai, vers huit heures quinze, les silhouettes de 80 chars sur quatre colonnes grandissent devant le 2e BLE. Anglais ou Allemands ? Le nuage de poussière soulevé rend l'identification difficile. Un arrivant saute sur une mine. Aussitôt ses compagnons ouvrent le feu. Le doute est levé. Les 75 claquent. Une fumée noirâtre se dégage des engins touchés. Cinq, plus incisifs, parviennent jusqu'au PA de la compagnie Morel. A courte distance, ils sont atteints et immobilisés par les Piat antichars. Puis, jaillissant de leurs emplacements de combat, les légionnaires les assaillent à la grenade et capturent les équipages.

Dix heures trente, 32 chars se consument, presque tous à l'actif de la Légion. Les autres se sont repliés. L'adversaire était italien, division Ariete. La « 13 » a fait 91 prisonniers et n'a que deux blessés. Pourtant il y eut des minutes critiques, surtout à la compagnie Morel qui a reçu le gros de l'attaque. Tous y ont bien réagi. La 2e section (adjudant Ottl, autrichien, rallié de Syrie où il a été blessé) a détruit 19 chars. Un autre sous-officier s'est distingué : le sergent Eckstein, de la compagnie lourde du 2e BLE, aligne à son palmarès 7 blindés au minimum.

Les Italiens se sont cassés les reins. Courage et abris enterrés ont payé. Pendant quatre jours, les « Jock Colonnes » reprennent. Bir Hakeim n'a pas encore le sentiment d'être véritablement assiégé. Koenig perçoit que l'étau se resserre. L'aviation ennemie se manifeste de plus en plus. Au matin du 2 juin, il est clair que la bataille bascule. Le « box » est maintenant encerclé. A environ 1 500 mètres, aux quatre coins de l'horizon, les guetteurs avec les jumelles ou les binoculaires repèrent les véhicules et les blindés allemands ou italiens.

Un peu avant midi, le commandant Babonneau rend compte par le téléphone intérieur : « Un véhicule muni d'un drapeau blanc s'avance vers nous. » Les légionnaires réceptionnent deux officiers italiens qu'ils conduisent au PC de Koenig. Ces parlementaires sont volubiles : « *Rommel... Italiani... Circumdati... Bir Hakeim capitulari. Rommel exterminare...* »

Pas besoin d'être grand clerc pour déchiffrer. Les Français encerclés doivent se rendre. Sinon ils seront exterminés par le général Rommel. Si la réponse de Koenig n'évoque pas Cambronne, elle est du moins sans équivoque. Les légionnaires raccompagnent vers la chicane de sortie les deux Italiens dont l'un murmure : « *Grandi soldati !* »

Les conséquences de la réaction française ne se font pas attendre. Des salves d'artillerie s'acharnent sur Bir Hakeim. Le siège commence véritablement. Toute la garnison française se regroupe, les dernières « Jock Colonnes » rentrent.

3 juin. Le bataillon Babonneau serait-il devenu l'intermédiaire incontournable des discussions entre adversaires ? Cette fois, ce sont deux prisonniers anglais qui se présentent, porteurs d'un message signé par Rommel en personne :

> « *An di Truppen von Bir-Acheim. Weiterer Widerstand bedeutet nützloses Blutvergiessen. Ihr wurden dasselbe Schicksal erleiden, wie die beiden Brigaden englischen in Got Ualeb, die vorgestern vernichtet wurden. Wir stellen den Kampfe ein wenn ihre weisse Flagen zeigen und ohne Waffen zu uns herüber kommt.*
>
> Rommel, Generalobertst. »

> « Aux troupes de Bir-Acheim. Toute prolongation de la résistance signifie une effusion de sang inutile. Vous endureriez le même sort que les deux brigades anglaises de Got el-Goualeb, qui ont été détruites avant-hier. Nous cesserons le combat quand vous montrerez des drapeaux blancs et que vous vous dirigerez vers nous sans armes.
>
> Rommel, Général d'armée. »

Personne à Bir Hakeim n'a envie de se plier à ce qui claque comme un ordre. Les armes trancheront. 3 500 Français contre la division motorisée Ariete et la 90ᵉ division légère allemande. Heinkel et Stuka se succèdent dans le ciel. Obusiers, mortiers, mitrailleuses balayent sans répit les points d'appui. Se déplacer est périlleux.

Dans la nuit du 4 au 5, vers quatre heures quinze, deux nouveaux parlementaires se présentent, toujours chez Babonneau. Ceux-là sont allemands. A la lueur de leurs phares, ils lisent leur papier. Lecture faite, leur véhicule amorce un demi-tour et saute sur une mine. Les deux parlementaires sont contraints de s'éloigner à pied, sous les risées des légionnaires de la compagnie Morel.

Toute la journée du 5 est sévère. L'artillerie lourde tire sans discontinuer. La chaleur est accablante : 40 à 50° à l'ombre. La ration journalière est tombée à deux litres d'eau par homme. C'est peu dans une telle fournaise. Il est cependant une note réconfortante. « La défense de Bir Hakeim est un exemple pour tous », annonce la BBC.

Le 6, plusieurs attaques sont repoussées par les tirs d'arrêt des 75. Si le 7 est plus calme, le lendemain Rommel relance une tentative par le nord. Dans la nuit, la 9ᵉ compagnie Messmer doit se porter en renfort du BM/2 éprouvé. Le 9, l'infanterie allemande parvient à s'infiltrer à la limite des secteurs compagnie Messmer-BM/2. Une solide contre-attaque menée par les Bren Carrier du BM/2 et du 3ᵉ BLE (lieutenant Dewey) parvient à la rejeter.

10 juin. A la faveur de la nuit et du brouillard matinal, l'ennemi s'est rapproché des PA Morel et Messmer. Artillerie, aviation précèdent l'assaut. A quinze heures, les fantassins allemands sont à 100 mètres des avant-postes. Depuis quarante-cinq heures, les légionnaires sont sur la brèche. Certains sont tués sur leurs positions. Quelques-uns épuisés sont faits prisonniers. La compagnie Messmer est la plus menacée mais ne lâche pas. A dix-neuf heures, une autre intervention des Bren Carrier de Dewey donne un peu d'air.

Bir Hakeim tient depuis treize jours. La mission de retardement de la poussée allemande a été largement remplie. Est-il utile de prolonger une résistance qui finalement conduirait à la destruction complète de la 1ʳᵉ DFL ? Koenig a reçu un message confidentiel des Anglais :

> « La position de Bir Hakeim n'est plus considérée comme essentielle. Dans ces conditions, une évacuation peut-elle être envisagée ? »

Pour Koenig, la question répond à ses propres réflexions. Mieux vaut risquer l'évacuation que de succomber faute de ravitaillement en eau et en munitions. Le débat est vite tranché. La sortie s'effectuera dans la nuit du 10 au 11 juin et débutera à vingt-trois heures trente. Les légionnaires ouvriront la route avec le BIP. De petits détachements retardateurs se maintiendront sur les emplacements de combat jusqu'à deux heures, afin de simuler l'occupation du camp.

A la tombée de la nuit, le capitaine Gravier se met à l'ouvrage avec ses sapeurs, pour dégager une trouée de 200 mètres de large. Mais faute de temps, le travail ne peut être mené complètement à son terme.

A partir de vingt-trois heures trente, légionnaires et coloniaux commencent à se glisser dans la brèche ouverte. Puis, le plus silencieusement possible, ils se déploient pour couvrir la sortie. 2e BLE sur l'avant, 3e BLE sur la droite. BP 1 sur la gauche. Ce bataillon du Pacifique qui, la veille, a perdu son chef et organisateur, le vaillant colonel Broche, tué en première ligne.

Durant ce temps, les véhicules se massent pour sortir. Hélas, le bruit des moteurs, des explosions de mines alertent les guetteurs allemands. Des fusées éclairantes s'élèvent. Des rafales d'armes automatiques crépitent. La surprise ne jouera pas. Au milieu de la confusion, dans l'obscurité trouée par les lueurs des incendies, il n'est plus qu'une alternative : foncer. Les chefs donnent l'exemple, s'efforçant de rallier autour d'eux le maximum de leurs subordonnés. Très vite, la mêlée devient affaire personnelle. Le capitaine de Sairigné parlera de « corrida individuelle ». Pour évoquer ces combats, reviennent à l'esprit les vers fameux :

> « *O combien d'actions, combien d'exploits célèbres*
> *Sont demeurés sans gloire au milieu des ténèbres,*
> *Où chacun, seul témoin des grands coups qu'il donnait*
> *Ne pouvait discerner où le sort inclinait* [1] *!* »

Le lieutenant Dewey est au premier rang des héros de cette nuit tragique. Il a pris la tête de son peloton de Bren Carrier. Gravier, le sapeur, est monté près de lui. Un canon allemand interdit la progression. Dewey ordonne résolument à son chauffeur de se précipiter à l'abordage. A quelques mètres de l'ennemi, il se dresse pour lancer des grenades tandis que Gravier rafale au fusil mitrailleur. Un obus frappe le blindage de la chenillette. Dewey s'écroule, tué net. Gravier s'affaisse, grièvement blessé. Mais les canonniers allemands ont été décimés par la charge du Bren Carrier. La voie est libre.

Dewey est tombé et bien d'autres avec lui, dont le capitaine de Lamaze, commandant la 10e compagnie du 3e BLE [2]. Amilakvari, Lalande, Messmer, Morel, Sairigné sont passés, comme Koenig. Les

---
1. Corneille, *Le Cid*, acte IV, scène III.
2. Lamaze, Dewey seront faits Compagnons de la Libération à titre posthume.

commandants Puchois et Babonneau[1] sont faits prisonniers. Le commandant Bablon est blessé. Le lieutenant Bolifraud est porté disparu. Le bilan total est lourd pour la « 13 » : 163 tués ou disparus, 38 prisonniers. Le siège lui-même avait coûté 17 morts et 17 blessés.

Qui à pied, qui en véhicule, les rescapés gagnent par petits groupes le point de ralliement, où les Anglais les prennent en charge. Bir Hakeim n'est pas une victoire. L'ennemi est resté maître du terrain. Mais ce fait d'armes dépasse le strict cadre tactique. La résistance héroïque des soldats de Koenig a rappelé avec éclat que des Français poursuivaient la lutte contre l'Axe et se battaient bien. La « 13 », pièce maîtresse de la forteresse, en tire une légitime fierté. Avoir été à Bir Hakeim sera toujours pour elle le plus beau des titres de gloire. Là se situe certainement le point haut de sa longue route de la Seconde Guerre mondiale.

*

Le 1er bataillon (commandant de Bollardière), rattaché à la 2e brigade FFL, n'a pas participé aux combats de Bir-Hakeim. D'avril à juillet, il poursuit un combat défensif ingrat avec la 8e armée pour contenir l'avance allemande. Il y perd du monde, sous les coups des blindés et de l'aviation.

Le 8 juillet, il retrouve ses camarades des deux autres bataillons. La « 13 » est cette fois à nouveau au complet, mais avec des compagnies fortement laminées ; cette situation conduira Larminat à ramener la demi-brigade à deux bataillons, renforcée par une compagnie antichars de 120 hommes. En octobre, à la veille de la bataille d'El Alamein, les effectifs s'élèveront à 1 274 hommes, dont 53 officiers.

Durant la sortie nocturne du 11 juin, la majorité de l'armement français a été perdue. La « 13 » s'équipe de neuf avec du matériel britannique[2]. L'été est consacré à cette réorganisation et à l'instruction. L'unité en profite également pour prendre un peu de repos à Alexandrie. Cette période de détente est marquée par des heurts avec les marins français de la Force Y, amarrée dans le port depuis 1940. La passivité de ces Français, alors que leur patrie est occupée, ne peut que choquer des hommes qui ont refusé l'armistice et ne cessent de se battre.

Le 10 août a lieu une imposante prise d'armes. Le général de Gaulle décore Koenig, Amilakvari, Sairigné de la Croix de la Libération.

---
1. Babonneau parviendra à s'échapper en Italie et rejoindra la « 13 ».
2. Fusils 303 Enfield, FM Bren, canon de six livres.

*

Tobrouk est tombée le 21 juin et la 8ᵉ armée britannique n'a cessé de se replier, s'immobilisant enfin à hauteur d'El Alamein. Auchinleck, son chef, a payé les revers et a cédé la place à Montgomery. Les Britanniques, à l'automne, reçoivent des renforts en hommes et matériel. Le rapport des forces s'infléchit. Il passe à deux contre un, face à un adversaire affaibli et à des milliers de kilomètres de ses bases de Tripolitaine. Il devient possible de reprendre l'offensive afin de briser Rommel. Ce sera la bataille d'El Alamein (23 octobre-4 novembre), tournant de la guerre en Libye.

Pour cette offensive généralisée, sur 60 kilomètres de front entre la dépression d'El Qattara et la mer, la 1ʳᵉ BFL n'est pas gâtée. Elle s'est vue reléguer à l'extrémité méridionale du dispositif, où elle a mission de faire diversion. Mission aussi ingrate que difficile.

La position à enlever, le Naq Raba, est un plateau aride au sud, dominant la plaine d'une centaine de mètres. Des parois rocheuses en barrent l'accès. Un piton escarpé, le Quaret el-Himeimat, qui donnera à tort son nom à l'engagement de la « 13 », la flanque un peu à l'est. Les renseignements, assez décousus, annoncent que l'ensemble serait fortement tenu, par des Italiens, semble-t-il.

Pour forcer une telle défense, il faudrait de solides appuis. Ceux-ci manquent. La priorité est ailleurs. La BFL, « 13 » en tête, partira sans grands soutiens malgré les avertissements de Koenig.

L'approche, dans la nuit du 23 au 24 octobre, est pénible. Les véhicules s'enlisent dans le sable. Les légionnaires, progressant à pied, se fatiguent avant l'heure. Dans les lointains, vers le nord, l'horizon s'enflamme. L'artillerie anglaise a commencé sa préparation sur les points jugés névralgiques.

Le 1ᵉʳ bataillon (Bollardière), abordant le premier les objectifs, est cloué au sol devant l'escarpement du plateau. Les parachutistes italiens de la division Folgore sont des vrais paras. Ils se battent bien. Craignant de se retrouver au jour surpris en terrain découvert, Bollardière ordonne le repli vers quatre heures.

Sur sa droite, le 2ᵉ bataillon (Bablon) a réussi à atteindre le faîte du Naq Raba, après avoir nettoyé les résistances rencontrées. A l'aube, il est dans la situation que redoutait Bollardière : isolé, sans appui, sur un billard, alors que des blindés se profilent à courte distance. A sept heures trente, Bablon commande à son tour le repli.

Sous les rafales d'armes automatiques et les explosions de mortiers, les légionnaires dévalent les pentes pour se regrouper sur une position plus abritée. Des hommes tombent. Et au nord, la 7ᵉ DB anglaise, qui était censée soutenir les Français libres, ne se montre pas.

Les liaisons radio sont défaillantes. Les coureurs pallient au mieux. Parant au plus pressé, Amilakvari fixe la cote 150, butte rocheuse à cinq kilomètres au sud-est de l'objectif initial, comme point de regroupement général. Avec son équipe PC, il s'y dirige lui-même. Fidèle à ses habitudes, le colonel marche sans casque, képi sur la tête. Soudain, vers dix heures, atteignant l'un des derniers la cote 150, il est frappé à la tempe par un éclat. Les soins d'urgence sont rapidement vains.

En cette journée, la « 13 » a perdu son chef et 97 des siens, tués, blessés ou disparus. Ce 24 octobre est pour elle jour de deuil.

Une promotion de Saint-Cyr (1954-1956) portera le nom du lieutenant-colonel Dimitri Amilakvari dont le général Monclar écrira :

> « Amilakvari, c'est la Légion. Sa vie militaire, son enthousiasme, ses faits et gestes se confondent avec elle. Chez lui, tout était grand : sa stature, le comportement dans la paix et dans la guerre, l'idéal et cette tension constante, voire un peu douloureuse, vers l'héroïsme qui voulait que toujours il songeait, chose difficile, à se surpasser lui-même. »

Dans l'immédiat, l'échec de la BFL et de la « 13 » est sévèrement commenté à la 8e armée. Montgomery en profite pour régler de vieux comptes avec les Free French qu'il n'aime pas. Il est trop austère pour apprécier leur côté soldats de l'An II. Pour peu, il leur reprocherait d'être des révoltés, n'ayant en rien perçu le refus de la défaite et le sens de l'honneur qui les animent.

Les Français libres, dont la « 13 », sont retirés des premières lignes. Pour eux, la campagne s'arrête durant plusieurs mois. Elle ne reprendra qu'en avril-mai 1943 en Tunisie.

A la « 13 », Bollardière, pourtant sérieusement blessé, est le grand incriminé. Koenig le remplace par Sairigné au 1er bataillon. Les vides du 24 octobre n'améliorent rien. Au 1er bataillon, la 3e compagnie doit être dissoute. La 22e compagnie nord-africaine du capitaine Lequesne lui est rattachée.

La crise conduit le 21 février 1943 à la dissolution théorique de la « 13 »[1]. Ne subsistent que deux bataillons formant corps, organisation qui persistera jusqu'en novembre 1944. On parle désormais des 1er et 2e BLE (bataillon de Légion étrangère).

---

1. Le 1er janvier 1943, l'effectif total n'est plus que de 1 199.

Chapitre XVI

DU ZAGHOUAN AUX ALPES

8 novembre 1942. Les Français d'AFN, à l'exception de quelques escouades d'initiés, ignoraient tout. Le débarquement allié sur leurs côtes est une surprise. Si dans l'Algérois cette arrivée s'effectue sans trop de dommages, il en est tout autrement sur les rivages marocains. Du moins, après trois jours de confusions et d'incertitude, sources d'affrontements sanglants, la donne s'éclaircit. L'Afrique du Nord reprend le combat aux côtés des Anglo-Américains. L'AOF emboîte le pas.

Occupant des garnisons de l'arrière-pays, Sidi-Bel-Abbès, Fès, Meknès, pour les principales, la Légion est restée à l'écart des combats sur le littoral. Elle ne peut que s'en féliciter. Par contre, elle est très vite appelée à participer à la bataille qui s'amorce en Tunisie. Faute de moyens, le Maghreb oriental a été exclu des plans initiaux du débarquement. Profitant du laxisme[1] des amiraux Esteva et Derrien à Tunis et Bizerte, les Allemands accélèrent le transfert de troupes dans le Nord tunisien. Ils ne sauraient lâcher la Tunisie et compromettre les arrières de Rommel, malmené en Libye.

---

1. Pour ne pas écrire plus.

Cette intrusion massive sur Tunis menace l'est algérien. La concentration anglo-américaine est condamnée à prendre du temps. Pour contenir la pression allemande, les Français au départ sont presque seuls sur la brèche. Forces de Tunisie et du Constantinois ouvrent le feu le 19 novembre [1]. Pour les soutenir, l'Algérois, l'Oranie, le Maroc s'empressent de mettre sur pied des unités de marche.

Le 1er bataillon du 1er REI (commandant Rouger) est l'un des premiers à partir. Le 12 décembre, il sera devant Pont-du-Fahs (60 kilomètres au sud-ouest de Tunis), secteur où il se battra presque sans interruption.

Le 3e régiment étranger d'infanterie de marche (REIM) – colonel Lambert, chef d'état-major commandant Boyer-Resses, l'ancien de Narvik – est formé au Maroc le 14 décembre avec des éléments des 2e et 3e REI. Rattaché à la division marocaine de marche, il arrive en Tunisie fin décembre.

Est également formé au Maroc, avec un escadron d'auto-mitrailleuses et un escadron porté, le Groupe autonome du 1er REC (chef d'escadrons Royer). Lui aussi, avec la DMM, rejoint la Tunisie fin décembre.

Ces unités ainsi mises sur pied ont pour elles des effectifs suffisants, de l'ardeur et du métier. La majorité des cadres et des légionnaires a combattu en France en 1940 ou en Syrie en 1941. Les éléments d'origine espagnole (30 % de l'ensemble) ont généralement connu la guerre d'Espagne.

Mais ces soldats, si bien encadrés et si aguerris soient-ils, sont affreusement démunis. Pas de fusils semi-automatiques, pas de pistolets mitrailleurs ni d'armement lourd. Comme antichars, des canons de 25, bien incapables de rivaliser avec les redoutables 88 allemands. Les AM du Groupe autonome sont d'un autre âge. Quant à l'équipement individuel, du casque Adrian aux bandes molletières, il accuse lui aussi les années. Le légionnaire de Tunisie – comme le soldat français – se battra avec la tenue du poilu. A l'instar de ce dernier, il fera preuve d'un héroïsme admirable, suppléant par son courage à sa pénurie.

*

La campagne de Tunisie, de novembre 1942 à mai 1943, se décompose en gros en quatre phases :
– La bataille de couverture : novembre-décembre 1942,

---

[1]. Le peloton du lieutenant Argoud ouvre le feu dès le 17 dans la région de Gabès.

- L'offensive allemande : janvier-février 1943,
- L'offensive alliée : mars-avril 1943,
- La victoire finale : 20 avril-13 mai.

Les légionnaires d'Algérie et du Maroc participeront aux quatre phases. Ceux d'AOF, débarquant de Dakar, et ceux de la « 13 », arrivant de Libye, prendront part à la dernière.

*

Dans l'attente de la concentration anglo-américaine, les Français s'efforcent donc de barrer la route aux Allemands. Dès le 12 décembre, le I/1 REI s'y emploie, s'accrochant à Bou Arada, un peu à l'ouest de Pont-du-Fahs. Exploitant au mieux les contreforts de la Grande Dorsale, il garde le passage entre les djebels Rihane et Mansour.

La Légion du Maroc se présente à son tour, à partir de mi-décembre, alors que les conditions météorologiques exécrables, la faiblesse relative de chaque camp imposent une certaine stabilisation. L'ennemi en profite pour continuer à se renforcer. Au début de janvier 1943, le front coupe sensiblement la Tunisie en deux dans le sens nord-sud. Les Anglais, qui ont échoué en direction de Tunis et Bizerte, se tiennent entre la Medjerda et la mer. Les Français, au centre, s'agrippent à la Grande Dorsale. Les Américains commencent à s'impliquer au sud, vers Gafsa.

Le 11 janvier, le I/1 REI et le GA du REC, assistés d'un tabor marocain et d'un peloton du 4e RCA, attaquent la passe de Karachoun. Karachoun n'est qu'un modeste lieu-dit, mais sa possession offre des vues sur le Sahel tunisien. L'opération réussit en trois heures et s'accompagne de la saisie d'un armement dont les légionnaires ont tant besoin. Les quatre canons antichars de 47, les quatre mortiers de 81, les mitrailleuses, capturés intacts avec leurs munitions sont les bienvenus. Ils seront employés...

*

A l'aube du 18 janvier, l'attaque allemande se déclenche dans la région du barrage de l'oued Kébir, couloir naturel menant vers Siliana et le sud-ouest. Manifestement, elle entend résorber le saillant français qui pointe dangereusement vers Tunis à l'extrémité de la Grande Dorsale. Elle entend aussi séparer Français et Britanniques et forcer un coin dans le dispositif général.

Les quatre bataillons de Légion et le GA qui occupent une partie des lieux sont aux premières loges pour recevoir le choc. Les assaillants disposent de la supériorité absolue et alignent même des chars lourds Tigre. Le II/3 REIM, en avant du barrage, est encerclé. Au début de l'après-midi, une contre-attaque du I/1 REI ne parvient pas à le dégager. A dix-sept heures, les PA du II/3 sont submergés par l'infanterie et les chars. Son chef, le commandant Boissier, blessé, est fait prisonnier. Seuls dans la nuit, de petits groupes de légionnaires parviendront à rejoindre le PC du régiment, au sud du réservoir.

Le lendemain, c'est au tour du III/3 d'encaisser les coups. Débordé, le bataillon se jette dans la montagne, pour se libérer. La bataille d'arrêt se poursuit. Toute la journée du 19, l'escadron d'AM du REC et deux sections du I/3 REIM contiennent les blindés allemands. Débordés à leur tour, ils gagnent eux aussi le djebel, à l'ouest de la vallée.

Sur les hauteurs à l'est de celle-ci, le I/3 REIM, l'escadron porté du REC et du Tabor continuent de s'opposer au passage. Assaillis de toutes parts, ils tiennent trois jours avant de se ruer, le 22, vers le sud pour rallier les amis. Seuls 200 légionnaires sur 700 du I/3 et une cinquantaine du REC[1] réussissent à passer[2]. Les autres sont tués ou faits prisonniers, à court de munitions. Au capitaine Lemeunier, commandant la compagnie d'arrière-garde qui s'est sacrifié pour assurer le repli, un officier allemand n'hésite pas à dire : « Je vous félicite. La Légion est toujours une belle troupe. »

Onze ans plus tard, le lieutenant-colonel Lemeunier, apprenant la mort à Diên Biên Phu du colonel Gaucher, commandant la « 13 », ira trouver le général Cogny, patron des troupes du Tonkin :

> « Mon général, je suis le plus ancien légionnaire du Tonkin. La place de Gaucher me revient. Je vous demande de sauter en parachute sur Diên Biên Phu. »

Et Lemeunier ira à Diên Biên Phu, en pleine bataille, prendre le commandement de la « 13 »[3].

Tous ces combats aux abords du barrage-réservoir de l'oued Kébir ont usé le 3ᵉ REIM. Envoyé se réorganiser, il reprend le combat mi-février mais avec trois petits bataillons à deux compagnies seulement.

Après le nord, le sud. Le danger surgit dans la partie méridionale

---

1. La vétusté de son matériel, les pertes subies imposeront de renvoyer sur Fès le groupe autonome qui en Tunisie a mérité une citation à l'ordre de l'armée (ainsi que son 1ᵉʳ escadron).

2. A l'issue de cette percée, le drapeau du 3ᵉ REI, laissé volontairement dans une cache, est saisi par l'ennemi. Il sera récupéré lors de la débâcle allemande de début mai.

3. Contrairement à son projet de parachutage, il rejoindra par l'un des derniers hélicoptères gagnant Diên Biên Phu.

de la Grande Dorsale. Le 14 février, le 2ᵉ corps d'armée US, inexpérimenté, se fait lourdement étriller du côté de Sidi Bou-Sid. Débouchant de Tripolitaine et poursuivant vers le nord-ouest, Rommel menace Tébessa.

Il faut colmater et couvrir le Sud constantinois. Le 3ᵉ REIM, si affaibli soit-il, est lancé dans la bataille. Il est de ceux qui évitent la percée allemande sur l'antique Theveste. Puis il se joint à la contre-attaque alliée de mars sur Gafsa pour tendre la main à la 8ᵉ armée de Montgomery entrant en Tunisie. L'arrivée du II/1 REI d'Oranie lui permet de reconstituer un régiment à deux gros bataillons. Tout danger écarté au sud, il remonte vers le nord, dans cette région de l'oued Kébir qu'il connaît bien. C'est à partir de là, alors que le rapport des forces s'inverse au profit des Alliés, qu'il vivra les dernières semaines de la guerre en Tunisie.

*

L'AOF n'est plus menacée. Le 24 février, la 4ᵉ DBLE embarque à Dakar pour l'AFN. Cet apport permet en avril la formation d'un 1ᵉʳ REIM à trois bataillons (I/1 REI, plus deux bataillons de la 4ᵉ DBLE). Deux régiments de Légion, à effectifs restaurés, vont ainsi pouvoir participer à l'offensive finale : 1ᵉʳ REIM, au sein de la division de marche d'Oranie au nord de Pont-du-Fahs, 3ᵉ REIM avec la division marocaine de marche, au sud de cette même petite ville. Sans oublier la « 13 », qui sera des derniers barouds tunisiens.

Pour bien des cadres et des légionnaires qui affrontent Allemands et Italiens, en ce printemps tunisien enfin chaud après l'humidité glaciale de l'hiver, voici l'heure de la grande revanche. La revanche ! Le capitaine Masselot, le rescapé du 12ᵉ REI, qui commande l'une des compagnies du REIM, ne vit que pour elle. Elle passera par une nouvelle blessure et un bilan élogieux de prisonniers.

Les 25 et 26 avril, le 1ᵉʳ REIM s'empare du djebel Mansour[1] immédiatement au sud-ouest de Pont-du-Fahs. Puis il se précipite dans la plaine. L'armistice du 13 mai le trouvera à Sainte-Marie-du-Zit, à 15 kilomètres à l'ouest d'Hammamet, prenant à revers la 1ʳᵉ armée italienne.

---

1. Ce djebel Mansour (cote 648) a changé quatre fois de mains durant la campagne. La 10ᵉ compagnie du 3ᵉ REIM, envoyée renforcer un bataillon de parachutistes britanniques, s'y est terriblement battue début février. Il n'est rentré qu'un adjudant-chef, 10 légionnaires valides et 16 blessés, sur un total de 128. Un légionnaire blessé au genou a rampé durant quatre kilomètres pour rapporter son FM (la 10ᵉ compagnie a terminé la guerre avec deux palmes à son fanion).

Le 3ᵉ REIM est sur le Zaghouan, secteur difficile. Les crêtes rocheuses, à plus de 1 000 mètres, se prêtent à la défense. Pourtant, les légionnaires passent. Non sans mal ! Le 29 avril, est tué le capitaine Jacques Amyot d'Inville. Pour sa famille, ce père de cinq enfants est le « Légionnaire ». Son frère Hubert, FFL de la première heure, commandant le régiment de fusiliers marins, sera tué en Italie un an plus tard. Son autre frère Gérald, l'abbé, mourra en déportation. Ah, elle est chèrement acquise, cette revanche et cette mise à mal du nazisme !

Le 3ᵉ REIM livre un autre combat sévère le 3 mai, près de la maison forestière de Koukancda, mais les 11 et 12 mai, à l'est de ce terrible Zaghouan, il a la satisfaction de connaître un juin 1940 inversé. Les Allemands et les Italiens se rendent par grappes.

La « 13 » avec la DFL était en pénitence en Libye, victime de l'humeur chagrine de Montgomery. Enfin le 30 avril elle franchit la frontière tunisienne et pénètre en territoire français. Dans la nuit du 6 au 7 mai, elle relève une brigade anglaise près du djebel Garci, à 15 kilomètres à l'ouest d'Enfidaville. En face d'elle, ses vieux adversaires de Bir Hakeim : la 90ᵉ division légère allemande et la division italienne Trieste.

Les premiers jours sont consacrés à des coups de main afin de bien situer un adversaire qui ne désarme pas. Le 9, le sous-lieutenant Jullian, parti avec 8 hommes, rentre avec 14 prisonniers. Le surlendemain, le 1ᵉʳ bataillon donne l'assaut au djebel Garci. Attaques et contre-attaques se succèdent. La belle tenue fait oublier un certain « complexe d'infériorité » né du combat malheureux d'El Alamein.

*

Le 13 mai, date anniversaire pour les anciens de Norvège, le général von Arnim, commandant l'ensemble des forces de l'Axe, capitule. La campagne de Tunisie, malgré un démarrage laborieux, se solde par un brillant succès pour les Alliés. Allemands et Italiens laissent entre leurs mains 150 000 prisonniers et un important matériel. Les Français en ont 37 000 à leur actif et la Légion 5 000 à elle seule.

Tunisie, belle victoire, trop occultée en France[1], et chèrement acquise. Les pertes de l'armée d'Afrique, de la Légion sont très lourdes. Au seul I/1 REI, du 25 avril au 13 mai, on dénombre 378 tués, officiers,

---

1. Pour des raisons politiques, car du côté français cette victoire de Tunisie est essentiellement l'œuvre de l'armée d'Afrique sous Giraud. (L'armée d'Afrique a 4 500 tués, la Force L de Leclerc 80, la DFL 45.)

sous-officiers et légionnaires. Ce n'est là qu'un exemple de l'ardeur et de la volonté de revanche de tous en dépit de la médiocrité des moyens.

*

La victoire en Tunisie, première grande revanche française, devrait aider à retrouver la concorde chez ceux qui se battent sous les plis du même drapeau. Il n'en est malheureusement rien. « Dissidents » gaullistes et « moustachis » giraudistes continuent de se regarder en frères ennemis. La rivalité de Gaulle-Giraud, l'ostracisme de quelques « Free French », comme Larminat, accentuent les vieux clivages.

Une affaire de désertion jette encore de l'huile sur le feu. Les Français libres souffrent d'origine d'une pénurie en hommes qui les pénalise. A peine sont-ils quelques milliers, à côté des gros bataillons de l'armée d'Afrique. Se retrouvant sur un territoire français près d'unités françaises, l'occasion est belle pour essayer de recruter, quitte à se servir dans la caserne en face. A la « 13 » on ne s'en prive pas. 110 légionnaires auraient ainsi changé de numéro d'unité[1].

Ce « racolage » intempestif ne se produit pas qu'à la « 13 ». Le dossier prend des proportions. A Alger, où Giraud est toujours le patron, on voit rouge. Les FFL sont regardés comme indésirables. Interdits de séjour sur le sol national, ils sont refoulés en Syrie. Situation pour le moins paradoxale pour des hommes qui se battent afin de libérer la patrie occupée. La « 13 » s'éloigne, reléguée, dans des conditions matérielles ingrates, à 80 kilomètres à l'ouest de Tripoli. Seule satisfaction immédiate : elle a pu, outre des déserteurs, recruter un peu avant son départ pour l'exil : quelques Européens d'AFN, des membres du corps franc d'Afrique, de sentiments gaullistes.

A Alger cependant, Giraud et de Gaulle, avec les bons offices de Catroux, finissent par se mettre d'accord. Le 1er août 1943, la fusion de leurs deux armées devient effective. L'union militaire autorise une meilleure préparation des corps expéditionnaires destinés à débarquer sur le continent.

Du coup, début septembre, la « 13 », avec la DFL, rentre en Tunisie et s'installe près de Nabeul. Les « retrouvailles » avec Sidi-Bel-Abbès deviennent possibles.

D'un côté comme de l'autre, on a le même souci des effectifs. Le niveau des engagements est au plus bas :

---

1. Le chiffre exact est mal connu, car il y a aussi quelques désertions à la « Vieille Légion ».

- 1941 : 3 776,
- 1942 : 2 381,
- 1943 : 2 247.

Il chutera à 2 060 en 1944, la reprise n'intervenant qu'en 1945.

Sidi-Bel-Abbès doit donc gérer au mieux ses maigres possibilités, aussi bien au profit des unités éprouvées par la campagne de Tunisie que de la « 13 », rentrée officiellement dans le giron légionnaire. Le 7 septembre, la « 13 » reçoit son premier renfort de la maison mère : 17 officiers, 20 sous-officiers, 180 caporaux et légionnaires. Bien des officiers sont des évadés de France, comme le lieutenant Vaillant, futur inspecteur général de l'armée de terre, ou le sous-lieutenant Boulnois, à peine sorti de l'école.

Ce dernier a donc franchi les Pyrénées et connu le tristement célèbre camp d'internement espagnol de Miranda. Giraud a décrété que les évadés, en récompense, auraient le choix de leur corps. Boulnois a opté pour la Légion. A Sidi-Bel-Abbès, il lui a été proposé la « 13 ». La « 13 », pourquoi non ? La demi-brigade a sa légende glorieuse.

A Nabeul, l'ambiance est décontractée, fin d'été oblige : short, torse nu. Premier contact avec le commandant Saint-Hillier, chef d'état-major, qui interroge :

« Capitaine L... ? Vous connaissez ?

— Très bien, mon commandant, il était avec moi à Bel-Abbès.

— Comment, ce salaud n'a pas encore été fusillé ! »

Brosset, patron de la DFL, se montre plus sociable. Il affecte au bataillon Morel le jeune sous-lieutenant qui part se présenter :

« Sous-lieutenant Boulnois, nouvellement affecté, à vos ordres, mon commandant.

— Origine ?

— Saint-Cyr. Evadé de France, mon commandant.

— Promotion ?

— 40-42, maréchal Pétain, mon commandant. »

Maréchal Pétain. Le nom qu'un cyrard ne devrait jamais prononcer devant le saint-maixentais et très gaulliste Morel. La guitoune manque d'exploser.

Le ton est donné. Le 21 mai, Boulnois sera blessé en Italie. Il s'entendra dire : « Enfin, vous voilà dédouané ! »

Eh oui ! Il aura fallu à cet ancien de Miranda payer le prix du sang pour être intégré à la « 13 ». Cet esprit de clan persistera jusqu'à la fin de la guerre (et même au-delà).

*

Mais d'ores et déjà, par-delà les sensibilités héritées du passé – de leur côté les anciens du 6ᵉ REI de Syrie n'ont rien oublié – une tâche essentielle attend la Légion. Il faut s'équiper en vue des luttes à venir. Les accords passés par Giraud avec les Américains prévoient le réarmement de huit divisions françaises [1].

La « 13 » était dotée de matériel anglais. La Légion d'AFN finissait d'user son armement français. Tout est à remiser et à remplacer par des fabrications « made in USA ». Voici les fusils Garant, les PM Thomson, les FM BAR, les mitrailleuses de 30 ou de 50, les bazookas antichars pour l'armement, les AM M8, les half-tracks, les chars Sherman ou M/5 pour les blindés, les obusiers de 105 pour l'artillerie, etc.. Et évidemment les célèbres Jeeps.

« La Vieille Légion », avec les rescapés de Tunisie et de nouvelles recrues, constitue deux régiments :

– Le RMLE à trois bataillons. Il sera l'héritier du 3ᵉ REI et du glorieux RMLE de 1914-1918. Le 20 octobre 1943, le colonel Tritschler en prend le commandement.

– Le REC, à quatre escadrons d'AM et un escadron de chars légers. Le 15 septembre 1943, le colonel Miquel en devient le chef [2].

Ces deux régiments, destinés à la future 5ᵉ DB, s'appuient sur un solide encadrement d'officiers et sous-officiers ayant déjà fait leurs preuves à la Légion. S'y adjoignent des évadés de France et de jeunes aspirants pleins de fougue, sortant de Cherchell. Ceux-là mourront en seigneurs, voulant prouver qu'à défaut d'ancienneté dans le métier, ils possèdent la foi et l'enthousiasme.

Il est acquis que la « 13 » restera intégrée à la 1ʳᵉ DFL, dénommée désormais 1ʳᵉ DMI [3] (division motorisée d'infanterie), ce qui conduit la division à recevoir des « scout », véhicule blindé léger de transport. Les deux bataillons préexistants sont complétés par le BC 13 [4], dirigé par le commandant Arnault, fort de 500 hommes, avec une compagnie antichars et une compagnie de canons d'infanterie.

L'hiver 1943-1944, le début de 1944 s'écoulent ainsi dans une

---

1. Initialement plus, mais le chiffre final sera de huit :
– 2ᵉ DIM, 4ᵉ DMM, 3ᵉ DIA, 1ʳᵉ DMI (DFL), qui seront en Italie ;
– 1ʳᵉ DB, 2ᵉ DB, 5ᵉ DB, 9ᵉ DIC, appelées à débarquer en France renforcées des divisions d'Italie.

2. Une compagnie du RMLE comprend en principe 4 officiers, 25 sous-officiers, 145 légionnaires et 20 véhicules, principalement des half-tracks, véhicules de transport blindés semi-chenillés.
Un escadron du REC est en principe fort de 4 officiers, 25 sous-officiers, une centaine de légionnaires et 17 blindés (AM ou chars légers).

3. Mais le terme DFL refusera de mourir et continuera à être employé.

4. Equipé de canons de 105 et de 57.

préparation fébrile. Il y a tellement à découvrir, tant sur le plan technique que tactique.

*

Le 27 mars 1944, la 1ʳᵉ DMI – comprendre la 1ʳᵉ DFL – est affectée au Corps expéditionnaire français qui se bat en Italie depuis novembre 1943. Elle est ainsi appelée à être la quatrième grande unité du CEF. Si la mesure s'assimile à un honneur, elle n'est pas sur-le-champ regardée comme telle. Aux yeux de tous, la priorité appartient au débarquement à venir sur les côtes de France.

Le fait, par ailleurs, n'est pas sans significations. L'ex-DFL, en général, et la « 13 » en particulier se voient placées sous l'autorité d'un général de l'armée d'Afrique, Juin en l'occurrence, dont Larminat réclamait il y a peu la tête. Elles sont destinées à se battre à côté de ceux qui leur ont été opposés en Syrie. Hasard du destin, la « 13 » sera souvent appuyée par le 8ᵉ RCA du colonel Simon, aussi redoutable adversaire des Allemands en Europe que des Britanniques et de leurs alliés au Levant.

Lorsque la « 13 » débarque à Naples fin avril 1944, le CEF a déjà engrangé beaucoup de sacrifices et de gloire. Il s'est illustré du Pentano au Belvédère. Son chef s'est acquis une brillante réputation de tacticien et de stratège. Pour preuve, les Alliés butant sur Cassino, verrou de la vallée du Liri, couloir d'accès à Rome, viennent d'accepter le plan Juin. Faisant effort par la montagne, les Français enfonceront la « Ligne Gustav » allemande et déborderont Cassino par le sud.

Cette progression par les hauts, mont Majo, massif du Petrella, monts Aurunci, est naturellement confiée aux unités nord-africaines avec leurs avaleurs de dénivelées et de djebels : tirailleurs des 2ᵉ DIM, 4ᵉ DMM, 3ᵉ DIA ou goumiers de Guillaume. Unité regardée comme motorisée, la DFL doit assurer la flanc-garde nord, sur la rive droite du Liri, en liaison avec les Canadiens sur l'autre rive. Elle aura ainsi un pied sur les contreforts, un pied dans la vallée.

*

Le jour « J » de l'offensive alliée a été fixé au 11 mai. A vingt-trois heures, l'artillerie se déchaîne. Durant vingt-quatre heures, les Français butent sur l'obstacle puis dans un nouvel effort enlèvent le mont Majo et crèvent la défense allemande. Le plan Juin réussit. Tout le front stoppé auparavant par la résistance ennemie se ressent du succès du CEF.

Dans la vallée du Liri, où l'adversaire a massé le gros de ses moyens, rien n'est cependant complètement réglé. La DFL – comme les autres unités anglaises ou américaines – se heurte aux antichars, aux mines, aux fortins des Allemands, et souffre.

La « 13 » est en réserve divisionnaire. Mais il n'est pas de sinécure, dans la Seconde Guerre mondiale. Dans la nuit du 17 au 18, son bivouac subit un violent bombardement aérien : 19 tués, 83 blessés. Cette ponction sévère – 5 % de l'effectif – n'empêche pas les légionnaires d'entrer à leur tour en action dès le lendemain matin. De chaudes journées les attendent.

Sur les flancs nord-est du mont Leucio (492 mètres), les 5e et 6e compagnies, engagées en pointe le 21, se heurtent à de solides contre-attaques appuyées par des chars lourds. Sans véritables armes antichars, le risque d'enveloppement grandit au fil des heures. A la nuit, les légionnaires n'ont d'autres ressources que de se replier. La demi-brigade a perdu ce jour-là 21 tués et 63 blessés, dont Boulnois, déjà évoqué. Du 17 au 21, l'équivalent de deux compagnies a disparu.

Les pertes sont telles que chaque bataillon reçoit en renfort une compagnie de tirailleurs algériens. S'il y avait déjà eu un précédent, cet apport souligne la gravité du problème des effectifs. Juin en est conscient. Il plaide la cause de la « 13 » auprès de Sidi-Bel-Abbès, quitte à pénaliser le RMLE.

*

L'obstination générale, la manœuvre de Juin finissent par payer. Menacé d'être tourné, l'Allemand décroche. Monte Cassino est occupé. La vallée du Liri s'ouvre.

Rome tombe le 5 juin, veille du débarquement en Normandie. Le 11, les légionnaires traversent la Ville éternelle afin de prendre la route du nord. Pour le CEF, l'ultime étape de la campagne d'Italie débute. Elle s'achèvera un peu après Sienne.

L'ennemi se replie. Il a l'intention d'établir une autre ligne de résistance dans les Apennins. D'ici là, il livre un combat retardateur contre les Américains, les Français, les Britanniques, les Polonais accrochés à ses basques.

A hauteur du lac de Bolsena, la « 13 » passe en tête de la DFL. Il pleut. Les Allemands ont truffé les routes de mines. De petits détachements bien armés, souvent appuyés par quelques chars, s'accrochent aux carrefours et aux villages.

A Radicofani, bourg perché sur une éminence, à une cinquantaine de kilomètres de Bolsena, l'avance est bloquée par des parachutistes et des éléments des 26ᵉ et 29ᵉ Panzer Grenadiere Divisionen. Les combats pour faire sauter ce verrou se prolongent toute la journée du 18. A la « 13 », ils sont marqués par une série d'exploits individuels spectaculaires. Le sous-lieutenant Poirel s'introduit avec six légionnaires dans une bâtisse dont les mitrailleuses interdisent la progression de sa compagnie. En quelques minutes, la garnison lève les bras. Le sous-lieutenant Jullian, l'homme du coup de main du Garci, réédite. Seul, il nettoie à la grenade un vieux donjon transformé en blockhaus et rentre avec 7 prisonniers. Quelques heures plus tard, Jullian sera grièvement blessé en portant secours à l'un de ses légionnaires. D'actes d'héroïsme en actes d'héroïsme, le bouchon de Radicofani saute. La progression peut reprendre. Pas pour longtemps. Le 20 juin, la « 13 » s'arrête sur ordre. L'unité se regroupe et redescend vers le sud afin de préparer le débarquement en Provence avec l'armée B du général de Lattre, future 1ʳᵉ armée[1].

Elle laisse derrière elle sur la terre italienne 106 tombes. 360 des siens ont été blessés. A elle seule, avec ses 2 000 hommes[2], elle représente 27,5 % des pertes totales des 18 000 hommes de la DFL.

Heureusement, Sidi-Bel-Abbès n'est pas resté sourd. En juin et juillet, 199 gradés et légionnaires rejoignent. C'est peu, mais dans la pénurie ce sang neuf ragaillardit. Des prisonniers[3] évadés, comme le commandant Babonneau, rejoignent également. Peu à peu, avec ces apports de la Vieille Légion, le visage de la « 13 » évolue légèrement. Les grands anciens d'Erythrée et de Libye ne sont plus seuls.

*

LA CAMPAGNE DE FRANCE

Les gens de la « 13 » ne sauraient se plaindre. Ceux du 1ᵉʳ bataillon tout au moins. Débarqués à Cavalaire dans la nuit du 16 au 17 août, ils sont les premiers légionnaires à fouler le sol de France (ceux du 2ᵉ bataillon ne débarqueront que quelques jours plus tard). Les vétérans rescapés de Narvik et de Bir Hakeim méritaient bien ce privilège.

Dès le 23, le 1ᵉʳ bataillon enlève le fort du mont des Oiseaux, au nord d'Hyères, puis le lendemain, celui de la Colle Nore. Ces succès,

---

1. Le 25 septembre 1944.
2. Effectifs en début de campagne : 81 officiers, 243 sous-officiers, 1 600 caporaux et légionnaires.
3. 42, les uns faits prisonniers à Bir Hakeim lors de la sortie, les autres des légionnaires des régiments de marche, capturés en Tunisie.

outre des centaines de prisonniers, procurent un armement important.

Après la chute de Toulon et Marseille, le rythme s'accélère. La rive droite du Rhône, puis de la Saône, appartiennent à l'armée de Lattre pour filer vers Lyon et la Bourgogne. Les légionnaires, le cœur en fête, sont de la longue poursuite de la 19ᵉ armée allemande, contrainte à une retraite précipitée. Les poteaux indicateurs défilent : Aix-en-Provence, Remoulins, Saint-Etienne, Lyon (3 septembre), Autun (9 septembre). A Autun, les colonnes allemandes, refluant du sud-ouest, tentent de forcer le passage vers l'est. La demi-brigade – avec ses camarades des autres unités – n'est pas décidée à les laisser passer. La bataille devant Autun, le 10 septembre, voit 2 000 Feldgrau se rendre au 1ᵉʳ bataillon, toujours commandé par Sairigné.

A la mi-septembre, la « 13 » regroupée cantonne aux environs de Dijon. Soudain, en quelques jours, la guerre change de visage. Les pluies d'automne apportent froid et humidité. L'adversaire se raidit, alors que la 1ʳᵉ armée française se masse entre Vosges et Suisse, face à la trouée de Belfort. La longue poursuite sous le soleil estival depuis la Provence est terminée. Du fait de la résistance allemande, les pertes augmentent. Une certaine aigreur, après l'euphorie de la chevauchée victorieuse, incrimine le commandant en chef, jugé responsable des rudes conditions matérielles d'une lutte de plus en plus âpre. La vieille animosité des FFL vis-à-vis d'un supposé moustachi remonte.

Il est cependant un élément positif : plusieurs centaines de singulières recrues viennent grossir les rangs. Ces 600 hommes sont des Ukrainiens. Prisonniers de guerre, ils ont accepté de servir dans l'armée allemande par anticommunisme et plus sûrement pour ne pas mourir de faim dans les camps d'internement. Affectés à une division SS envoyée en France fin août, ils se sont révoltés et ont rallié un maquis de Haute-Saône. Que faire de ces combattants entre deux eaux ? De Lattre autorise leur engagement à la Légion étrangère. Ils sont donc enrôlés en unités constituées avec des cadres Légion parlant russe dans un premier temps, puis ventilés dans les compagnies. Les témoignages au sujet de ces ralliés en uniforme allemand et en béret basque concordent : ces Ukrainiens sont braves et se battent bien. Ils connaîtront finalement un destin tragique. Ayant accepté d'endosser l'uniforme allemand, ils sont pour Staline des traîtres et doivent être châtiés. Moscou mettra tout en œuvre pour récupérer ses nationaux, y compris le chantage sur les « Malgré Nous » alsaciens-lorrains détenus en URSS. Des commissions soviétiques viendront les réclamer et dans l'ensemble ces malheureux seront rendus. Rares seront ceux qui échapperont en dépit des efforts de leurs officiers pour les sauver. La guerre terminée en Europe, les Soviétiques infiltreront même des agents en Indochine pour repérer les rescapés (18 de ces agents seront éliminés par la Légion, si l'on en croit le général Jacquin [1]).

Comment ne pas voir là une analogie avec les lendemains de l'armistice de 1940 ?

Il y a ces Ukrainiens et également quelques engagements – peu nombreux – de maquisards anciens légionnaires. Le tout permettra, le 1er novembre, la création d'un 3e BLE confié au commandant Lalande. Les deux compagnies nord-africaines sont supprimées et rejoignent le 22e BMNA. Le 15 novembre, la « 13 » alignera 2 405 hommes, soit trois bataillons de « voltige » et le BC 13.

*

Au RMLE et au REC, on piaffait. On comprend pourquoi. Leur 5e DB était en deuxième échelon.

Enfin, avec le début de l'automne, sonne l'heure du départ pour la France. Dans une grande pétarade de moteurs, chars, AM, half-tracks, Jeeps et autres véhicules débarquent sur les quais de Toulon et Marseille libérées depuis près de deux mois. La pluie, la brume, la neige les attendent 600 kilomètres plus haut, sur la ligne de contact au sud-ouest de Belfort. La guerre, art simple et tout d'exécution, comme l'a formulé Napoléon, implique aussi adaptation. Les blindés, cavalerie moderne de rupture et d'exploitation, ont besoin d'une protection rapprochée. Fort de cette règle et de l'apparition du binôme chars-infanterie, le RMLE, intégré à une division blindée, éclate. Il fournit l'infanterie portée aux régiments de chars de sa division. Chacun de ses bataillons s'intègre à l'un des Combat Commands :
– I/RMLE au CC 5,
– II/RMLE au CC 4,
– III/RMLE au CC 6.

Cette formule restera pratiquement en place jusqu'à la fin de la campagne [2]. L'efficacité tactique y gagne, la cohésion et l'esprit de corps en pâtissent.

Quant au REC, plus chanceux à cet égard, il travaillera généralement groupé, en tant que régiment de reconnaissance.

---

1. *Guerre secrète en Algérie*, Olivier Orban, 1977, p. 60.
2. L'éclatement descend plus bas, aux échelons compagnies-escadron, voire section-peloton.

*

LA BATAILLE POUR BELFORT ET MULHOUSE

Durant la seconde partie de la campagne de France, au sein de la 1re armée, les légionnaires seront appelés à participer à trois actions essentielles :
- La bataille pour Belfort et Mulhouse,
- La défense de Strasbourg,
- La réduction de la « poche de Colmar ».

Belfort n'est pas une mince place forte. Denfert-Rochereau l'a rappelé. Pour l'enlever, de Lattre a prévu une manœuvre en tenailles. Au nord, débordement du 2e corps d'armée par les Vosges méridionales, Giromagny, Bussang, ballon d'Alsace. Au sud, poussée du 1er corps d'armée le long de la frontière suisse, en direction de Mulhouse et du Rhin.

En octobre, le 2e corps d'armée n'a pu déboucher. La 1re DB, la DFL n'ont grignoté qu'une dizaine de kilomètres. La « 13 », bloquée au col de Chevestraye et devant Fesse, s'est épuisée.

Le 14 novembre, de Lattre relance l'action préparée dans le plus grand secret. Le ciel est gris, chargé de nuages bas. La terre est saturée d'eau. De nombreuses rivières sont en crue. Les chars ont du mal à quitter les routes. Les réglages des tirs d'artillerie sont difficiles. Ces conditions exécrables assurent en revanche une certaine surprise.

Résolument, 2e DIM et 9e DIC du 1er corps d'armée franchissent le Doubs, bousculent les PA allemands et avancent vers Montbéliard et Héricourt. Derrière elles, la 5e DB peut donner au matin du 16.

Le CC 5 avec le I/RMLE s'oriente vers Montbéliard. Le CC 4 avec le II/RMLE pique sur Héricourt, tandis que le CC 6 avec le III/RMLE pense à Belfort. Franchissant la Lisaine au sud-ouest de la ville, les légionnaires ont-ils une pensée pour les grands anciens qui se sont battus là en 1871 ? Douteux ! Le présent ne laisse guère de répit pour se remémorer le passé. Au soir du 17, de Lattre s'est porté de l'avant pour jauger la situation exacte. A l'entrée d'Héricourt, il rejoint le II/RMLE qui a dépassé un pont sur cette Lisaine.

> « A droite de celui-ci, l'un de nos chars achève de brûler. Son rougeoiement éclaire les silhouettes des légionnaires qui, méthodiques, avancent irrésistiblement entre les rafales ennemies et, à coups de grenades, conquièrent une à une, avec le calme des soldats qui connaissent à fond leur métier, les maisons de la grand-rue...
>
> « Personnellement, j'admire sans réserve le splendide travail

auquel se livrent les hommes de Charton (commandant du II/RMLE)[1]. »

Au matin du 18 novembre, la brèche forcée se confirme. Les Combat Commands peuvent exploiter. Tous unis, tirailleurs de la 2ᵉ DIM, commandos d'Afrique, cavaliers et légionnaires du CC 6 (III/RMLE pour ces derniers) se précipitent sur Belfort. Une compagnie du III/RMLE appuyée par des chars y pénètre le 20 à dix-sept heures. Les combats s'y prolongeront quelque temps. Le 25, la ville sera complètement libérée.

Plus au sud, 9ᵉ DIC et 1ʳᵉ DB ont également percé le long de la frontière suisse. Il appartient au groupement[2] du commandant Gardy, l'ancien lieutenant de Rachaya, d'arriver le premier au Rhin le 19 novembre à dix-huit heures trente, à Rosenau, au sud-est de Mulhouse. Sans attendre, Gardy s'infléchit sur Mulhouse.

La victoire en haute Alsace se dessine. Encore faut-il réduire les concentrations adverses au sud-ouest de Mulhouse, sur Altkirch et Dannemarie, avec une priorité sur Mulhouse même. Dans son histoire de la 1ʳᵉ armée française, de Lattre assimilera le front à un « U » ouvert au nord. La base inférieure de ce « U » repose sensiblement sur la frontière suisse. Les deux jambages se dressent par Belfort-Giromagny à l'ouest, Seppois-Altkirch à l'est. Le commandant de la 1ʳᵉ armée voudrait transformer cet « U » en O et y enfermer son vieil adversaire, la 19ᵉ armée allemande.

Pour s'enfoncer dans la nasse, le chef de la 5ᵉ DB propulse le REC, son régiment de reconnaissance renforcé d'une compagnie du RMLE et d'un escadron de chars du 1ᵉʳ RCA. L'objectif premier est de s'assurer des ponts sur le canal du Rhône au Rhin qui barre sensiblement le « U » en diagonale. A Montreux, pour s'emparer de l'un de ces ouvrages, la 2ᵉ compagnie du RMLE perd 34 tués ou disparus, dont son capitaine, son lieutenant adjoint, son adjudant. Un sergent-chef ramène les survivants. Partout, comme à Montreux, le REC tombe sur du dur.

Impossible de déboucher dans l'immédiat. Les Allemands ne cessent de contre-attaquer, poussant des pointes de blindés vers le sud pour couper les voies de communications françaises. Ces incursions menacent dangereusement les approvisionnements de la 1ʳᵉ DB, aventurée entre Mulhouse et le Rhin.

Devant la situation ainsi créée, cavaliers du 1ᵉʳ cuirassiers et légion-

---

1. *Histoire de la 1ʳᵉ armée française*, OC, p. 269.
2. Eléments du 3ᵉ RCA, du RICM, du 3ᵉ zouaves.

naires du RMLE réalisent dans la nuit du 21 au 22 une chevauchée dont on parlera longtemps sous les guitounes. Tous phares allumés, cinq chars auxquels s'agrippent les légionnaires du lieutenant Hallo (7ᵉ compagnie) foncent sur la route Courtelevant-Rechesy. Toutes les armes donnent. L'itinéraire se dégage. Le convoi d'essence qui suit passe.

Durant ce temps, la DFL, dont le chef, le général Brosset, s'est tué accidentellement[1], marque des points dans les Vosges. Le 25 novembre, le 1ᵉʳ BLE s'empare du ballon d'Alsace. Presque simultanément, le 2ᵉ BLE occupe Houspach, à la sortie de Massevaux. Le 1ᵉʳ décembre, n'ayant plus qu'un officier valide, il apercevra Thann. Ces succès entrouvrent une porte pour descendre dans la plaine et contourner le « U ».

Deux Combat Commands de la 5ᵉ DB ont été regroupés afin de fournir le fer de lance capable de fermer enfin la pince de ce fameux « U ». Débouchant d'Altkirch le 26 novembre, le CC 5 se rue sur Aspach 26[2]. 500 prisonniers. A sa gauche, le CC 4 attaque Dannemarie.

Cavaliers et légionnaires poursuivent, sans souci des vides dans leurs rangs. Un caporal dirige une section de la 2ᵉ compagnie du RMLE. Tous les autres gradés sont tombés.

Le CC 6, lui, a été détaché en renfort au 2ᵉ CA, en limite des Vosges. Le 28 novembre, l'Allemand lâche pied. Le CC 6 a prolongé son effort depuis Dannemarie et l'emporte sur le poteau. Le II/RMLE coiffe ses camarades du 3ᵉ bataillon, à Soppe-le-Bas. La jonction est réalisée. Le « U » est fermé. De toutes parts, la 1ʳᵉ armée bourre pour consolider les parois de la nasse, à l'intérieur de laquelle plusieurs jours seront encore nécessaires pour tout résorber. Le 63ᵉ corps d'armée allemand a été pris au piège : 10 000 morts. 17 000 prisonniers, Belfort et Mulhouse libérées. La bataille de haute Alsace s'achève sur un bilan flatteur malgré la neige, les mines, les Tigre, les 88 et les redoutables Panzerfaust antichars.

Peut-être serait-il possible alors de se jeter sur Colmar. De Lattre ne se résout pas à rassembler un corps de bataille puissant avec ses 1ʳᵉ et 5ᵉ DB[3]. On le lui reprochera. Il disperse ses Combat Commands : CC 4 sur Orbey[4], CC 5 sur Kaiseberg, CC 6 sur Thann,

---

1. Le 20 novembre, sa Jeep est tombée dans un torrent en crue. Le patron de la DFL n'a pu être dégagé. Garbay prend le commandement de la division.
2. Il s'agit d'Aspach au nord d'Altkirch et non d'Aspach-le-Bas ou Aspech-le-Haut au sud de Cernay.
3. Et même avec la 2ᵉ DB, passée sous ses ordres.
4. Orbey, bourg à 15 kilomètres à l'ouest de Colmar, aux belles maisons parées

où le 12 décembre la 9ᵉ compagnie du capitaine Masselot entre dans Vieux-Thann. Vers le 20 décembre, l'offensive s'arrête sur un pat, autour de ce qui est appelée la poche de Colmar.

Il faut panser les plaies pour préparer la suite.

En six semaines d'engagements quasi ininterrompus, le RMLE a perdu un millier d'hommes, quarante officiers tués ou blessés. Cinq chefs de bataillon ont été blessés, dont l'un mortellement. Le REC, qui a terminé sur Thann et la Doller, n'a pas moins souffert. La « 13 »[1], outre ses pertes au combat, a dû évacuer des pieds gelés dans le froid et la neige des Vosges.

Le commandant du RMLE (et du CC 6) ne verra pas la libération totale de l'Alsace. Usé par la fatigue et la maladie, le colonel Tritschler doit quitter le régiment qu'il avait formé et instruit. Evacué le 11 décembre, il mourra au Val-de-Grâce le 7 février. Son adjoint, le lieutenant-colonel Gaultier, trente ans de Légion, ancien du Maroc, du 11ᵉ REI de 1940, de Tunisie, assure l'intérim. Un jour, il aura l'honneur de commander à Sidi-Bel-Abbès.

*

LA DÉFENSE DE STRASBOURG

Malgré les coups reçus aussi bien à l'est qu'à l'ouest, le nazisme refuse de plier. Le 16 décembre, Hitler lance une violente offensive dans les Ardennes. Les Américains vacillent et reculent. Durant plusieurs jours, la situation est précaire, avant la remise en ordre avec le retour d'un ciel dégagé qui permet des interventions massives de l'aviation alliée.

Les Américains sont à peine remis de cette alerte que Hitler relance les dés en basse Alsace avec l'opération « Nordwind » contre la

---

de grès rose, niché au pied du col du Bonhomme, représente un haut lieu pour la 3ᵉ DIA. Ses tirailleurs, goumiers ou cavaliers se sont battus avec acharnement pour s'en emparer et coiffer les crêtes environnantes. Le II/RMLE, avec le CC 4, participe en décembre 1944 à cette terrible mêlée attaquant Orbey par le nord. La 7ᵉ compagnie du lieutenant Hallo occupe et défend durant plusieurs jours une ferme isolée, en avant du dispositif général, aux approches d'Orbey. Cette résistance acharnée fait baptiser la bâtisse ferme Camerone. Le commandant Charton, le futur colonel de la RC4 en octobre 1950, patron du II/RMLE, est blessé en s'y portant.

Si Orbey est libérée le 16 décembre, les combats tout autour se poursuivront jusqu'en février. Lorsque le II/RMLE est retiré fin décembre, les 5ᵉ et 7ᵉ compagnies sont réduites à deux sections.

1. En décembre, la « 13 » avec la DFL effectue un aller et retour sur le front de l'Atlantique. Il fallait aussi manifester une présence militaire, suite à l'anarchie générée par des FTP dans le Poitou. L'offensive allemande de fin décembre accélère son retour en Alsace.

7e armée américaine. Eisenhower, échaudé par les Ardennes, ordonne de raccourcir les lignes et de se replier sur les Vosges. Une telle décision signe l'abandon de Strasbourg, libérée le 23 novembre par la 2e DB de Leclerc.

De Gaulle s'insurge. Strasbourg est un symbole. « Quoi qu'il arrive, les Français défendront Strasbourg », écrit le chef du gouvernement français à Eisenhower et, sans plus attendre, il ordonne à de Lattre de garder la ville. C'est l'incident. Français et Américains s'affrontent avec violence. Heureusement Churchill, fin politique, s'interpose. Strasbourg ne sera pas abandonnée, à charge pour les Français de la protéger. Informé du revirement, de Lattre lance la 3e DIA dans la bataille. De leur côté, les Allemands s'acharnent. Ils veulent Strasbourg. Faire flotter à nouveau le svastika sur sa cathédrale serait pour eux un formidable succès.

La cité est assaillie du sud comme du nord. Du sud par des éléments surgissant de la poche de Colmar, du nord par la poussée de « Nordwind » et un débarquement survenu sur la rive ouest du Rhin à Gambsheim, à 20 kilomètres seulement de la place Kléber. Les combats pour Strasbourg sont ainsi appelés à prendre deux visages, les uns au sud, les autres au nord. Si la 3e DIA a reçu mission de tenir Strasbourg, le flanc septentrional de la poche de Colmar a été confiée à la DFL. Du Rhin d'Erstein à Sélestat, la division Garbay monte la garde. Garde assez ténue, car elle s'étire sur près de 50 kilomètres. Obligatoirement, des vides s'intercalent entre les PA. Plus grave, bien des unités sont implantées entre Ill et Rhin, sans obstacles naturels pour les couvrir de puissantes attaques blindés.

Celles-ci se produisent au matin du 7 janvier. La nuit, la température est tombée à - 15°, - 18°. Les chenilles des Tigre et des Jagdpanther mordent sans difficultés sur le sol gelé. Les deux bataillons français, BIMP et BM 24, qui reçoivent le choc, sont isolés. Le BM 24, le plus à l'est sur Boofzhem et Obenheim, se trouve vite en position critique. Le 9, une tentative pour le rejoindre, menée par des chars du CC 5 et le I/RMLE échoue. Il aurait fallu ramener à temps le BM 24 derrière l'Ill, mais de Lattre a refusé tout repli. Son intransigeance se paie : le 10 au soir, le BM 24 est submergé. Son sort sera imputé au commandant de la 1re armée et s'ajoutera au contentieux du général avec les FFL.

Dans la journée du 10, le I/BLE a relevé le BIMP épuisé, à Herbsheim et Rossfeld à l'est de la rivière. Monsabert, commandant du 2e corps d'armée, a compris. Inutile de s'obstiner. Mieux vaut raccourcir les lignes et s'appuyer sur une coupure contre les blindés, l'Ill en l'occurrence. Sairigné reçoit ordre de repasser à l'ouest dans la nuit du 11 au 12. L'opération sur Herbsheim débute à 3 heures du matin. Sairigné parlera d'une « histoire de fous. Sur la pointe des pieds, tout le monde s'en va, colonne par un, à la grâce de Dieu ». Le caporal Martin, qui parle parfaitement allemand, marche en tête. Astucieusement, il tire de la sentinelle ennemie les renseignements dont il a besoin. Au signal, les légionnaires passent en force. Heureusement, l'Ill n'est ni large ni profonde en cet endroit.

A Rossfeld, la compagnie de Corta se heurte à plus de difficultés. La rivière ici n'est pas guéable. Elle se passe à la nage et l'eau est loin d'être chaude.

Sairigné estimera s'en être bien « tiré ». 4 tués, 45 blessés et 34 disparus...

Le front s'est raccourci devant la DFL, et l'Allemand, à compter du 13 janvier, lève soudain le pied. Pourquoi ? Le mystère demeure sur l'origine précise de ce revirement. Pour l'heure, l'essentiel est atteint. Strasbourg est à l'abri au sud, la résistance manifestée n'a pas été vaine.

Reste le nord. Le 5 janvier la 553e VG division a donc traversé le Rhin à hauteur de Gambsheim. Le but de sa manœuvre est clair : prendre de revers la 7e armée pressée par Nordwind et s'avancer sur Strasbourg. Au soir du 5, le front passe par le petit village de Kilstett, à trois kilomètres sud-ouest de Gambsheim. C'est là que la 3e DIA du général Guillaume doit faire face.

Le 7 au matin, un groupement formé du III/3 RTA et du I/RMLE (commandant Daigny) contre-attaque pour reprendre Gambsheim[1]. Faute de blindés, l'affaire échoue. 49 tués et blessés chez les tirailleurs, 22 chez les légionnaires. A la chute du jour, les uns et les autres doivent regagner Kilstett, leur base de départ.

Le bataillon de Légion relevant du CC 5 est retiré. De Lattre pense à la poche de Colmar et a besoin de la 5e DB au complet. Les tirailleurs prennent la suite à leur compte. Ils connaîtront encore à Kilstett des moments difficiles. La tête de pont de Gambsheim ne cédera que fin janvier.

« 13 » au sud, RMLE au nord : la Légion a apporté sa pierre à la sauvegarde de Strasbourg.

*

---

1. La citation à l'ordre de l'armée du RMLE du 2 juillet 1945 fait allusion aux combats menés début janvier par le 1er bataillon.

A la mi-janvier 1945, la poche de Colmar n'a guère évolué dans sa silhouette de jambon de Bayonne plaqué au Rhin, manche vers le haut. La ligne de contact, depuis Erstein, longe l'Ill, gagne Sélestat, évite Ribeauvillé, passe à 8 kilomètres de Colmar, grimpe sur les hauteurs du Honneck et du ballon d'Alsace et se rabat sur Thann et la banlieue nord de Mulhouse, d'où elle file vers le Rhin. A l'intérieur de ce périmètre sont concentrées huit divisions de la 19e armée. Plusieurs ponts que l'aviation alliée n'a pas réussi à neutraliser les relient toujours à l'Allemagne.

Il faut en finir. Eisenhower s'irrite de cet abcès qui allonge le front et exige du monde. Faute d'éliminer cette verrue, les Français seront écartés de l'entrée en Allemagne. Le commandant de la 1re armée est bien placé pour ne rien ignorer de ces données aussi bien militaires que politiques. Il n'est donc pas le dernier à vouloir en terminer avec Colmar. A cet effet, il a prévu une première attaque, au sud, du 1er corps d'armée pour « pomper » les forces adverses puis une seconde au nord, théoriquement décisive, du 2e corps d'armée, pour percer en direction générale du sud-est et isoler Colmar. Ses 7 divisions [1] sont renforcées par 2 DI américaine (3e et 28e) et la 2e DB de Leclerc.

La météo n'a pas varié. Toujours dans les - 20° la nuit. Une épaisse couche de neige recouvre la campagne, dissimulant mines et pièges.

Dans cette offensive contre la poche de Colmar, la Légion est au nord. « 13 » au départ de Guémar (sud de Sélestat), RMLE et REC avec les CC de la 5e DB vers Ribeauvillé. Dans un premier temps toutefois, le CC 4 marche avec la 3e DI américaine, démarrant un peu au sud de Sélestat.

*

Le 1er corps d'armée attaque comme fixé, le 20 janvier. Sans grands résultats. A peine écorne-t-il les positions allemandes.

Le 2e corps d'armée s'engage à son tour le 23. La « 13 » doit s'assurer d'un passage sur l'Ill à Illhauersen. Le secteur est bien défendu : 5 bataillons d'infanterie, des 88 et même quelques chars Panther. Le 1er BLE entre en action un peu avant sept heures. A quinze heures,

---

1. La 3e DIA est toujours de garde sur Strasbourg. Une 10e DI, née de l'amalgame, apparaît dans les Vosges.

la situation est contrôlée, Illhauersen tenu. Le 2ᵉ BLE rejoint et, prenant le relais, attaque le bois d'Elsenheim sur l'axe de marche. En vingt-quatre heures, il perd plus du quart de son effectif[1]. Le 26, le 3ᵉ BLE arrive à la rescousse. L'ennemi, bien enterré et soigneusement camouflé, s'accroche. Au soir du 27, le bois est nettoyé après de terribles corps à corps. Le 1ᵉʳ bataillon est réintroduit pour l'objectif final de la demi-brigade : établir une tête de pont sur la Blind et s'emparer du village de Grussenheim, trois kilomètres plus loin. C'est encore l'occasion de combats acharnés qui imposent de relever l'unité exsangue : 702 hommes hors de combat du 24 au 28 janvier.

La « 13 » est blessée mais peut revendiquer à juste titre d'avoir rempli sa mission. Elle a couvert sur leur flanc nord la marche des CC 5, CC 6 et de la 3ᵉ DI américaine, au moment où un fait nouveau intervient. Devant la précarité des résultats obtenus le 25, de Lattre s'est vu octroyer le 21ᵉ corps d'armée américain en renfort. Celui-ci représente un bel outil, doté d'une imposante puissance de feu. Avec la 5ᵉ DB et un Combat Command de la 2ᵉ DB et ce 21ᵉ corps d'armée américain, la force de frappe que le commandant de la 1ʳᵉ armée n'avait pas constituée au lendemain de la chute de Belfort et de Mulhouse entre en jeu. Français et Américains œuvrent en commun pour percer sur Neuf-Brisach et le Rhin.

Dans cette mêlée décisive, le III/RMLE attaque Jebsheim, carrefour routier à 8 kilomètres au nord-est de Colmar. Les combats pour s'en emparer sont terribles. « Chaque immeuble est une redoute, chaque soupirail cache un Panzerfaust », écrira de Lattre. Les compagnies Masselot et de Berc sont à la peine. Enfin, le 28 à dix-huit heures, le message passe : « Nous tenons Jebsheim. » Tenir ne veut pas dire être à l'abri des contre-attaques que les Allemands lancent sans répit. Si la 9ᵉ compagnie compte encore 72 combattants, la 11ᵉ est réduite à 42 et la 10ᵉ à 27.

Jebsheim occupé, le 3ᵉ RMLE à bout de souffle, le CC 5 prend le relais afin de poursuivre sur Durrenentzen et le Rhin. Dans ces actions, « 13 » et RMLE n'agissent évidemment pas seuls. Ils s'intègrent au cœur et très souvent en tête de cet ensemble franco-américain qui pousse vers Neuf-Brisach et Colmar.

Le CC 4, qui fut à Orbey après avoir travaillé avec la 3ᵉ DI américaine, est affecté à la 28ᵉ DI américaine du général Cota, un héros d'Omaha Beach le 6 juin 1944. La 28ᵉ a percé immédiatement au nord de Colmar. Au matin du 2 février, Français et Américains peuvent charger de front pour entrer dans la ville.

---

1. 37 tués, 9 disparus, 142 blessés, 28 pieds gelés en quelques jours.

Serait-ce le signe avant-coureur de la victoire ? La température frisait encore les - 15° les jours précédents. Soudain, en cette aube de Chandeleur, un vent chaud balaye la plaine d'Alsace. Il précipite une fonte accélérée de la neige, avec en contrepartie une débâcle générale des cours d'eau. Il a l'avantage de découvrir bien des mines et autres artifices semés par l'ennemi.

Les Américains ont la délicatesse de laisser les Français pénétrer les premiers dans Colmar. A onze heures trente, le char de tête du CC 4 débouche place Rapp. Les légionnaires du III/RMLE suivent dans la foulée. Le sous-lieutenant Torquebiau est tué durant les opérations de nettoyage des ultimes bastions.

Le REC est propulsé pour exploiter cette avancée. Il traverse la ville et fonce vers le sud. Débordant Rouffach par l'ouest, il se précipite sur Soltzmatt et réalise la jonction avec des éléments du 1er corps d'armée arrivant de Cernay. La bataille de Colmar est gagnée. Au soir du 9 février, la poche sera complètement résorbée.

*

La Légion, qui a si bien tenu son rôle dans la libération de l'Asace[1], va avoir un privilège : être l'une des premières unités de l'armée française à pénétrer en Allemagne.

Américains de la 7e armée et Français de la 3e DIA ont repoussé les Allemands en basse Alsace et éliminé la hernie de Gambsheim. A mi-mars, ils sont à hauteur de Haguenau, accentuant leur pression vers la frontière franco-allemande. La 3e DIA, sur la droite, s'appuie au Rhin. Elle a reçu le renfort du CC 6 avec le III/RMLE. Ce dernier participe au nettoyage de la forêt de Haguenau et à la libération de Soufflenheim, Roppenheim, Benheim, Wintzenbach. Le 19 mars, son fanion flotte dans Lauterbourg.

La Lauter est franchie et les éléments avancés de la 3e DIA collent à la ligne Siegfried. Au-delà des blockhaus, des barbelés, des champs de mines, s'ouvre le Palatinat avec ses cités historiques, Landau, Spire. Pour les Français, traverser la ligne Siegfried a plus que valeur symbolique de revanche. S'ils s'enfoncent le long de la rive allemande du Rhin, ils s'ouvrent la possibilité, ayant passé le fleuve, de débouler sur l'Allemagne du sud par la trouée de Pforzheim.

Le III/RMLE est là au complet. Le 15e escadron du REC (capitaine Astouil) l'a rejoint. Les légionnaires ont conscience d'avoir devant eux des instants historiques à vivre : fouler le sol germanique.

---

1. Une rue de Colmar s'appellera rue de la Légion.

Ce sera fait le 20. Ils passent la frontière à Scherbenhardt. Puis ils occupent deux autres villages, Neulauterbourg et Berg, centres avancés de résistance de la ligne Siegfried.

Goumiers et tirailleurs, héroïques en dépit des mines et des tirs ennemis, ont mission d'effectuer une première trouée. Le CC 6 et l'escadron du REC bourrent derrière eux. La ligne Siegfried n'est plus qu'un souvenir. Kandel, Worth sont atteints le 24. Le Rhin allemand est français sur 30 kilomètres. La 10e compagnie y prend la garde à Ludwigspan.

Aucune erreur possible. Les képis blancs sont en Allemagne. Car le képi blanc, au RMLE comme au REC, s'est imposé comme la coiffure distinctive [1]. Les légionnaires l'arborent avec fierté. Par contre, à la « 13 », on reste fidèle au béret de Narvik.

*

1er avril 1945. L'Alsace est intégralement libérée, l'entrée en Allemagne effective. Dans six semaines, la guerre en Europe sera terminée. Evidemment, nul n'ose se risquer à formuler une telle perspective. Les Alliés sont décidés à ne pas commettre l'erreur de 1918. Ils envahiront l'Allemagne pour renverser définitivement l'hitlérisme.

Dans cette future marche vers la victoire finale, le REC et le RMLE seront – comme dans les phases précédentes – de grands acteurs. Le REC toujours sous les ordres du colonel Miquel, le RMLE avec un nouveau chef. A Moshein, devant tout le régiment rassemblé pour la circonstance, le colonel Olié a remplacé le colonel Tritschler décédé. Un beau soldat, Olié, doublé d'une intelligence brillante. Premier partout. Il fut à la Légion au Maroc avant d'avoir de hautes responsabilités dans les états-majors. Il a aujourd'hui l'honneur de commander l'un des plus beaux régiments de l'armée française. Quinze ans plus tard, il sera en charge de l'intégralité de cette dernière.

La « 13 » a également un nouveau patron. Plus exactement, elle en avait plusieurs, Sairigné, Simon, Lalande, Arnault, qui commandaient les trois BLE et le BC 13, constituant la 1re brigade de la DFL. Le 1er mars 1945, elle reprend sa structure initiale – disparue on le sait après El Alamein – de demi-brigade formant corps. Le lieutenant-colonel Saint-Hillier, trente-quatre ans, ancien de Narvik et de Bir Hakeim, en prend le commandement. Des engagements ont

---

1. Le calot (bonnet de police), facile à glisser dans une poche, se porte également.

renforcé les rangs. La « 13 » aborde la dernière ligne droite avec un effectif de 2 754 hommes.

Par contre, elle ne sera pas partante pour la campagne d'Allemagne. La demi-brigade à l'ouvrage contre le nazisme depuis la Norvège ne sera pas de l'hallali et de la fête. L'exclusive de la DFL à l'encontre de tout ce qui n'est pas FFL fait boomerang.

Nul mystère sur ce point. La DFL n'aime pas de Lattre, lequel le sait. Sans l'énoncer clairement, elle aurait tendance à le traiter de « vichyste ». Elle juge ses méthodes de commandement et ses décisions tactiques d'un autre temps. Elle critique son culte ostentatoire de la personnalité. Début février, deux officiers supérieurs et non des moindres, Arnault et Sairigné, se sont rendus à Paris. Au ministère de la Guerre, à des proches de De Gaulle, ils ont fait part de leurs griefs contre le Roi Jean. Pour eux, la coupe est pleine. Ils ne veulent plus servir sous ses ordres (comme Leclerc, du reste).

De Gaulle transmet le témoin à Juin, devenu chef d'état-major de la Défense nationale. Le vainqueur du Garigliano trouve le biais. Une division devait être affectée au front des Alpes. La 4e DMM, en principe. Juin biffe et écrit : 1re DFL. La décision tombe le 1er mars. La DFL et la « 13 » partent pour le détachement d'armée des Alpes du général Doyen. La guerre de tranchées entre DFL et commandant de la 1re armée se clôt sur une mesure qui gruge la « 13 » d'un final qu'elle était en droit de mériter.

*

LA CAMPAGNE D'ALLEMAGNE

Le massif de la Forêt-Noire forme de l'autre côté du Rhin un obstacle équivalant aux Vosges. Le but recherché a été atteint. L'obtention d'une base de départ, au nord de Karlsruhe, permet de déborder par le nord.

REC et RMLE se sont rassemblés dans le petit terre-plein gagné par la 3e DIA. Le 3 avril, le II/RMLE avec son CC passe le Rhin à Spire. Le lendemain, les 1er et 3e bataillons, le REC l'imitent à Mannheim grâce à un créneau laissé par les Américains. De là, les uns et les autres vont rayonner vers le pays de Bade et le Wurtemberg.

Tout de suite, un escadron du REC renforce le bataillon de choc pour entrer dans Karlsruhe. Simultanément CC 4 et CC 5, avec la 2e DIM, piquent sur Freudenstadt dont s'empare le REC. De cette plaque tournante, le CC 4 oblique vers le nord-est pour prendre Stuttgart de revers. Le CC 6 qui a rejoint s'intègre au mouvement. Le

21 avril, les 2ᵉ et 3ᵉ bataillons du RMLE pénètrent dans la capitale wurtembergeoise. Dans cette course en avant, les Français à Stuttgart ont coiffé les Américains sur le poteau. Ce qui ne sera pas sans occasionner quelques frictions avec l'Oncle Sam.

Des débris de la 18ᵉ armée allemande se sont massés dans le Jura souabe, entre Neckar et Danube. Le CC 5, qui a laissé ses camarades se porter sur Stuttgart, se tourne contre eux, bien éclairé par le REC. Le 19, il entre en trombe dans Tübingen, où un coup de main du peloton de Montplanet n'a pas laissé à la garnison le temps de faire sauter le pont sur le Neckar. Encerclements, attaques frontales ont raison des obstinés de la 18ᵉ armée. Le Danube apparaît au hasard d'un coude de la route, provoquant peut-être quelques déceptions : le fleuve n'y est encore qu'un modeste cours d'eau !

De Stuttgart et du Jura souabe, CC 4 et CC 5 redescendent rapidement vers le sud. 1ᵉʳ et 2ᵉ bataillons se retrouvent pour gagner le lac de Constance. Le REC est de la partie. Cette campagne d'Allemagne voit très souvent l'action conjointe des deux régiments frères. Rives du lac de Constance ; Friedrischafen, cité d'industries aéronautiques, avec un chef-d'œuvre d'audace et d'habileté du 2ᵉ escadron (capitaine Denardou) pour capturer le commandant d'armes ; Lindau, charmante cité bavaroise. Un poteau indicateur. Les légionnaires, le 29 avril, à vingt heures trente, entrent les premiers en Autriche. Devant Bregenz, Volksturm et SS refusent le passage. L'assaut donnera un millier de prisonniers.

Le REC fonce toujours. Le 4 mai, à Brand, au sud de Bregenz, le 2ᵉ escadron met la main sur le baron von Neurath[1], l'un des futurs condamnés de Nuremberg.

Le RMLE n'est pas loin. Le bataillon Laimay (I/RMLE) nettoie la haute vallée de l'Ill et s'assure de la voie ferrée passant par le tunnel de l'Arlberg. Le 8 mai, l'armistice arrête les légionnaires, fantassins ou cavaliers, au pied du col de l'Arlberg. Ils étaient dans les Alpes. Le Zaghouan est loin. Que de chemin parcouru en deux ans !

Cette énumération rapide et sommaire de cités enlevées, cette chevauchée très « napoléonienne » – style marche sur Ulm de 1805 –, ces milliers de prisonniers ne sauraient laisser supposer une avance l'arme à la bretelle. Bien des Allemands se battent encore avec courage. Des SS, des jeunes luttent avec l'énergie de fanatiques désespérés. Ils mènent d'âpres et sanglants combats retardateurs. Les AM du REC ont été constamment à la merci d'un antichar ou d'un Panzerfaust. Les compagnies du RMLE ont eu à redouter les mines de

---

1. Quinze ans de détention pour l'ancien ministre de Hitler.

toutes natures, les snipers, les rafales de MG, les salves de mortiers ou d'obusiers. La victoire s'est payée. Dans la nuit du 20 au 21 avril, le 3ᵉ escadron et la CAB du II/RMLE venue en soutien ont lutté des heures durant au sud-est de Stuttgart, encerclés par de fortes concentrations ennemies. Même si le printemps pointait, la pluie, la neige, le froid se manifestaient encore dans les Alpes. Rien n'était donné. Rien n'était facile.

*

Au cours des six mois des campagnes de France et d'Allemagne, le RMLE et le REC ont gagné chacun deux citations à l'ordre de l'armée. On peut lire dans celle du RMLE du 2 juillet 1945 :

> « Régiment légendaire (...) Ainsi, partout au premier rang des combats livrés par la 5ᵉ DB, admiré de tous, recevant et assenant les coups les plus rudes, triomphant des résistances les plus acharnées, au prix de sévères sacrifices [1], s'est montré digne des immortelles traditions de la Légion étrangère. »

*

L'AUTHION

L'initiative, peu réglementaire, de deux officiers supérieurs de la « 13 » a donc précipité la DFL dans les Alpes hors de la 1ʳᵉ armée. Le détachement d'armée du général Doyen fait face aux Allemands et aux Italiens qui, en liaison avec leurs camarades d'Italie du Nord, poursuivent la lutte. Les Français pourraient comme les Américains qui les ont précédés se contenter de les isoler campés sur leurs crêtes. Non ! De Gaulle veut récupérer les cantons de Tende et la Brigue oubliés en 1860, sur le versant français, lors du rattachement de la Savoie et Nice à la France. Il a donné l'ordre de passer à l'offensive.

Avant de gagner la montagne, la « 13 » regroupée à Nice reçoit sa visite. L'homme du 18 juin épingle à son drapeau la Croix de la Libération. Distinction hautement sélective sanctionnant, à quelques exceptions près, les plus valeureux et authentiques combattants de la Libération [2]. Distinction tout autant méritée par cette unité symbole

---

1. Du 14 novembre 1944 à fin avril 1945, le RMLE a perdu 2 204 des siens, soit 70 % des effectifs engagés, avec 19 officiers, 402 sous-officiers et légionnaires tués. Le taux de pertes au REC est identique.
2. Outre la « 13 », 17 unités seulement ont été faites Compagnons de la Libération.

des Français libres et qui fut quasiment partout. Le décret d'attribution du 6 avril 1945 le rappelle :

> « Demi-brigade qui, après s'être illustrée par la prise de Narvik (Norvège), s'est ralliée avec son chef de corps au général de Gaulle dès juin 1940. Noyau important et très ancien des Forces françaises libres, a été en Europe, en Afrique et en Asie Mineure, au cours d'un périple de combats sans précédents dans notre Histoire, un des pôles d'attraction le plus prestigieux autour duquel se sont groupées les premières Forces françaises pour la Libération de la Patrie, dans l'Honneur et par la Victoire. Présente à Dakar, en Erythrée, en Syrie, en Egypte, en Libye, en Tunisie, en Italie, débarquée une des premières sur le sol de France, demeure à la 1re DFL l'élément qu'elle fut à Bir Hakeim. »

Evoquant l'Ordre de la Libération, il n'est pas inutile, enfin, de le souligner : la « 13 » termine la guerre avec le plus grand nombre de Compagnons. Aucune unité de l'armée française n'aligne son palmarès, qui honore la Légion. A côté des grands noms, Monclar, Amilakvari, Sairigné, Koenig, Saint-Hillier, Messmer, Simon, Lalande, Arnault, Bollardière, Lamaze, Dewey, bien des moins connus, sous-officiers ou légionnaires, héros anonymes : adjudant-chef Goldbin, adjudant Noël, sergent-chef Nemir, sergent Kocsis, légionnaire Dammann, caporal Franoul, caporal Proszek... La liste est longue : 88[1]. Près de 10 %[2] des Compagnons de la Libération sont des anciens de la « 13 »[3].

*

L'objectif de la DFL est le massif de l'Authion, au nord-est de Nice. Zone montagneuse, 2 000 mètres environ, aux vallées encaissées

---

– Pour l'armée de terre : BM/2 ; BIMP ; 2e RIC ; régiment de marche du Tchad ; 501e régiment de chars de combat ; 1er RSM ; 1er RAC ; I/3e RAC.
– Pour la marine : sous-marin *Rubis* ; corvette *Aconit* ; 1er RFM.
– Pour l'aviation : groupe de chasse Alsace ; 1re escadrille de chasse Alsace ; groupe de chasse Ile-de-France ; groupe de chasse Normandie-Niémen ; groupe de bombardement Lorraine ; 2e RCP.

1. Voir en Annexe 3 état des Compagnons de la Libération de la 13e DBLE.
2. On sait que le nombre total des Compagnons de la Libération dépasse légèrement le millier. Celui de 1 059 est généralement admis (dont 239 à titre posthume).
3. A ce chiffre, au titre de la Légion étrangère peut se rajouter celui du sergent-chef Barlot, promu Compagnon le 16 octobre 1945. Résistant, déporté, engagé à la Légion en 1949, Barlot a servi comme légionnaire et sous-officier en Indochine et en Algérie.

et aux dénivelées impressionnantes. Des forts, des blockhaus, dont nombre servirent aux Alpins en juin 1940 pour contenir les Italiens, en assurent la défense. Les forces ennemies sont solides : 34e DI allemande, chasseurs de montagne et Alpini de la division Littorio. S'emparer de l'Authion permet de dominer la vallée de la Roya, d'exploiter vers le col de Tende puis de marcher sur Turin.

L'offensive débute le 10 avril. Maintenue en réserve, la « 13 » n'intervient qu'à partir du 13, des nécessités tactiques amenant son éclatement. Le 1er BLE est envoyé au nord du massif afin de forcer la frontière en direction de Vinadio. Les deux autres bataillons, appuyés par le BC 13, prennent le relais de la 4e brigade dans l'Authion même. Chacun d'entre eux, démarrant du dôme (2 080 mètres) déjà conquis, s'engage d'ouest en est sur une ligne de crête. Face à un adversaire résolu, accroché à des forts et casemates, les pertes sont lourdes, surtout au 2e BLE. Le 14, 18 tués, 57 blessés, dont Boulnois « dédouané [1] » une seconde fois très sérieusement.

S'accrochant au terrain, repoussant les contre-attaques, repartant à l'assaut, les légionnaires finissent par occuper la Colla Bossa, le sommet de l'Arbain (1 839 mètres) et la cote 1120, en aplomb de la Roya. Pressé de toutes parts par la « 13 » et toutes les autres unités amies, l'ennemi lâche pied et décroche. Le 25, l'Authion est français. Le même jour, à vingt-deux heures trente, le 22e BMNA, progressant le long de la route côtière, s'infiltre dans Vintimille.

Durant ce temps, le 1er BLE réalise un véritable exploit sportif. En dépit d'une épaisse couche de neige, il franchit le col de la Lombarde (2 395 mètres) et ouvre la route de la Lombardie. Le 27, les légionnaires entrent à Vinadio sur le versant italien. Ils se voient déjà à Turin.

Espoir déçu. La bataille des Alpes pour la « 13 » gardera un goût amer. Les Allemands, en Italie, capitulent le 2 mai à midi. De Gaulle ordonne de stopper pour ne pas grossir le différend avec les Américains, à cause de cette présence française en Italie.

Revenant de l'Authion et des Alpes, les légionnaires de la « 13 », comme tous les autres combattants, n'imaginent pas qu'ils viennent de réaliser un événement historique et que leurs pertes [2] n'ont pas été vaines. L'œuvre amorcée un jour de 987 par un certain Hugues Capet s'achève grâce à eux. Par le traité de Paris de 1947, la France complète son présent hexagone. Elle obtient Tende et la Brigue acquis par les combats d'avril 1945 [3].

---

1. Voir p. 265.
2. 53 tués, 135 blessés à la « 13 » dans les Alpes.
3. Et la volonté quasi unanime des populations.

*

La « 13 » n'a pas connu une fin de guerre en apothéose. Elle a cependant la fierté de revenir avec un drapeau enrichi de :
– La Croix de la Libération,
– La Croix de guerre avec quatre palmes,
– La fourragère aux couleurs de la Médaille militaire,
– La Médaille de la Résistance avec rosette,
– La Croix de guerre norvégienne [1].

Par la suite, s'inscrira sur l'étamine :
– Norvège 1940,
– Keren-Massaouah 1941,
– Bir Hakeim 1942,
– El Alamein 1942,
– Rome 1944,
– Colmar 1945,
– Authion 1945.

Toute l'épopée de la « 13 » revit dans cette simple nomenclature.

*

La Seconde Guerre mondiale s'achève le 8 mai 1945 en Europe. Au total, elle a coûté à la Légion 9 017 morts [2]. C'est-à-dire que toutes les unités à grenade à sept flammes n'ont jamais lésiné pour honorer leurs emblèmes et servir la France et la Légion.

---

1. Le fanion du 1er BLE porte 3 palmes.
2. Pertes en Extrême-Orient jusqu'en 1945 non comprises.

Chapitre XVII

AVEC LE 5ᵉ REI (1940-1945)

Le 8 mai 1945, si le canon se tait en Europe, il continue de tonner à plus de 10 000 kilomètres. L'impérialisme nippon devra encaisser en août les dévastations d'Hiroshima et Nagasaki, pour plier et se soumettre, après avoir durant des années mis le Pacifique et l'Est asiatique en feu. L'Indochine française n'a pas été épargnée par les ravages causés par cette tourmente.

*

La France de l'entre-deux-guerres, en Extrême-Orient, naviguait pavillon haut. Grande puissance mondiale, elle ne craignait pas d'afficher ses sympathies. Sans retenue, elle acceptait le transit de Haiphong à Laokay, par la vallée du Fleuve Rouge, des approvisionnements chinois. C'était là incontestablement aider la Chine nationaliste en lutte avec l'Empire du Soleil levant.

Brutalement, la défaite de juin 1940 remet tout en question. Parlant haut et fort, Tokyo intime au général Catroux, gouverneur général de l'Indochine, de couper la route de Chine. Catroux, conscient de sa faiblesse réelle, cède. Vichy, paradoxalement, le désavoue et le remplace par l'amiral Decoux, commandant des forces navales d'Extrême-Orient. Un marin prend la barre dans des conditions difficiles.

La métropole est incapable de le soutenir. La Grande-Bretagne, alliée d'hier, se présente en ennemie après Mers el-Kébir. Le Japon montre les dents, et ses troupes à Canton sont aux portes du Tonkin. Pour faire face, Decoux ne dispose que de 90 000 hommes. Essentiellement des forces terrestres de qualité inégale. Peu de navires. Des avions pour beaucoup dépassés. Le fleuron des forces terrestres est sans conteste le 5e REI, PC à Vietri, à 50 kilomètres au nord-ouest de Hanoï, l'un des quatre régiments blancs de la colonie [1]. La mobilisation de 1939 l'a porté à 4 900, avec l'incorporation d'éléments « indigènes ». Ces derniers occupent des emplois secondaires : muletiers, cuisiniers. La vraie force du régiment repose sur ses 2 000 légionnaires à fort pourcentage d'Allemands [2].

Ces légionnaires du 5e REI, le régiment du Tonkin, sont de vieux soldats en majorité rengagés. La vie coloniale est loin d'être désagréable. Le climat du Tonkin ne présente pas la moiteur tropicale de la Cochinchine. L'hiver est frais. Le service, même s'il reste strict – Légion oblige –, offre des à-côtés. Qui n'a pas sa conghaï, son Indochinoise gracile et aimante ?

L'amiral Decoux connaît bien ce 5e REI. En plusieurs occasions, le 30 avril, il honora de sa présence la commémoration de Camerone. Sur ces légionnaires, il écrira dans ses Mémoires ce qu'il appelle un éloge mérité :

> « C'étaient des soldats de métier, dans toute la force du terme. En les voyant réunis, on ne pouvait s'empêcher de penser aux "grandes compagnies", aux gardes suisses, aux mercenaires suédois, qui jadis louaient leurs services à tous les souverains d'Europe, et leur demeuraient fidèles, mais notre Légion avait toujours été mieux et plus que cela...
>
> « A mon arrivée sur le champ de manœuvres de Tong, je passai tout d'abord en revue le régiment au grand complet, aligné en formation massive derrière le drapeau du 5e étranger. Jamais je n'ai si bien compris ce qu'était au juste l'esprit de corps, et ce que signifiaient ces expressions banales, que l'on emploie

---

1. Avec les 5e, 9e et 11e RIC. Toutes les autres unités sont mixtes ou à base d'autochtones : RMIC, RTT, etc.
2. Très exactement 1 835, encadrés par 55 officiers et 188 sous-officiers (quelques officiers d'origine indochinoise ne sont pas compris dans les 55).

trop souvent hors de propos : "l'âme et la cohésion d'une unité". Ces quelque 4 000 hommes, alignés devant moi dans un ordre impressionnant, m'apparaissaient vraiment ce jour-là comme n'ayant qu'une seule chair et un seul cœur, leurs armes ne formant qu'un même acier, solidement trempé. Ces reîtres au visage sévère donnaient une impression de force et de grandeur ; il fallait faire un effort pour se rappeler que leur langue maternelle n'était en général pas la nôtre, et que la plupart d'entre eux avaient grandi sous un ciel qui n'était pas celui de la France...

« Ensuite venait le défilé. Aux accents de la *Marche de la Légion*, les compagnies défilaient en bataille, les légionnaires scandant de leur pas majestueux et lent les mesures de cette marche fameuse. Tel fut le spectacle exaltant que je vis se dérouler chaque année devant moi, jusqu'à la veille du coup de force. Dans toutes les phases sanglantes des événements d'Indochine, Langson – Cambodge – retraite sur la Chine, les légionnaires furent au poste d'honneur et de danger, et laissèrent maints des leurs sur le terrain.

« Si je me suis étendu quelque peu sur la Légion étrangère en Indochine, c'est qu'au cours du drame indochinois, elle fut dans tous les coups durs. Elle s'y montra chaque fois fidèle à son serment, et dévouée à sa mission de sacrifice [1]. »

L'ex-gouverneur général l'a mentionné. Langson en septembre 1940, Cambodge en 1941, retraite de Chine en 1945 sont les faits marquants de l'histoire du 5ᵉ REI de 1940 à 1945. Se glissent à côté des événements moins connus d'opérations contre des bandes nationalistes.

*

L'INCIDENT DE LANGSON

Face aux incontournables réalités, Vichy, qui entretient des relations diplomatiques avec Tokyo, réagit comme Catroux. Le protocole du 30 août entre les deux pays conduit le 2 septembre à Hanoi à une convention militaire. Les Japonais se voient accorder l'utilisation de trois terrains et la possibilité de faire transiter 19 000 hommes au Tonkin [2].

---
1. Amiral Decoux, *A la barre de l'Indochine*, OC, p. 88-90.
2. Plus de 6 000 en stationnement permanent.

Si les Français ont dû faire des concessions autour du tapis vert, sur le terrain ils ne se montrent guère coopératifs. L'armée japonaise dite de Canton se lasse. Elle a un besoin urgent des facilités accordées au Tonkin pour ses approvisionnements et ses évacuations. Le 22 septembre, 22 000 soldats nippons déferlent sur les garnisons frontières de la région de Langson. Devant eux, ils sont à peine 5 000 dont les légionnaires du II/5 REI du commandant Marcellin, arrivés fin juin.

A l'annonce de l'irruption japonaise, les ordres contradictoires se succèdent. Tirer ! Ne pas tirer ! Parlementer ! Ne pas parlementer ! Marcellin, bien décidé à résister, prend les dispositions en conséquence (à l'instar de ce qui se déroule en plusieurs endroits). Il sait pouvoir compter sur ses commandants de compagnie. Quatre bons ! Gaucher, Komaroff, Cockborne, Berton.

Au II/5, en position à l'est de Langson, les journées du 23 et du 24 s'écoulent sans grands incidents. Quelques accrochages de patrouilles. Des tirs malheureux de l'artillerie amie qui tuent deux légionnaires. Une reconnaissance profonde de la compagnie de Cockborne (la 7), qui tombe sur du vide.

Pourtant, sur Langson même, la situation se détériore. Le feu japonais fait du mal. Le général commandant la place ne brille pas par son caractère. Le 25, à dix heures quarante, il ordonne de hisser le drapeau blanc. La garnison, y compris le II/5 REI, est prisonnière des Japonais.

L'ordre est très mal ressenti chez Marcellin. Si dans Langson les coloniaux ont eu des pertes, le 2e bataillon est intact et prêt à se battre. Les critiques fusent à l'endroit d'un commandement qui a prescrit de déposer les armes. Une telle reddition est contraire aux traditions légionnaires. Cependant, il faut s'incliner. La discipline est bien inscrite dans les esprits. Le bataillon Marcellin ne peut poursuivre seul, se plaçant en position de rébellion ouverte. Il doit rendre ses armes.

Il y a pire. Les Japonais procèdent à un tri de leurs prisonniers : Asiatiques, Allemands, autres. 199 légionnaires de langue allemande sont ainsi parqués à l'écart de leurs camarades. Ils ne tardent pas à voir se manifester deux Européens en civil déployant un emblème à svastika. Ces deux individus se présentent comme deux légionnaires déserteurs ayant opté pour le camp du vainqueur, celui du Führer Adolf Hitler. Sans ambages, ils incitent leurs anciens compagnons à les suivre et à rentrer avec eux en Allemagne, pays allié du Japon. A défaut, regardés comme ennemis, ce sera la mort lente dans les camps d'internement japonais.

L'amertume des heures écoulées, d'une reddition sans gloire, a créé des rancœurs. Le mythe de la grandeur du IIIe Reich ne laisse pas indifférent. La fidélité légionnaire est soumise à rude épreuve. Avec la déconfiture française qui se répercute en Indochine, la page de la Légion ne serait-elle pas à tourner ? Il est tentant de vouloir échapper aux barbelés nippons pour un autre avenir.

De nuit, un sergent-chef autrichien et un légionnaire allemand, hostiles à toute compromission, parviennent à s'esquiver et à rejoindre le gros du bataillon interné à quelque distance. Les 197 autres se préparent à partir pour Nan-Ning en Chine occupée par les Japonais. Leurs gardiens leur annoncent que de là ils seront rapatriés[1].

Un dénouement inattendu bouleverse l'avenir prévu. Vichy et Tokyo concluent un accord. La concorde se veut de règle entre les deux pays. Les prisonniers seront libérés.

Le 5 octobre, le 2e bataillon est libre. Manquent les 197 en instance de départ pour Nan-Ning. Marcellin n'entend pas les lâcher. Encore des palabres à l'asiatique pour obtenir leur retour. Les « retrouvailles » manqueront de chaleur... Pour peu de temps.

Le colonel de Cadoudal, commandant le 5e REI, et le commandant Marcellin savent parfaitement que rien n'était limpide. Les défaillances n'ont pas été à sens unique. L'attitude du commandement à Langson n'a pas été irréprochable. D'un commun accord, Cadoudal et Marcellin décident de déchirer cette mauvaise page. Le II/5 réintègre tous les siens. Les combats à venir prouveront que les deux officiers avaient raison.

*

La paix française règne en Indochine depuis près d'un demi-siècle. Sous certaines réserves. Les incidents de Yen-Bay et d'autres ont rappelé que le feu couvait encore par endroits. Des nationalistes, des communistes, dont un certain Nguyên Ai Quôc, qui sera mieux connu sous le nom de Hô Chi Minh, n'ont pas renoncé. Les échos de la situation en métropole, la capitulation de Langson revigorent ceux que les Français dénomment des rebelles. De leur côté, les Japonais ne se sont pas privés d'ouvrir les prisons et de distribuer des armes.

Au début du mois de novembre 1940, ils sont peut-être 2 000, pas tous armés, à rôder le long de la frontière de Chine, entre Langson et Cao Bang. Leur chef est un certain Tran Trung Lap, formé par les Soviétiques. A diverses reprises, ils s'efforcent de passer aux actes.

---

1. Staline est alors l'allié de Hitler. Un rapatriement par l'URSS est concevable.

Des postes sont harcelés. Le 14 novembre, le détachement motorisé du 5ᵉ REI (lieutenant Guillaume) tombe dans une embuscade entre Dong-Dang et Langson. L'intervention de la 5ᵉ compagnie du II/5 et de la chasse[1] lui permet de se dégager. Les Japonais ayant évacué la région, les autorités françaises déclenchent une vaste opération de « pacification ». La bande de Tran Trung Lap, 200 hommes environ armés, est localisée et accrochée le 13 décembre par le détachement motorisé. La compagnie de Cockborne se porte à son niveau tandis que le II/5 se met en place. A vingt-trois heures, par pleine lune, la bande butte sur la compagnie de Cockborne judicieusement postée. Elle laisse 60 tués et de nombreux prisonniers sur le terrain. Tran Trung Lap, qui a pu s'éclipser, sera débusqué dans une grotte par la Garde indochinoise le 24 décembre.

Les jours suivants sont consacrés à la traque des derniers éléments rebelles. A la fin du mois de décembre, le calme est revenu dans la subdivision militaire de Langson et le 2ᵉ territoire militaire de Cao Bang. Les derniers partisans de Tran Trung Lap ont filé en Chine méridionale occupée par les Japonais[2]. Ces succès locaux ont une heureuse incidence au II/5 REI. Ils tendent à estomper les incidents de Langson.

*

LA GUERRE CONTRE LA THAÏLANDE

Le Siam, devenu la Thaïlande en 1939, a mal accepté l'implantation coloniale française au Laos et au Cambodge. De tout temps, il a regardé ces deux pays comme ses fiefs et a voulu y imposer sa suzeraineté.

La défaite française précipite les convoitises du régime autoritaire et pro-nippon de Bangkok. En septembre 1940, les Thaïlandais revendiquent les territoires laotiens de la rive droite du Mékong. Les Français ne sauraient accepter de telles prétentions, d'où une série d'incidents frontaliers déclenchés par les Thaïlandais : survol du territoire, coups de main contre des villages, bombardements de postes, propagande antifrançaise par tracts, etc.

---

1. Patrouille commandée par le capitaine Pouyade, futur héros du régiment Normandie-Niémen (il rallie la France libre le 2 octobre 1942).

2. La Chine méridionale est sensiblement scindée en deux :
– La frange orientale (Canton, Nan-Ning) est contrôlée par les Japonais (Hong-Kong n'est occupée qu'en décembre 1941).
– La partie occidentale (Yunnan) est aux mains des nationalistes de Tchang Kaï-chek.

Dans ce véritable état de guerre avant la lettre, les troupes du Cambodge reçoivent des renforts et se sentent de taille à répliquer. Le 5 janvier 1941, un détachement mixte de tirailleurs du IV/3 RTT et de légionnaires du I/5 REI détruit le poste de Campong Sia, tenu par des fusiliers marins thaïlandais.

La mèche est allumée. A partir du 10 janvier, les Thaïlandais passent résolument à l'offensive. Au Laos, ils occupent la rive gauche du Mékong très peu gardée. Au Cambodge, ils contraignent le dispositif français sur la RC1 à se replier[1].

Saigon ne peut pas ne pas réagir avec force à cette agression généralisée. Sept bataillons d'infanterie dont les I/5 et III/5 REI, plusieurs batteries d'artillerie, un détachement motorisé sont regroupés en vue d'une contre-offensive à l'ouest de Sisophon.

Les possibilités françaises, sur le fond, pèchent par faiblesse générale. La troupe manque d'entraînement. Le matériel accuse son âge. L'aviation est quasiment inexistante.

Le 16 janvier, le III/5 (commandant Belloc) se heurte à une violente contre-attaque thaïlandaise. Un escadron de chars ennemis décime la section du lieutenant de Gros-Péronnard. L'intervention des deux canons de 25 et de celui de 75 de la CA détruit trois chars et force l'adversaire à se replier. Ce résultat heureux ne dissimule pas l'échec global de l'offensive terrestre française. Seul bilan positif immédiat, l'avance ennemie en territoire cambodgien est enrayée.

La victoire vient de la mer. Le 17 janvier, la petite escadre du capitaine de vaisseau Bérenger envoie par le fond, au large de l'îlot de Koh-Chang, un bon tiers de la flotte thaïlandaise. Cette victoire navale – la dernière de la Royale – donne à la France l'avantage.

Tokyo veillait et s'interpose en faveur de son protégé. Le 31 janvier, une convention d'armistice est signée à bord du cuirassé nippon *Natori*. La paix interviendra en mai. L'Indochine perd au Laos une partie de la rive droite du Mékong, au Cambodge la province de Battambang et la moitié de celle de Seim-Reap[2].

Les combats contre les Thaïlandais ont confirmé les enseignements de Langson. Les unités à base d'autochtones, insuffisamment encadrés, vacillent aisément. La Légion, par contre, garde son calme et sa solidité. Point important, après la fausse note de Langson, les légionnaires d'origine allemande (30 % de l'effectif) n'ont en rien démérité et n'ont pas été influencés par la propagande nippone en

---

1. La RC1 mène de Phnom Penh à Bangkok par Battambang et Sisophon, à l'ouest du Tonlé Sap.
2. Ces territoires seront restitués après la guerre.

sous-main. Les I/5 et III/5 REI repartent au Tonkin avec le sentiment du devoir accompli.

*

En novembre 1941, les liaisons entre la France et l'Indochine sont définitivement suspendues, les Britanniques interceptant tous les bâtiments ralliant la colonie. L'armée française d'Indochine est condamnée à vivre repliée sur elle-même.

Cet isolement n'est pas sans conséquences au 5ᵉ REI. Le lieutenant-colonel Lambert[1], successeur désigné du colonel de Cadoudal, rapatrié, ne peut rejoindre. Le régiment se retrouve sans chef de corps. Après une période assurée par un intérimaire, le colonel Alessandri, pourtant des troupes coloniales, en prend le commandement.

Pas de relève, donc pas de sang nouveau, ni de démobilisation possible pour les légionnaires arrivant en fin de contrat. La troupe s'use et vieillit. La moyenne d'âge atteindra trente-sept ans en 1945.

Les mois se suivent dans une paix trompeuse. La vie de garnison, avec ses temps d'instruction, a repris ses droits. Pour peu, on oublierait la guerre mondiale, s'il n'y avait la présence japonaise de plus en plus voyante. En avril 1941, un incident rappelle à la vigilance. Un caporal tchécoslovaque et un légionnaire allemand du II/5 REI amorcent un mouvement de sédition en vue d'entraîner le bataillon sur Hanoi en liaison avec l'armée japonaise. L'affaire, fomentée par des agents nippons, est rapidement maîtrisée. Seule conséquence pratique, le II/5 quitte sa vieille garnison de Dap Cau et s'installe à Tong.

La suppression des communications avec la métropole a imposé un chef de corps hors Légion. La pénurie d'Européens conduit à détacher des légionnaires comme spécialistes dans des batteries du 4ᵉ RAC. Par tous les moyens, le commandement tente de maintenir une force militaire à côté de celle des Japonais.

Dans cet esprit et pour remédier à la pénurie de cadres, en novembre 1942 l'amiral Decoux crée à Tong une école militaire qui se veut dans la filiation de Saint-Cyr et de Saint-Maixent. Le recrutement d'officiers de souche indochinoise est accéléré. Ainsi est nommé sous-lieutenant, le 1ᵉʳ mai 1943, le prince Tiao Souriya Petsarrah, fils du Premier ministre laotien, servant précédemment comme caporal au 5ᵉ REI. Le prince Monireth, prétendant évincé au trône du Cambodge, est lieutenant au 5ᵉ REI.

---

1. Qui commandera le 3ᵉ REIM durant la campagne de Tunisie en 1942-43, puis le 1ᵉʳ RE.

*

1943-1944. El Alamein, le débarquement en AFN, Guadalcanal, Stalingrad ont marqué le grand tournant. La Seconde Guerre mondiale évolue à l'avantage des puissances occidentales et de leur allié soviétique.

En Indochine, la résistance s'organise. Des plans de défense pour contrer une agression japonaise s'élaborent. Des liaisons difficiles se nouent avec Calcutta, Alger et Tchoung King. Dans cette dernière ville, capitale de la Chine nationaliste, le général Pechkoff, l'ancien légionnaire de 1914-1918, devient en mai 1944 l'ambassadeur en Chine du CFLN [1].

Au 5e REI, les esprits sont tout acquis à la reprise de la lutte contre les Japonais. La participation à la résistance y est active. A Langson, grâce à ses véhicules, le détachement motorisé contribue au ramassage des armes parachutées par les Britanniques.

En cette période d'attente et de préparation, Belloc, le commandant du 3e bataillon, promu lieutenant-colonel, remplace en 1944 Alessandri, lui-même nommé général. Sans faire d'esprit de bouton, il était logique qu'un vrai légionnaire prenne le commandement d'une unité de Légion aussi traditionnelle que le 5e REI. Ce dernier, à la veille du coup de force japonais du 9 mars 1945, relève toujours néanmoins d'Alessandri. Il appartient à sa brigade, la 2e, dans le cadre de la division du Tonkin commandée par le général Sabattier. Son implantation est assez lâche :
– Chef de corps : lieutenant-colonel Belloc, PC Vietri,
– 1er bataillon, capitaine Gaucher, PC Tong,
–, 2e bataillon, capitaine de Cockborne, PC Tong,
– 3e bataillon, capitaine Lenoir, PC Tien Kien [2],
– Détachement motorisé, capitaine Fenautrigues, PC Langson.

Circonstance malencontreuse, le 9 mars, le détachement motorisé sera scindé en deux : une moitié avec le capitaine Fenautrigues, transitant par Hanoï pour se rentre à Tong, l'autre moitié restée à Langson avec le lieutenant Duronsoy.

D'autres éléments sont disséminés en plusieurs endroits :
– Une section à Son-La,
– La section hors rang à Cottich, à 4 kilomètres de Vietri,
– Une section de DCA à Vinh en Nord-Annam,

---
1. Au préalable, il était comme colonel délégué du même CFLN.
2. Au nord-ouest de Vietri.

– La section de discipline à Ha-Giang, sur la Rivière Claire, près de la frontière chinoise,
– Une compagnie, la 7, au centre de repos du BA VI.
Le régiment n'est donc pas regroupé. Cet éclatement explique le sort de ses diverses composantes.

*

Début 1945. Les zones de combat se rapprochent de la péninsule indochinoise. Les Philippines sont presque entièrement libérées. Le 17 février, les Américains sautent sur Corregidor ; le surlendemain, ils débarquent sur Iwo Jima.

L'Indochine française, havre de paix à peu près préservé [1], parviendra-t-elle à éviter le pire d'ici la fin du conflit ? Les Japonais n'ignorent pas qu'une résistance de plus en plus active [2], soutenue par les Anglais, œuvre derrière leur dos. Vont-ils accepter de la laisser se poursuivre ? Toléreront-ils longtemps encore l'existence d'une armée française susceptible de se joindre aux Alliés le jour venu ? Officiellement aussi, la France de 1945 est en guerre contre le Japon. De Gaulle a pris parti dès le 8 décembre 1941.

A ces questions, Tokyo apporte réponse. Brutalement, à la japonaise, c'est-à-dire sans préavis. Le 9 mars à partir de vingt heures, les troupes du Mikado attaquent les garnisons françaises.

Il y avait malgré tout des indices. Certains y croyaient. D'autres non. Dans l'ensemble la surprise joue. Decoux, le haut commandement militaire sont arrêtés presque aussitôt, pris au gîte. Le général Sabattier est de ceux qui ont pris les renseignements au sérieux. Dans la nuit du 8 au 9 mars, il gagne son PC de campagne à une centaine de kilomètres au nord de la ville et fait diffuser les consignes d'alerte. Hélas ! tous ses subordonnés ne peuvent être touchés ou ne le sont que partiellement.

Le 8, à vingt-deux heures trente, le 5ᵉ REI reçoit l'ordre d'alerte de Sabattier. Les 1ᵉʳ et 2ᵉ bataillons étaient en manœuvre. Ils rentrent d'urgence sur Tong. Chez de Cockborne, il manque la 7ᵉ compagnie au BA VI. Entre-temps, des instructions contradictoires tombent de Hanoï. Ce serait une fausse alerte, une de plus ! Difficile dans de telles conditions d'être absolument sur ses gardes. Les faits se char-

---
[1]. Relatif, à cause des bombardements alliés, de la présence japonaise et de nouveaux réduits nationalistes dans le Nord-Tonkin.
[2]. Réception des agents et des armes parachutés, renseignements aux Alliés, secours aux aviateurs des appareils abattus, etc.

geront de montrer dans le sang les résultats d'une telle incertitude. Bien des Français vivant en situation de temps de paix sont surpris.

A Vietri, un peu avant minuit, le lieutenant-colonel Belloc est fait prisonnier à son domicile et jeté dans une ancienne fosse à chaux. Son adjoint, le commandant Laroire, est mortellement blessé à coups de baïonnette. La sauvagerie nippone montre là son visage habituel. Il en est de même partout.

A Hanoi, le capitaine Fenautrigues, sorti en ville, est tué en essayant de rejoindre son détachement stationné à la citadelle investie par les Japonais. En l'absence de leur chef, les sous-officiers s'intègrent à la résistance de ce pavé de casernement qui n'a de citadelle que le nom. Avec leurs trois automitrailleuses, leur peloton motocycliste et leur cohésion, ils représentent l'un des meilleurs atouts de la place. Le combat se prolonge toute la nuit et une bonne partie du lendemain. Lorsque le feu cesse, le 10 vers quinze heures trente, la moitié des défenseurs est hors de combat. Le détachement motorisé n'a plus qu'une poignée d'hommes valides. 17 légionnaires ont été tués, 20 blessés. L'adjudant-chef Roman, qui avait pris le commandement, est très grièvement atteint. Par miracle, il survivra.

A Langson, l'élément resté avec le lieutenant Duronsoy se joint lui aussi à la défense de la ville. Avec ses vieux FT Renault, Duronsoy tente une contre-attaque qui est repoussée. Le jeune lieutenant a été blessé deux fois quand, vers quinze heures, Langson cesse le combat. Furieux de la résistance rencontrée, les Japonais se disposent à tout massacrer. Duronsoy s'interpose : « Je suis le chef de ces légionnaires. Je suis le responsable. Tuez-moi seul ! Epargnez ces hommes ! »

L'officier nippon n'a cure d'un si noble propos. Duronsoy entonne *La Marseillaise* que les voix graves de ses légionnaires reprennent en chœur. Les salves des mitrailleuses mettent seules un terme à cet ultime défi à l'ennemi. Il n'y aura qu'un rescapé, laissé pour mort[1].

A Ha-Giang la section de discipline de l'adjudant-chef Sury, où les légionnaires côtoient une garnison coloniale, connaît un sort sensiblement identique. Le 9, dès dix-neuf heures, les Japonais attaquent. Les disciplinaires font bloc autour de leurs cadres. L'attitude de ces réprouvés d'un jour, envoyés là pour expier des fautes lourdes, est exemplaire. Ils se battent toute la nuit. Vers six heures, le commandant d'armes, dans l'espoir de sauver les rescapés, négocie la reddition.

---

1. A Langson, la démence japonaise ne connaît pas de limites. Le général Lemonnier, le résident Auphelle, de nombreux officiers supérieurs sont massacrés à la baïonnette ou au sabre. On l'oublie souvent : les crimes de guerre des Japonais égalent largement ceux des nazis et des Soviétiques.

Mal lui en a pris ! Fidèles à leur barbarie, les Japonais massacrent leurs prisonniers. La section de discipline compte 82 morts sur 87.

A Vinh, le sergent Faussone et sa poignée de légionnaires ne sont que des enfants perdus, n'ayant pour eux que leur courage. Après une nuit de lutte, au matin du 10, des tirs directs d'artillerie ont raison de leur obstination.

Les drames locaux de Hanoi, Langson, Ha-Giang, Vinh, vécus pour les légionnaires dans l'esprit de Camerone : tenir à tout prix, se perdent dans la tragédie d'ensemble du 9 mars 1945. Pour l'Histoire, au-delà de cette date sanglante, émerge cette Anabase moderne connue sous le nom de retraite de Chine. Les trois bataillons du 5e REI, qui réussissent dans les premières heures à se dégager de l'étreinte adverse, y jouent un rôle majeur. Ce sont eux qui rendent possible la longue marche du Tonkin au Yunnan chinois d'une fraction importante des reliquats de la division du Tonkin.

Si les atermoiements ont coûté cher, à Tong, vers vingt et une heures, les doutes sont levés. A vingt-deux heures quarante-cinq, les 1er et 2e bataillons (capitaines Gaucher et de Cockborne) prennent la route. Gagner un périmètre plus sûr que celui du delta était programmé. Le départ s'effectue en bon ordre et relativement vite. Le moral est au beau fixe, malgré le barda. La Légion part en campagne.

A Tien Kien, au 3e bataillon (capitaine Lenoir), l'incertitude prévaut une bonne partie de la nuit. Vers cinq heures enfin Lenoir, faute d'informations précises, prescrit à son bataillon de démarrer à l'aube. Difficile d'éviter une fausse note. La 9e compagnie (capitaine Chaminadas) ne peut être prévenue. La destinée la joindra à la colonne du commandant Lepage, se dirigeant vers le nord. Avec Lepage, elle entrera en Chine, borne 23, au nord-ouest de Cao Bang, le 3 avril.

*

La longue file des 1er et 2e bataillons progresse dans la nuit sans lune. L'avance connaît de fréquents à-coups. Les légionnaires ne sont pas seuls. Une cohorte souvent disparate les accompagne, qui à pied, qui en camions, qui avec des véhicules hippotractés. Tous marchent ou roulent vers le nord-ouest. Heureusement, les Japonais, trop occupés ailleurs, ne se manifestent pas.

Un peu après la levée du jour, à Trung Ha, la Rivière Noire, qui vient d'effectuer un large coude l'orientant vers le nord et le Fleuve Rouge, offre un premier obstacle. Trois cents mètres de large. Un courant rapide. Uniquement deux bacs et cinq sampans. Impossible

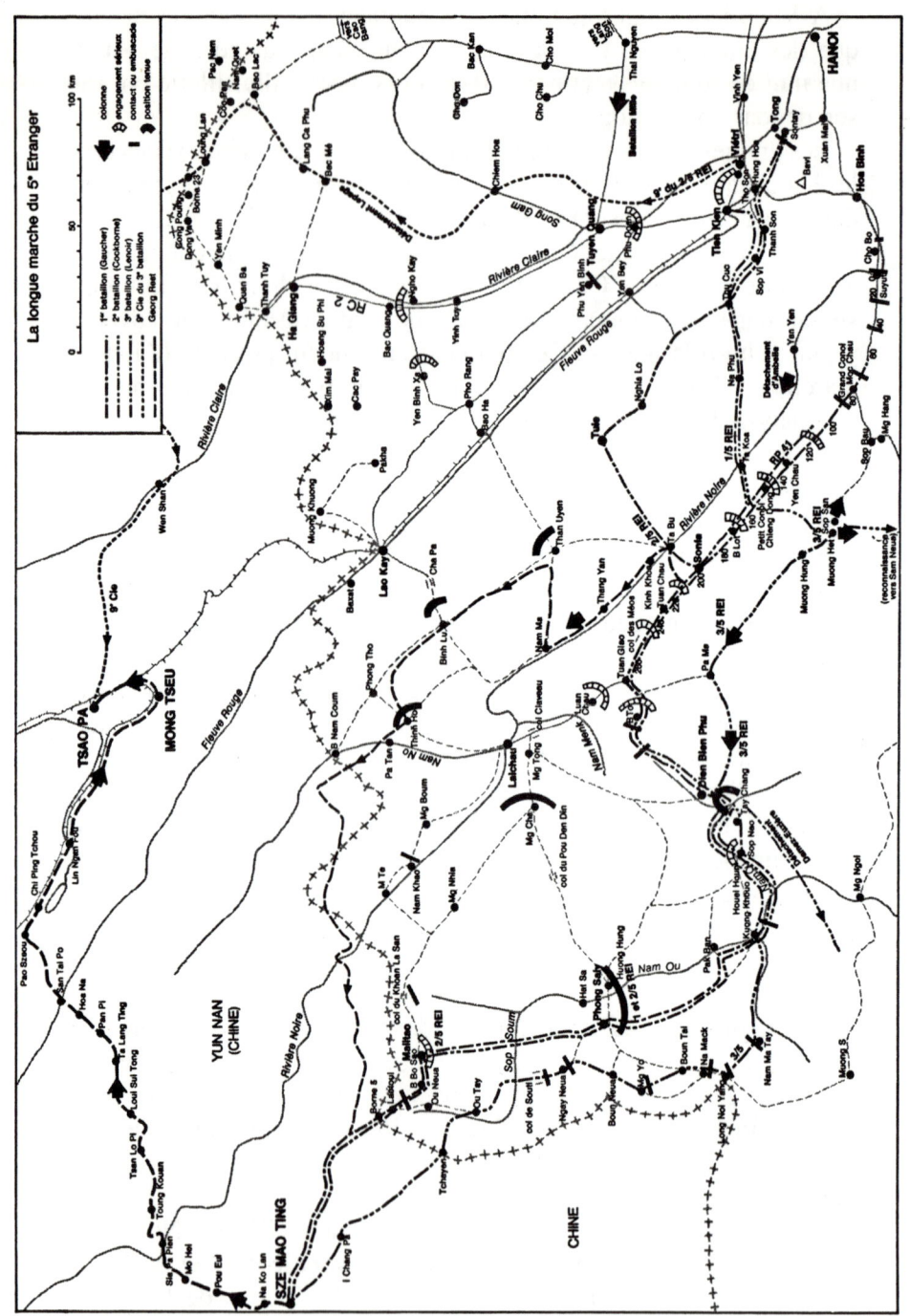

de faire traverser les véhicules et les armes lourdes, qui doivent être précipités dans les flots de la rivière. Désormais, les légionnaires ne disposent plus que de leur armement léger.

Le 3ᵉ bataillon vit un départ autrement plus mouvementé. Il est presque aussitôt accroché par les Japonais. Durant toute la journée du 10, il contient les attaques d'un adversaire constamment renforcé. Au crépuscule, menacé d'encerclement, il se replie en bon ordre, laissant hélas derrière lui dans la boue des rizières les cadavres des camarades tombés.

Dans son mouvement, il a recueilli la section hors rang décimée à Cottich, PC opérationnel du régiment, à 4 kilomètres de Tien Kien. Le sous-lieutenant Muller, vieil adjudant-chef récemment promu officier, une trentaine de légionnaires ont été tués. Le lieutenant Desfossés a eu le plus grand mal à se dégager avec les survivants.

A la faveur de la nuit, Lenoir parvient à faire passer le Fleuve Rouge[1] à son bataillon, mais là encore véhicules, chevaux, armement lourd doivent être sacrifiés.

A Thanh-Son, le bataillon Lenoir reprend contact avec les deux autres bataillons. Son chef peut faire un bilan : une centaine d'hommes perdus en vingt-quatre heures, la 9ᵉ compagnie livrée à elle-même[2].

Au matin du 11 mars, le 5ᵉ REI est théoriquement regroupé au complet. Des absents : le colonel et son état-major, les 7ᵉ[3], 9ᵉ compagnies, le détachement motorisé, la section de discipline et les divers petits groupes détachés ici ou là.

Toute troupe a besoin d'un chef, à défaut elle n'est qu'un navire sans pilote. Le général Alessandri, comme Sabattier, s'est méfié et n'a pas été pris au piège. Il est lui aussi à Thanh-Son. D'emblée, il prend le commandement de son ancien régiment et des autres éléments, arrivés en donnant bien souvent l'impression de débandade. Sans que la formule soit prononcée, la colonne Alessandri[4] prend vie : un général, trois bataillons de Légion, des unités disparates.

Alessandri est seul pour décider de la suite à donner au rassemblement constitué à ses côtés. Ses supérieurs hiérarchiques, à Hanoi ou Saigon, sont prisonniers. Son patron direct, le général Sabattier, est on ne sait trop où. Faute de directives précises, il tranche pour l'avenir immédiat :

---

1. Tien Kien est située sur la rive gauche du Fleuve Rouge.
2. Faute de liaisons radio, Lenoir ignore qu'elle a rejoint la colonne Lepage.
3. La 7ᵉ compagnie, réduite à 30 hommes, rejoindra son bataillon le 12 mars.
4. Le général Alessandri l'avait dénommée « Groupement de la Rivière Noire », mais l'histoire a retenu « Colonne Alessandri », de par la personnalité de son chef

« Gagner rapidement la région située entre Fleuve Rouge et Rivière Noire [1], y reconstituer son groupement pour lui rendre une valeur combative et ensuite se porter dans la Haute Région. »

Effectivement, dans la Haute Région, il serait à peu près en sécurité et à même de développer une activité de guérilla contre les occupants nippons.

Le pays à traverser est pauvre. Les bases relais initialement prévues ne sont pas toutes en place. Cette pénurie impose de démobiliser les tirailleurs, en ne gardant que les volontaires et les natifs de la Haute Région. La colonne Alessandri, réduite ainsi à 1 500 hommes dont 850 légionnaires, est fractionnée en deux :

– Un sous-groupement nord (chef d'escadron Prugnat) avec le II/5 REI, chargé d'assurer la couverture nord,

– Un sous-groupement centre (colonel François), devant gagner Lai-Chau, cœur de la Haute région, par la RP 41, Son-La et le col des Méo.

*

Par des pistes de montagne, sous une pluie qui cingle les visages et transperce les vêtements, le 2ᵉ bataillon atteint Nghia-Lo. Nghia-Lo ! Quelques années plus tard, les légionnaires paras du 2ᵉ BEP sauteront pour dégager le poste.

A Tule, sur ordre venu du ciel par un petit Potez 25, le bataillon oblique sud-ouest vers la Rivière Noire, qu'il franchit à Ta Bu. Le 21 mars, il retrouve à Son-La les deux autres bataillons.

Ces deux derniers ont chaudement bataillé depuis Thanh-Son. Surtout au sud de Son-La, sur la RP 41, menant une série de durs combats retardateurs pour stopper les Japonais accrochés à leurs basques.

A Son-La, un parachutage a apporté un peu d'armement [2]. Durant quelques jours, les légionnaires s'initient au maniement des mitraillettes Sten, des FM Bren, des lance-roquettes Piat. Malheureusement, les avions n'ont largué ni chaussures ni vêtements. Après quinze jours de vie en brousse, les tenues de départ partent en lambeaux, les brodequins bâillent.

---

1. Le Fleuve Rouge forme avec ses deux affluents, Rivière Claire à l'est, Rivière Noire à l'ouest, un trident. Ce tracé explique les diverses traversées effectuées par les Français et la situation géographique originelle du groupement Alessandri, entre les deux branches occidentales du trident.

2. Des équipes radio, larguées avant le 9 mars, assurent une liaison précaire avec Calcutta.

Les Japonais, bien que retardés sur la RP 41, n'ont pas renoncé à saisir une proie qui se refuse. Jugeant la position de Son-La indéfendable, Alessandri ordonne de décrocher et installe la Légion en position défensive un peu au nord de la petite cité.

Le 26, vers dix-neuf heures quinze, une vague de Japonais hurlant des slogans se précipite contre les vieilles Hotchkiss et les Bren flambant neufs. Durant trois heures, le tempo haché et poussif des unes, le débit rageur des autres se mêlent pour briser des assauts où l'assaillant semble mépriser ses pertes. L'aube pluvieuse relance les assauts toujours aussi meurtriers pour l'adversaire. Le 5e REI voit dans la mêlée tomber plus d'un des siens. Lorette, le doyen du régiment, l'ancien de 1914-1918, le vieux soldat refusant ses cinquante ans passés, n'échappe pas à une mauvaise balle[1].

En milieu d'après-midi, devant les renforts adverses qui ne cessent d'affluer, Alessandri fait entamer le repli afin d'éviter l'encerclement. Les compagnies sont rodées. Sous la pluie battante, elles décrochent comme à la parade, l'une flanquant l'autre.

A la compagnie d'appui, l'esprit de sacrifice conduit à tenir jusqu'à minuit pour assurer le bon départ des camarades. L'ennemi s'est infiltré partout. Un mouvement coordonné est devenu impossible. Le capitaine Guillaume en est réduit à faire éclater son unité, afin de rallier le gros du bataillon par petits groupes de deux ou trois. Dans l'obscurité, le sergent-chef Rest part avec trois de ses hommes et parvient à rompre le rideau ennemi. Après le passage d'un col où il a dû forcer l'allure pour échapper aux tirs, il n'a plus qu'un seul légionnaire à ses côtés. Heureusement, les deux hommes sont en pays thaï. La complicité des villageois leur permet d'échapper aux patrouilles et de rejoindre une unité de la coloniale. Le 1er avril, l'arme à la main, ils entrent en Chine, au nord-ouest de Laokay. Rest n'aura dès lors qu'un souci : rendre compte de la situation de crainte d'être porté déserteur. Il était loin de l'être !

Ceux-là, malgré les épreuves traversées, sont des chanceux. Une chance qu'ils ont su courageusement exploiter. Bien de leurs camarades moins fortunés sont capturés et décapités par les Japonais.

*

La bataille au nord de Son-La n'a marqué qu'un temps d'arrêt. La marche reprend, épuisante, avec des dénivelées accentuées. Col des Méo (1 500 mètres), ligne de partage des eaux. Vers l'est, bassin du

---
1. Ayant pu être évacué, il mourra à l'hôpital de Calcutta.

Fleuve Rouge ; vers l'ouest, bassin du Mékong avec son affluent proche, la Nam Ou, la rivière de Diên Biên Phu.

Alessandri avait prévu de se porter sur Lai-Chau. Les Japonais l'y ont devancé. Aussi il s'oriente sud-ouest, direction Diên Biên Phu.

Le 28 mars, nouveaux combats menés par les 1er et 2e bataillons, alors que le 3e a été dépêché vers le sud. On se bat encore le 29 puis le 30. Surprise ce jour-là, une patrouille de six avions américains apporte un appui de feu aussi inattendu que salutaire. Contournant les ordres reçus [1], Claire Chenault, le patron de l'aviation américaine en Chine, fait effectuer quelques missions par ses aviateurs. Ce soutien venu du ciel conforte les cœurs. Après Tuan-Giao, carrefour des routes vers Lai-Chau et Diên Biên Phu au-delà du col des Méo, les Nippons se manifestent moins souvent. Ils paraissent hésitants. L'état des pistes entrave en partie l'avance de leurs véhicules.

Résolument, le 1er avril, les bataillons Gaucher et de Cockborne, peut-être électrisés par l'aide aérienne reçue l'avant-veille, prennent l'initiative. Ils se lancent à l'attaque des positions japonaises en cours d'installation. Avaient-ils trop présumé de leurs forces ? Le succès ne récompense pas l'élan. Le capitaine Komaroff, vieux briscard, ancien des armées blanches, est tué. Une fois encore, il faut retraiter. direction Diên Biên Phu, distant de 60 kilomètres.

Diên Biên Phu ! Nom appelé à devenir plus tard le synonyme d'une douloureuse défaite. En ce printemps 1945, ce village du pays thaï [2], à 300 kilomètres au nord-ouest de Hanoi, sert aux Français de base arrière. Le petit terrain d'aviation assure au général Sabattier et à la colonne Alessandri la liaison aérienne avec Calcutta, permettant les évacuations sanitaires et les liaisons de commandement. Il est également le point de départ des Potez 25, qui larguent des messages aux détachements isolés comme le III/5 REI.

Le 5 avril, ce dernier débouche dans la cuvette de Diên Biên Phu. En 26 jours, par des pistes impossibles, il vient de parcourir 530 kilomètres. Les vêtements sont devenus des tenues d'Arlequin et les ventres sont vides. Les deux autres bataillons qui l'ont précédé sur les bords de la Nam Ou sont dans la même situation. En outre, l'état sanitaire est inquiétant. Dysenterie, paludisme finissent d'épuiser des organismes fatigués par les longues étapes et les combats.

Alessandri, plus judicieux que nombre de ses successeurs, comprend

---

1. Par anticolonialisme, Roosevelt a interdit d'aider les Français pourtant en lutte contre l'ennemi commun japonais. Décision illogique d'un grand malade. A terme, Chenault sera sanctionné et relevé de son commandement.
2. Le centre administratif de Diên Biên Phu compte à l'époque 4 000 habitants.

qu'il n'est pas possible de se maintenir longtemps à Diên Biên Phu. Sa colonne reprend la route sud-est, vers le Laos proche. La piste « carrossable » s'arrête à la frontière. Demi-mal. Les légionnaires et leurs compagnons marchent à pied. Leurs poursuivants seront contraints de les imiter.

Trente kilomètres après Diên Biên Phu, le 3ᵉ bataillon verrouille les gorges de la Nam Ou, un peu en amont de Houei Houn. Toute la journée du 11 avril, il contient la poussée japonaise. Au décrochage, à la nuit, Lenoir ne compte plus qu'une centaine de légionnaires autour de lui. Les autres ont disparu, tués ou isolés du bataillon.

La colonne Alessandri est maintenant au Laos. Elle progresse franchement plein nord, en plusieurs fractions. Le 22 avril, les 1ᵉʳ et 2ᵉ bataillons pénètrent dans Phong Saly, bourgade abandonnée par ses habitants. Ils n'y font qu'une brève halte. Impossible de s'attarder. Les Japonais, maîtres de Lai-Chau, menacent de couper l'accès à la Chine. Le 1ᵉʳ mai, le II/5 REI, placé en flanc-garde à Malitao, livre son ultime combat à la porte de la frontière. Derniers tués. Derniers disparus. Derniers blessés, dont Cockborne.

2 mai. Les ultimes éléments de la colonne Alessandri passent en Chine, borne 5, entrée de la province du Yunnan. Le seigneur des lieux, le maréchal Lou Han, bien que feudataire théorique de Tchang Kaï-chek, entend rester neutre. Son armée et lui n'ont nulle envie de se battre contre les Japonais. La culture et la vente de l'opium sont pour eux des activités autrement plus lucratives et moins dangereuses. Lou Han veut donc désarmer les Français. Les palabres, à la chinoise, sont longs...

Les rescapés du 5ᵉ REI et de la colonne Alessandri finissent par se regrouper à Sze Mao Ting. Les légionnaires ne sont plus que quelques centaines. Malgré leurs hardes et les fatigues de cette longue marche de 1 000 kilomètres, ils portent haut. Les Japonais n'ont pas eu raison de leur fermeté. Après deux mois de combats presque ininterrompus, les modestes carrés des compagnies et des bataillons se serrent derrière leurs chefs.

Fin mai, les Français, par détachements de 200, font mouvement sur Tsao Pa, à 150 kilomètres au nord-ouest de Laokay, cité frontière sur la voie ferrée débouchant du Tonkin. La saison des pluies arrive. Le cantonnement manque de tout. Ici encore, il faut tenir. Peu à peu des isolés, individuellement ou par petits groupes, rejoignent. Tous ont derrière eux une longe histoire. Quelques-uns sont des miraculés. Le caporal-chef Swoboda, blessé, fait prisonnier, a survécu aux six coups de pistolet donnés par ses gardiens pour l'achever. Des Laotiens l'ont recueilli, soigné, hébergé et acheminé en Chine.

A Sze Mao Ting, les blessés, les malades ont été évacués sur Calcutta. Devant les vides, les trois bataillons sont regroupés en un seul sous les ordres de Gaucher. Tous ces hommes encore valides n'aspirent qu'à reprendre le combat. En vain ! Les Américains y font obstacle. Fidèles à la pensée de Roosevelt, ils s'opposent à leur retour en Indochine. S'il n'y avait que l'hostilité chinoise et américaine ! Celle de certains compatriotes ajoute sa goutte de fiel. Les Français Libres présents en Chine dénigrent ostensiblement ces anciens soldats de l'armée de Vichy. Pourtant ces combattants, en quelques semaines, ont éprouvé plus de pertes que les FFL, de leur création à leur fusion le 1er août 1943 avec l'armée Giraud[1].

Les légionnaires sont donc contraints d'attendre. Ce n'est que le 8 février 1946 que le bataillon de marche du 5e REI entamera son mouvement sur le Tonkin.

Eu égard aux tués, aux disparus, aux prisonniers de Hanoi, Langson, Ha-Giang, Vinh, Vietri, Cottich, Tien Kien, le 9 mars, ils ne furent que 850 légionnaires à s'intégrer à la colonne Alessandri. De ceux-là, 63 ont été tués, 109 portés disparus durant la retraite de Chine. Avec les blessés évacués sur Calcutta, les isolés ayant pu rejoindre, le bataillon de marche n'aligne le 8 février 1946 que 655 Européens et 328 Indochinois. Au mieux, il retrouvera une centaine de camarades ayant survécu à l'enfer des camps d'internement japonais. Du 5e REI du 9 mars 1945, ne demeure que le tiers.

La Légion, là encore, a payé le prix fort, en cette ultime phase de la Seconde Guerre mondiale.

---

1. L'agression nippone, les combats sur l'ensemble de la péninsule, la retraite de Chine ont coûté à l'armée d'Indochine 199 officiers, 598 sous-officiers, 1 322 hommes de troupe, rien que pour les Européens.

Chapitre XVIII

INDOCHINE (1946-1954)

La victoire acquise, ni le RMLE ni le REC ne s'attardent dans les délices de l'occupation en Allemagne. Le 20 mai, le REC regagne l'Algérie. Le RMLE et la « 13 » participent au triomphal défilé du 14 juillet à Paris puis partent pour l'AFN. Le premier connaît le sort de son aîné au lendemain de 1914-1918 : le RMLE meurt en pleine gloire, le 3ᵉ REI renaît.

*

Ces retours précipités s'inscrivent dans une tradition. Capoue ne fait pas partie des « us » légionnaires. Ils correspondent surtout à une exigence immédiate : manifester une présence militaire de poids au Maghreb, au lendemain des événements tragiques de mai 1945 dans le Constantinois.

La guerre a vidé les garnisons algériennes. Les nationalistes ont profité de cette situation pour passer à l'action le 8 mai. L'émeute a ensanglanté Sétif et sa région. La réaction brutale a eu raison des émeutiers, mais durant plusieurs jours, voire plusieurs semaines, l'est algérien a vécu dans l'horreur.

Sidi-Bel-Abbès a fourni un bataillon de marche contre les douars révoltés. Les exactions contre d'innocents civils européens (ou musulmans) ont rendu la répression impitoyable. Dans les gorges que l'oued Agrioun creuse après Kerrata, là ou des insurgés ont péri par centaines, des légionnaires grimpeurs ont signé un avertissement. Ignorant le vertige, ils ont gravé à bonne hauteur dans la paroi : « Légion étrangère. 1945. » En d'autres termes : « Attention à ne pas recommencer. »

Pendant des années, l'inscription se lira de la route menant de Sétif à Djidjelli et Bougie par ce fond de vallée. Elle n'empêchera pas le 1er novembre 1954...

*

Les incidents d'Algérie n'ont pas détourné le gouvernement français de sa première préoccupation du moment quant à l'outre-mer : l'Extrême-Orient. Il s'agit pour la France de participer à la lutte contre le Japon et de reprendre pied en Indochine. La Légion a reçu instruction de se préparer à ce nouvel effort de guerre.

A la fin de 1944, une compagnie vite transformée en bataillon a commencé à s'instruire à Bedeau, au sud de Sidi-Bel-Abbès. Le 1er juillet 1945, ce bataillon étoffé se transforme en RMLEEO (régiment de marche de la Légion étrangère pour l'Extrême-Orient), commandé par le colonel Lorillot. Ce RMLEEO doit s'intégrer au corps expéditionnaire, qui se dispose à faire mouvement vers l'Extrême-Orient.

La capitulation japonaise du 15 août 1945 élimine l'éventualité d'une participation au conflit dans le Pacifique. Toutefois, le problème indochinois demeure entier. Le 2 septembre 1945, profitant du champ libre laissé par les Japonais, Hô Chi Minh proclame l'indépendance du Viêt-nam (Tonkin-Annam-Cochinchine).

A Paris, Charles de Gaulle, s'il n'écarte pas la perspective d'une modification du statut de l'ex-Union indochinoise, entend tout d'abord rétablir l'autorité française à Saigon et Hanoi. Une telle politique passe obligatoirement par une intervention militaire d'envergure. La Légion, troupe de soldats de métier habituée aux campagnes outre-mer, est *ipso facto* destinée à y tenir un rôle de premier plan.

Les circonstances s'y prêtent. Les difficultés de recrutement de 1940-1944 s'estompent. La fin de la Seconde Guerre mondiale génère des cohortes de déracinés, d'apatrides, de proscrits, d'exilés en quête d'un havre ou d'un avenir. Voyant lors du défilé de la victoire passer les képis blancs, de Gaulle se tourne vers son ministre des Affaires étrangères, Georges Bidault, et lui glisse : « Voilà l'avenir de la jeunesse allemande[1] ! » Il ne se trompe pas : l'Allemagne fournira de 1945 à 1960 à la Légion ses plus gros contingents. Certaines années, plus de 50 % du recrutement. Les antennes de la Légion habilement disséminées[2] ne se privent pas de se tourner vers ce vivier généreux. Il a l'avantage sitôt après 1945 de fournir des éléments qui ont pratiquement tous une expérience de la guerre (il en sera autrement avec les années 1950).

Allemands donc, mais aussi Italiens, natifs de l'Europe centrale, Espagnols se pressent vers les bureaux de recrutement. Des Français, des Belges qui ont quelques soucis avec la justice de leur pays pour trop de sympathies envers les précédents régimes, se précipitent aussi pour se faire oublier. Quelques anciennes personnalités plus ou moins notoires de Vichy porteront le képi blanc et serviront sous d'anciens Français libres...

Le résultat est là. La Légion ne manque pas de bras. Elle en aura besoin : l'Indochine sera gourmande.

*

Dans le cadre des accords internationaux[3], Leclerc arrive à Saigon le 5 octobre 1945, où le 5e RIC l'a précédé. Troubles, pillages, tueries ont consommé la rupture avec les nationalistes. Leclerc doit faire parler les armes. La reconquête de l'Indochine commence, avec une exigence sans cesse accrue en hommes et matériels.

Le 9 janvier 1946, le RMLEEO embarque à Oran sur le *Cameronia*. A son débarquement à Saigon, il devient le 2e REI, héritier du 2e régiment de la Légion. La 13e DBLE le suit peu après, quittant Bizerte le 16 février. Puis c'est le tour du 3e REI, après un passage par les camps d'Aubagne et de Carpiagne pour s'équiper. Ses deux premiers bataillons partent le 25 avril, le 3e le 11 juin. Quant au bataillon de marche du 5e REI, au terme de son périple qui l'a reconduit au Tonkin, il est dissous à Saigon le 1er novembre 1946. Un nouveau 5e REI sera reconstitué le 1er novembre 1949. Tous ces

---

1. Georges Bidault, *D'une résistance à l'autre*, Les Presses du Siècle, 1965, p. 92-93.
2. A Landau, Coblence, Fribourg, Innsbruck, Vienne, Trieste.
3. Les Britanniques doivent occuper le sud de l'Indochine et les Chinois le nord afin d'y rétablir l'ordre et de désarmer les Japonais. Les Britanniques, peu soucieux de se charger du dossier indochinois, l'abandonnent rapidement aux Français en Cochinchine et au Cambodge.

régiments d'infanterie sont à effectifs pleins : trois bataillons à quatre compagnies.

Sitôt débarqué, le 2e REI est dirigé sur le Sud-Annam qui sera longtemps son fief, avec son PC à Nha Trang. La « 13 » se voit confier en Cochinchine les secteurs de Gia-Dinh, Thu-Duc et Hoc-Moï. Le 3e REI lui emboîte le pas, travaillant, toujours en Cochinchine, dans les secteurs de Sadec et Bentho. Une certaine pacification au sud, les nécessités militaires au nord conduiront progressivement ces unités à envoyer des bataillons au Tonkin. A partir de 1950, le gros de la Légion s'y trouvera.

Ce qui était regardé comme une simple réimplantation avec retour du drapeau tricolore évolue rapidement. Alors que des palabres stériles se prolongent en métropole entre Hô Chi Minh et le gouvernement français, le corps expéditionnaire se heurte à l'opposition armée du Viêt-minh. La guérilla devient de règle. Le *modus vivendi* signé entre les deux parties à Paris le 14 septembre 1946 n'est qu'un faux-fuyant. La France n'a pas encore renoncé à sa présence en Indochine et le Viêt-minh se prépare à la lutte.

Ce dernier, imitant l'exemple japonais, passe ouvertement aux actes le 19 décembre 1946. Dès lors, la France se trouve en guerre déclarée en Indochine contre un Viêt-minh nationaliste et communiste. Ces deux épithètes expliquent les deux temps du conflit de 1946 à 1954 : défense, à certains égards, d'une présence coloniale dans une première phase ; lutte contre le communisme dans une seconde. L'indépendance du Viêt-nam enfin reconnue, les troupes françaises se battront pour assurer la liberté du pays et lui éviter de sombrer sous la coupe d'un totalitarisme marxiste.

*

La France est donc en guerre en Extrême-Orient et intensifie son effort militaire. Son corps expéditionnaire atteint 100 000 hommes, renforcés par des autochtones de plus en plus présents.

La Légion a déjà envoyé trois régiments d'infanterie. Le 1er REC s'installe en janvier 1947 à Tourane et « monte en puissance ». Il atteindra 18 escadrons en trois groupements formant corps, œuvrant en Cochinchine, Centre-Annam et Tonkin[1]. Ses engins amphibies, Crabes et Alligators[2], lui assurent une large mobilité et une redoutable puissance de feu.

---

1. Le 9e escadron interviendra au Laos.
2. LVT/4 Alligator : engin amphibie chenillé et blindé de débarquement, 16,5 tonnes

Le 1er avril 1948, est créée sous les ordres du lieutenant Morin la compagnie para du 3e REI rattachée sur le plan opérationnel au III/1 RCP. Elle est dissoute un an plus tard, fin mai 1949, et son personnel affecté au 1er BEP. Ce dernier, constitué à Khamisis, près de Sidi-Bel-Abbès, par le capitaine Segrétain, a débarqué à Haïphong le 12 novembre 1948. Simultanément, au Maroc et à Sétif, est formé le 2e BEP (capitaine Solnon) qui débarque à Saigon le 9 février 1949.

Ces BEP, nés sur une constatation du général Monclar en visite à Sidi-Bel-Abbès[1], sont destinés à devenir un maillon original de la Légion. Pourtant au départ plus d'un, comme le colonel Gaultier, n'y croyait pas. Ils jugeaient la Légion troupe trop lourde. Se muer en parachutiste lui ferait perdre son âme. L'expérience prouve qu'il n'en est rien. Les légionnaires paras se montrent les meilleurs parmi les meilleurs et restent légionnaires. Bien des raisons l'expliquent. Leur encadrement répond à une élite : Segrétain, Raffalli, Hamacek, Cabiro, Morin, Jeanpierre... Bien des légionnaires (au départ) ont sauté des années plus tôt sous l'uniforme d'autres armées. Le sergent Ziemski (futur adjudant-chef) a sauté à Arnhem en septembre 1944, à la tête d'une compagnie de paras polonais. Nombre de ses camarades ont porté un brevet allemand ou italien. Quelques-uns ont marché avec Skorzeny. Le recrutement de cette nouvelle troupe est rigoureux : uniquement des volontaires aptes au saut, physiquement et moralement. Le parachutisme, s'il ne relève pas du surhomme, est une excellente école. Il forme des cœurs bien trempés et des muscles vigoureux. Passer la porte est une victoire. Le combattant descendu du ciel surgit avec un moral de vainqueur. Il se sent fort. Le légionnaire para a pour lui l'allant du parachutiste, la solidité du légionnaire. Depuis un demi-siècle, il est le repère exemplaire des troupes aéroportées et de la Légion[2].

Avant même les BEP, on été mises sur pied des unités de service : génie, réparation, transport. Au total, avec ses fantassins, ses cavaliers, ses parachutistes, ses sapeurs, la Légion d'Indochine aligne à partir de 1949 :

(avec 4 tonnes de charge). Vitesse sur route 27 km/h, sur l'eau 12 km/h. 4 mitrailleuses de 30. Peut transporter 30 hommes.

Chenillette M 29 C baptisée Crabe par les Français, véhicule chenillé léger amphibie et tout terrain. 2,7 tonnes, vitesse : sur terre 40 km/h, sur eau 6 km/h. Equipage : 6 hommes. 1 canon de 57 sans recul, un FM ou une mitrailleuse légère suivant les circonstances.

1. Il remarque que les sous-lieutenants de la promotion Indochine affectés à la Légion sont tous brevetés parachutistes.
2. Le cinquantenaire de la création des BEP a été célébré à Calvi le 6 juin 1998.

— 4 REI (2ᵉ, 3ᵉ, 5ᵉ, 13ᵉ DBLE), à un peu plus de 3 000 hommes, soit 13 000.
— 1 REC, à 3 000.
— 2 BEP à 700, soit 1 400.
— Des unités diverses, soit 3 000.

20 000 hommes servent ainsi en Extrême-Orient. A Sidi-Bel-Abbès, le 1ᵉʳ RE et le DCRE vivent à l'heure de l'Indochine. Ses chefs, Gaultier, Pennicaut, Thomas... se succèdent avec un objectif : former et instruire les renforts partant pour l'Indochine. Combien de ces képis blancs ainsi préparés qui, du *Pasteur*, de l'*Athos*, ou de la *Marseillaise* regardent s'éloigner les quais de Mers el-Kébir ou d'Oran, ne les reverront jamais !

*

La Légion, c'est incontestable, vit en Indochine de grandes heures. Les légionnaires sont heureux d'y partir, même si le passage du canal de Suez voit son lot traditionnel de déserteurs. En Indochine même, il en est également quelques-uns. Peu nombreux. Ceux-là, leurs ex-camarades ne leur pardonnent pas le reniement de leur signature. On devine pourquoi : ils ont apporté à l'ennemi communiste des armes pour tirer contre eux. Les légionnaires d'Indochine, à quelques exceptions près [1], refusent l'univers marxiste. Beaucoup sont à la Légion pour y échapper.

Cette Légion d'Indochine devenue pléthorique se heurte obligatoirement à un problème d'encadrement. De 1946 à 1954, la Légion ne manque pas de vieux soldats. Ces briscards de toute origine, possédant du métier, sont capables de faire rapidement d'excellents sous-officiers. Plus d'un sergent, sergent-chef ou adjudant a même porté l'épaulette dans son pays d'origine. Commander au feu ne les prend pas au dépourvu.

Le problème des officiers est plus délicat. Certes les anciens de 1940-1945 sont toujours là. Eux aussi ont du métier à revendre. Ils sont parfaitement rodés à la fonction d'officier de Légion, pour lequel il faut cinq ans d'apprentissage, le temps d'un contrat légionnaire, affirme le dicton.

Ces cinq ans, les nouveaux venus, issus de Cherchell ou de Coëtquidan, volontaires pour la Légion, ne les possèdent naturellement

---

1. Deux d'entre eux, les légionnaires Borchers et Schröder, ayant rallié le Viêt-minh, y deviendront colonels. Borchers rentrera en RDA à la fin de la guerre d'Indochine et recevra un poste de directeur à la radio de Berlin-Est.

pas. Ils ont leur enthousiasme. Contrepartie, le tribut à payer à l'ardeur et à l'inexpérience. Encore que parmi les jeunes lieutenants, il en est qui ont derrière eux du répondant. Comme Bernard Cabiro.

Cabiro. Le Cab ! Trois séjours en Indochine. Des citations qui ne se comptent plus. Evadé de France par l'Espagne, il a connu Miranda. A son arrivée au Maroc, il s'est présenté à la première caserne s'offrant à lui : 8ᵉ RTM. Il voulait se battre. Trois citations comme caporal-chef de tirailleurs en Italie. Campagnes de France. Blessure. Cherchell. Le Cab, natif de Mont-de-Marsan dans les Landes, comme il se plaît à le préciser, est officier. Son sens du terrain, sa vitesse de réaction, son audace, ses facéties à l'occasion, façonnent un chef de guerre hors du commun et aimé. Ses hommes le suivraient dans l'enfer de Dante. Pour faire bon poids, il a la baraka. Une baraka insolente mais méritée, qui fera de lui à sa disparition l'un des officiers les plus décorés de la Légion.

Le Cab est la figure mythique de la Légion d'Indochine. S'il n'est qu'un Cabiro, certains de ses pairs ne lui cèdent le pas que de peu. A côté de noms déjà cités, Morin, Hamacek..., il y a Caillaud, Robin, Mattei, Tholozany, Vieulès... Tous forment une belle phalange où hélas ! beaucoup sont tombés en chemin.

Le véritable souci de l'encadrement officier se situe au niveau des mutés d'office à la Légion, pour cause de besoins, à partir de la « régulière ». Bons et moins bons se mêlent. Les bons s'adaptent, les meilleurs s'incrusteront, séduits par cette troupe au cœur chaud et à l'inégalable savoir-faire. Quelques-uns, venus fortuitement, se feront un nom. La Légion verra en un de Blignières un de ceux qui sont dignes de la commander. Les autres, les passagers, ne seront pas toujours à la hauteur. On le verra par exemple à Dong-Khé. Leur séjour terminé, ils s'empresseront d'aller chercher fortune ailleurs, tout en gardant le froc. Un képi avec la grenade à 7 flammes, une cravate verte, des boutons Légion font impression.

En Indochine, la Légion verra passer 1 630 officiers, médecins compris[1]. 314 seront tués ou portés disparus. Pratiquement un sur cinq.

*

Après le 19 décembre 1946 et durant les années 1947, 1948, 1949, l'armée française s'efforce de battre le jeune Viêt-minh et de pacifier

---
[1]. Il est admis que 1 550 ont pris part à la guerre, les autres étant arrivés après le cessez-le-feu.

le pays. Le succès de Mao Tsé-toung en Chine amène les communistes aux portes du Tonkin. Dès lors, les Bo-Doï, les soldats d'Hô Chi Minh, bénéficient d'une assistance militaire qui bouleverse le rapport des forces. Le réveil en octobre 1950 est brutal. Le désastre de Cao Bang révèle au haut commandement qu'il est face à un adversaire nombreux et puissamment armé (les capitaines et les lieutenants s'en étaient déjà largement rendu compte).

Nommé haut-commissaire et commandant en chef en décembre 1950, le général de Lattre fait jaillir une flamme nouvelle. Se portant garant de la liberté et de l'indépendance du Viêt-nam, il donne à la guerre un autre visage, appelant les Vietnamiens à y participer en masse. Sur le terrain, bien secondé par le général Salan, l'officier qui connaît le mieux l'Indochine, il assène à Giap, le commandant en chef Viêt-minh, des coups sévères.

De Lattre disparu, Salan poursuit militairement le travail engagé mais la lutte reste indécise. Son successeur, le général Navarre, risque et perd à Diên Biên Phu, faisant du Viêt-minh le vainqueur d'un conflit qu'il n'a pas absolument gagné.

La Légion est de cette longue trame. Par ses effectifs, le métier et la qualité de ses soldats, elle est – avec les parachutistes – la pièce maîtresse du corps expéditionnaire. Tout lui est demandé : vie de poste, protection des convois, activités opérationnelles d'envergure.

Elle connaît donc la vie de poste. En Cochinchine d'abord puis en Annam et au Tonkin, le long de la frontière de Chine et dans le Delta. Qui dit poste implique constructions et retranchements à réaliser, gardes à monter, patrouilles à effectuer, embuscades à tendre. Il faut également établir le contact avec les populations locales afin de les protéger et de les tenir à l'écart de la subversion adverse. Le tout donne sur le fond une existence relativement monotone, où les journées se ressemblent, coupées seulement par les arrivées de convois.

Ah, les convois ! La Légion les a pratiqués. Combien n'en a-t-elle pas à son actif, assurant escortes, ouvertures de routes, protection de l'itinéraire à emprunter. Les convois de la RC4, de Langson à Cao Bang, deviendront très vite célèbres sur ce tracé à haut risque. La RC4 n'est pas seule dangereuse. Le lieutenant-colonel de Sairigné, commandant la 13e DBLE, est tué le 1er mars 1948 lors d'un convoi « montant sur Dalat ». Le rescapé de Bir Hakeim tombe victime de l'une de ces embuscades meurtrières devenues si fréquentes. La « 13 » a perdu un chef prestigieux[1], dont une promotion de Saint-Cyr

---

1. Arnault puis Morel, deux grands anciens de la « 13 », lui succèdent, perpétuant l'esprit FFL. Ce dernier, après eux, s'éclipsera. La « 13 » redeviendra une unité de

portera le nom. A cet égard, la 13ᵉ DBLE peut s'honorer d'avoir à ce jour donné quatre parrains à des promotions de Saint-Cyr :
– Lieutenant-colonel Amilakvari : 1954-1956,
– Lieutenant-colonel Brunet de Sairigné : 1967-1969,
– Lieutenant-colonel Gaucher : 1983-1986,
– Général Monclar : 1984-1987 [1].

Convoi routier mais également, si insolite soit-il, convoi ferroviaire. En Sud-Annam, sur le parcours du Trans-Indochinois, de Nha Trang à Saïgon, le 2ᵉ REI chauffe un train blindé, la célèbre « Rafale ». Défiant les mines, les sabotages, les embuscades, la « Rafale » court à travers les rizières reliant les cités côtières. Elle « tiendra » jusqu'à la fin de la guerre, honnête et fidèle.

La Légion bâtit. Le fait est notoire. En février 1951, soucieux de couvrir le delta tonkinois et de mettre ses grandes villes à l'abri des incursions Viêt-minh, de Lattre décide de la ceinturer en partie par une ligne de blockhaus. Il est vrai que l'alerte contre Hanoi et Haiphong avait été chaude. Les légionnaires coulent du béton et durant des semaines édifient une ligne Maginot miniature. Ceux qui échappent aux bétonnières se gaussent de leurs camarades immobilisés : « Dans le béton, les plus c... ! » Ce n'est ni vrai ni gentil.

Car évidemment les places de choix sont dans les unités d'intervention : BEP, escadrons du REC, bataillons d'infanterie, affectés aux diverses opérations. Là, on bouge, on se bat, on fait du bilan, on récolte de la gloire. Mais on y prend aussi des coups, comme dans les postes, proies faciles aux habitudes repérées par l'ennemi. Elle est longue, pour ne pas dire inépuisable, la liste de ces opérations de 1947 à 1954. Les troisièmes bureaux se donnent un plaisir mal dissimulé à les baptiser. L'imagination ne leur manque pas. Qu'on en juge : Léa, Mouette, Ceinture, Sauterelle, Hirondelle, Brochet, Phoque, Méduse, Atlante, Mélinite, Auvergne, Jonquille, Aromate, Mars, Potager, Alfa, Pomare, Tonneau, Crachin, Aquarium, Diego, Mogador, Condor, Polo...

Cette opération Polo permet de retrouver des « enracinés » qui préfèrent la Légion à leur carrière. Ainsi Georges Masselot. 1ᵉʳ REI, 12ᵉ REI, 4ᵉ REI, 4ᵉ DBLE, 1ᵉʳ REIM, RMLE, 3ᵉ REI, 5ᵉ REI (par la suite 3ᵉ BEP, 2ᵉ BEP, 2ᵉ REP). La Légion est sa vie. Il sacrifie tout pour demeurer en ses rangs et s'y battre. Avril 1952 le trouve en

---
Légion traditionnelle. Personne ne s'offusquera de voir le lieutenant-colonel Gaucher, l'ex-capitaine de la retraite de Chine, en prendre le commandement en 1953.

1. Voir Annexe 4.

deuxième séjour en Indochine à la tête du I/5 REI. Et toujours capitaine ! Le plus ancien ou presque des capitaines de l'armée française, malgré un côté gauche bien garni [1]. Pour être franc, le patron du I/5 REI ne fait rien pour s'attirer les bonnes grâces de ses supérieurs. Durant cette opération Polo, on l'entend, au vu et au su de tous sur le canal du commandement, répliquer à un colonel qui lui recommandait d'aborder l'objectif avec précaution : « Vous avez le pouvoir de me donner des ordres mais dispensez-moi de vos conseils ! »

Rollet et Maire auraient apprécié. Naturellement, de telles reparties ne favorisent pas l'avancement.

Le 18 avril 1952, le GM/2 lance donc l'opération Polo dans le delta tonkinois. Le I/5 REI, le 2e BEP (affecté en renfort), en font partie. Le I/5 prend à son compte une série de villages auxquels est rajouté celui de Daï-Vi-Thuong. Au début de l'après-midi, la 4e compagnie (compagnie jaune, capitaine Bramoullé) est poussée aux lisières de Daï-Vi-Thuong. Elle est clouée au sol, son capitaine blessé. Masselot se porte sur le village avec la 3e compagnie et envoie la 1re compagnie (lieutenant Robin) sur sa face ouest. Daï-Vi-Thuong est un ensemble fortifié aux maisons en dur. Il est entouré par une triple ceinture de fossés pleins d'eau, bordés d'épaisses haies de bambous.

Le morceau à enlever est bien défendu. Le commandant du I/5 réclame une intervention aérienne, un matraquage d'artillerie, des blindés (la rizière sèche le permet). Il n'obtient que quelques obus de 105 et de bons conseils. D'où sa réaction déjà mentionnée.

L'ordre pourtant est d'enlever Daï-Vi-Thuong. L'affaire se réglera, suivant le jargon militaire, « à la fourchette ». Au signal, les quatre compagnies s'élancent en hurlant. Un bataillon du TD 98 défend Daï-Vi-Thuong. Le nettoyage est long, sanglant, jamais achevé car les maisons communiquent par des souterrains.

A la nuit tombée, Masselot prescrit le repli et l'encerclement du village. La fouille reprendra au jour. Il faut aussi s'occuper des blessés et des morts. 32 tués dont trois officiers, les lieutenants Rudloff, Bouley, Mie, 120 blessés. Le lendemain, l'opération Polo finira d'anéantir ou de faire prisonnier l'intégralité du TD 98 [2].

Il y a constamment des opérations type Polo, avec leur sang versé et la participation d'une ou plusieurs unités de Légion.

Une unité de Légion est l'assurance d'une troupe à la solidité reconnue pour enlever une résistance, défendre une position, couvrir un repli.

---

1. Le côté où se portent les décorations.
2. Le TD 98 perd 870 tués et 1 067 prisonniers.

L'historique complet des combats de la Légion étrangère en Indochine imposerait des volumes. Il n'est donc pas question de les relater tous. Pour les évoquer, il ne sera fait mention que de quelques-uns, peut-être les plus significatifs :
– Phu Tong Hoa : Camerone de la 2e compagnie du 3e REI, en juillet 1948.
– Dong-Khé et la RC4. Le sacrifice des 5e, 6e compagnies du II/3 REI et du 1er BEP, en octobre 1950.
– Nghia-Lo, le 2e BEP à l'ouvrage, en octobre 1951.
– Na-San. Le métier du III/5 et du III/3 REI, en décembre 1952.
– Diên Biên Phu. Camerone à grande échelle de 7 bataillons de Légion, de mars à mai 1954.

*

Avant de rapporter ces combats, pour bien appréhender la Légion d'Indochine durant la seconde moitié de la guerre il y a lieu de mentionner un phénomène inattendu : la Légion « se jaunit ».

Cette mutation est voulue par de Lattre. Le haut-commissaire et commandant en chef entend associer les Vietnamiens à la défense de leur pays. Par là-même il gonfle ses effectifs tout en préparant la mise sur pied d'une armée nationale. Ce « jaunissement » s'effectue à tous les niveaux : toutes les unités de la Légion reçoivent ainsi de petits Asiatiques, qui paraissent bien frêles à côté des grands gabarits d'origine germanique. Les compagnies, les sections absorbent leurs contingents de Vietnamiens.

Les BEP n'échappent pas à la mesure. Ils ont même leurs CIPLE (compagnies indochinoises de parachutistes de la Légion étrangère). Evidemment, en tenue de parade, pas question de faire porter le képi blanc à ces recrues dépourvues de l'estampille de Sidi-Bel-Abbès. Elles portent un béret blanc dont elles sont très fières.

Ce « jaunissement » prend parfois des proportions importantes. Certaines compagnies atteignent un taux de 75 %. A Na-San, la 9e compagnie du 5e REI (lieutenant Branca) compte 130 jaunes et 32 Européens. Sautant sur Diên Biên Phu en avril 1954, la 5e compagnie du 2e BEP (lieutenant de Biré), outre 3 officiers, comprendra comme Vietnamiens au niveau des sous-officiers 2 sur 11, des caporaux 8 sur 17, des première classe 12 sur 38, des deuxième classe 33 sur 51. Soit 55 sur 129. Presque 50 %.

Tous ces Vietnamiens, bien encadrés, regardés à l'égal de leurs camarades européens, conscients d'appartenir à une troupe d'élite, se montrent de très bons combattants, motivés, fidèles et courageux.

*

PHU TONG HOA

Par le jeu des implantations et des relevés, le 3e REI, à l'été 1948, tient des postes dans le nord du Tonkin. PC (lieutenant-colonel Simon) à Cao-Bang. Le I/3 (commandant Sourlier) s'étale de Cao Bang à Bac-Kan, sur la RC3 (route coloniale n° 3) et la RC3 bis, laquelle n'est qu'un chemin forestier à peine amélioré.

La 2e compagnie occupe le poste qui domine le petit village de Phu Tong Hoa (100 kilomètres sud-ouest de Cao Bang)[1]. Incontestablement, l'endroit est malsain. Non seulement à cause de la chaleur moite du mois de juillet tonkinois, mais surtout à cause du voisinage. Les Viêts rôdent. Leurs embuscades en ce terrain vallonné et couvert sont fréquentes et meurtrières. Les ravitaillements s'effectuent le plus souvent par parachutages.

Phu Tong Hoa se situe dans une cuvette au confluent de deux arroyos aux eaux claires et poissonneuses. Les habitants des lieux vivent de leur carré de rizière et se logent dans de modestes paillotes en bordure de l'arroyo est.

Le poste lui-même est bâti sur un petit mamelon dominant le village. Son enceinte rectangulaire, une muraille en terre, est coiffée aux quatre angles par des blockhaus numérotés de I à IV. Des barbelés, des bambous entrelacés l'enserrent, couvrant les pentes y accédant. Logements, magasins, infirmerie, mess sont de modestes constructions à l'intérieur du périmètre. En dépit de sa position légèrement surélevée, le poste est dominé. Des hauteurs voisines, les Viêts ont des vues plongeantes sur l'intérieur. Ils connaissent donc parfaitement les habitudes et les effectifs des occupants.

Ceux-ci, le 25 juillet 1948, sont exactement 104 dont deux artilleurs détachés du 69e RAA. Leur chef, le capitaine Cardinal, son adjoint, le lieutenant Charlotton, sont des anciens. Par contre, le benjamin des trois officiers est un jeune : le sous-lieutenant Bevalot est arrivé une semaine auparavant avec le dernier renfort. 8 sous-officiers complètent l'encadrement.

Si les défenses statiques avec les barbelés et les mines ne sont pas infranchissables, les légionnaires ont de quoi se défendre. Outre leur armement individuel et les traditionnels FM, ils disposent de deux canons de 37, d'un mortier de 81 et de deux mortiers de 60. Dans

---

[1]. Phu Tong Hoa est sur la RC3. La RC3 bis est une bretelle reliant Cao Bang sur la RC4 à Na-Fac sur la RC3 (carrefour à 20 kilomètres au nord de Phu Tong Hoa).

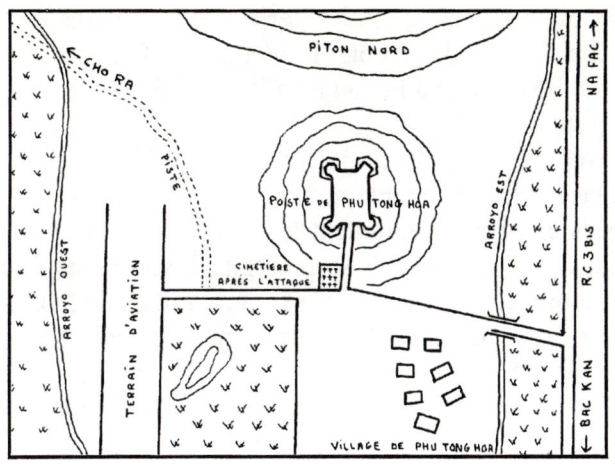

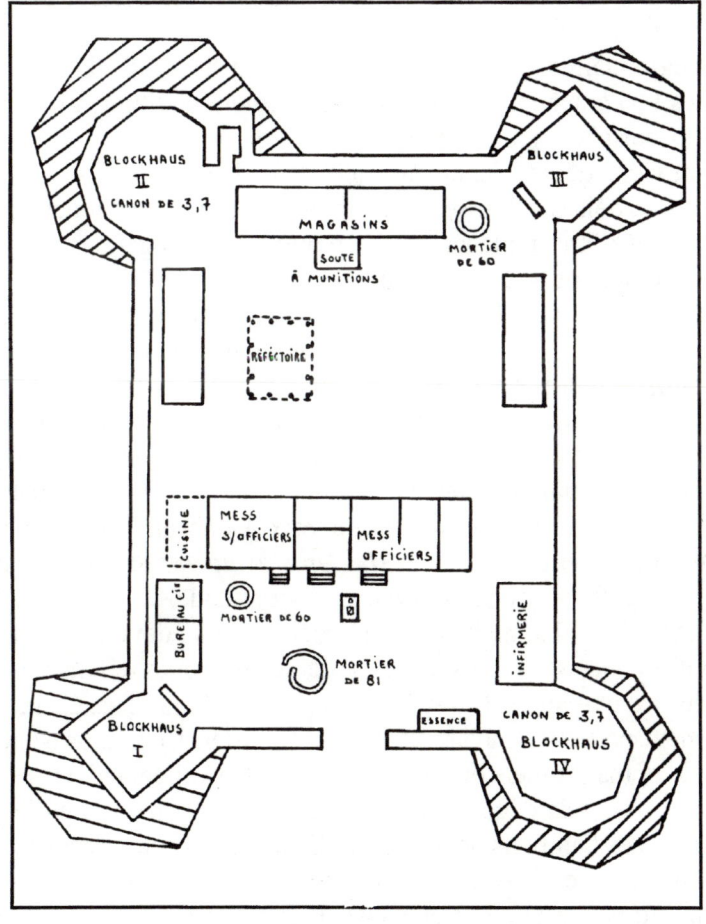

Phu Tong Hoa

l'ambiance du moment, cette artillerie paraît suffisante. L'ennemi est censé être démuni de ce côté. Evidemment, Phu Tong Hoa vit en enfant perdu. Se rendre au PC du bataillon à Bac-Kan exige plusieurs heures de pistes.

Il a plu tout ce dimanche 25 juillet. A la tombée de la nuit, le crachin remplace la pluie. Soudain, à dix-neuf heures trente, le décor s'anime. Des explosions ébranlent le poste et ses abords. Les sentinelles jettent l'alerte. Chacun se précipite à son poste de combat : blockhaus, emplacements de mortiers ou murailles de l'enceinte.

Les vieux briscards ont tôt fait de le relever : aux arrivées plongeantes de mortiers se joignent celles, presque en tirs directs, d'un 75. Celui-ci, il est clair, a pris pour cible la soute à munitions. Fort heureusement, quelques jours plus tôt, avec une sagesse prémonitoire, le lieutenant Charlotton a discrètement déplacé son stock. L'ennemi s'acharne à tort. Il s'acharne aussi sur la porte d'entrée et la muraille pour faire une brèche.

Les légionnaires ripostent. Les départs de 81 et de 60 se succèdent. Les FM crachent sur tout ce qu'ils croient distinguer. La brume rend l'obscurité difficile à percer.

Le feu viêt a débuté depuis une quinzaine de minutes. La 2e compagnie compte déjà des blessés. Le capitaine Cardinal est touché à son tour. Il allait d'un emplacement à un autre encourager ses hommes. Grièvement atteint, il est porté au PC radio.

Le silence brusquement s'abat. Un calme trompeur s'établit. Le 75 et les mortiers viêts se taisent. La 2e compagnie, du coup, stoppe ses tirs. L'ennemi renoncerait-il ?

Ce répit ne dure pas. La tonalité rauque d'une trompe résonne dans la nuit. Une autre lui répond. Puis une autre. Cette cacophonie lugubre, dans le pur style des assaillants chinois de Tuyen-Quang en 1885, se prolonge par un tumulte de voix à l'accent nasillard. Déjà se distinguent nettement les « *Maulen ! Maulen !* » hurlés par les chefs. Les défenseurs ont compris. Le Viêt attaque.

La marée humaine ne peut que s'entendre et se deviner. Contre ce flux tout proche, dans l'obscurité totale, les grenades défensives sont les alliées les plus sûres. Les stocks en la matière sont bons. Charlotton, décidément prévoyant, avait réussi à les gonfler. Bien approvisionné par les deux magasiniers du fourrier, le sergent Guillemaud, les légionnaires ne cessent de dégoupiller et lancer. Sur les glacis, au milieu des barbelés et des bambous, les éclats, obligatoirement, font des ravages.

Pourtant l'ennemi avance, méprisant ses pertes comme toujours. Sa première vague atteint l'enceinte. Il cherche la faille par laquelle pénétrer.

La défense est désormais affaire individuelle. Les légionnaires savent que leur salut dépend d'eux et d'eux seuls. Les amis, à des heures de là, en cette nuit opaque, ne peuvent être d'aucun secours, même si le radio a pu prévenir. Il faut tirer, lancer, en se repérant sur les lueurs de départ des armes de l'adversaire.

Le lieutenant Charlotton, à son tour, est mortellement blessé. Le jeune Bevalot est maintenant le commandant de la 2e compagnie.

Les Viêts ont pour eux le nombre. Vers vingt et une heures trente, ils parviennent à s'infiltrer et à prendre pied dans le poste. Trois blockhaus tombent. La défense se scinde en trois éléments. Au nord, avec Guillemaud, autour des magasins et du blockhaus 3 repris. Au sud, avec Bevalot au blockhaus 4 et à l'infirmerie. Au centre, au bloc radio et dans la partie orientale du bâtiment principal. Pratiquement, les Viêts occupent la moitié ouest de Phu Tong Hoa, sur une diagonale nord-est-sud-ouest.

Un de leurs groupes réussit à se glisser dans le couloir entre les magasins et la muraille. Leur présence ne se perçoit qu'à leur bruit. Combien sont-ils dans ce boyau ? Impossible de répondre. Les grenades défensives lancées de main ferme annihilent ce danger.

L'obscurité était totale. Un peu avant vingt-trois heures, le crachin s'arrête. L'écran nuageux se déchire. La lune se lève. Le poste s'éclaire légèrement. Les défenseurs peuvent ajuster leurs tirs. Méthodiquement, ils délogent leurs adversaires des positions perdues.

Le calme retombe aussi brutalement que la tempête s'était déclenchée. N'interviennent plus que quelques rafales sporadiques ou des explosions espacées. Manifestement, les Viêts ont renoncé. A un signal mystérieux, ils se sont repliés. Surpris, les valides reprennent contact d'un groupe à un autre et s'efforcent de faire le point.

La lune diffuse une bonne clarté. L'environnement est perceptible. Partout, des cadavres de soldats viêts, des armes d'origine russe ou tchécoslovaque jonchent le sol. Les bâtiments ont souffert mais sont encore debout.

Le plus urgent est de réorganiser les défenses et de soigner les blessés. Des tours de garde s'organisent pour permettre de se reposer quelque peu. Le capitaine Cardinal s'éteint à quatre heures du matin. Un sous-officier écrira au frère du disparu : « Il a fait son devoir de chef en héros ; il est mort en soldat, sans une plainte, pensant jusqu'au bout à ses légionnaires. »

Au jour, Bevalot remet en ordre la compagnie qui compte 21 morts. L'un des deux artilleurs a également été tué. 48 gradés et légionnaires ont été plus ou moins grièvement atteints.

L'après-midi est consacré à ensevelir les morts, sans perdre de temps à cause de la chaleur. Une section rend les honneurs. Bevalot, très ému, prononce des mots d'adieux. Un légionnaire qui se souvient récite une prière. Le clairon égrène « Aux Morts », suivi des trois premières mesures du *Boudin*.

La liaison radio – l'antenne avait été sectionnée – est rétablie. Ce contact renoué avec l'extérieur laisse escompter du secours. La chasse vient « straffer » les collines voisines. Cette intervention conforte le moral. Le commandant Sourlier annonce sa venue par avion mais ne peut se poser.

La nuit arrive, lourde d'inquiétudes. Les Viêts vont-ils renouveler leurs tentatives contre une garnison ayant la moitié de son effectif hors de combat ? Ils ne s'y risqueront pas, se contentant de harcèlements lointains.

Le lendemain 27, le commandant Sourlier parvient à se poser avec un Fiseler Storch. L'évacuation sur Bac-Kan des blessés les plus graves débute par rotations, non sans péripéties. Un avion casse du bois. Surcharge. Piste trop courte. Heureusement, pilote et passagers en sont quittes pour une belle émotion.

Le mercredi 28, la colonne de secours arrivant de Cao Bang se signale à Na-Fac, à 20 kilomètres de Phu Tong Hoa. Au fil des heures, le radio annonce sa position. Les coupures de route entravent la progression.

Dix-neuf heures. Le convoi se silhouette dans un détour de la route descendant du col de Doe Giang. Une Jeep se détache. A son bord, aux jumelles, on reconnaît le lieutenant-colonel Simon, l'ancien de la « 13 » et de Bir Hakeim. Le colonel termine à pied le dernier raidillon.

A son arrivée, un poste de police, avec ceintures bleues et épaulettes vertes et rouges, rend les honneurs réglementaires au chef de corps. Un clairon sonne « Au Caïd ! ». La tradition est respectée. Au sommet du mât flotte toujours le drapeau tricolore.

Un jeune légionnaire, Helmut Schaeffer, appartient à la section de protection du colonel qui a accompagné son chef jusqu'au bout. 5 fois cité en Indochine, cité à nouveau en Algérie, le caporal-chef Schaeffer, de la 2e section de la 2e compagnie du 2e REP, sera tué au Mezeraa (Nementchas) le 18 décembre 1956, à la tête de sa pièce FM.

*

La 2e compagnie du 3e REI avait gagné une palme en Tunisie en février 1943. Au lendemain de Phu Tong Hoa, elle s'en verra octroyer une seconde :

« Unité d'élite qui par son courage magnifique et son abnégation totale vient d'ajouter une page glorieuse à l'Histoire de la Légion au Tonkin. Chargée de la défense du poste de Phu Tong Hoa et brutalement attaquée dans la nuit du 25 au 26 juillet 1948 par des troupes rebelles nombreuses, appuyées par des tirs précis d'artillerie et d'armes automatiques, la garnison de 80 légionnaires subit dès le début de l'action des pertes sévères. Privée de ses chefs, le capitaine Cardinal et le lieutenant Charlotton, mortellement blessés, elle se groupe autour du sous-lieutenant Bevalot, nouvellement arrivé au Tonkin, et repousse pendant trois heures les assauts rebelles.

« Galvanisés par la mort de leurs camarades et par l'exemple de leur jeune chef, les légionnaires, dans un furieux corps à corps, à l'arme blanche et à la grenade, reprennent le terrain perdu et les blockhaus occupés par les rebelles, leur infligeant de lourdes pertes en hommes et en armement (plus de quarante cadavres à l'intérieur du poste). »

On apprendra par la suite que deux bataillons et une base d'artillerie avaient participé à l'attaque contre Phu Tong Hoa. Plus d'un millier de Bo-Doï se tenaient en embuscade pour interdire l'accès des éléments de secours[1]. Au total, près de 5 000 combattants Viêt-minh ont été engagés dans l'opération contre Phu Tong Hoa.

*

DONG-KHÉ ET LA RC4

Venu en inspection, le général Revers, chef d'état-major des armées, l'a préconisé formellement le 30 juin 1949 : Cao Bang et les postes avancés sur la RC4 au nord de Langson doivent être évacués. Le commandant en chef en Indochine, le général Carpentier, a traîné. Ce n'est qu'en septembre 1950 qu'il se résigne à cette évacuation. Il est tard, trop tard. Giap a massé des forces considérables dans ce secteur de la RC4.

L'opération est montée par Carpentier, son état-major et le commandant de la zone frontière, le colonel Constans. Ce dernier, également patron du 3e REI à Langson, est un officier sur lequel il y

---

1. Dans la nuit du 25 au 26, un détachement a quitté Bac-Kan pour se porter sur Phu Tong Hoa mais a dû faire demi-tour, Bac-Kan étant attaqué. Le 26, le lieutenant Faulques, l'un des futurs héros du 1er BEP de la RC4, parti de Na-Fac, a dû également rebrousser chemin après un rude combat au col de Deo Giang.

aurait trop à épiloguer. Il illustre l'un des talons d'Achille – soigneusement dissimulé – de la Légion. Des personnages bien en cour, par connivences ministérielles, sont parachutés à la tête d'un régiment de Légion pour y glaner une parcelle de gloire. Si le fait est patent, il n'est pas général. Rollet, Amilakvari, Gaucher ou Jeanpierre n'ont pas usurpé leur commandement.

Les plans Carpentier-Constans prévoient deux temps :

– Une colonne, dite groupement Bayard, forte d'environ 3 500 hommes, se constitue à Langson sous les ordres du lieutenant-colonel Lepage, un artilleur. Elle se porte en direction de Cao Bang par la RC4.

– La garnison de Cao Bang, commandée par le lieutenant-colonel Charton, vieux légionnaire, adjoint de Constans au 3e REI, part retrouver Lepage à Na-Cham, 22 km au sud de la place abandonnée. Les deux colonels regagnent Langson ensemble.

Tel est le schéma. Il pourrait être parfait s'il ne correspondait pas à une stricte vision intellectuelle d'état-major :

– Il n'est pas tenu compte des conditions météo pour déclencher l'opération. La date du départ, 30 septembre, aura un caractère impératif.

– Les deux chefs, Lepage et Charton, ne sont pas éclairés sur les fondements de l'entreprise. Lepage surtout ignore totalement pourquoi on l'envoie sur la RC4. A priori seulement pour reprendre Dong-Khé[1].

– Simultanément, une grosse opération, baptisée Phoque, est engagée pour s'emparer de Thaï-N'Guyen, 100 kilomètres au nord-est de Hanoi. Carpentier y voit une manœuvre pour détourner l'adversaire et compenser l'abandon de Cao Bang. Résultat pratique : Phoque accapare les moyens disponibles, en particulier les bataillons paras. Il n'existe pas de réserves si les choses se corsent sur la RC4.

C'est dire que le potentiel réel du Viêt-minh a été bien mal jaugé. Et pourtant, les avertissements ne manquent pas, à commencer par Dong-Khé.

*

De Langson à Cao Bang, sur 130 kilomètres, la fameuse RC4 serpente dans un paysage dont la beauté ne doit pas dissimuler les dangers. Par Dong-Dang, Na-Cham, That-Khé, Dong-Khé, elle court

---
1. Voir plus bas.

le plus souvent en fond de vallée, dominée par des falaises calcaires ou des hauteurs recouvertes d'une végétation intense. Un tracé idéal pour tendre des embuscades en ce pays « de montagnes et de nuages » jouxtant la frontière chinoise. Le Viêt-minh ne s'en prive pas. Les légionnaires appellent la RC4 la route de la mort.

Le poste de Dong-Khé se situe sensiblement aux deux tiers du parcours Langson-Cao Bang, en extrémité d'une cuvette peu étendue. Contrairement à celui de Phu Tong Hoa, bloc homogène, il se scinde en deux, de part et d'autre de la RC4 : quartier Dubouchet à l'ouest, citadelle à l'est, sur deux mamelons allongés distants d'environ 300 mètres (chacun de ces mamelons n'excède pas 250 mètres sur 80). A quelque 300 mètres, trois petits postes sont censés assurer la couverture rapprochée : Piton nord, Piton sud, « Grotte calcaire » à l'est, réputée imprenable dans ses falaises. Piton Aviation, le plus éloigné à 800 mètres à l'ouest, au-delà du terrain d'aviation, mouchoir de poche destiné aux Piper, fait figure d'enfant perdu.

La garnison est composée d'une section de partisans et deux compagnies du II/3 REI. 5e compagnie (capitaine X[1]) sur Dubouchet avec six légionnaires à Piton Aviation. 6e compagnie (capitaine Jaugeon) sur la citadelle et les trois autres pitons. Le capitaine Allioux, adjudant-major du 2e bataillon, PC installé à la citadelle, commande l'ensemble, soit 250 légionnaires[2] et 30 autochtones[3]. La Légion n'est en place que depuis le 6 septembre, ayant à cette date remplacé deux tabors marocains.

Les légionnaires se méfient : il y a un précédent. Quelques mois plus tôt, en avril, Dong-Khé, alors occupé par un bataillon du 5e RTM, a été enlevé en une nuit. L'intervention immédiate du 3e BCCP a permis de reprendre le poste.

L'attaque Viêt-minh, menée par deux régiments, les TD 165 et 174, débute le 16 septembre à six heures du matin par un pilonnage de 75 et de 81. Le matraquage se prolonge toute la journée avec une intensité que d'anciens feldgrau comparent à Stalingrad ou Monte Cassino. Au fil des heures, les pertes, à Dong-Khé, s'accentuent. Les défenseurs de la « Grotte calcaire » sont décimés par un coup au but. Piton sud connaît le même sort. A Piton Aviation, un légionnaire envoyé en liaison est capturé. Les autres, jugeant Dong-Khé tombé, disparaissent dans les couverts. Ils rejoindront That-Khé, 30 kilomètres au sud.

---

1. Nom volontairement omis.
2. Dont quelques légionnaires de la CCB au PC d'Allioux.
3. Il y a également quelques artilleurs servant le canon de 105.

Les défenseurs de Dong-Khé sont sans illusions. Depuis huit heures, ils distinguent nettement les Viêts qui fourmillent aux abords. L'assaut sera pour cette nuit. Langson, PC du 3ᵉ REI, a été alerté. Un bruit court. D'où provient-il ? Le 1ᵉʳ BEP serait largué en renfort. Cette espérance un peu folle gonfle les cœurs et fixe un objectif. Tenir jusqu'à l'arrivée du BEP. Seule certitude de la journée, un JU 52 est venu larguer des munitions et du barbelé. Des munitions, oui, merci ! Du barbelé, il est bien temps ! La presque totalité de ce matériel est tombée chez les Viêts à quelques jets de pierres.

A la nuit tombée, les fantassins viêts passent à l'assaut, aussi bien contre Dubouchet que contre la citadelle. La 5ᵉ compagnie, où le lieutenant Héry a dû prendre le commandement devant l'insuffisance du titulaire terré dans un abri, tient même si les Viêts arrivent au pied de l'enceinte. Devant la 6ᵉ, la chute de Piton nord, légèrement dominant, permet à l'ennemi d'y installer une mitrailleuse lourde de 12,7. Son feu appuie les vagues d'assaut qui débouchent du cimetière, au pied de la citadelle. Celles-ci finissent par occuper la partie nord de la position, la « plage avant »[1]. Au lever du jour, une contre-attaque menée par l'adjudant-chef Œlschlagel parvient à les déloger. Dans les décombres du four à pain, deux corps sont découverts côte à côte. Un légionnaire et un Viêt se sont embrochés mutuellement au terme d'un duel à la baïonnette et ont trouvé la même mort.

Après les combats de la nuit et les matraquages de la veille, la 5ᵉ compagnie compte plus de 40 tués et blessés graves. La 6ᵉ compagnie légèrement plus. Les servants du 105 sont morts. Devant cette hémorragie et sans écho du BEP, Allioux décide de regrouper tout son monde à la citadelle. Il disposera encore de la valeur d'une bonne compagnie.

Dans l'évidement entre Dubouchet et la citadelle, la RC4 et ses bas-côtés constituent un espace découvert de 15 à 20 mètres. Ce passage obligatoire est battu par la 12,7 de Piton nord et d'autres armes automatiques. Deux tranchées profondes ont été creusées de part et d'autre de la route, permettant de s'en rapprocher. Par bonds de deux ou trois à chaque fois, de onze heures à seize heures, Héry parvient à faire passer ses hommes d'une tranchée à une autre. Ensuite de quoi ils se faufilent jusqu'à l'enceinte. Hélas, les tirs adverses rendent les brancardages impossibles. Les blessés graves sont abandonnés sur place avec le caporal-chef Schutt, lui-même légèrement blessé. Ces

---
[1]. La citadelle épouse la forme d'un navire. Ses deux parties nord et sud, assez bien dégagées, ont été baptisées « Plage avant » et « Plage arrière ». Tout naturellement, la partie centrale, avec les principaux bâtiments et abris, est la « Passerelle ».

laissés-pour-compte comprennent et ont même le courage de souhaiter « Bonne chance » à leurs camarades encore valides.

Schutt, fait prisonnier, parviendra, vingt heures plus tard, à s'évader. Après dix jours de pérégrinations, dans un terrain qu'il connaît bien d'un premier séjour en Indochine, il ralliera That-Khé avec deux fusils.

A dix-sept heures, sous un bombardement qui n'a pratiquement pas cessé, les rescapés des deux compagnies se partagent les défenses de la citadelle. Ils sont encore 60 chez Héry, avec 5 FM et 2 mitrailleuses Reibel, s'occupant de la « Plage avant ». Ceux de la 6e, légèrement moins nombreux, mais connaissant bien les lieux, avec le lieutenant Grué, se chargent de la « Plage arrière » en contrebas (un mètre environ). Bâtiment en ruine, blockhaus du 27 sans recul, petites tranchées, emplacements aménagés au mieux servent de postes de combat pour balayer les glacis. Le pilonnage, qui s'était calmé quelque peu, reprend à la nuit avec intensité, appuyant au plus près les Bo-Doï débouchant au son du clairon. Même si des monceaux de cadavres viêts s'amassent devant et dans la citadelle, sous les feux conjugués de l'ennemi, les rangs des légionnaires se creusent.

A deux heures du matin, ils ne sont plus que 12 chez Héry dont 8 blessés. Leurs armes automatiques sont hors d'usage. Ce petit carré se resserre aux abords du blockhaus du 57 de Grué, qui n'a guère plus de valides autour de lui. Tous refusent de lâcher, s'accrochant aux décombres qui leur servent de retranchement. A deux heures quinze, le sergent-chef Benoît-Lison, commandant la section de partisans, est grièvement blessé. Ses hommes s'étant volatilisés dès le premier jour, il s'était mêlé aux légionnaires remplaçant les tireurs hors de combat. Le malheureux sera achevé peu après par un Bo-Doï.

A quatre heures du matin, la soute à munitions du 105 s'embrase. Les blessés qui y avaient trouvé refuge périssent carbonisés. Les lueurs rougeâtres de l'incendie éclairent le centre de la citadelle.

Sans relâche, les Viêts poussent leurs bengalore de fortune (bambous remplis d'explosif), rafalent et balancent leurs grenades. Ils finissent par s'emparer de l'essentiel de la place. A six heures, après avoir lancé son ultime défensive, Héry est atteint par une rafale de FM. La fin approche. A huit heures, les Bo-Doï submergent les dernières défenses.

150 légionnaires sont morts. 100, presque tous plus ou moins touchés, sont prisonniers. Seul le capitaine Jaugeon, avec une poignée d'hommes, ayant pu se jeter dans la jungle, gagnera That-Khé. Un sergent-chef, deux caporaux réussiront à s'échapper des camps où disparaîtra l'immense majorité des captifs.

Dong-Khé a résisté deux jours et deux nuits. Sa garnison a été décimée après avoir lutté sans sommeil ni alimentation et épuisé ses munitions. Sa défense contre la brigade 308 s'inscrit dans le droit fil de celle de Phu Tong Hoa, autre poste isolé et sans appui extérieur. Il est cependant une différence notable : les Viêts, deux ans après leur échec, se montrent plus obstinés et plus forts. Cette disparition de deux compagnies de Légion, au terme d'une résistance héroïque, devrait ouvrir les yeux de Carpentier à Hanoi, de Constans à Langson !

Il n'en est rien, même si l'évidence éclate. Les Viêts sont résolus, bien armés. Ils disposent d'artillerie. Ils méprisent les pertes. Envers et contre tout, l'opération Phoque, qui met en œuvre 10 000 hommes, est maintenue. Aucune mesure particulière n'est envisagée pour appuyer, voire secourir Lepage et Charton. Plus grave encore, Lepage pour rejoindre Charton doit reprendre Dong-Khé. Mais au moment de son départ, il ignore qu'il doit pousser jusqu'à Na-Cham afin d'y recueillir son collègue légionnaire.

Les unités engagées régleront la facture des erreurs. Au premier rang, celles de la Légion :

– Le III/3 REI, commandant Forget, pièce maîtresse de la garnison de Cao Bang.

– Le 1ᵉʳ BEP, commandant Segrétain, force de choc de la colonne Lepage.

*

Le 16 septembre, Lepage quitte Langson avec deux tabors et un bataillon de tirailleurs marocains. Progressant sur véhicules, il dépasse Dong-Dang, puis Na-Cham. A That-Khé, les 17 et 18, afin de le renforcer, il lui est largué le 1ᵉʳ BEP. Trois compagnies de fusiliers voltigeurs, un peloton d'élèves gradés (PEG), ce BEP de Segrétain est une belle unité pleine de vie et d'ardeur. Son chef et son adjoint, le capitaine Jeanpierre, sont liés d'amitié depuis longtemps. Ils furent tous les deux du 6ᵉ REI de Syrie de 1941.

Après Pont Bascou, 20 kilomètres au nord de That-Khé, les Viêts ont fait sauter tous les ponts. Bayard continue donc à pied et s'étire sur la RC4, tout en se protégeant sur ses flancs. L'avance est obligatoirement lente et des journées ont été perdues à That-Khé.

Le 1ᵉʳ octobre, à proximité de l'ancien poste de Na-Pa, le PEG du BEP (lieutenant Faulques) débouche en vue de Dong-Khé et tombe sur une sonnette viêt. L'alerte est donnée. Le PEG est stoppé. Faulques et Jeanpierre derrière lui voudraient foncer et tout bousculer. Mais l'artilleur Lepage veut une attaque en règle. Il attend des canons qui doivent lui être largués.

Lepage a une excuse. Il ne sait toujours pas qu'il aura à dépasser Dong-Khé pour se porter sur Charton. Il manœuvre donc en sûreté, en fidèle disciple de l'école dite de guerre.

Il entend également se couvrir. Sur son ordre, le lendemain 2 octobre, le BEP et le 11ᵉ tabor s'installent sur les hauteurs de Na-Kéo et de la cote 615, au sud-est de Dong-Khé. Ils ne tardent pas à être violemment pris à partie par l'artillerie et l'infanterie Viêt-minh. Les combats, excessivement violents, coûtent cher. Dans le même temps, le gros du groupement Bayard butte sur les défenses de Dong-Khé.

Ce jour-là enfin, à dix-neuf heures trente, par un message largué d'avion, Lepage apprend la raison d'être de son opération et sa mission : atteindre Nam-Nang et recueillir Charton. Eclairé, il modifie sa manœuvre. Le BEP et le tabor fixeront l'adversaire devant Dong-Khé. Lui-même, avec le restant du groupement, contournera l'obstacle par l'ouest et gagnera Nam-Nang.

Le 3 octobre, deux mouvements s'amorcent.

– Lepage, non sans difficultés, atteint les crêtes et la cote 765, 5 kilomètres à peine à l'ouest de Na-Pa. Il se situe là encore bien au sud de Dong-Khé.

– Charton entame son retrait par la RC4 en direction de Nam-Nang, où il est persuadé, suivant les derniers ordres reçus, d'être attendu par Lepage. L'ancien du RMLE n'est pas un apprenti. Son départ de Cao Bang est un modèle du genre. Les unités (III/3 REI, tabor, partisans) décrochent en bon ordre. Toutes les installations sont détruites. Le Viêt ne récupérera rien. Charton n'est pas qu'un grand professionnel, il est aussi un homme d'honneur. Son convoi emmène avec lui les 500 civils vietnamiens et chinois qui ont choisi la France. « Je préfère démissionner de l'armée plutôt que de les abandonner ! » a-t-il annoncé. Contrepartie de son geste, il s'alourdit.

Si le repli de Charton avec véhicules et impedimenta se déroule sans incidents sur la RC4, ce 3 octobre, au sud de Dong-Khé la situation se présente tout autrement.

Giap a rameuté du monde. De tous côtés, les régiments viêts bourrent au canon pour isoler et détruire Bayard. Le TD 209 défend Dong-Khé. La brigade 308 attaque sans relâche au Na-Kéo. La nuit n'interrompt pas ses assauts. La météo n'a permis qu'un moment une intervention de la chasse.

A zéro heure trente, le 4, après quelques réticences de Lepage, le commandant Delcros, patron du tandem BEP-tabor ordonne de décrocher. La position est devenue intenable. Le tabor tombe sur une embuscade viêt sur la RC4 et se disloque. Le BEP, bien groupé, redescend dans la vallée et franchit la RC4. La marche est très lente, dans un terrain effroyable. Pentes, rochers, végétation. Les légionnaires brancardent une centaine de leurs camarades blessés (les morts ont été enterrés sur place). Enfin, vers treize heures, Segrétain parvient sur le mouvement de terrain de 765 où Lepage s'était installé la veille.

A 30 kilomètres au nord, tout a évolué chez Charton, qui a passé la nuit en PA fermé sur la RC4. Devant l'impossibilité de voir Lepage enlever Dong-Khé, Constans, de Langson, prescrit à Charton de quitter la RC4 et d'emprunter la piste de Quang-Liet. La carte paraît formelle : cette piste partant de Nam-Nang descend vers le sud et conduit à Lepage sur sa cote 765. La piste de Quang-Liet ! Là encore, une vision d'état-major. Depuis longtemps, à cause de la guerre, elle n'est plus utilisée. La végétation a repris ses droits. Après bien des recherches pour découvrir son amorce et après avoir incendié ses véhicules et détruit son matériel lourd, la colonne Charton s'engage sur ladite piste. Les partisans Thos avancent au coupe-coupe. Il y a 2 000 personnes à faire défiler. Charton s'impatiente. Les légionnaires de Forget prennent le relais. Ils ont du muscle et de l'abattage. En queue, d'autres légionnaires ferment la marche. A la nuit, tout le groupement Charton, civils compris, s'est enfilé sur la piste, mais son élément de tête n'a progressé que de 7 kilomètres.

*

Segrétain, suivant les instructions reçues, pensait retrouver des amis sur 765. Mais Lepage est déjà parti pour gagner la croupe de Qui-Chan, plus à l'ouest. La compagnie de tirailleurs laissée sur 765 en a été délogée par les Viêts. Le BEP tombe sur un nouvel obstacle à forcer. Encore des tués et des blessés.

A quatre heures du matin, il doit s'arrêter. La progression reprend à l'aube malgré la fatigue. Direction ouest pour rallier Lepage. La vallée de Quang-Liet est abordée avec prudence. A juste raison. Envoyée en flanc-garde sur la cote 533, la section du lieutenant Tchiabrichvilli est brutalement anéantie, vers dix-huit heures, par une ruée de Bo-Doï. La réaction instantanée du PEG et de la 1re compagnie ne retrouve que des cadavres. Par la suite, la section Marce récupérera trois rescapés, le sergent Hartkoff et deux légionnaires.

Dans sa marche vers l'ouest, au cœur du massif, au sud de la cote 765, Lepage a découvert un site qui lui paraît un bon refuge : une double cuvette. La première forme un cirque d'environ 500 mètres sur 400, aux parois abruptes adoucies sur une partie de la hauteur par des éboulis. La seconde est du même style, en plus petit. Entre les

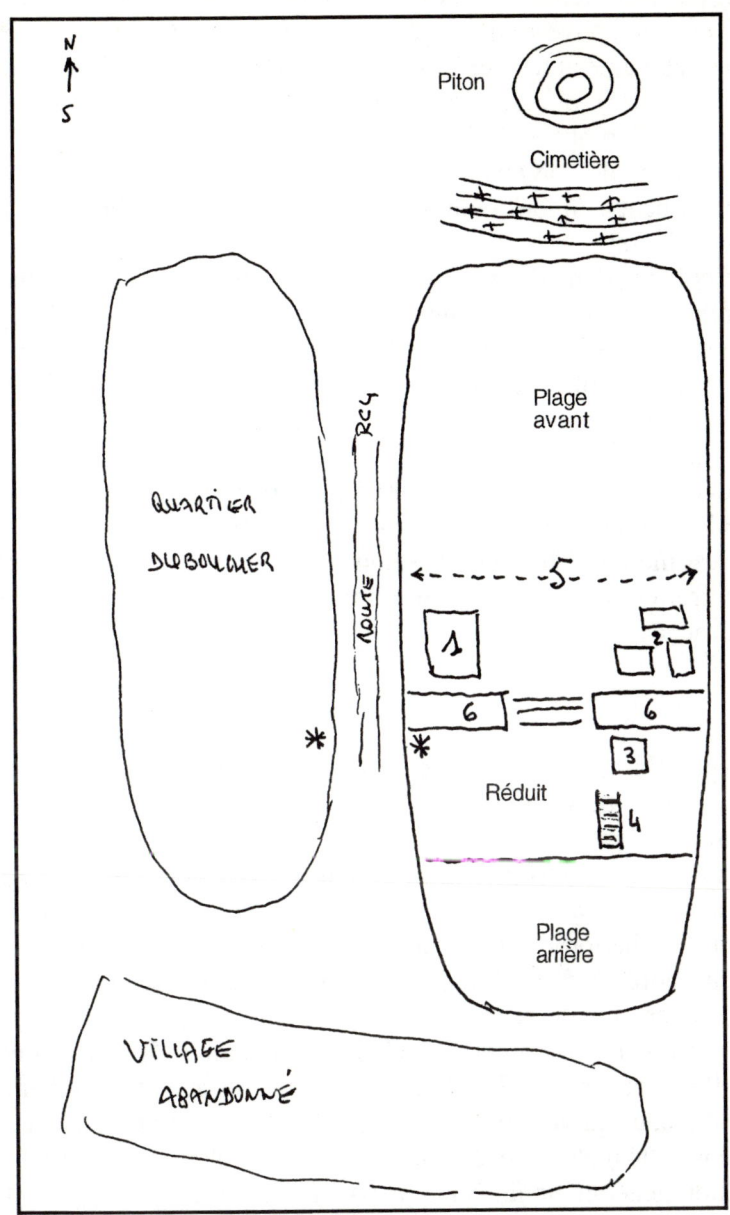

Dong Khé

1. Emplacement et soute à munitions du 105. – 2. Quelques bâtiments légers (cuisine, magasin de vivres, etc.). – 3. Blockhaus du 57 tenu par le lieutenant Grué de la 5e compagnie. – 4. Escalier bétonné menant au PC du capitaine Ailloux. – 5. Position occupée par l'auteur du croquis le 17, et qu'il dut abandonner vers deux heures pour réorganiser la défense autour du réduit.
Dans le quartier Duboucher, l'étoile signale une profonde tranchée qui coupait le flanc ouest de la citadelle.
(Croquis réalisé suivant le plan établi par le capitaine Héry, ancien défenseur de Dong Khé.)

deux, un étroit défilé. A l'extrémité de la seconde, un passage pentu, aux versants couverts de végétation, ouvre sur une piste chaotique menant au hameau de Coc-Xa, dans la vallée de Quang-Liet[1]. Sur un palier, avant de plonger vers le bas, coule une source. Les légionnaires appelleront l'endroit « la source ».

Dans cette double cuvette, Lepage se sent à l'abri, à condition de tenir les hauts. Sinon, comme en jugera Jeanpierre, l'endroit n'est qu'un nid à rats.

Le colonel, dans l'immédiat, y a installé son PC. Le site permet de réceptionner des parachutages. Sauf ceux qui s'égarent, mal largués ou poussés par le vent chez les Viêts. Le contact a été repris avec le BEP, regroupé plus au sud. Une liaison lui assure un ravitaillement bienvenu. Vivres et munitions faisaient cruellement défaut après plusieurs jours de combats. Réconforté, le bataillon rejoint Lepage dans sa cuvette. Dans ce havre sommaire et trompeur, le médecin capitaine Pédoussaut peut s'occuper de ses 150 blessés. Lepage, pour sa part, estime que Charton qui selon lui n'a pas encore « dérouillé », va le tirer de son guêpier. Il se trompe car il ignore la situation réelle des évacués de Cao Bang.

*

Depuis le 4, Charton taille sa route, repoussant les embuscades dans la piste de Quang-Liet. Au fond de sa jungle, il avance sans communications directes avec Lepage. Enfin le 6, vers quinze heures, le contact est noué. Les deux colonels peuvent se parler. Lepage, le plus ancien, a reçu de Constans le commandement de l'ensemble. Il prescrit à Charton d'aller occuper la croupe de Qui-Chan et la cote 590, au nord de 533 où a été anéantie la section Tchiabrichvilli. Il surplombera ainsi le rebord ouest de la vallée de Quang-Liet.

Le commandant Forget s'en charge. A la nuit, le III/3 REI occupe 590. Il ne dormira pas. Les Viêts multiplient les attaques pour enlever cette crête, ce qui leur permettrait de bloquer les Français à l'ouest.

Dans cette mêlée, Charton le fantassin voit clair. La précarité de la situation générale ne lui échappe pas. Il réussit à joindre le capitaine Labeaume qui commande le II/3 REI à That-Khé. Labeaume a des 105. Charton lui demande de les porter le plus avant possible (pratiquement à Pont Bascou) et de s'installer avec ses légionnaires et ses partisans sur les cotes 608 et 703, à l'ouest de la RC4. Cette mesure, le moment venu, sauvera bien des vies.

---

1. Ce Quang-Liet, qui donne son nom à la piste, coule vers le sud.

*

7 octobre. Pour ne pas se trouver piégé dans ses fonds, Lepage a décidé d'évacuer la cuvette à trois heures et de rejoindre Charton. Il sait que les Viêts ont réussi à s'emparer du goulet de sortie, près de la source. Pour faire sauter ce verrou qui obstrue l'issue, il se tourne vers son joker, le BEP. A lui de percer dans cette mission de sacrifice.

Trois heures. La compagnie Bouyssou fonce en tête. Droit devant dans l'obscurité. Presque aussitôt les armes automatiques se déchaînent. Les Viêts sont là, gardant le passage. On se bat, on se tue à bout portant, au PM, à la grenade, au poignard même. La compagnie Bouyssou est décimée. Les deux autres, le PEG, prennent le relais. Faulques écrira : « Il tombait un homme à chaque mètre. » Il est du nombre. Il y a 300 mètres à franchir entre la cuvette et le rebord de la vallée. Le BEP s'y épuise. Tous les commandants de compagnie, plus de la moitié des chefs de section sont tués. Subsiste un ultime bouchon, que Jeanpierre avec les derniers carrés s'apprête à enlever.

Soudain, dans le jour levant, une vague insolite prend le devant au milieu d'une étrange clameur. Les Marocains du 1er tabor, descendus des crêtes qu'ils gardaient, déferlent en scandant la *Chehada*, le chant de mort des musulmans. Ce flot achève la percée. Chacun se rue dans la trouée et plonge dans la vallée, parfois en se laissant glisser par des lianes le long des falaises. Les Viêts bousculés ne peuvent plus rien.

A un officier de goumiers qui lui demandait le chemin à suivre, Jeanpierre s'est contenté de répondre : « Suivez les cadavres du BEP ! »

Bayard est sorti de sa cuvette de Coc-Xa, mais qu'en restera-t-il ? Ils ne sont que 560 à rejoindre Charton sur 477 et la croupe de Qui-Chan. Le 1er BEP est réduit à 9 officiers et 121 légionnaires. Les blessés sont demeurés dans la cuvette, veillés par le médecin capitaine Pédoussaut et un collègue.

*

L'irruption des rescapés de Bayard jette la confusion dans la colonne Charton, étirée sur les hauteurs de Qui-Chan. Les arrivants ont faim, soif, sommeil, manquent de munitions. Du coup, les tabors paniquent. Ils abandonnent sans ordres leurs positions. Heureusement le III/3 REI fait bloc. Le reliquat du BEP de même. Deux compagnies de partisans se montrent également fermes.

Les Viêts ne sont pas décidés à laisser échapper leur proie. Ils sont peut-être 40 000 contre 3 000, peut-être moins, à la curée. Sans relâche, ils attaquent en force partisans, goumiers, tirailleurs disséminés sur Qui-Chan.

Pour se dégager, le commandant Forget attrape un PM et crie : « Derrière moi ! »

Mais les Viêts sont trop nombreux. Refoulés un instant, ils réapparaissent partout. Forget est touché par deux fois. Les légionnaires se replient avec leur chef agonisant qui lègue en ultime message : « Je suis fier de mon bataillon. »

La souricière s'est refermée. L'ennemi presse de partout. De l'extérieur, rien à attendre. A Langson, Constans répond évasivement aux demandes urgentes de Charton.

Pour sauver ce qui peut encore l'être, il faut tenter de fendre la ceinture des Viêts.

Comme Forget, Charton paie d'exemple. Accompagné de la poignée de légionnaires de son groupe de commandement, il passe en tête pour entraîner les goumiers et les tirailleurs massés près de lui. Peu le suivent. Des éclats de grenades le projettent au sol. Ses légionnaires tombent. Les autres se disloquent. Les Viêts qui jaillissent retournent les gisants et les achèvent. Le colonel va être transpercé par une baïonnette lorsque le tueur retient son arme. Un officier viêt a aperçu les galons et stoppe le geste du Bo-Doï. Charton survivra. Quatre années de captivité l'attendent. Il reviendra vieilli avant l'âge, sa carrière militaire de glorieux soldat terminée.

Tous n'étaient pas avec lui. D'autres se groupaient autour de Lepage, Segrétain et Jeanpierre. Il n'est plus qu'une issue : liberté d'action par petits détachements afin d'essayer de rejoindre That-Khé. Lepage donne son accord. Segrétain, ravagé par une sciatique, séquelle d'une vieille blessure, se traîne. Jeanpierre, qui a pris de fait le commandement du BEP, scinde les rescapés en cinq. A dix-neuf heures, démarrage, groupe Jeanpierre en tête, en profitant de la nuit. Celui de Lacroix-Vaubois ferme la marche. Un costaud a pris Segrétain sur son dos.

A quatre heures du matin, embuscade. Les cinq groupes éclatent comme prévu. Segrétain touché ordonne de l'abandonner. Les Viêts le découvriront au matin. Des prisonniers français, puis des Viêts eux-mêmes le brancardent une partie de la matinée, direction Dong-Khé. Dong-Khé, ultime étape du commandant du 1er BEP. Il s'éteint en murmurant : « Le BEP, le BEP. » Les hommes de Giap, en l'ensevelissant, lui rendent les honneurs militaires. Ce chef et ses soldats indomptables les ont frappés.

Charton a été stoppé. Segrétain est mort. Lepage est intercepté à son tour et fait prisonnier. Dans la nuit du 7 au 8 et le lendemain, les légionnaires du capitaine Labeaume, sur 608 et 703, voient déboucher des fantômes.

Du 1ᵉʳ BEP, à rejoindre That-Khé, ils seront 3 officiers, le capitaine Jeanpierre, les lieutenants Marce [1], Roy, 3 sous-officiers et 17 légionnaires.

Du III/3 REI, il ne rentre pratiquement personne [2]. Quant aux prisonniers, ils ne seront pas foule à survivre. Le 1ᵉʳ BEP, le III/3 REI ont disparu. Tous les deux renaîtront avec de nouveaux chefs et de nouveaux légionnaires.

Evoquant le drame de la RC4, à la tribune de l'Assemblée nationale, le chef du gouvernement, René Pleven, dira :

> « Les deux bataillons de la Légion étrangère sont ceux qui ont subi les plus lourdes pertes car, conformément à son héroïque tradition, la Légion s'est sacrifiée pour le décrochage des autres unités. »

Le BEP, à la source de Coc-Xa, illustre parfaitement ces propos.

*

A Dong-Khé, le commandement a laissé écraser sans réagir deux compagnies de Légion. Le désastre de la RC4 lui incombe totalement [3].

Comment, dans de telles conditions, ne serait-il pas remis en cause ? Les officiers de Légion, soldats disciplinés – à l'exception de ceux de la « 13 » –, brisent progressivement le carcan qui les liait à leurs chefs. La suite, avec Diên Biên Phu, l'abandon des populations du Tonkin, précipiteront une insoumission qui éclatera en Algérie face à une autorité discréditée. (Le général commandant en chef en Algérie, le 22 avril 1961, commandait comme colonel la stérile opération Phoque en octobre 1950, et était chef d'état-major de Navarre durant Diên Biên Phu.) Les prémices s'en manifesteront bien avant. En 1952, inspectant l'Ecole spéciale militaire à Coëtquidan, le général Carpentier distingua-t-il la houle montant des derniers rangs :

« Langson [4], Cao-Bang ! Langson, Cao-Bang ! »

---

1. L'auteur s'honore d'avoir servi durant trois ans comme chef de section au 2ᵉ BEP, puis au 2ᵉ REP, sous les ordres du lieutenant puis capitaine George Marce.
2. Des colonnes Lepage et Charton, environ 500 hommes parviennent à rejoindre les positions françaises (12 officiers, 475 gradés et hommes de troupe).
3. La garnison de Cao Bang pouvait se replier par la RC3, beaucoup moins dangereuse.
4. L'abandon de Langson se fit dans un désordre scandaleux, livrant des stocks énormes à l'ennemi...

*

NGHIA-LO

L'affaire de Nghia-Lo, en octobre 1951, n'est pas l'un des faits d'armes majeurs de la guerre d'Indochine. Elle a toutefois valeur d'exemple. Elle illustre la bonne utilisation possible des TAP et prouve que les BEP, nouveaux venus en la matière, ont su s'adapter à des donnes nouvelles. Ceux qui se gaussaient de la lourdeur légionnaire se trompaient. Les légionnaires paras, soldats du ciel, alliaient audace et mobilité sans perdre de leur solidité.

Le 1er BEP, sur la RC4, a montré son métier et son abnégation. Il l'avait déjà manifestée auparavant. Le 2e BEP, implanté initialement en Cochinchine, n'a pas manqué non plus d'occasions. Le 1er avril 1950 reste pour lui une date.

Deux compagnies de secteur, quelque part du côté de Tra-Vinh, sont prises à partie par un fort élément viêt. La 2e compagnie du 2e BEP (lieutenant Cabiro) passe dans le coin, rentrant d'un mois d'opérations.

L'escadron de Crabes du 1er REC du lieutenant Casati rentre de concert. Les patrons locaux hésitent à s'engager alors que la fusillade crépite un peu au nord. A chacun ses responsabilités. Le Cab prend les siennes. Casati, complice, l'accompagne. Le dénouement intervient autour du village de Ba-Cun, où les Viêts se sont retranchés au milieu de la rizière. Bien appuyée par une patrouille de King Cobras et les Crabes de Casati qui la poussent au plus près, la 2e compagnie passe à l'attaque.

Bilan en fin de journée : 2 mitrailleuses, 2 mortiers, des postes radio, l'armement collectif et individuel des deux compagnies qui défendaient le village. Le caporal Bethery, dit « Bébert », que l'on retrouvera quelques années plus tard chef de section à cette même 2e compagnie avec un côté gauche bien garni, s'est emparé d'une mitrailleuse de 30 et d'un mortier de 60. Un bond en avant bien conduit. Un jet de grenades bien ajusté, « Bébert » s'était servi.

Depuis Ba-Cun, la 2e compagnie du 2e BEP puis du 2e REP arbore une palme sur son fanion.

Ba-Cun est déjà loin lorsqu'en septembre 1951 Giap, qui vient de se casser les dents dans le delta tonkinois, fait effort contre Nghia-Lo. Il y engage la division 312, soit 12 000 réguliers.

De Lattre est en France. Le Roi Jean a relevé le corps expéditionnaire, groggy par Cao Bang. Hélas, il est malade. Son adjoint, le général Salan, le remplace durant son absence et doit faire face.

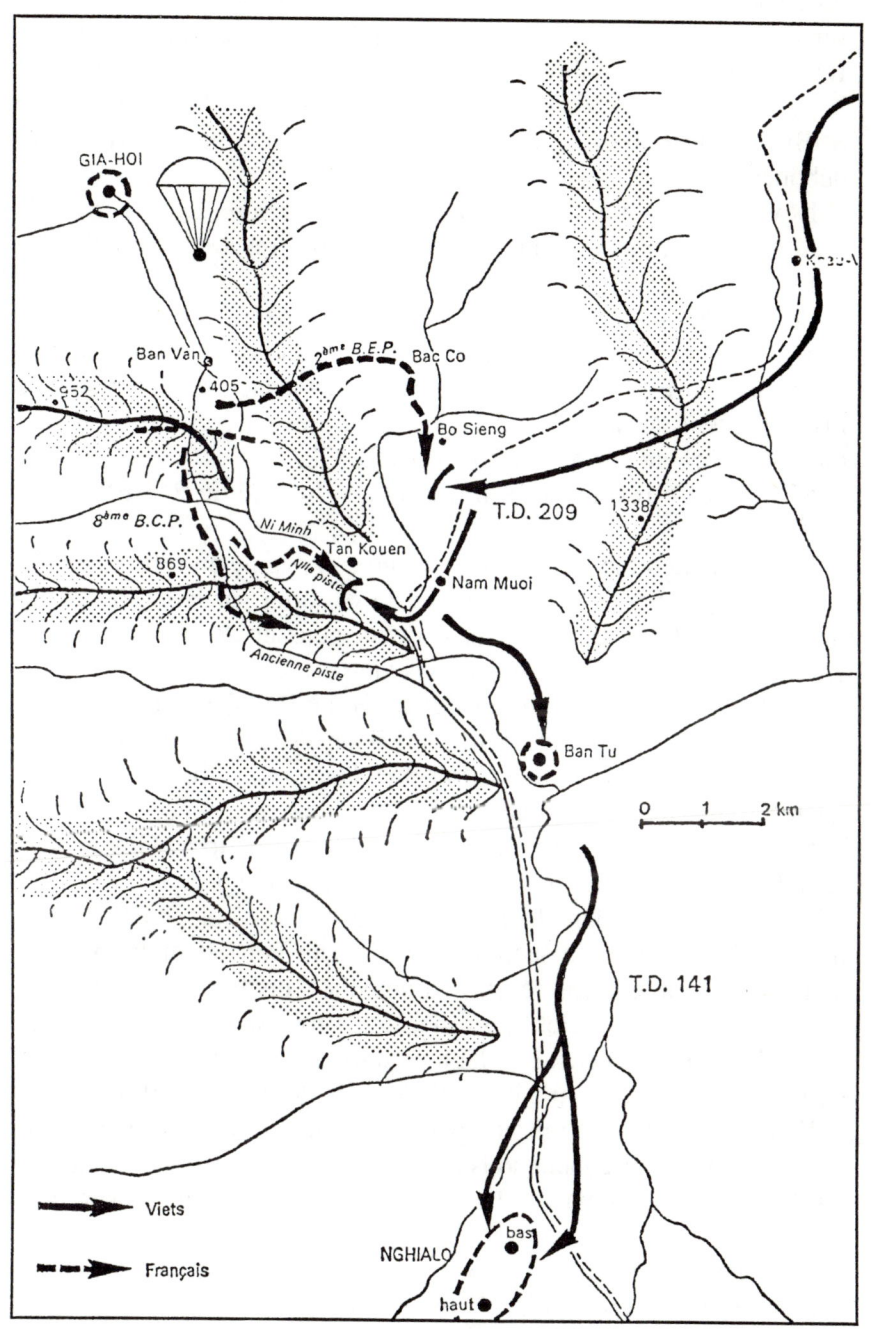

Combats près de Gia Hoi (octobre 1951)

Pour lui, pas question d'abandonner Nghia-Lo, ses rizières, ses 30 000 habitants au cœur du pays thaï. Ce serait livrer le nord-ouest du Tonkin au Viêt-minh en abandonnant une région fidèle. Courageusement, avec des risques calculés, Salan décide de défendre Nghia-Lo. Il renforce le 1er bataillon thaï chargé du secteur. Le 2 octobre, il fait larguer sur Gia-Hoï (20 kilomètres au nord-ouest de Nghia-Lo) le 8e BPC, afin d'attaquer sur leurs arrières les régiments 141 et 249 débouchant du nord-est.

Devant cette apparition, les Viêts forcent l'allure. Dans la nuit du 2 au 3 octobre, ils se ruent sur Nghia-Lo, qui résiste bien malgré la mort de son chef, le commandant Girardin.

Le 8e BPC, pour sa part, est très sérieusement accroché. Pour le soulager, dans l'après-midi du 4, le 2e BEP du commandant Raffalli saute sur Gia-Hoï. Cette arrivée accroît la menace sur les pistes de ravitaillement de la 312, qui lève le pied devant Nghia-Lo où sera bientôt parachuté par précaution le 10e BPCP.

Si Nghia-Lo respire, rien n'est acquis du côté du 2e BEP (et du 8e BPC).

Raffalli a reçu mission de laisser une compagnie en réserve à Gia-Hoï et de marcher vers l'est en vue de se porter sur Bac-Co, 6 kilomètres au sud-est. De Bac-Co, il devra pousser des éléments pour entraver les axes de communications viêts.

Sur la carte, les 6 kilomètres de Gia-Hoï à Bac-Co ne représentent qu'une courte étape. Sur le terrain, il en est tout autrement. Une ligne de crête – cote 858 – à franchir. Un terrain impossible. Neuf heures d'une marche épuisante, le 5 octobre, sont nécessaires pour gagner l'objectif. A l'aube du 6, nouvelles instructions. Glisser vers le sud, direction Bo-Sieng. Toujours dans la même perspective.

Le TD 209 rôde dans le coin. Dans les herbes à éléphants, hautes de plus de 2 mètres, la section du lieutenant Perrier tombe brutalement sur l'ennemi. La réaction immédiate de Perrier culbute les Viêts. Le lieutenant Lalet, qui fonce à son tour sur le côté, s'empare d'un FM et de 15 fusils. Les légionnaires paras frappent vite et fort. Le ton est donné alors que la fusillade se déclenche de partout.

En fin de journée, la mission paraît remplie. Les compagnies Saint-Marc et Lemaire prennent sous leur feu la piste qui, de Khan-Vac, au nord-est, mène à Nghia-Lo. Les TD 209 et 141 sont contrés sur leurs arrières.

Pour la nuit, Raffalli resserre son dispositif afin de mieux se garder. Bien lui en a pris. A minuit, mortiers et mitrailleuses se déchaînent contre ses positions avant que les compagnies aient à repousser les assauts. Au fil des heures, les munitions diminuent. La liaison radio est interrompue depuis la veille avec Gia-Hoï. Il y a 25 blessés.

Pour éviter l'encerclement définitif au jour, Raffalli, à quatre heures trente, donne le signal de repli. Les tués enterrés, le bataillon entame son mouvement avec ses blessés dans le silence le plus total. A treize heures, après avoir traversé une rivière, escaladé des pentes, le 2ᵉ BEP se retrouve sur un balcon dominant les environs. L'endroit manque de confort. Il n'est qu'une crête escarpée et rocheuse. Pas d'illusions non plus à se faire : les Viêts grouillent partout autour.

Lueur d'espoir, la liaison radio se rétablit. B26 et chasseurs peuvent intervenir au profit du bataillon, accroché à maintes reprises, avant qu'il ne s'installe pour une autre nuit qui s'annonce tout aussi inconfortable. Eau, vivres sont épuisés. Les chargeurs sont presque vides. Le toubib a 11 blessés supplémentaires.

Raffalli sait que le salut se situe à l'ouest sur une cote 405, 5 kilomètres au sud de Gia-Hoï où le gros du 8ᵉ BPC est en recueil. Une heure avant l'aube, il commence à pleuvoir. L'aviation ne pourra percer. Le commandant ordonne de partir sans attendre.

La jungle encore et toujours. Une piste à ouvrir au coupe-coupe. Des dénivelées à descendre et à remonter. Des brancards de plus en plus lourds. A treize heures enfin, la jonction est faite. Les légionnaires ont le ventre vide depuis quarante-huit heures.

Nghia-Lo a coûté 7 tués, 19 disparus et 27 blessés au 2ᵉ BEP. C'est peu et beaucoup. L'opération aéroportée – 8ᵉ BPC, 2ᵉ BEP, 10ᵉ BPCP – a payé. La division 312, contrée sur ses arrières, bloquée devant ses objectifs, a renoncé à enlever Nghia-Lo et s'est repliée. Trois bataillons paras ont déjoué les plans d'une division.

Nghia-Lo offre un classique d'emploi des troupes aéroportées : surprise, mobilité, audace.

*

Le 1ᵉʳ septembre 1952, le chef qui a si bien mené son bataillon à Nghia-Lo et ailleurs se trouve sur le départ. Bien que rapatriable, il tient à faire une dernière sortie en compagnie de son successeur, auquel il a déjà passé ses consignes.

La section du lieutenant Muelle accroche. Le commandant se porte à sa hauteur. Il est seul en képi, ses hommes autour de lui portent chapeau de brousse ou béret. Sa haute silhouette en fait une cible bien visible. Un coup de feu claque. Muelle annonce au PC : « Soleil[1] vient d'être blessé. »

---
1. Indicatif radio traditionnel du chef de corps.

Le 10 septembre, Soleil s'éteint à l'hôpital de Saigon où il a été transféré.

Il est de tradition que le camp du 2ᵉ BEP, puis du 2ᵉ REP, porte le nom du chef d'escadrons Raffalli. C'est aujourd'hui le cas de celui du 2ᵉ REP à Calvi.

*

NA-SAN

Nghia-Lo, en octobre 1951, s'est clôturé par un succès. Un an passe. Giap est un obstiné. Dans la nuit du 17 au 18 octobre 1952, sa division 308, concentrée par surprise, enlève Nghia-Lo. Les deux compagnies sur place ne pouvaient résister à une division complète.

Devant la situation créée et pour éviter des disparitions identiques de postes isolés, le général Salan prescrit de replier sur Na-San les garnisons du pays thaï, entre Fleuve Rouge et Rivière Noire.

Na-San (dont le nom signifie petite rivière) sur la RP41 menant à Laï-Chau, à 190 kilomètres ouest-sud-ouest de Hanoi, possède un terrain d'aviation. Le site, avec ses petites collines, peut être défendu. Le colonel Gilles est nommé commandant de la base aéroterrestre à constituer. Fantassin, ayant les pieds sur terre, il active son monde d'une main ferme. Des abris sont creusés, des champs de tir dégagés, des réseaux de barbelés et de mines posés, des contre-attaques prévues.

Deux bataillons de Légion arrivent : III/3 REI et III/5 REI. Le 2ᵉ BEP est aérotransporté le 19 novembre, le 1ᵉʳ BEP le lendemain. La Légion représente sensiblement la moitié de l'infanterie présente. Est engagée également la CMLE (lieutenant Bart), avec 4 tubes de 120 et 12 de 81.

Les dimensions du camp retranché sont relativement modestes (nettement inférieures à celles de Diên Biên Phu). Le III/3 au complet s'enterre sur le PA/26, mouvement de terrain bien marqué à l'est de la piste. Seule la section du lieutenant Amet (adjoint : sergent Tasnady), légèrement renforcée, est détachée en extrémité de piste. Le III/5 par contre éclate en PA de compagnie.

La 11ᵉ compagnie occupe le PA/8 au nord de la piste. Particularité du lieu, un gigantesque banian, d'au moins deux mètres de diamètre, se dresse au centre de la position. Sa taille, ses racines aériennes n'ont pas permis d'éliminer ce parasol si caractéristique. La 9ᵉ compagnie se tient aux approches sud-ouest de la piste, près du 2ᵉ BEP tenu en réserve. La 10ᵉ compagnie est la plus avancée. Sur le PA/21 bis. Au sud-ouest, elle couvre la ligne de crête dominant piste et PC.

La bataille débute véritablement dans la nuit du 30 novembre au 1er décembre. Le PA/22 bis, occupé par le bataillon thaï n° 2, tombe mais est réoccupé par une contre-attaque du 2e BEP au lever du jour. Situation identique au PA/24 repris par le 3e BPC. Les contre-attaques prévues par Gilles ont parfaitement fonctionné.

La division 312, qui a mené l'attaque, n'entend pas en rester là. La nuit suivante, à partir d'une heure, elle repart en force à l'est comme à l'ouest. Sur le PA/8 (11e compagnie), l'affaire débute par une tragédie héroïque. Un peu avant une heure, les sentinelles rendent compte qu'un détachement de partisans thaïs, se repliant sur Na-San, demandent refuge. Faut-il ouvrir les chicanes ? Dans la pénombre, l'officier de quart, le lieutenant Durand, s'avance. Durand est un miraculé. Il a fait partie d'un groupe de résistants fusillés par les Allemands. Laissé pour mort, il s'en est sorti avec la perte d'un doigt...

Durand s'approche pour bien se rendre compte de l'identité exacte de ces « amis » qui demandent refuge. S'est-il engagé trop avant ? L'un des arrivants lui plaque un revolver sur la tempe et lui intime : « Donnez l'ordre d'ouvrir ! »

On apprendra par la suite que l'individu était un commissaire politique.

La réplique de Durand, chevalier d'Assas du XXe siècle, est immédiate : « Tirez, ce sont les Viêts ! »

Un coup de feu : Durand s'affaisse, mortellement blessé. Les légionnaires ont compris. Les chargeurs étaient engagés, les culasses armées, les grenades à portée de main. Le feu se déclenche instantanément.

Le légionnaire Linn fait partie de ceux qui sont postés près de la chicane. Comme ses camarades, son doigt presse la détente de son PM dès le cri du lieutenant. Volontaire, il sautera sur Diên Biên Phu. Médaillé militaire, plusieurs fois cité, le caporal-chef Linn, de la 1re section de la 4e compagnie du 2e REP, sera tué à l'Amar Khraddou le 16 mars 1961. Le club des caporaux-chefs du 1er RE à Aubagne porte aujourd'hui son nom.

Derrière les faux Thaïs, à courte distance, les vagues d'assaut se tenaient prêtes. Le PC/8, compris dans les objectifs de la nuit, est attaqué de trois côtés. Les barbelés volent en l'air sous l'action des bengalores. Les salves de mortiers s'abattent sans relâche. Le lendemain matin, on retrouvera 400 ailettes d'obus à l'intérieur du périmètre de la 11e compagnie.

L'imposante ramure du banian est une tunique de Janus. Nombre d'obus de mortier percutent le branchage et se transforment en fusants haut. Mais la 11ᵉ compagnie tient ferme.

Le III/3, sur le PA/26, est face aux TD 174 et un bataillon du TD 88. Le Dakota luciole éclaire le champ de bataille. Les 105 du camp retranché se déchaînent. Avec leurs armes automatiques, les légionnaire balaient les glacis soigneusement dégagés montant vers eux. Au jour, ils découvriront 250 cadavres et 8 FM dans leurs barbelés. Le bataillon a vengé Forget et les siens.

La partie la plus dure se déroule au PA/21 bis du lieutenant Bonnet (10ᵉ compagnie). Outre Bonnet, il y a là les lieutenants Blanquefort et Bachelier, un lieutenant d'artillerie en DLO et environ 150 gradés et légionnaires. L'ancien patron du III/5, le commandant Dufour, était féru de retranchements. Il avait exigé de ses cadres de parfaites rasances, des emplacements de tir soigneusement camouflés avec enfilade.

Dès vingt heures, les Viêts grenouillent autour de 21 bis. On les devine. On les entend. Des mines sautent de temps à autre, balisant leur présence et déclenchant une réplique de mortiers. Derrière leurs créneaux, les légionnaires attendent.

Une heure trente. Mortiers et canons sans recul viêts s'en prennent au point d'appui. Dufour avait eu raison de se montrer exigeant. Les lieutenants de la 10ᵉ compagnie ont parfaitement appliqué ses instructions dans le positionnement de leur plan de feu. La défense, bien encadrée par les feux de 105, est solidement agencée. Elle ne lâche pas. Si vers trois heures un élément ennemi pénètre dans le PA, la compagnie le neutralise presque aussitôt.

Au jour, 21 bis appartient toujours à la 10ᵉ compagnie, mais elle a perdu deux officiers, les lieutenants Bonnet et Bachelier, et deux légionnaires. Elle compte 11 blessés.

Bachelier. L'un de ces lieutenants comme la Légion en a tant perdu en Indochine. Passionné, héroïque. Promotion de Saint-Cyr 1947-1949 (général Frère). Arrivé à la 10ᵉ compagnie du III/5 REI le 22 décembre 1951. A été l'un des grands artisans de l'édification de 21 bis. Durant toute l'attaque, il allait debout d'un emplacement à un autre dans le secteur de sa section, donnant ses ordres, portant une caisse de grenades, rectifiant des tirs. Blessé, il boitillait mais continuait. Une balle l'a atteint en pleine gorge. L'infirmier n'a rien pu pour lui.

Lorsque survient en renfort la 9ᵉ compagnie (lieutenant Branca), le spectacle devant la position est impressionnant. Les Viêts ont laissé sur le terrain plus de 300 cadavres, 38 FM, 3 mitrailleuses lourdes, 40 PM, un armement et un matériel considérables, dont des kilomètres de fil téléphonique servant à assurer les liaisons entre les unités du TD 09. L'attaque à dix contre un a échoué.

Le lieutenant Blanquefort, successeur de Bonnet, verra trois raisons dans le succès de la 10e compagnie :
- Une position solide, suite à dix jours de travail acharné,
- La froide résolution de tous de faire face,
- L'efficace appui de l'artillerie.

Giap renoncera. Dès le 6, il commencera à retirer ses troupes. Na-San s'affirme un franc succès. Le Viêt-minh a eu des pertes sensibles [1]. Le camp retranché remplira son plein-emploi de base aéroterrestre pour des actions offensives.

Hélas, on voudra refaire Na-San. Ce sera Diên Biên Phu.

*

DIÊN BIÊN PHU

La bataille de Diên Biên Phu a été si souvent relatée qu'il est inutile de la rapporter une nouvelle fois. Ce « remake », en plus étoffé, de Na-San, dont les responsables du désastre final sont bien connus, se rehausse seulement de l'héroïsme des combattants. Les légionnaires y restent fidèles à eux-mêmes, assurant avec les paras le gros œuvre de la défense du camp retranché.

Le 1er BEP du commandant Guiraud est la première unité de Légion à gagner la cuvette qui vit passer le 5e REI lors de la retraite de Chine. Dans le cadre de l'opération « Castor », il saute sur Diên Biên Phu le 21 novembre 1953, fort de 654 hommes dont 19 officiers. Ces commandants de compagnie s'appellent Cabiro, Verguet, Martin, Brandon.

Arrivent avec lui les 6 mortiers de 120 de la 1re CEPML, formée le 1er septembre 1953 à partir d'éléments des 1er et 2e BEP [2]. Ces 120 bien servis – ils le sont – fournissent une arme d'une redoutable efficacité.

La vocation d'un bataillon para, unité d'intervention, n'est pas de s'enraciner dans une forteresse. Le 1er BEP, avec les autres bataillons paras, est aussitôt employé pour donner de l'air au camp qui s'édifie dans le style Na-San.

---

1. Les pertes totales du Viêt-minh dans la nuit du 1er au 2 décembre sont estimées à 3 000 tués et blessés.
2. Cette CEPML sera dissoute après Diên Biên Phu, le 1er juin 1954. En neuf mois, elle aura tiré 35 000 obus de 120, perdu 1 officier, 6 sous-officiers et 17 légionnaires.

Les rotations de Dakotas amènent progressivement infanterie, artillerie, génie. 4 bataillons de Légion s'installent dans les divers PA :
– III/13 DBLE sur Béatrice, au nord-est,
– I/2 REI sur Huguette, au centre-ouest,
– I/13 DBLE sur Claudine, au sud-est.
– Et finalement, III/3 REI sur Isabelle, au sud.

Deux chefs de corps sont là. Gaucher, l'ancien du vieux 5ᵉ REI, patron de la « 13 ». Lalande, l'ancien de la « 13 » et de Bir-Hakeim, patron du 3ᵉ REI. Le premier commande le sous-secteur centre, le second l'ensemble du PA Isabelle.

Avec le largage du 2ᵉ BEP du commandant Liesenfelt dans les nuits du 8 au 10 avril, 6 bataillons de Légion auront participé à la défense de Diên Biên Phu. En incluant la compagnie de mortiers lourds, une compagnie de réparation, les légionnaires représentent plus du tiers des 17 bataillons de la garnison. Soit 20,4 % des défenseurs.

Non seulement ils assurent la quantité mais plus encore la qualité. Avec les paras, ils représentent la vraie force vive du centre de résistance, plus d'une unité d'origine maghrébine ou autochtone ayant « flanché » à l'heure de vérité [1].

Ils sont également ingénieux et débrouillards, ces légionnaires. Certains contribuent à démonter en fardeaux aérotransportables les chars M/24 Chaffee [2] qui constitueront l'escadron blindé de Diên Biên Phu. Les deux premiers M/24 arrivent le 24 décembre.

*

Si l'assaut lancé par Giap contre Diên Biên Phu ne débute que le 13 mars, il serait fallacieux de penser que les semaines précédentes aient été de tout repos. Du 21 novembre au 12 mars, la Légion compte 57 tués ou disparus et 237 blessés. Les reconnaissances profondes, les opérations diverses pour soutenir des postes se repliant, les bombardements adverses apportaient leur lot presque quotidien de victimes.

*

Les services de renseignement et d'écoute français fonctionnent bien. Le 12 mars, le colonel de Castries, le patron de Diên Biên Phu, annonce : « Messieurs, c'est pour demain 13 mars, dix-sept heures. »

---

1. Dans ses Mémoires, le général Langlais fait exception pour le V/7 RTA qui, écrit-il, « combattit sur Gabrielle aussi vaillamment que la Légion sur Béatrice ».
2. Poids 18,3 tonnes, 1 canon de 75, 3 mitrailleuses, équipage de 4 à 5 hommes.

Effectivement. Le 13 à dix-sept heures quinze, un déluge d'obus de 105 s'abat sur les positions françaises. La malchance s'y joint. Un percutant frappe l'abri trop léger du PC de la « 13 » sur Béatrice. Le lieutenant-colonel Gaucher, le commandant Pegot, commandant le III/13 et deux officiers sont tués.

A vingt heures, un autre enfer se déchaîne. Les Bo-Doï montent à l'assaut de Béatrice. La mort de Gaucher et de Pegot rend les liaisons de commandement, en particulier avec l'artillerie, aléatoires. Les 9e, 10e et 11e compagnies sont seules contre la marée humaine qui roule, insouciante de ceux qui tombent. A minuit, Béatrice a changé de mains. 300 légionnaires sont morts, disparus ou grièvement blessés. 250 autres, moins gravement atteints, sont prisonniers.

La Légion vient de payer son premier tribut à Diên Biên Phu. L'émotion est grande. Qu'un bataillon de Légion, troupe connue pour sa solidité, ait pu être exterminé en quelques heures, prouve la détermination et la puissance de l'ennemi. Gaucher n'est plus. On a vu le lieutenant-colonel Lemeunier, à Hanoi, se porter volontaire pour le remplacer. La « 13 » possède un nouveau chef de corps mais un bataillon de moins.

*

La suite continue mal. En trois jours, Béatrice, Gabrielle, Anne-Marie disparaissent. Toute la face nord du camp retranché est découverte. La piste d'aviation, cordon ombilical de Diên Biên Phu, est sous le feu. Les posers de jour deviennent impossibles. Et les coups durs se succèdent.

Le 22 mars, le 1er BEP, tentant une liaison sur Isabelle, perd trois lieutenants. Isabelle où, à partir du 31 mars, Lalande est livré à lui-même. Les communications terrestres sont interrompues entre le centre de résistance principal et le point d'appui isolé à 5 kilomètres au sud, avec pour garnison le II/I RTA, le II/3 REI et 2 batteries de 105.

*

Les rangs des 10 000 défenseurs théoriques s'éclaircissent. Désertions, défections, pertes au combat. En avril, paras et légionnaires se retrouvent pratiquement les seuls à se battre. 4 000 hommes contre 40 000. Le désastre de Diên Biên Phu s'explique aussi par les chiffres.

Pour faire front, le commandement alimente comme il le peut par largage de nuit. 2e BEP mi-avril, 1er BPC début mai. On fait appel aux volontaires. Ils ont du mérite, ces volontaires qui pour leur premier saut franchissent de nuit la porte. Les traçantes montent vers eux. Les explosions retentissent de partout. Qui y aura-t-il exactement à l'arrivée au sol ? Amis ou ennemis ? Un souffle de vent, une légère déviation de cap du Dakota, les coupoles filent vers les lignes viêts.

Pour qui sautent-ils, ces paras improvisés de la dernière minute ? Le sergent-chef San Martin, vieux routier du 2e BEP[1], est l'un de ceux qui, par demi-stick, ont plongé dans la cuvette durant l'une de ces nuits d'avril 1954. San Martin se souvient :

> « Plus je descendais, plus l'odeur de cadavres me prenait à la gorge. Heureusement j'avais emmené une petite fiole à boire avec les copains. »

Ah, les copains ! N'est-ce pas d'abord pour eux que beaucoup sautent ? Ne pas les abandonner, ces compagnons d'armes devenus une autre famille. 745 volontaires, non parachutistes, descendent de nuit sur Diên Biên Phu. Parmi eux, 500 légionnaires[2]. Ils auraient pu être plus nombreux encore. Un télégramme arrive :

> « Mon bataillon non para, volontaire pour sauter en bloc sur Diên Biên Phu. Stop. Chef de bataillon Cabaribère, commandant le II/3 REI. »

Héroïque Cabaribère ! Il ne sautera pas sur Diên Biên Phu. Trois jours après l'envoi de son télégramme, il sera tué sur la RC5 entre Haiphong et Hanoi, son bataillon décimé. Il venait de réussir un exploit personnel extraordinaire. Fait prisonnier, il avait pu s'évader peu après sa capture.

Cabaribère. Elle est longue, la liste des chefs de corps et commandants de bataillons de Légion tués en Indochine : Sairigné, Gaucher, Segrétain, Raffalli, Forget, Cabaribère, Pegot, Chassey (I/5 REI, 22 mars 1954).

*

Les conditions dantesques de la bataille n'interdisent pas le panache, à l'occasion. La compagnie Martin du 1er BEP contre-attaque pour conserver le PA Eliane I sérieusement menacé par les Viêts. Au cri de « En avant » lancé par le capitaine, une voix entonne le chant du 1er BEP, immédiatement repris par les légionnaires :

---
[1]. Futur adjudant-chef, officier de la Légion d'honneur.
[2]. Ces volontaires d'un saut se verront octroyer, après bien des tergiversations, le brevet de parachutiste. Beaucoup de rescapés rejoindront par la suite les BEP.

> « *Contre les Viêts, contre l'Ennemi*
> *Partout où le combat fait signe.*
> *Soldats de France, soldats du pays*
> *Nous remonterons vers les lignes.* »

Du coup les deux compagnies de Vietnamiens du 5ᵉ BPVN (capitaine Botella) qui suivent, à défaut d'un air aussi martial, lancent celui qu'ils connaissent :

> « *Allons enfants de la Patrie.* »

Les Viêts, interloqués par ces chants guerriers, marquent un temps d'arrêt avant de réagir.

*

Au fil des jours, les effectifs à Diên Biên Phu diminuent de plus en plus. Le 25 avril, le commandant Guiraud prend le commandement du « bataillon de Marche des BEP » avec les rescapés : la valeur d'une compagnie au 1ᵉʳ BEP, de deux au 2ᵉ BEP.

Pour les combattants, l'héroïsme n'est pas quotidien, il est permanent. Diên Biên Phu, c'est Verdun. La boue, les obus, la mort qui rôde et, pire qu'à Verdun, l'impossibilité d'évacuer les blessés. Les malheureux s'entassent dans un souterrain, les « catacombes », où le médecin commandant Grauwin et ses aides ignorent leur peine.

30 avril. Déjà ! Dans la furie de la bataille, personne n'a eu conscience de la fuite du temps. Mais, à la Légion, on n'oublie pas le 30 avril. A Sidi-Bel-Abbès qui vit son dernier Camerone de paix en Algérie, les cérémonies se déroulent en communion de pensée avec les défenseurs. A Diên Biên Phu, le lieutenant-colonel Lemeunier respecte la tradition. A la radio, il lit pour tout le camp le récit du combat de Camerone, un combat qui se renouvelle à grande échelle dans cette cuvette du nord-Tonkin.

La fin approche. Toute résistance a ses limites physiques et matérielles. Reste le recours de tenter une sortie. Il est décidé de constituer trois groupes :
– Paras avec Langlais et Bigeard,
– Légionnaires et Nord-Africains avec Lemeunier,
– Isabelle avec Lalande.
Objectif : gagner le Laos, la population y est amie.

6 mai. La garnison est à bout. Le pilonnage ne cesse pas. Partout, les fantassins viêts grignotent des morceaux de terrain. Le camp se rétrécit sans cesse.

Le lendemain à dix-sept heures, tout sera terminé. La tentative de sortie était impossible : épuisement des combattants, densité des tranchées ennemies à franchir. Les photographies aériennes le montraient sans ambiguïté.

Les légionnaires d'Isabelle, serrés autour de Lalande, tiendront quelques heures de plus. Leur chef espérait sortir, comme à Bir Hakeim. Finalement, comme Langlais et Lemeunier estimant une sortie vouée à une tuerie inutile, il arrête le combat. Quatre mois après, lorsqu'il sera libéré suite aux accords de Genève, le colonel Lalande aura perdu 23 kilos. Faut-il rappeler que sur les 12 000 défenseurs de Diên Biên Phu, 7 000 n'en sont pas revenus.

Quelques-uns réussissent l'exploit de s'évader de la cuvette. Le sergent Bérès, de la « 13 », rejoindra avec le fanion de sa compagnie enroulé autour du ventre.

*

Au lendemain du putsch des généraux, en avril 1961, Jules Roy écrira :

> « Si beaucoup parmi les meilleurs des chefs de bataillon, des officiers subalternes et des sergents qui ont combattu à Diên Biên Phu sont maintenant en prison, pour s'être dressés à un moment contre l'Etat, c'est à Diên Biên Phu qu'ils le doivent, à la méfiance qu'ils y ont contractée de la valeur des chefs et à l'indifférence de la nation qui les a laissés s'engager dans des camps qu'elle n'embrassait pas[1]. »

Jules Roy n'a pas tort. Parmi les officiers de Légion dressés contre un pouvoir synonyme à leurs yeux de forfaiture, il y aura Cabiro, Glasser, Amet, Brandon, Yzquierdo... Tous des anciens de Diên Biên Phu.

*

A Diên Biên Phu, du 13 mars au 7 mai, la Légion dénombre 318 tués, 738 disparus, 2 322 blessés. S'ajouteront les prisonniers de tous grades décédés dans les camps viêts, morts d'épuisement faute de soins et d'alimentation. Certains prisonniers, originaires de l'Europe de l'Est occupée par l'Union soviétique, seront rapatriés contraints et forcés. Leur nombre est très difficile à établir. Quelques-uns

---

1. *La Bataille de Diên Biên Phu*, OC, p. 360.

arriveront à fuir et à rejoindre la Légion, comme le sergent W[...] qui retrouvera le 2ᵉ REP en Algérie.

*

Les accords de Genève mettent un terme à la guerre d'Indochine. Provisoirement, car Hô Chi Minh ne renonce pas à tenir la péninsule, de la porte de Chine à la pointe de Camau. Les cessez-le-feu entrent en vigueur :
— 27 juillet, Nord Viêt-nam,
— 1ᵉʳ août, Centre-Annam,
— 6 août, Laos,
— 7 août, Cambodge,
— 11 août, Cochinchine.

Les prisonniers – les survivants – sont libérés. Ils rentrent :
— 517 officiers sur 781 (total officiers français toutes armes),
— 310 sous-officiers de Légion sur 507,
— 2 225 légionnaires sur 4 895.

Mais chez les autochtones, ils ne sont que :
— 41 sous-officiers sur 631,
— 998 hommes de troupe sur 13 338.

Presque tous ceux qui portaient le béret blanc ont disparu.

La Légion, la guerre terminée, se prépare à rentrer. Adieu Indochine avec tous ses souvenirs. Tuyen-Quang. Son-Tay. Langson. Retraite de Chine. Phu Tong Hoa. RC4. Na-San. Diên Biên Phu... La Légion a laissé de 1946 à 1954 sur cette terre envoûtante :
— 309 officiers,
— 1 082 sous-officiers,
— 9 092 légionnaires.

Au total, elle a perdu 10 483 des siens.

Ses drapeaux, ses fanions reviennent, malgré les deuils, chargés de gloire. 6 palmes au fanion du 2ᵉ BEP, 5 palmes à celui du 1ᵉʳ BEP. Presque tous les bataillons ont reçu la fourragère des TOE.

Indochine, page sanglante de l'Histoire de la Légion, mais aussi page d'émotion et de fierté.

Chapitre XIX

LA FIN D'UNE ÉPOQUE
ALGÉRIE (1954-1962)

Durant huit ans, de 1946 à 1954, la Légion vit essentiellement pour l'Indochine. Cette priorité des priorités ne l'empêche pas d'évoluer et de répondre aux autres missions imparties.

A Sidi-Bel-Abbès, maison mère incontestée, les structures se cherchent quelque peu. L'important est d'assurer l'instruction en cohabitation avec le 1er RE, maître traditionnel des lieux. En 1948 est recréée l'inspection de la Légion étrangère, attribuée jadis à Rollet. Elle est encore confiée à un glorieux ancien, le général Monclar. De Gaulle, qui a quitté le pouvoir en janvier 1946, n'est plus là pour lui faire barrage [1]. L'expérience ne dure que deux ans, faute peut-être d'officier général pour assurer la fonction. Le 1er septembre 1950, le colonel Olié prend le commandement du GALE, Groupement autonome de la Légion étrangère. Le colonel Gardy, l'ancien lieutenant

---

[1]. De Gaulle revenu, Monclar sera toutefois nommé gouverneur général des Invalides, poste, il est vrai, essentiellement honorifique.

de Rachaya, lui succède en octobre 1951. Il restera en place jusqu'en 1955. Inspection ou GALE, la mission reste sensiblement identique : coiffer administrativement et moralement l'ensemble de la Légion étrangère.

Des régiments renaissent. Le 2ᵉ REC en 1946, PC à Oujda au Maroc. Le 6ᵉ REI, le 1ᵉʳ avril 1949, PC au Kef en Tunisie. Héritier du 6 de Syrie, il reçoit pour chef de corps Babonneau, rallié aux FFL en 1941. Son adjoint n'appartient pas à la même chapelle. Les éclats s'entendent de loin...

La Légion possédait ses compagnies montées de glorieuse légende. On les chantait dans les popotes sur l'air des « *Carottes et des navets* ». La mécanisation conduit à leur disparition. A partir de 1930, elles sont progressivement remplacées par trois compagnies motorisées [1]. (On les a vu participer avec éclat aux dernières opérations dans le Sud marocain et en Mauritanie.) Vestiges de temps révolus : subsisteront longtemps à Bel-Abbès, à Saïda ou à Sétif [2], les arabas tirées par des brêles pour les transports intra-muros.

Apparaissent ensuite les CSPLE (compagnie saharienne portée de la Légion étrangère). La 1ʳᵉ prend ce nom le 22 octobre 1940 [3]. La 2ᵉ est créée par dédoublement en 1949. Une 4ᵉ apparaîtra en 1955. Toutes ont mission d'assurer la paix et la sécurité de l'immensité saharienne. La 3ᵉ, longtemps basée à Fort Leclerc, contrôle plus particulièrement le Fezzan. Unités autonomes, bien équipées en matériel moderne, ces CSPLE ont belle allure et leur commandement est prisé. Leur tenue de parade ne manque pas d'élégance : vareuse saharienne en toile blanche, seroual noir ou blanc orné sur les côtés de la croix d'Agadès, burnous bleu marine en hiver, naïls en cuir et évidemment képi blanc, épaulettes de tradition et ceinture bleue.

*

Le 30 mars 1947, des troubles éclatent à Madagascar. Des bandes nationalistes se précipitent sur des objectifs civils et militaires. 22 officiers ou soldats, une cinquantaine d'Européens sont massacrés.

Des renforts doivent être expédiés. Une compagnie de parachutistes en première urgence, puis des tirailleurs sénégalais ou nord-

---

1. Forte de 284 hommes, avec deux pelotons blindés et un peloton de 120 légionnaires sur camionnette.
2. Base arrière des BEP.
3. Au début de 1961, la 1ʳᵉ CSPLE devient 1ᵉʳ escadron saharien porté. Il adopte les boutons et galons blancs de l'ABC (ce 1ᵉʳ ESPLE sera mêlé aux événements du 22 avril 1961. Voir plus bas).

africains. Une 4ᵉ DBLE, formée au Maroc en 1946, part également pour la Grande Ile. 18 000 hommes sont à pied d'œuvre, épaulés par l'aviation et la marine. Le climat, le terrain montagneux et recouvert d'une végétation intense s'unissent pour entraver les opérations dites de pacification. L'adversaire a pour lui le nombre. Les engagements sont meurtriers.

En octobre, le plus gros de la rébellion est maîtrisé. La 4ᵉ DBLE dénombre cinq tués et plusieurs dizaines de blessés. Parmi ces derniers, le lieutenant Julien Camelin, touché au poumon, blessure qui, des années plus tard, lui sera fatale. De retour au Maroc, la 4ᵉ DBLE se transforme en 1951 en bataillon formant corps du 4ᵉ REI. Le 1ᵉʳ avril 1955, ce 4ᵉ REI retrouvera une structure régimentaire complète.

*

Inéluctablement, la décolonisation est en marche. L'exemple indochinois fait école. Après Madagascar, Maroc et Tunisie bougent. De 1952 à 1955, des affrontements mettent aux prises l'armée française et des éléments plus ou moins bien organisés. 4ᵉ REI, 2ᵉ REC, au Maroc, 6ᵉ REI en Tunisie sont à l'ouvrage. Les accrochages, comme à Madagascar, ne se prolongent pas mais se soldent rarement sans morts et blessés du côté français.

La situation se durcit encore en 1954 en Tunisie. A l'été, le 1ᵉʳ RE envoie d'urgence un bataillon de marche. Bien des chefs de section sont de jeunes officiers sortant de l'EAI. L'un d'eux, le sous-lieutenant Fisch, est tué en septembre dans le Sud tunisien.

Au total, dans cette phase finale de la présence française, la Légion perd au Maroc 66 des siens, en Tunisie 14.

*

Tunisie, Maroc étaient des protectorats relativement récents. En mars 1956, les deux pays accèdent définitivement à une indépendance acquise de principe depuis des mois.

La situation est tout autre en Algérie. La révolte déclenchée par le FLN, le 1ᵉʳ novembre 1954, frappe trois départements français où vivent un million de nationaux. La réponse, signée par les responsables politiques parisiens, Pierre Mendès France et François Mitterrand, tombe sans ambiguïté : « L'Algérie, c'est la France ! »

Comme en Indochine neuf ans plus tôt, cette réaction débouche sur un engagement militaire. Le retour d'Indochine de l'armée de métier, libérée par les accords de Genève, s'en trouve accéléré.

La Légion qui n'avait plus grand monde en Algérie hormis des personnels au repos ou à l'instruction, rentre. Le 3ᵉ REI le premier, en novembre 1954. Le 1ᵉʳ BEP, reconstitué par le commandant Jeanpierre, embarque en février 1955. Le 2ᵉ REI l'imite le même mois, suivi par la « 13 » en mai. Le 2ᵉ BEP du commandant Masselot, reformé à partir du 3ᵉ BEP envoyé en renfort au moment de Diên Biên Phu, monte sur le *Pasteur* le 1ᵉʳ novembre 1955 avec le 1ᵉʳ REC. Le 5ᵉ REI sera le dernier, au début de 1956, à abandonner une Indochine qui l'a vu naître.

La Légion qui revient en AFN est bien différente de celle qui en partait en 1946. Si elle a souffert, elle a retrouvé son unité. La fraternité des combats, l'arrivée d'une nouvelle génération d'officiers ont éliminé les vieux clivages. Elle est un corps homogène, avec un encadrement de qualité. Les officiers de Légion de 1955 y sont désormais de leur propre gré. Les affectations systématiques de la période indochinoise n'auront plus cours. Quant aux sous-officiers, l'Indochine les a largement formés. Les Tasnady, Creste, San Martin et leurs camarades sont de vieux briscards.

Cette Légion qui s'apprête à affronter une nouvelle campagne en Algérie a changé de « look ». Les BEP portent la tenue camouflée. Ailleurs, le treillis de toile kaki est de rigueur. Le képi blanc est devenu réglementaire en tenue de sortie ou de parade. Si le chapeau de brousse d'Indochine subsiste, il tend à être supplanté par le béret vert [1]. Les BEP le portent déjà régulièrement.

L'armement reste sensiblement celui d'Indochine. Fusils MAS 36 et 44-49, FM 24-29, qui ne sera remplacé par les AA 52 qu'à partir de 1958, surtout PM Mat 49 qui a fait ses preuves dans la rizière et sera l'arme de prédilection du combattant d'Algérie. Half-tracks, Scouts sont toujours présents, par contre le REC touchera bientôt des EBR, les Crabes et Alligators n'ayant plus de raison d'être dans le djebel algérien.

Dans la guerre d'Algérie, la Légion, contrairement à l'Indochine, ne compte pas numériquement pour beaucoup. D'autant que ses effectifs ne cessent de diminuer. De 35 000 en 1954, ils chutent à 15 000 en 1962 [2]. Le contingent au printemps 1956 apporte ses gros bataillons. Les FSNA (Français de souche nord-africaine selon le vocable du moment), qui seront communément appelés harkis par la suite,

---
1. Avec macaron para pour les BEP, grenade à sept flammes pour les autres unités.
2. Diminution du recrutement d'origine allemande, médiocre attrait de l'Algérie par rapport à l'Indochine, volonté ministérielle eu égard à la présence du contingent expliquent cette chute.

tiennent également une place considérable[1]. Bref, 15 à 20 000 légionnaires en moyenne, sur un total de 400 000 hommes, représentent un faible pourcentage.

Mais si la Légion pèse peu au regard des chiffres, elle apporte ses professionnels aguerris à côté de recrues du contingent souvent mal formées, peu encadrées, peu motivées[2]. Pour bien des raisons qu'il n'ose avouer, le commandement s'efforce de ménager ce contingent. Un tué est lourd de répercussion en métropole. Même si personne ne le proclame ouvertement, mieux vaut un mort étranger qu'un mort français. Les propos de Négrier ne sont pas oubliés : « Légionnaires, vous êtes soldats pour mourir, je vous envoie là où on meurt ! »

La Légion est donc appelée partout où il y a un os, partout où il y a un coup dur. A elle de donner. Cette guerre d'Algérie, elle la fera intensément, jamais ménagée, toujours sur la brèche, partout où les risques encourus la font préférer à d'autres. Que de fois une unité de Légion interviendra à la rescousse, prenant à son compte une affaire plus ou moins bien engagée ! Devant un assaut bien mené, on entendra des cris admiratifs des « petits gars » cloués au sol par le feu ennemi : « Bravo la Légion ! Allez-y la Légion ! »

La Légion le sait. Elle ne l'affiche pas mais en tire fierté. Se battre est son métier. La gloire sa récompense.

En Indochine, on parlait des « Viêts ». En Algérie, voici les « Fells », diminutif du terme fellagha, importé de Tunisie où il désignait les rebelles coupeurs de routes. Pendant près de huit ans, les légionnaires auront à lutter contre eux. Rustiques, courageux, marcheurs infatigables, ces « Fells » n'ont ni l'organisation, ni l'ingéniosité, ni la masse du Viêt-minh. Leur effectif opérationnel, en un point donné, excède rarement la katiba (compagnie). Les accrochages sont violents mais relativement brefs, deux-trois jours maximum. L'Algérie ne connaîtra jamais de Na-San et encore moins de Diên Biên Phu.

Accrocher un détachement « fell » signifie tout d'abord trouver le contact, suite à embuscade, renseignements, localisation aérienne ou autre[3]. Après quoi il faut le fixer et donner l'assaut. Si la résistance se prolonge, le bouclage de la position ennemie s'impose. Le « Fell » accroché fait tout pour résister jusqu'à la nuit, afin de profiter de

---

1. Ils sont 200 000 en 1961 de toutes origines : tirailleurs, moghaznis, harkis, membres des CMPR, des autodéfenses, etc.
2. Remarque à nuancer. Le fait est loin d'être général. Des régiments de parachutistes à base d'appelés, des bataillons de chasseurs alpins, des escadrons de cavalerie, etc., tiennent remarquablement leur place sur le terrain.
3. Cas du barrage électrifié par exemple. Une coupure du réseau signifie un passage, donc une présence dans un rayon de quelques kilomètres.

l'obscurité pour s'éclipser. Dans un terrain qui ressemble peu à celui de l'Indochine, maquis méditerranéen en zone côtière, rocaille, falaises dans les djebels de l'intérieur, l'affrontement se règle au plus près. Le courage, le métier emportent la décision.

*

Les unités qui touchent l'Algérie, généralement à Mers el-Kébir, en débarquant du *Pasteur*, sont expédiées au plus urgent. Le plus urgent, fin 1954 et en 1955, est le Constantinois qui sera le Tonkin de la guerre d'Algérie. Le 3ᵉ REI part pour l'Aurès, PC à Arris, et s'implante dans le massif. Si le paysage est magnifique, l'un des plus beaux de l'Algérie, avec ses arêtes en lame de couteau, ses gorges profondes, les cèdres séculaires aux reflets bleutés des pentes du Chélia, il n'est sans dangers. La rébellion s'y est manifestée avec force dès le 1ᵉʳ novembre 1954.

La « 13 » s'implante plus à l'est dans les Nementchas, PC à Taberdga. Le décor est austère, dénudé, mais tout aussi escarpé que l'Aurès avec des canyons impressionnants.

Les 2ᵉ et 5ᵉ REI ont droit à l'Oranie. Le 2ᵉ REI, PC à Aïn-Sefra [1], retrouve les traces de Lyautey et des grands anciens dans le Sud oranais. Le 5ᵉ REI est plus au nord, PC à Turenne, en limite des monts de Tlemcen.

Le 1ᵉʳ REC est destiné au Sud algérois, PC à Bou Saada, première oasis en limite méridionale des hauts plateaux. Lorsqu'il quittera le Maroc, en 1956, le 2ᵉ REC s'enfoncera sur Touggourt, Ouargla, Ghardaïa...

Dès son retour, le 1ᵉʳ BEP a lui aussi été envoyé dans l'Aurès. Il y croise le 3ᵉ BEP, reformé à Sétif au début de 1955. De Sétif, garnison traditionnelle des BEP, sont partis sur Batna le 1ᵉʳ novembre 1954 les maigres renforts disponibles : une compagnie de marche. Quinze jours après le retour du 2ᵉ BEP, le 1ᵉʳ décembre 1955, les deux bataillons paras sont transformés en régiment [2], le 3ᵉ BEP étant dissous. Après une phase transitoire, le 1ᵉʳ REP (lieutenant-colonel Brothier, adjoint : commandant Jeanpierre) est affecté à la 10ᵉ DP avec pour garnison Zeralda, un peu à l'ouest d'Alger. Le 2ᵉ REP (lieutenant-colonel de Vismes, adjoint : commandant Masselot) est rattaché à la 25ᵉ DP,

---

1. Après un détour par le Sud tunisien et le Maroc. Il n'arrive en Algérie qu'en 1956.
2. A 4 compagnies de combat, une compagnie portée, une compagnie d'appui, une CCS, soit environ 1 200 hommes.

garnison Philippeville. L'avenir des deux REP, unités de réserve générale, se dessine. Le 1er REP travaillera essentiellement dans l'Algérois, le 2e dans le Constantinois.

*

1955. La guerre se cherchait. Les tueries de Philippeville et d'El-Halia, le 20 août 1955, lui donnent forme et ampleur. En 1956, toute l'Algérie finit de s'embraser, Constantinois et Grande Kabylie étant auparavant les régions les plus touchées.

En mars 1956, Tunisie et Maroc accèdent, on l'a vu, à l'indépendance. Ces deux pays apportent aussitôt leur aide à leurs « frères » algériens. Ils se transforment en « Base de l'Est » et « Base de l'Ouest ».

Les hommes y sont regroupés, instruits et équipés. Après quoi ils sont dirigés vers l'intérieur de l'Algérie.

Ce renforcement du potentiel de l'ALN, le bras militaire du FLN, débouche sur des accrochages de plus en plus fréquents. L'insécurité règne. Des postes sont harcelés. Des convois, de petits détachements tombent dans des embuscades. La Légion court au canon. Les bilans sont inégaux. Parfois, la bande signalée a pu s'esquiver. Une autre fois, elle laisse 30, 50 cadavres sur le terrain, avec l'armement correspondant.

L'hélicoptère n'avait fait en Indochine qu'une apparition tardive et limitée. En Algérie, il s'affirme un élément essentiel de la manœuvre, lui procurant un rythme inconnu auparavant. Un DIH – groupe de six hélicoptères gros porteurs –, amène au plus vite et au plus près de l'ordre d'une demi-compagnie. Les rotations accélérées permettent d'alimenter rapidement la bataille. Les régiments paras deviennent des maîtres dans les opérations héliportées[1]. Ils jonglent avec les posers successifs, les coups de sonde, les rembarquements, les approches abritées, les encerclements. Devenus unités d'intervention, leurs camarades des REI sauront rapidement les imiter.

---

1. Les parachutages disparaissent (hormis pour les ravitaillements). Le terrain ne s'y prête pas. Au début toutefois se produisent quelques opérations aéroportées, vestiges de l'Indochine.

– En mars 1955, le 3e BEP saute près de N'Gaous, en limite orientale du Chott du Hodna.

– En juin 1956, le 2e REP saute sur une crête coupe-feu au sud de Djidjelli (Petite Kabylie). La « casse » à l'arrivée au sol est importante.

L'auteur, jeune officier, participe à ces sauts.

Il y aura 2 ou 3 autres opérations aéroportées, réalisées par des unités parachutistes non Légion.

*

Si l'hélicoptère se révèle un remarquable instrument de transport aérien, il n'est pas sans aléas. Une équipe de légionnaires du 2ᵉ REI en garde le souvenir.

Un matin, vers huit heures trente, une présence « fell » est signalée dans le djebel Beni Smir (Sud oranais). Le 2ᵉ REI d'Aïn-Sefra, orienté au préalable sur le Goursifane, modifie aussitôt ses plans. Un DIH décolle avec un élément de la 1ʳᵉ CP (capitaine Grosjean) en direction de la cote 1641, point haut du Beni Smir. Suivant l'usage, la chasse effectue un « straffing » de précaution aux abords de la DZ, mais l'adversaire, bien abrité dans des amas rocheux, ne se manifeste pas. Au poser, l'hélicoptère leader essuie un tir nourri et redécolle en catastrophe. Le copilote est blessé. Les deux appareils suivants, en approche, sont touchés et contraints de se dérouter.

Tout cela ne se terminerait pas trop mal si... Le sergent Sanchez-Iglesias et quatre de ses hommes ont sauté à terre avant la remise des gaz. Les cinq légionnaires, isolés sur une crête fortement tenue par les « Fells », forment le carré, se postant derrière des rochers. Par petites rafales, pour économiser leurs munitions, ils maintiennent l'adversaire à distance.

Un premier secours leur vient du ciel. Une patrouille de T6 assure un relais feu devant leur position, tandis qu'une manœuvre générale s'organise, variante des héliportages prévus.

Le « Fell » est en force et occupe les hauts. Ce n'est que vers vingt heures que le groupe Sanchez-Iglesias est dégagé. Pendant dix heures le sergent, le caporal Galejski et les légionnaires Gerlich, Hortzkow, Dahmen (blessé) ont résisté à la pression adverse, rejetant au passage toutes les invites à se rendre [1].

*

L'Indochine fauchait des files entières de jeunes officiers L'Algérie provoque une autre saignée. Le lieutenant Bizien (2ᵉ CSPL) tombe au djebel Amour le 4 juin 1956 ; le lieutenant Forichon (3ᵉ REI) dans l'Aurès en août ; le lieutenant Cailleux (4ᵉ CSPL) dans le Sud oranais en septembre ; le lieutenant Mounier (2ᵉ REP), dans les Nementchas le 18 décembre... Chaque fois, des légionnaires tombent à leurs côtés.

Ces jeunes seront suivis de beaucoup d'autres et de plus anciens.

---

[1]. Cette affaire du Beni Smir (3 décembre 1960) se termine par un beau succès : 63 « Fells » tués, 16 faits prisonniers.

Bien des « Seigneurs de l'Indochine » disparaîtront à leur tour dans les années suivantes : le capitaine de Tholozany, « Tholo », le commandant Vieulès, le capitaine Planet...

*

En avril 1957, le 4ᵉ REI quitte le Maroc et s'installe en bordure de la frontière tunisienne, de Tébessa à Négrine. Sa 3ᵉ CP, à Bir el-Ater, est commandée par un ancien de Bir Hakeim, Compagnon de la Libération, l'ex-sergent-chef Goldbin (aujourd'hui colonel [ER] Eggs). Son capitaine lui a donné un style qui n'est pas sans allure.

Avec cette arrivée, toute la Légion œuvre désormais en Algérie, alignant 5 REI, 2 REC, 2 REP, 4 CSPL. Au 1ᵉʳ RE, à Sidi-Bel-Abbès, la mission n'a pas varié : instruire [1]. La diminution des effectifs conduit fin 1957 à une réorganisation des REI. Au lieu de trois bataillons, ils s'organisent autour de deux EMT (état-major tactique). La formule est souple : elle permet d'adapter éléments de commandement et moyens voulus suivant le type d'opération.

1957 et 1958 verront les légionnaires dans les secteurs les plus sensibles : Aurès-Nementchas (willaya I), Petite Kabylie et Nord-Est constantinois (willaya 2), frontière marocaine (willaya 5), sans omettre Sud et Sahara (willaya 6). Comme pour l'Indochine, un volume ne suffirait pas pour détailler leurs combats. Il ne peut être apporté qu'un éclairage.

*

3ᵉ et 4ᵉ REI, 13ᵉ DBLE, 2ᵉ REP se partagent les willayas 1 et 2 au départ de Batna, Taberdga, Kenchela, Tébessa, El-Milia.

Cités austères, Batna et Kenchela sont les points de passage obligés vers l'Aurès, appréhendé dès 1954. Ce bloc montagneux, dominé par le plus haut sommet de l'Algérie (Chélia 2 328 mètres), inspire le respect. La lutte n'y est jamais médiocre.

Tébessa (ainsi que Kenchela) ouvre sur les Nementchas, zone de passage entre la Tunisie et l'intérieur. Dans ces djebels arides burinés par l'érosion, dans leur rocaille ingrate, les comptes se règlent au PM et à la grenade. Mais dans quel secteur de l'Algérie n'en est-il pas ainsi ? Pour arriver à distance d'assaut, il faut au préalable défier les « vieux chibanis », anciens tirailleurs pour la plupart. Avec leurs

---

1. Ce qui n'interdit pas de participer à la pacification. Sidi-Bel-Abbès sera durant toute la guerre la ville la plus sûre d'Algérie. Elle ignorera le couvre-feu.

Mauser ou leurs 303, ils ajustent leurs cibles de très loin. Abiod, Rhifouf-Mandra, Kifène, Bou Gafer : autant de djebels lourds d'évocations, avec la palme au lieu-dit El-Mezeraa dans la vallée de l'Abiod, Sur leurs pentes ravinées, le 2ᵉ REP perd de janvier à avril 1957 trois officiers.

El-Milia, au cœur de la Petite Kabylie, est le domaine des lentisques, des bruyères, des chênes verts masquant la vue. On se fusille à bout portant. L'embuscade peut surgir à tout moment. La route Grarem-Djidjelli, par El-Milia et El-Hanser, dans la vallée de l'oued Kébir, prend figure de petite RC4. Dans les massifs environnants, les « Fells » ont tendance à se sentir chez eux. Le 3ᵉ REI, qui au début de 1957 a abandonné l'Aurès, en sait quelque chose. Le 15 avril 1957, deux sections de la 2ᵉ compagnie – une quarantaine d'hommes – partent en reconnaissance dans le M'Chatt, au nord d'El-Milia. Un renseignement annonce une concentration de trois katibas au djebel Tamasere, près d'anciennes mines de kaolin.

40 hommes pour trois katibas ! A priori, c'est peu. Les légionnaires ne sont pas gens à avoir peur. Le commandant de compagnie étant souffrant, le lieutenant Anzanel, ancien légionnaire d'origine italienne, engagé à dix-huit ans en 1947 et entré sur titres à Coëtquidan, a pris le commandement. Un FM par section. Liaison radio assurée par le pesant SCR 300 (20 kilos).

A onze heures trente, alors que des hommes en treillis viennent d'être aperçus sur une crête voisine, les éclaireurs de la 2ᵉ section se heurtent à des tireurs dissimulés dans la broussaille. Presque aussitôt, le feu éclate de tous côtés. Le détachement est tombé dans une large souricière.

Deux ou trois gourbis en ruine sont à portée. Dans un réflexe, Anzanel crie « Aux mechtas ! » afin de s'y retrancher. La 2ᵉ section passe, la 3ᵉ se trouve coupée. Une partie rejoint Anzanel, l'autre pour éviter le pire se replie vers le poste du promontoire occupé par la 2ᵉ compagnie. Quelques malheureux, touchés, restent en arrière.

Le 300, que bientôt une balle mettra hors d'usage, a pu remplir son office. L'alerte a été donnée. Le lieutenant-colonel de Vaugrineuse, commandant en second du régiment, arrive sur les lieux en hélicoptère. Les légionnaires entendent l'appareil mais ne le voient pas à cause de la végétation. Cette présence est bonne pour le moral. Le Bell passe et repasse, faisant du stationnaire pour permettre au colonel de mieux se rendre compte. Brusquement de Vaugrineuse s'affaisse sur son siège, atteint par une rafale de FM. Le pilote se hâte vers El-Milia. Trop tard. La blessure était mortelle.

Au sol, le combat fait rage. Les gourbis, étagés sur la pente, n'offrent qu'un abri précaire. Celui du haut est occupé par le caporal Meyer et quatre légionnaires. Anzanel et une dizaine de défenseurs sont barricadés dans celui du centre. Pour ne pas être compris des assaillants, les ordres sont hurlés en allemand. Dans la Légion de 1957, la langue de Goethe se pratique largement. Les « Fells » sont tout près. Ils somment les légionnaires de se rendre, proposition rejetée non sans injures. Un blessé, resté à la traîne, est affreusement massacré. Ses camarades l'entendent hurler à la mort sans pouvoir rien faire. Le sergent-chef Holzendorff, vieux baroudeur d'Europe et d'Indochine, qui servait un FM, mortellement touché, ne cesse de répéter à son chef : « Mon lieutenant, il faut tenir, il faut tenir ! »

Les légionnaires tiennent. Les « Fells » ont récupéré quelques grenades sur les cadavres, que l'on retrouvera odieusement mutilés. Une défensive fuse tout d'un coup au milieu du groupe Anzanel. Sans hésiter, le légionnaire Quinche plonge dessus pour sauver ses compagnons. Il est déchiqueté.

A dix-sept heures trente, enfin, la « 4 portée » du capitaine Jaluzot et du lieutenant Selosse, la compagnie phare du régiment, et les paras du 18e RCP font liaison. Les « Fells » décrochent. Ce Camerone du M'Chatt a duré six heures. Il a coûté au 3e REI son commandant en second, 11 tués et 12 blessés.

A l'autre extrémité de l'Algérie, le 2e REI, autour de Mecheria et d'Aïn-Sefra, sillonne des djebels qui rappellent ceux des Nementchas. Mêmes falaises, mêmes éboulis, même soleil implacable l'été, même rigueur hivernale. En juillet, les puissants Sikorsky déposent au sommet du Mzi, 50 kilomètres au sud-ouest d'Aïn-Sefra, deux compagnies commandées par le chef de bataillon Raphanaud. Ce Mzi a de quoi impressionner. Ses crêtes balayées par le vent cotent 2 220, 2 146, au-dessus de criques truffées de grottes et d'escarpements. Raphanaud, l'ancien patron de la « Rafale » au Sud-Annam, possède un nom à la Légion. Il entraîne sa troupe contre la katiba localisée. Tout est rondement mené. Une moitié de la katiba n'est plus, l'autre moitié lève les bras. Ce Mzi fera encore parler de lui au 2e REI.

A 500 kilomètres de là, dans la fournaise saharienne, la 3e CSPL, arrivant de la frontière libyenne, tombe au sud de Djelfa sur la katiba de Si Larbi, le redouté chef local. Elle est anéantie, laissant 80 morts sur le terrain dont Si Larbi. Côté Légion, deux chefs de peloton ont été tués : le lieutenant Fougeras de Lavergnolle et le sergent-chef Rutkowsky. Ce combat contre Si Larbi est le plus violent mené au Sahara durant la guerre d'Algérie.

Le 2e REP, qui en 1957 a navigué entre le Nord et le Sud constantinois, a retrouvé Tébessa à l'automne. Le 18 décembre, à l'Hamimat

Guerra, au sud-ouest de Cheria, il s'offre une fin d'année en fanfare : 6 mitrailleuses et l'armement individuel équivalent. Là encore, une katiba a disparu.

*

L'automne 1956 a détourné le 1er REP sur Chypre. Le 6 novembre, il a débarqué à Port-Fouad sans tirer un coup de fusil : Suez ou la grosse déception du 1er REP. N'en restent que quelques photos que certains sauront exploiter.

La désillusion du retour est pire. Le terrorisme endeuille Alger. Le pouvoir civil, dépassé, confie à l'armée la mission d'extirper ce fléau qui ensanglante les rues. La 10e DP, rentrant de Suez, est libre. Avec la nouvelle année ses régiments quadrillent la ville et sa banlieue pour traquer les terroristes par tous les moyens. L'OR du 1er REP est le capitaine Faulques, l'ancien commandant du PEG de la RC4. Les Viêts l'avaient rendu vu son état. Il s'en est sorti...

« Mettant le pied dans la fourmilière », les paras arrêtent les suspects, remontent les filières, traquent les poseurs de bombes et ceux qui les abritent. L'année connaît des hauts et des bas. Le terrorisme, expurgé par périodes, renaît. A l'automne, il est enfin décapité. Le 23 septembre, le 1er REP arrête Yacef Saadi et sa compagne Drif Zohra dans la Kasbah. Le colonel Jeanpierre, maintenant patron en titre du régiment, et l'adjudant Tasnady sont blessés dans l'opération. Ils seront par la suite tous les deux tués au combat. L'interrogatoire de Yacef Saadi[1] conduit les légionnaires au repaire d'Ali la Pointe, toujours dans la Kasbah. Une charge de plastic déposée pour forcer l'entrée des lieux déclenche une formidable déflagration. Le stock d'explosifs d'Ali la Pointe a sauté par répercussion. On retrouvera le cadavre du chef terroriste, avec bien d'autres, sous les décombres de l'immeuble. La bataille d'Alger s'arrête faute de combattants et de moyens dans le camp algérien.

Alger, à la fin de 1957, retrouve le calme. Le terrorisme a été expurgé. Les méthodes employées ont été efficaces mais ont provoqué des vagues dans certains milieux en métropole. Commentant la tâche qui lui avait été assignée, Jeanpierre dira : « C'était un sale boulot, mais il fallait le faire ! »

*

---

1. Sans recours à la contrainte physique.

Au début de 1958, la rébellion militaire atteint son point haut. Grâce à l'aide extérieure, en Tunisie au premier chef, l'ALN s'est renforcée. Des zones sont en partie sous sa coupe en Grande et Petite Kabylie (Akfadou, presqu'île de Collo, Babor), dans l'Aurès (forêt des Beni Melloul). Par contre, avec la réalisation des barrages électrifiés (Ligne Morice), les frontières sont devenues difficiles à franchir. Le trafic, qui transitait par les Nementchas, s'est déplacé vers le nord pour trouver un terrain couvert.

Entre Mondovi et Souk-Ahras, et même, plus exactement, entre Duvivier et Souk-Ahras, il existe un créneau privilégié pour tenter de passer. Le barrage est alors face au « bec de canard », le saillant de Ghardimaou. L'ALN possède dans ce saillant une bonne partie de ses camps. De là, les katibas peuvent s'infiltrer sans dommage dans le massif forestier de l'oued Soudan. C'est une base de départ idéale pour s'approcher du barrage, l'étudier, le franchir et s'enfoncer en Algérie. Or de l'autre côté du barrage, justement entre Duvivier et Souk-Ahras, où il faut faire très vite pour s'éclipser et échapper aux recherches françaises une fois l'alerte donnée, le terrain est tout aussi couvert. Sur une bande d'une trentaine de kilomètres du nord au sud, la broussaille dépasse souvent la taille d'un homme. Plus au sud s'amorcent les hauts plateaux dénudés, plus au nord s'étale la plaine de Bône, avec ses orangeraies et le lac Fetzara, aux abords désolés et uniformes.

Cette voie plein ouest vers l'intérieur de l'Algérie passe au nord de Guelma, petite cité dans une cuvette, riche de ses ruines romaines et de ses cultures de tabac. Guelma sera à la bataille nord du barrage ce qu'a été Tébessa au sud.

Le 1er REP, après le coup d'épée dans l'eau de Suez et les mois ingrats de la bataille d'Alger, malgré quelques allers et retours vers Hassi Messaoud ou l'Ouarsenis, se sent frustré. Rien de vraiment sérieux ne lui a encore été proposé. Patience ! L'occasion approche.

Le 21 janvier 1958, le 1er REP arrive à Guelma. Son entrée en lice s'inscrit dans la logique d'un régiment de Légion aux places chaudes. Jeanpierre, son colonel, le rescapé de la RC4, maîtrise son sujet. Près de vingt ans de Légion derrière lui et une solide expérience de chef de guerre. S'il a la carrure de l'emploi, il est également bien servi. Son adjoint s'appelle Morin, l'ancien commandant de la compagnie para du 3e REI en 1948[1]. Ses commandants de compagnie se nomment Glasser, Martin, Yzquierdo, tous des anciens de Diên Biên Phu.

---

1. La promotion de Saint-Cyr 1994-1997 porte le nom du commandant Jacques Morin, ancien déporté, fondateur des BEP, grand-officier de la Légion d'honneur.

Ses adjudants, Tasnady, Filatoff, Dalla Costa, tous guerriers au courage éprouvé. Derrière eux, des jeunes qui n'aspirent qu'à foncer.

La grosse bataille va durer trois mois, de fin janvier à début mai. C'est l'époque où les nuits sont longues, propices à une marche discrète. Le scénario est rituel. Les Algériens forcent le barrage dans la première partie de la nuit, s'octroyant ainsi quelques heures pour gagner des couverts avant le lever du jour. Les véhicules blindés de la herse en patrouille permanente sur la piste qui longe le barrage localisent la coupure signalée par la rupture du réseau. L'alerte donnée, le branle-bas réveille les cantonnements.

A Guelma, les camions du 1er REP quittent le stade ou l'école d'agriculture. Ils se regroupent au carrefour stratégique à la sortie nord de la ville. Il est trois heures, quatre heures, cinq heures du matin. Dans les véhicules débâchés, les légionnaires frissonnent et battent la semelle. Avant l'aube, ils seront au plus près et les DIH surgiront du ciel pour enlever les premières rotations. Direction : La Mahouna, Guebar, Debar, Beni Mezzeline. La route est toujours plus ou moins la même, qui conduit aux reliefs broussailleux où les katibas cherchent refuge. Le passage d'une centaine d'hommes laisse toujours quelques traces et il est rare que les pisteurs musulmans se trompent. Ces ralliés, habitués des lieux, savent repérer les axes de marche des groupes infiltrés. « Ils doivent se trouver par là... » Et la main tendue désigne la zone proche où les djounoud doivent se terrer.

Dans la fraîcheur et l'humidité matinale, les premières rafales claquent. Ils sont là ! Les rotations d'hélicoptères s'accélèrent. Les T6 tournent et straffent, les armes d'appui – mortiers, canons sans recul – interviennent, parfois l'artillerie donne. Dans le ciel, dans son Alouette, Jeanpierre règle ce vaste carrousel. Parfois, pour mieux préciser ses ordres, il se pose sur un PC de compagnie ou un observatoire. Et puis, comme à la parade, les bérets verts s'élancent. Dans la broussaille et le rocher, il faut se voir de près. Le PM est maître et les chargeurs se vident sur les ombres accroupies. Des défensives explosent pour nettoyer les fourrés de leurs derniers tireurs. Des hommes tombent. Des voix crient « Infirmier ! » Souvent, dans ce combat au corps à corps, il n'y a plus rien à faire.

Sur ces pentes de l'Est constantinois, le 1er REP perd dans ces semaines brûlantes 111 tués et 272 blessés. Près de la moitié de son effectif combattant. Mais quel bilan ! Mitrailleuses, FM, fusils de toute nationalité s'amoncellent. L'ALN a laissé devant le 1er REP près de 2 000 morts. Vanuxem, qui sait parler aux hommes de guerre, lui décerne le titre de « Premier Régiment d'assaut de l'Armée française ».

Un titre à faire envie au 2ᵉ REP, engagé à cette heure en Petite Kabylie avec un bilan tout aussi flatteur. Pour ne pas être en reste, il signe le 26 avril l'un des plus beaux faits d'armes de la guerre d'Algérie, dans les Beni Sbihi, au sud-est d'El-Milia. Bien « drivées » par Masselot, les six compagnies du régiment convergent sur le dispositif adverse. Plus de 220 rebelles hors de combat en quelques heures avec l'armement correspondant saisi. La 2ᵉ compagnie (capitaine Marce), la compagnie de Ba-Cun, a donné l'assaut, comme en 1914-1918, à la montre, après une minute de feu de ses armes automatiques. Les deux REP ont du reste l'occasion de se retrouver au coude à coude quelques jours plus tard, sur le plateau du Mouadjène, aux sorties est de Souk-Ahras. Le 3ᵉ REI est également de la partie pour intercepter le 4ᵉ failek (bataillon) de l'ALN, qui s'efforce de franchir au complet le barrage. En six jours de rudes combats[1], ce 4ᵉ failek perd 620 combattants, dont son chef, Latreche Youssef.

Avec la bataille de Souk-Ahras s'achève pratiquement le grand affrontement du barrage algéro-tunisien nord. Le mois de mai et les suivants verront surtout la traque des groupes ennemis encore disséminés autour de Guelma.

29 mai. Les deux REP sont encore ensemble dans le coin. D'un PC à un autre, on échange par radio un fraternel salut. A la mi-journée, le 1ᵉʳ REP accroche sur les flancs sud du djebel Mermera. Terrain épouvantable. Broussaille, rochers. A son habitude, le colonel Jeanpierre, dans son Alouette, est à la verticale pour guider ses hommes. Le sifflement de la turbine se mêle au crépitement des pistolets mitrailleurs. Soudain, l'hélicoptère glisse sur le côté et fonce vers le sol. Une balle a sectionné la tubulure d'arrivée d'essence. Une clameur de victoire s'élève de la ligne rebelle, qui voit l'Alouette s'écraser devant elle. Une autre lui répond, encore plus redoutable. D'un seul élan, la compagnie Yzquierdo se précipite pour dégager son chef. Les « Fells » sont bousculés mais trop tard. Ce 29 mai 1958 à quinze heures, l'Algérie a eu raison du rescapé des camps nazis et de la RC4. La promotion de Saint-Cyr 1959-1961 portera son nom.

Sur son cercueil, le général Massu, commandant la 10ᵉ DP, après l'éloge funèbre, ajoutera :

> « Mon colonel, nous vous le jurons, nous mourrons plutôt que d'abandonner l'Algérie française... »

---

1. Combats où le 9ᵉ RCP du colonel Buchoud prend une part glorieuse et est fortement éprouvé (32 tués à la 3ᵉ compagnie le 30 avril).

Figés sous les armes, les légionnaires du 1er REP ont entendu. Parmi eux Degueldre, Dovecar. Sans doute à cette heure ont-ils fait le même serment ?

*

Les événements dits du 13 mai 1958 ramènent le retraité de Colombey-les-Deux-Eglises au pouvoir. Le courant des tenants de l'Algérie française paraît l'emporter. L'illusion ne durera pas.

*

1958 apporte dans les REI une évolution heureuse. Le général Gardy, inspecteur de la Légion étrangère depuis 1957, obtient de dégager définitivement la Légion des postes. Toutes les unités accèdent ainsi à une vie opérationnelle plus active. En 1959, les 3e, 5e REI, la « 13 » seront même affectés à la 11e DI, nouvellement transformée en grande unité de réserve générale à côté des deux DP[1].

Ces mutations interviennent à propos : l'heure est à l'offensive généralisée. En décembre 1958, le général d'aviation Maurice Challe a remplacé le général Salan, muté en métropole à son corps défendant. Le nouveau commandant en chef reprend à son compte ce qu'envisageait son prédécesseur : il regroupe une large partie de ses forces vives, paras, légionnaires, tirailleurs, dans un corps d'intervention avec lequel il compte balayer l'Algérie. Les frontières rendues à peu près étanches par les barrages autorisent une telle manœuvre.

Ce plan, baptisé du nom de son auteur, commencera par l'Oranie pour terminer par le Constantinois, le gros morceau. Son but, avec le rouleau compresseur, vise à « casser » les faileks et katibas de l'ALN. Les groupes résiduels seront alors à la mesure des troupes de secteur et de leurs commandos de chasse.

*

---

1. Le général Gardy obtient également la disparition de la « petite solde ». Situation assez paradoxale pour des volontaires étrangers, les légionnaires, assimilés au contingent, ne percevaient une paie normale qu'au terme de la durée légale de service militaire, d'où l'expression « petite solde » pour cette période de vaches maigres. Désormais, dès leur engagement, ils reçoivent la rémunération « Au-delà de la durée légale ».
Auparavant, le départ en Indochine faisait automatiquement passer de la « petite solde » à la « grosse solde », encore que cette dernière ne soit pas particulièrement élevée.

Au moment où s'engage ce Plan Challe, le 2ᵉ REP, en alerte permanente sur la frontière tunisienne, perd le 1ᵉʳ mars l'une des figures de proue du régiment et de la Légion. Le capitaine Pierre Bourgin, commandant la compagnie portée, est tué au nord-est de Souk-Ahras en interceptant un petit élément qui tentait de s'infiltrer au-delà du barrage.

Bourgin, cavalier et parachutiste, grand soldat d'Indochine, troubadour poète, boute-en-train inépuisable, « von Palaïeff », se présentait-il, avait une vie intérieure que ses camarades n'avaient pas soupçonnée. Les paras récitent aujourd'hui la prière trouvée sur sa dépouille et qu'il avait rédigée dans le secret de lui-même.

> « *Seigneur, je voudrais être de ceux qui risquent leur vie*
> *Seigneur, Vous qui êtes né au hasard d'un voyage*
> *Et mort comme un malfaiteur après avoir couru sans argent*
> *Toutes les routes, celles de l'exil, celles des pèlerinages*
> *Et celles des prédicateurs itinérants,*
> *Tirez-moi de mon égoïsme et de mon confort.*
> *Que, marqué de Votre croix, je n'aie pas peur de la vie rude*
> *Et dangereuse où l'on risque sa vie.*
> *Mais Seigneur, au-delà de toutes ces aventures*
> *Plus ou moins sportives*
> *Au-delà de tous ces risques d'une vie engagée dans l'action*
> *Au-delà de tous les héroïsmes à panache,*
> *Rendez-moi disponible pour la belle aventure à laquelle Vous m'appelez*
> *Les autres peuvent bien être sages,*
> *Vous m'avez dit d'être fou.*
> *D'autres croient à l'ordre,*
> *Vous m'avez dit de croire à l'amour.*
> *D'autres pensent qu'il faut conserver,*
> *Vous m'avez dit de donner.*
> *D'autres s'installent,*
> *Vous m'avez dit de marcher et d'être prêt*
> *A la joie et à la souffrance,*
> *Aux échecs et aux réussites.*
> *De ne pas mettre ma confiance en moi, mais en Vous,*
> *De jouer le jeu chrétien sans me soucier des conséquences*
> *Et finalement de risquer ma vie*
> *En comptant sur Votre amour*[1]. »

Les guerriers peuvent être aussi des mystiques.

---

[1]. La prière para du capitaine Bourgin rejoint l'autre prière parachutiste de l'aspirant Zirnheld, parachutiste de la France libre, tombé en Libye en 1942.

*

Commencées début février par les monts de Tlemcen et de Saïda, les grandes opérations du Plan Challe se plaquent progressivement sur l'Algérie. Comme prévu, elles se déplacent d'ouest en est.

Si le 2ᵉ REI reste en garde sur Aïn-Sefra, secteur sensible, le 4ᵉ REI sur Tébessa et les 2 REC sur les marches du sud[1], les autres unités de Légion sont partantes :

« Courroie » (18 avril-18 juin), Ouarsenis-Dahra : 3ᵉ et 5ᵉ REI, 1ᵉʳ REP.
« Etincelle » (juillet), Hodna : 3ᵉ et 5ᵉ REI, 1ᵉʳ REP, 2 escadrons du 2ᵉ REC.
« Jumelles » (juillet 1959-mars 1960), Grande Kabylie : 1ᵉʳ REP, 3ᵉ et 5ᵉ REI, 13ᵉ DBLE.
« Pierres Précieuses » (septembre 1959-mai 1960), Babor (Petite Kabylie).
« Rubis » (à partir du 6 septembre) ⎫
« Saphir » (à partir du 9 octobre) ⎬ 2ᵉ REP, 3ᵉ et 5ᵉ REI, 13ᵉ DBLE
« Turquoise » (à partir du 3 novembre) ⎭

Les bilans sont flatteurs. L'ALN prend des coups dont elle ne se relèvera pas. Dans l'Algérois (willaya 4), les responsables essaieront, devant leur défaite militaire, de déboucher sur un règlement politique dans le cadre de la paix des braves préconisée par de Gaulle. Ce sera la rencontre secrète de Gaulle-Si Salah le 10 juin 1960 à l'Elysée, à laquelle le chef de l'Etat ne donnera pas de suite positive[2].

Tout se paie.

Il est de ces rencontres à priori inconcevables. Pourtant. Ils étaient trois Hongrois, nés en 1926, engagés à la Légion étrangère la même année (1945), afin de rester des hommes libres. Ils tombent tous les trois dans l'Ouarsenis en mai 1959, dans l'opération « Courroie ». Ils se retrouvent ensemble dans un quartier Viénot plongé dans le deuil, pour y recevoir les honneurs militaires.

Adjudant Szuts (3ᵉ REI)
Chevalier de la Légion d'honneur. Médaillé militaire
TOE : 1 palme, 6 étoiles
Valeur militaire[3] : 2 palmes, 3 étoiles

---

1. Et évidemment les CSPL dans l'immensité saharienne.
2. Voir *L'Affaire Si Salah*, « secret d'Etat ». Du même auteur chez le même éditeur.
3. Valeur militaire : Croix de guerre d'une guerre qui en Algérie n'ose pas dire son nom.

Adjudant Tasnady (1ᵉʳ REP)
Officier de la Légion d'honneur. Médaillé militaire
TOE : 5 étoiles
Valeur militaire : 6 palmes

Adjudant-chef Valko (5ᵉ REI)
Chevalier de la Légion d'honneur. Médaillé militaire
TOE : 3 palmes, 4 étoiles
Valeur militaire : 1 palme, 1 étoile

Un tiercé que la Légion seule est capable de présenter.

*

Passé la phase dynamique qui a démantelé les katibas, commence l'étape la plus longue, la plus dure. Challe innove. Il porte résolument la guerre chez l'ennemi en imposant à ses troupes de rester sur le terrain.

Pour cette grande explication finale, le 1ᵉʳ REP s'implante en Grande Kabylie, le 2ᵉ REP dans la région de Djidjelli, le 3ᵉ REI sur El-Milia, la « 13 » et le 5ᵉ REI sur la presqu'île de Collo. Les compagnies s'installent pour durer. Oh, la méthode n'est pas confortable, surtout aux approches de l'hiver ! Les bivouacs s'établissent pour des semaines, voire des mois, dans des maisons forestières à demi ruinées, dans des mechtas détruites, sous la tente le plus souvent. Désormais, les crêtes, les pistes, les talwegs grouillent de troupes, de jour comme de nuit. Pour vivre, les djounoud[1] sont obligés de sortir, de se déplacer. Les guetteurs les repèrent, les embuscades les déciment, les coups de main héliportés les traquent. Tout renseignement est immédiatement exploité car les moyens sont en place au cœur du djebel. L'écoute radio est permanente. La nasse se referme instantanément sur tout objectif signalé. De tous côtés, c'est la curée.

Sous la pluie, dans la neige, les légionnaires ont une vie rude. De jour, de nuit, ils sortent. Patrouilles, embuscades, coups de main se succèdent, parfois coupés d'un regroupement régimentaire ou divisionnaire pour un ratissage systématique. Ils rentrent trempés, fourbus, dans les guitounes à tous vents ou les gourbis plus ou moins rafistolés. Une soupe chaude est une aubaine, une « Kronenbourg » en boîte un luxe occasionnel.

Combien plus rude encore est l'existence du combattant algérien ! Pour lui, pas d'hélicoptère pour évacuer les blessés, pas de parachutage

---

1. Soldats.

ni de liaison ravitaillement. Le djoundi devient une bête traquée. Ce n'est plus une lutte pour l'indépendance, c'est une lutte pour survivre.

Janvier, février 1960 sont des mois terribles. Dans un camp comme dans l'autre. Les katibas, les ferkas (sections) n'existent plus. De petits groupes épars errent de cache en cache. Le plus souvent, ce ne sont plus que des individualités terrées, le ventre vide. Certains, démoralisés, à bout de forces, se rallient avec leurs armes. D'autres pris au gîte lèvent les bras, si le temps leur en est donné...

Les compagnies françaises rentrent souvent autour de soixante. Ainsi, la 2ᵉ compagnie du 2ᵉ REP (capitaine Branca) aligne des sections oscillant de 15 à 17. Le groupe de commandement du capitaine se réduit aux radios et à l'infirmier. En février, la compagnie déplore 9 tués et 17 blessés, dont deux officiers. Dans le tapis broussailleux, c'est souvent du un pour un. L'ALN a été laminée. Au printemps 1960, le travail effectué débouche sur une victoire militaire que les historiens ne contestent pas [1].

*

Alger, dimanche 24 janvier 1960. Le sang coule dans un affrontement fratricide qui laissera des traces. Les facultés, les abords du boulevard Laferrière se hérissent de barricades. Les Pieds-Noirs insurgés, dressés contre la politique algérienne du chef de l'Etat, refusent de céder. De Gaulle n'est pas du style à plier. Il donne l'ordre à l'armée de réduire les barricades algéroises.

Le 1ᵉʳ REP bénéficiait de son tour de repos à Zeralda. Cadeau empoisonné. Une fois encore, le régiment se trouve précipité dans les affres politiciennes de la capitale algérienne. Avec d'autres régiments paras appelés d'urgence du djebel, il enserre le réduit des révoltés. L'assaut sera-t-il donné ? Le sang français coulera-t-il une fois de plus ? Personne sur place ne le désire.

Bérets verts et bérets rouges ont depuis longtemps conquis le cœur des Algérois. Leur prestige de vrais soldats les autorise à s'interposer. Le nouveau patron du 1ᵉʳ REP, le colonel Dufour, mène inlassablement les négociations afin d'obtenir une reddition honorable et finit par avoir gain de cause. Le 1ᵉʳ février, à onze heures cinquante, le dernier carré des insurgés évacue les lieux.

Le pire a été évité. Il aurait pu survenir. Le 3ᵉ REI a été dépêché sur Alger. Dans l'attente d'instructions sur son intervention, il cantonne

---

[1]. Le bilan officiel de l'année 1959 est de 26 000 rebelles tués, 10 800 faits prisonniers, 20 800 armes récupérées.

à Maison-Carrée. Fin janvier son patron, le colonel de Corta, a reçu des ordres formels : se tenir prêt à réduire le camp retranché. Gaulliste historique, de Corta se dispose à les faire exécuter. A l'heure du briefing préparatoire, les deux chefs de bataillon ne se montrent pas très chauds, et surtout 7 commandants de compagnie sur 8 profondément hostiles. Pour eux, pas question de tirer contre des Français insurgés au nom de l'Algérie française, même si cette révolte des barricades est parfois sévèrement jugée. Dans ces conditions, il devient difficile de croiser le fer. Une solution transitoire est adoptée : si le régiment doit être engagé, il se présentera en képi blanc, l'arme à la bretelle, et n'ouvrira pas le feu. Les négociations menées par Dufour mettent, fort heureusement, un terme au débat. L'ambiance 3ᵉ REI ressemblait fort à celle du 1ᵉʳ REP. Seule différence, l'attitude des patrons.

La semaine des Barricades laisse un goût de cendres.

Comme durant la bataille d'Alger, les légionnaires paras du 1ᵉʳ REP ont été plongés dans un job qui n'était pas le leur. Amertume mais aussi inquiétude se glissent dans les esprits. Et si les Pieds-Noirs avaient raison ? De Gaulle ne serait-il pas en train de conduire l'Algérie française à sa perte ? Début mars, il effectue sa fameuse tournée des popotes. Les officiers de Légion, avec leurs autres camarades, entendent des propos qu'ils croient définitifs :

> « Il n'y aura pas de Diên Biên Phu diplomatique... L'insurrection ne nous mettra pas à la porte de ce pays... Ce que Ferhat Abbas appelle l'indépendance, c'est la misère, la clochardisation, la catastrophe... La France ne doit pas partir. Elle a le droit d'être en Algérie. Elle y restera. »

A Redjas, au cœur de l'opération « Pierres Précieuses », tombe un engagement qui paraît définitif :

> « Moi vivant, le drapeau vert et blanc ne flottera jamais sur Alger ! »

Réconfortés pour un temps, capitaines et lieutenants repartent se faire tuer. Fidèle à sa mission, la Légion, au printemps, à l'été 1960, poursuit sans relâche sur la lancée du Plan Challe dont les effets se font sentir dans toute l'Algérie.

*

Dans cette guerre qui se traîne et dont les horizons politiques vont devenir incertains, il est clair que le commandement préfère réclamer le gros de l'effort à la Légion. Celle-ci est donc plus que jamais aux places d'honneur lorsqu'à l'automne le rouleau compresseur se déplace vers le Sud constantinois (Opération « Ariège »). L'Aurès demeure l'ultime bastion où subsistent les katibas organisées.

De Kenchela à Biskra, les légionnaires du 3ᵉ REI, de la « 13 », du 2ᵉ REP se sentent un peu chez eux. Depuis 1955, ils ont tellement arpenté les crêtes du Faraoun, du Chélia ou de l'Ichmoul. Il ne déplaît pas non plus à ceux du 1ᵉʳ REP, du 5ᵉ REI ou du 1ᵉʳ REC de retrouver ou de découvrir ces paysages que les circonstances n'autorisent pas à apprécier en touristes.

Les opérations s'échelonnent et les bilans sont tous éloquents, avec l'habituelle contrepartie. Le 12 novembre, le 1ᵉʳ REP était attendu : 10 tués, 6 blessés à la sortie des hélicoptères.

Le 2 décembre, le 2ᵉ REP, sous la main experte du « Cab », devenu commandant en second du régiment, règle le sort de l'une des dernières katibas. Austerlitz dans les Aurès, écriront les commentateurs. A la 2, le capitaine Pouilloux et son adjoint, le lieutenant Selosse, ont été grièvement blessés en donnant l'assaut. L'adjudant Gusic, un moment, a dû prendre le commandement. Ce jour-là, le sergent Roos, de la 1ʳᵉ compagnie, a revécu l'aventure de Sanchez-Iglesias. Il est resté près d'une heure tout seul au milieu des « Fells », sa « banane » prise sous le feu ayant redécollé sans se rendre compte qu'il l'avait déjà quittée. Ce 2 décembre 1960 fut bien une chaude journée.

*

Avec 1961 le doute de l'année précédente est devenu une certitude. De Gaulle ne s'en cache plus : l'Algérie sera algérienne.

Le pouvoir n'ignore pas que sa politique outre-Méditerranée n'est pas toujours appréciée par les cadres de l'armée. Prévoyant, il met progressivement en place des gens à lui. La vieille garde des Compagnons, maintenant colonels ou généraux, en est le principal vivier. Ainsi Saint-Hillier, ancien de la « 13 », prend le commandement de la 10ᵉ DP où il coiffe le 1ᵉʳ REP. La Légion n'échappe pas à la règle de cette mise sous surveillance. Gardy partant en retraite est remplacé par le général Morel, un autre ancien de la « 13 » où il a, annonce-t-il fièrement, gagné tous ses grades. Des inconditionnels de l'homme du 18 juin arrivent au 2ᵉ REP, au 3ᵉ REI, au 4ᵉ REI. L'expérience prouvera que ces affectations, non sans coloration, ne sont pas des coupe-feu absolus.

Dans plus d'un régiment, des esprits s'échauffent. Des officiers ne cachent pas leur inquiétude ou leur ressentiment. Le 1ᵉʳ REP est en bonne position sur la liste de ces unités où souffle un vent de fronde. Même son aumônier, le père Delarue, ose s'écrier devant les cercueils des tués : « Nous ne savons plus ici pourquoi l'on meurt... »

Le colonel Dufour paie la mauvaise humeur de son régiment et la sienne propre. Il est muté disciplinaire en Allemagne (avant de s'éloigner, symboliquement, il prend le maquis avec le drapeau durant quelques jours). Le lieutenant-colonel Guiraud, le patron du 1er BEP à Diên Biên Phu, le remplace. Le départ agité de Dufour n'est pas de mesure à calmer le jeu. Début janvier, pour protester contre les sacrifices qu'ils jugent inutiles, des capitaines, des lieutenants du 1er REP décrètent une grève des opérations. Les récalcitrants sont mutés en métropole, et d'autres départs, volontaires, suivent. Loulou Martin, le héros de Diên Biên Phu, s'en va. Le lieutenant Degueldre, affecté au 4e REI, refuse de rejoindre et choisit la clandestinité.

La révolte de ses cadres, du jamais vu à la Légion ! Du jamais vu, est-ce si sûr ? En 1940, la « 13 » se rebellait contre le pouvoir établi, au nom de la grandeur nationale.

*

Le « Fell » se fait rare. Il devient difficile à localiser. A charge pour la Légion, le moment venu, de le neutraliser. Les rencontres toutefois demeurent violentes. L'adversaire se défend avec courage. Du 1er janvier au 20 avril 1961, la 4e compagnie du 2e REP dénombre dix tués dont trois sous-officiers. Deux d'entre eux, le sergent-chef Van Cassel, le sergent Lanas, donneront leur nom à une promotion d'ESOA de Saint-Maixent.

Dans son obstination opérationnelle, le 2e REP, comme les autres unités de Légion, répond à sa conscience professionnelle et sa volonté farouche de défendre l'Algérie française sur le terrain. Complaire au commandant en chef, le général Fernand Gambiez, qui le 23 mars demande à ses subordonnés de faire le « forcing » afin d'assurer la victoire, est le dernier de ses soucis. Au contraire ! Plus d'un se demande de qui se moque Gambiez, dit Nimbus, dans le contexte politique du moment.

*

Depuis les Barricades, les mutés en métropole pour trop de sympathie déclarée envers l'Algérie française sont loin d'avoir tourné la page. Ils conspirent, au sens littéral du terme.

Dans le lot de ces conspirateurs inattendus, des légionnaires : le colonel de Blignières, patron du 1er REC de 1958 à 1960, le capitaine

Sergent, ancien du 1ᵉʳ REP, et d'autres encore moins connus. Et, en bonne place, le général Gardy. La retraite n'a pas entamé la fougue de l'ancien inspecteur général. Les comploteurs, du reste, comptent beaucoup sur lui pour entraîner la Légion dans la trame qu'ils tissent contre le chef de l'Etat. Ils savent aussi pouvoir se reposer sur de vieilles amitiés légionnaires : le lieutenant-colonel de La Chapelle, nouveau patron du 1ᵉʳ REC, le lieutenant-colonel Masselot qui, évincé du 2ᵉ REP par un parachuté ministériel, commande le 18ᵉ RCP, le commandant Robin, glorieux soldat de Daï-Vi-Thuong, patron du GCP RG. Un peu partout, des antennes donnent la température des régiments. A Sidi-Bel-Abbès, le colonel Brothier et son adjoint, le colonel de Baulny, semblent partants.

Derrière ces chefs de corps, les échos des sentiments affichés par les uns et les autres laissent espérer de solides concours. Ainsi le commandant Camelin au 5ᵉ REI. La justice pourra par la suite lui reprocher d'être sorti des normes de la stricte obédience militaire. Personne ne pourra l'incriminer de dissimulation. Depuis son retour d'Indochine, Camelin ne cache pas le sens de son combat. Il œuvre pour garder française une terre qu'il a découverte lors de son stage à Cherchell durant la guerre. Commandant de compagnie ou d'EMT au 2ᵉ ou au 5ᵉ REI, il met ses actes en rapport avec sa pensée. Face aux katibas de l'ALN ou à l'ANP de Bellounis, il ne ménage pas sa peine, tout en se forgeant sans le chercher une réputation flatteuse. Avisé, méthodique, et tout autant avare du sang de ses légionnaires, avec lui pas de casse inutile. Il s'est imposé comme l'un des meilleurs chefs de guerre des unités d'infanterie de la Légion. Ses subordonnés aiment marcher dans son sillage. Du travail bien mené, en artisan dominant son art. Alors Camelin ? Oui, certes ! Sans l'avoir sondé, on se doute qu'il foncera. Et il ne sera pas le seul.

Il manquait un chef d'autorité et de prestige. Challe, démissionnaire pour ne pas cautionner une politique algérienne qu'il désapprouve, accepte finalement d'endosser cette lourde responsabilité. Dans la nuit du 20 au 21 avril, un Nord 2 500 le conduit discrètement à Alger. Il s'installe aussitôt sur les hauts d'Alger, dans les murs de Robin, pièce maîtresse de la conspiration.

*

Il est des concours de circonstances. Le 21 avril, les 1ᵉʳ et 2ᵉ REP sont en base arrière à Zeralda et Philippeville. Au 1ᵉʳ REP, Guiraud est en permission pour quelques jours en France. Son adjoint, le commandant Denoix de Saint-Marc, le remplace.

Lorsque Saint-Marc, le 21 en fin de matinée, pénètre au PC de Robin où Challe lui a fait demander de venir le voir, il pressent que des événements graves se préparent. La venue à Alger de l'ex-commandant en chef est insolite. Challe a eu Saint-Marc près de lui durant l'opération « Jumelles » et l'apprécie. Il connaît la droiture de ce soldat, grand corps longiligne, yeux bleus, regard un peu triste. Serait-ce là le reflet des années de déportation ou du souvenir des camarades tombés près de lui durant ses trois séjours en Indochine ? Sans fard, Challe expose au commandant par intérim du 1er REP les mobiles de sa présence : prendre le pouvoir à Alger et en Algérie, y poursuivre sans retenue l'œuvre de pacification, réaliser la paix des braves que de Gaulle a refusée[1], accrocher définitivement l'Algérie à la France. Pour ce, il a besoin de Saint-Marc et de son régiment afin de se rendre maître d'Alger dans un premier temps. Saint-Marc ignorait tout de ce qui se tramait. Il est saisi à froid, sans être pris au dépourvu. Il a vécu la fin de l'Indochine. Il a assisté à l'abandon des alliés vietnamiens, à l'exode des paysans tonkinois fuyant le Viêt-minh. Il refuse de voir se renouveler de tels précédents. Sa réponse est un coup de cœur. « Oui, sous réserve qu'il n'y ait pas de casse ! »

Saint-Marc se doute-t-il que par son accord il sauve l'unité de son régiment ? Les officiers du 1er REP se rangent derrière la décision d'un chef unanimement respecté même si quelques réserves existent. Que se serait-il passé exactement si Saint-Marc avait dit non ? Mieux vaut ne pas poser la question. Sergent et Degueldre avaient prévu au sein du régiment un scénario de remplacement des têtes qui n'aura pas lieu d'être.

Sous-officiers et légionnaires ont pour règle d'obéir à leurs chefs et les ordres qui tombent, ce 21 avril au soir, ne les offusquent pas. Loin de là ! De longue date, le cœur du 1er REP bat pour l'Algérie française.

*

Les événements de la nuit du 21 au 22 avril sur Alger sont bien connus. Sans incidents majeurs, le 1er REP et les autres unités insurgées occupent la Délégation générale, le corps d'armée, le commissariat central, l'école de police, Radio-Alger[2]... Partout, la farouche résolution des légionnaires et de leurs camarades force les barrages

---

1. Voir sur ce sujet, *L'Affaire Si Salah*, du même auteur, chez le même éditeur.
2. L'opération fait un mort, un sous-officier abattu par un adjudant du 1er REP se jugeant en état de légitime défense.

et annihile les velléités de résistance. Les hauts responsables civils et militaires sont arrêtés [1]. Le 22 au matin, les Algérois se réveillent dans une ville contrôlée par les partisans de Challe au nom de l'Algérie française. Ils crient au miracle.

La nuit a apporté un incident caractéristique de l'humeur des révoltés. Gambiez a eu écho d'un mouvement de véhicules du 1er REP en direction d'Alger. L'ancien commandant du bataillon de choc n'est pas sans courage. Il se porte au-devant du convoi. Le heurt avec l'élément de tête est brutal. Gambiez se retrouve en état d'arrestation.

« De mon temps, jeune homme, les lieutenants n'arrêtaient pas les généraux », lance-t-il au lieutenant Durand-Ruel.

La réplique de Durand-Ruel claque sans appel : « De mon temps, les généraux ne bradaient pas les Empires ! »

Avec le recul, toutes ces péripéties, toutes ces réactions peuvent sembler folie. Peut-être et même sans doute. Leur explication n'a qu'une origine : la passion du moment. L'Algérie française a embrasé les esprits. Même les sages oublient prudence et raison.

*

Ce putsch qu'on appellera des généraux, mais qu'il serait plus juste d'appeler des colonels, ses vrais promoteurs, serait-il sur le point de réussir ? Durant quelques heures, Challe peut oser l'espérer. Masselot et Lecomte ne se sont pas dérobés. Ils ont quitté le Constantinois pour Alger. Radio-Alger, qui alterne musique militaire et appels au ralliement, communique des bulletins de victoire égrenant la liste croissante des adhésions : 27e dragons, 7e RTA, 1er RIMA, 6e et 2e RPIMA, 9e RCP, etc. Certaines informations sont parfois excessives.

La Légion n'est pas oubliée dans cette longue énumération. Apparemment, les képis blancs font bloc derrière les insurgés.

– Le 1er REC est ponctuel au rendez-vous. Depuis Kenchela, le colonel de La Chapelle fait mouvement sur Alger avec son régiment, emmenant avec lui les harkis du commandant Guizien.

– Le 2e REP, le 22 au soir, quitte Philippeville pour Alger, entraîné par une équipe de capitaines. Sollicité de se mettre à sa tête, le commandant Cabiro rejoint à Sétif. Le « Cab » finira avec éclat sa prestigieuse carrière militaire. Quant au chef de corps, il a été passé aux pertes et profits, ayant jugé préférable de rentrer à son domicile.

– Le 2e REC, du colonel de Coetgorden, fait connaître son adhésion au mouvement.

---

1. Ils seront transférés à In-Salah, gardés par le 1er ESPLE.

— Au 2ᵉ REI, le colonel de Sèze est en France et son adjoint s'éclipse sur la pointe des pieds. Le commandant Met prend les choses en main... Aïn-Sefra est acquis aux putschistes. Au 5ᵉ REI, le commandant Camelin passe aux actes. Il fonce sur Mecheria avec son EMT pour s'assurer du PC de la zone Sud oranais. Le colonel Pfirmann approuve du bout des lèvres, tout en trouvant que son fougueux adjoint va peut-être un peu loin...

Par contre, la situation est plus confuse aux 3ᵉ, 4ᵉ REI et à la « 13 ». Les patrons retiennent leurs officiers. A la « 13 », le colonel Vaillant est d'une fidélité inconditionnelle à de Gaulle. Au 3ᵉ REI, le colonel Langlois est Compagnon. Au 4ᵉ REI, le colonel Vadot se montre circonspect. Il n'est pas un gaulliste historique – il a refusé de se rallier en juin 1940 – mais il sent l'affaire hasardeuse. Attitude qui sera celle de nombreux.

Challe et Gardy le savaient d'entrée. Pour entraîner sans ambiguïté la Légion, la position de Sidi-Bel-Abbès est décisive. Morel, l'inspecteur général, est trop terne pour peser. D'ailleurs, il est en métropole et sa fidélité de vieux Compagnon est notoire. Sidi-Bel-Abbès, c'est d'abord le commandant du 1ᵉʳ RE, le colonel Brothier, ancien patron du 1ᵉʳ BEP et du 1ᵉʳ REP. L'homme a du rayonnement, une autorité certaine. Il n'a jamais caché ses sympathies. Il n'ignore rien des préparatifs de ses camarades. Apparemment, il est OK. Pourtant, au pied du mur, il lui manque « la vertu des temps difficiles : le caractère ». Il tergiverse, prend du recul et finalement se retire sous sa tente, c'est-à-dire chez lui. Il laisse à son adjoint, le colonel de Baulny, aux capitaines Glasser, Bertany, Pompidou, Bonnel, le soin d'affronter l'orage. Ceux-là sont tout acquis et parent au plus urgent. Bonnel part avec sa compagnie et la musique à Oran pour soutenir Gardy qui a des difficultés avec le commandant du corps d'armée, le général de Pouilly. Malgré tout, le silence de Brothier ne donne pas l'impression que Bel-Abbès apporte un « oui franc et massif » aux putschistes.

A partir du 24, le sol commence à se dérober sous les pieds de Challe et des colonels. Les hésitants, les opposants se multiplient. Dans une certaine improvisation, Challe essaie de mettre des coupe-feu. Si le 1ᵉʳ REP se maintient sur Alger, garant, que nul n'oserait affronter, de l'insurrection, le 1ᵉʳ REC envoie des escadrons en Grande Kabylie et à Maison-Blanche où les aviateurs ne cachent pas leur hostilité. Le 2ᵉ REP y intervient à son tour pour contrôler la base, mais les Nord 2 500 ont pris l'air pour la métropole.

Le 25 à seize heures, Challe annonce qu'il jette l'éponge. L'aventure se termine. Une dernière fois, Salan, Susini, essaient de le faire revenir sur sa décision. Sa réponse est sèche : « N'oubliez pas que l'armée a marché sur mon nom ! »

C'est absolument vrai. Ceux qui ont répondu présent l'ont fait sur le nom de Challe. Pour preuve le commentaire de Robin avant le 22 avril : « Pas de Challe, pas de Totem[1] ! »

Dans la soirée et à la nuit tombée, les insurgés évacuent Alger. Le 1er REC, le 2e REP repartent pour le Constantinois. A In Salah, le 1er ESPL met ses prisonniers dans un avion pour Alger. L'EMT Camelin du 5e REI rentre à sa base.

Pierre Sergent tente un ultime appel à la radio, adjurant ses pairs de continuer la lutte. Il est trop tard. La pression est retombée.

Le 1er REP rejoint Zeralda en bon ordre. Saint-Marc tient sa troupe en main. Challe, Salan, Jouhaud, montent dans ses véhicules. « Chez moi, cela se passera proprement », a déclaré Saint-Marc.

Gardy a quitté Oran avec la colonne Masselot. A Maison-Carrée, s'étant mis en civil, il s'éclipse discrètement. Un autre combat l'attend. Il rejoindra Salan et Jouhaud, décidés à continuer alors que Challe se constitue prisonnier. Les futurs chefs de l'OAS auront pour premier appui dans la capitale algérienne un légionnaire inflexible dans l'adversité, le lieutenant Roger Degueldre.

*

Le putsch des généraux a échoué. Quelle en sera la facture ? Les chefs de l'insurrection sont sans illusions. Masselot, le légionnaire à la trempe d'acier, est formel : « Je serai fusillé ! »

Incontestablement, la Légion a été fortement impliquée. Elle a largement appuyé la sédition. Trois régiments et non des moindres se sont portés sur Alger. A Oran, Mecheria, Aïn-Sefra, les képis blancs ont ostensiblement manifesté de quel côté ils penchaient. Partout ailleurs, malgré les réticences de quelques colonels, Brothier, Vaillant, Vadot, officiers et sous-officiers ont été plus que de cœur. Alors, cette troupe de mercenaires étrangers qui a osé renverser les marmites va-t-elle en payer le prix ? Tout est possible. Il est des ires présidentielles dangereuses.

L'impérieuse nécessité de conserver un solide élément d'intervention la sauvera : que se passerait-il, si les « Fells » de Tunisie tentaient un gros coup sur le barrage ? Les unités paras de réserve générale sont disloquées. Celles de tirailleurs ont de quoi s'interroger sur la justification de leur combat. Le contingent n'aspire qu'à rentrer en

---

1. Totem était l'indicatif radio du commandant Robin.

métropole. L'apport des professionnels au képi blanc serait ô combien nécessaire. Il serait fallacieux de rechercher dans la survie de la Légion la démarche sentimentale de tel ou tel ancien légionnaire auprès du chef de l'Etat. Les stricts besoins militaires en sont l'unique raison. Même s'il se désengage, de Gaulle ne veut pas perdre la face sur le terrain et connaître un Diên Biên Phu algérien.

Si la Légion dans son entité est préservée, il n'en est pas de même de tous les siens.

Le 1er REP est dissous le 27 avril. Sous la conduite d'un officier par compagnie, les légionnaires gagnent Sidi-Bel-Abbès pour y recevoir d'autres affectations. Quittant Zeralda, ils entonnent l'air en vogue d'Edith Piaf :

> « *Non, rien de rien*
> *Non, je ne regrette rien*
> *Ni le bien qu'on m'a fait, ni le mal*
> *Tout ça m'est bien égal*
>
> *Non, rien de rien*
> *Non, je ne regrette rien*
> *C'est payé, balayé, oublié*
> *Je me fous du passé !* »

Ces couplets lancés avec insolence sont le reflet d'un état d'esprit. La majeure partie des sous-officiers et des légionnaires se sent solidaire de ce baroud d'honneur engagé par leurs officiers le 22 avril. Ces derniers, à l'heure décisive, n'ont pas voulu faire le grand pas qui aurait conduit beaucoup plus loin. Ils ne se sont pas senti le droit de demander à des étrangers de poursuivre l'action les armes à la main. Ils ont refusé de renouveler le précédent fratricide de Syrie. Révoltés, ils n'étaient pas des révolutionnaires. « Pas de casse », avait exigé Saint-Marc. Engagement tenu. Un vieux sous-officier dira à son chef, avec peut-être une pointe de reproche devant le refus de l'irréparable : « Mon capitaine, vous avez sous-estimé notre détermination. »

Il en fut certainement mieux ainsi. Même si cette détermination existait. Au 2e REP, entraîné par le sous-lieutenant Bril, ancien major récemment passé officier, et l'adjudant-chef Béthery, le « Bébert » de Ba-Cun, tout le personnel sous-officiers et légionnaires de la base arrière avait rallié le régiment à Alger.

*

Le 1ᵉʳ REP dissous, en sera-t-il de même du 1ᵉʳ REC et du 2ᵉ REP, tout autant compromis sinon plus ? Les deux régiments échappent au couperet. Nécessité, déjà évoquée, de préserver le corps de bataille. Au REC, le colonel de La Chapelle prend tout sous son bonnet, comme Masselot au 18ᵉ RCP. Lui seul sera poursuivi et condamné.

Le cas du 2ᵉ REP est plus grave. Il est parti sous l'impulsion de ses capitaines. Au retour à Philippeville se déroule une scène irréaliste. Le colonel commandant qui, tel Soubise, s'est trouvé sans ses troupes et n'a rien tenté pour les reprendre en main, fait entrer les officiers dans son bureau. Ceux-ci, debout, ont droit à une longue diatribe enregistrée sur magnétophone. Par-delà son courroux, le colonel annonce qu'il réclamera la dissolution du régiment et le passage au tribunal militaire de tous les officiers... (Il viendra même déposer à charge.) Personne à la Légion n'aurait jamais pu supposer qu'un chef de corps, père de son régiment, en arrive là !

Inutile d'indiquer le nom de l'intéressé. La corvée de quartier l'a remisé depuis longtemps. L'objectivité historique imposait seule de mentionner ce cas extrême. La Légion est une institution humaine. Elle a ses déserteurs et parfois ses indignes.

La machine judiciaire enclenche son inexorable mécanisme. Challe, Masselot, de La Chapelle, Saint-Marc, Robin, Cabiro, se retrouvent à la Santé, les officiers les plus compromis au fort de l'Est puis à Fresnes. Respectant un vieux règlement militaire, ils accrochent leurs décorations sur la porte de leurs cellules.

A partir de la fin mai, les séances du haut tribunal militaire et du tribunal militaire se déroulent au palais de justice de Paris, avec leurs heures pénibles et leurs minutes d'intense émotion. Certains témoins se défilent, d'autres chargent d'anciens camarades. Triste spectacle qui s'éclaire parfois d'une autre dignité.

> « Monsieur le président, on peut demander beaucoup à un soldat, en particulier de mourir, c'est son métier.
> « On ne peut lui demander de tricher, de se dédire, de se contredire, de mentir, de se renier. » (Commandant Denoix de Saint-Marc, 1ᵉʳ REP.)
> « Le patriotisme, pour nous officiers, c'est notre bleu de chauffe. » (Capitaine Estoup, 1ᵉʳ REP.)
> « Lorsque je vois, messieurs, cet officier (commandant Camelin) dans le box, je me sens responsable. Aussi longtemps que j'ai commandé le 2ᵉ Etranger, je n'ai cessé de répéter à mes officiers qu'il fallait par tous les moyens s'opposer à la politique algérienne du général de Gaulle. » (Colonel de Sèze, 2ᵉ REI.)

Les verdicts tombent.

Saint-Marc : dix ans de détention ; de La Chapelle, Masselot : sept ans ; Robin : six ans.

Saint-Marc a payé le plus cher. Pourtant, il n'y avait eu chez lui aucune préméditation, à l'encontre de Masselot, de La Chapelle ou Robin. Lors de la prise d'Alger, le 1er REP n'avait à sa charge que 6 objectifs sur 19. Il fait lors des procès figure de principal coupable. Volonté formelle d'attribuer à des mercenaires étrangers et à leur chef la responsabilité première du déroulement du putsch et d'estomper le rôle non négligeable des unités du contingent (GCP, RG, commandos de l'Air, etc.).

Les autres bénéficient du sursis.

Cabiro, un an, Camelin, trois ans, Bésineau, Cervens, Estoup, Durand-Ruel... deux ans, Coiquaud, Borel, Amet, Branca, Montagnon, Yzquierdo... un an. Le colonel de Baulny, le commandant Perrier, les capitaines Bonnel, Pompidou sont acquittés mais devront quitter l'armée. Le colonel de Coetgorden est poussé vers la sortie. Il n'est pas le seul.

La Légion perd le meilleur de sa sève, et ce n'est pas fini. Beaucoup vont briser volontairement leur épée.

*

Le choc a été rude. La Légion s'en ressent. Outre les condamnés devant les instances judiciaires, des dizaines d'officiers sont sanctionnés et mutés hors Légion en métropole. Leurs remplaçants inopinés ont rarement leur étoffe.

Au commandement des régiments, bien des têtes sautent. Changement de colonel au 1er REC, au 2e REC, au 2e REP, au 2e REI, au 5e REI. A Sidi-Bel-Abbès, Brothier est perdant sur tous les tableaux. Toutes ces mutations génèrent une ambiance délétère. Les mois jusqu'à l'indépendance de l'Algérie seront pénibles à la Légion. Les mois suivants également.

La vie opérationnelle bat de l'aile. Le gouvernement a décrété l'arrêt des opérations offensives. Pourquoi continuer à se battre et faire tuer des gens pour rien ?

La suspicion s'est glissée dans l'armée française. La Sécurité militaire loge un peu partout des indicateurs afin de contrer l'OAS qui refuse l'abandon. La Légion n'est pas à l'abri de la délation. Malgré l'échec du 22 avril, elle penche toujours pour l'Algérie française. Sous-officiers et légionnaires sont des suspects en puissance. Ils le sont d'autant plus que certains ont des contacts interdits et que les proscrits ne sont pas oubliés. On sait fort bien à la Légion qu'en Algérie même Gardy, mais aussi Camelin, Branca, Montagnon, Le Pivain, d'Assignies et d'autres continuent la lutte et que Roger Degueldre, Delta dans la clandestinité, y tient un rôle majeur.

L'engagé volontaire de 1945, à dix-huit ans, le maréchal des logis du 1er REC d'Indochine où il sauve son capitaine blessé, Hervé de Blignière, l'adjudant du 1er REP promu officier, titulaire de 10 citations en Extrême-Orient et AFN, s'affirme l'homme fort de l'OAS. Bien avant le 22 avril, il a pris position. L'échec du putsch ne l'a pas surpris, ayant jugé la sédition trop « tiède ». A Alger, il a servi de point d'amarre aux insurgés décidés à poursuivre. Avec ses commandos Delta, où il a recruté nombre de légionnaires, il constitue la force vive d'une résistance calée sur un slogan : Algérie française. Quinze ans de Légion lui assurent de solides liens dans tous les régiments avec ses anciens camarades sous-officiers. Par eux, il ne reçoit pas que des renseignements d'ambiance pour engager ses coups de main...

*

La grisaille opérationnelle, qui n'est pas sans légionnaires tués ou blessés, ne connaît qu'une action d'envergure, réalisée toutefois hors d'Algérie. En juillet 1961, sous les ordres du colonel Lalande, Lalande de la « 13 » et d'Isabelle à Diên Biên Phu, paras et légionnaires assurent le dégagement de la base française de Bizerte investie par les Tunisiens. Le 2e RPIMa saute sur la piste de Sidi-Ahmed, permettant l'aérotransport du 3e REI, le 21 après-midi. Cependant, le gros de l'ouvrage a déjà été réalisé par les bérets rouges des 2e et 3e RPIMa L'intervention du 3e REI reste limitée.

*

1962. La fin de l'Algérie française se silhouette à grands pas. Les légionnaires, de-ci de-là, échangent encore quelques coups de feu avec une ALN de l'intérieur réduite à bien peu, mais le cœur n'y est plus. « Les carottes sont cuites », énoncent les blasés.

C'est humain. Les anciens de la Légion, *desperados* de l'Algérie française, osent penser que des camarades les rejoindront ou les soutiendront. Les contacts noués le laissent supposer.

Un capitaine, commandant une compagnie portée du 4e REI, se déclare prêt à entrer en dissidence avec son unité et celle d'un autre capitaine. Il est même présenté au général Salan dans la perspective de créer un maquis ou une poche Algérie française. La tentative n'aura pas de suite.

D'autres s'annoncent plus sérieuses, tout en finissant mal. Ainsi le maquis de l'Ouarsenis, dans les Beni Boudouanne, fief du bachagha Boualam. Le commando de 80 hommes, dont plusieurs légionnaires, renforcé par un petit maquis local dirigé par un adjudant-chef, ancien du 1er REP, est entraîné par une équipe d'ex-officiers de Légion, Branca, Montagnon, Pouilloux, Bernard. Les échos favorables venus de Sidi-Bel-Abbès paraissent se concrétiser. Envoyé en émissaire de certains camarades de la maison mère, le capitaine Arfeux arrive le 28 mars à Aïn-Sultan, point de regroupement. Sur ses assurances, Branca, mué pour l'occasion en simple légionnaire de l'escorte Arfeux, est désigné par le colonel Gardes pour repartir avec lui et ramener les compagnies qui s'annoncent prêtes à renforcer le futur maquis franco-musulman de l'Ouarsenis. La violente réaction militaire française met court à la tentative dans les Beni Boudouanne. A Sidi-Bel-Abbès, espoir déçu : personne ne bouge.

Les maquisards de l'Ouarsenis, derrière Montagnon, Pouilloux et Bernard, sont presque tous capturés. Degueldre est arrêté à Alger le 7 avril. Avec les arrestations de Jouhaud puis de Salan, Gardy, à Oran, reste le porte-drapeau d'une OAS décapitée. Le vieux légionnaire, cependant, se refuse à céder. Il ne veut pas croire que la Légion acceptera d'abandonner Sidi-Bel-Abbès. Tout au long des deux mois terribles de mai et juin 1962, il s'accrochera à cet ultime espoir, alors que chaque heure passée l'entraîne vers le gouffre.

L'ex-inspecteur général connaît bien sa troupe. Il n'est pas pour inciter à des désertions individuelles. Il veut récupérer des unités constituées avec leur encadrement, pour étoffer les poches Algérie française qu'il envisage de constituer à Oran et en Oranie. Cette mission délicate pour amener des commandants d'unité à basculer dans son camp, il la confie au capitaine X..., Charlie dans la clandestinité.

Charlie a plus de dix ans de Légion derrière lui. Il l'a rejointe volontairement, à sa sortie de l'Ecole en 1950, et ne l'a plus quittée. Sa personnalité, ses faits d'armes au 5e REI en Extrême-Orient, au 2e REP en Algérie, lui confèrent à la Légion un prestige mérité. Imaginatif, l'esprit vif, profondément engagé dans la défense de sa terre natale tout en restant profondément honnête, il va, durant près de deux mois, se consacrer corps et âme à la tâche fixée par Gardy. Sous une couverture civile ou sous le képi blanc d'un simple légionnaire, il hantera les garnisons de Légion d'Oranie dans le but d'obtenir des adhésions.

En cette fin de guerre d'Algérie, les régiments de Légion se sont grossièrement scindés en deux. 2ᵉ REP, 3ᵉ REI, 4ᵉ REI, 13ᵉ DBLE[1] stationnent dans le Constantinois en bordure de frontière. Les autres se trouvent en Oranie : 1ᵉʳ RE à Sidi-Bel-Abbès et dans les petits villages de colonisation avoisinants ; 2ᵉ REI, PC toujours à Aïn-Sefra ; 5ᵉ REI, PC à Beni Ounif ; 1ᵉʳ REC, PC à Mecheria ; compagnie de discipline à Djenien-bou-Rezg ; 4ᵉ CSPL à Colomb-Béchar.

Lorsque Charlie prend son bâton de pèlerin, l'ambiance dans les hautes sphères de l'OAS à Oran est volontiers euphorique. « La Légion, c'est dans la poche. » C'est vrai, du moins les apparences le laissent-elles supposer : les divers émissaires civils de Gardy, à Sidi-Bel-Abbès ou ailleurs, ont toujours été bien reçus. Leurs invitations à déjeuner au mess pouvaient amener à penser que... Charlie ne tarde pas à se rendre compte qu'il y a loin de la coupe aux lèvres.

Il s'y attendait. Les chefs de corps ne font pas sortir le poste pour le saluer à son arrivée. Il doit se méfier de ce côté. Vaillant, qui a remplacé Brothier à Sidi-Bel-Abbès, se veut le gardien intransigeant du temple. Mais autour de lui, le terrain est miné. Son propre chef d'état-major n'hésite pas à recevoir Charlie et à l'aider. Le BSLE fournit à l'envoyé de l'OAS tous les faux papiers dont il peut avoir besoin pour se déplacer. Les capitaines et les lieutenants, à une exception près, ne lui cachent pas leur ardeur Algérie française.

Aller plus loin que les bonnes paroles ? La conversation dérape et s'enlise. Il est un leitmotiv souvent répété chez les gens rencontrés : « Et Untel, marchera-t-il ? »

Aïn-Sefra, Saïda, Le Kreider, Djenien, Colomb-Béchar : partout, une chaude sympathie et un bon accueil, en évitant naturellement d'en rendre compte au chef de corps. Partout gîte et couvert. Partout le « légionnaire » Charlie se déplace sans difficultés, portant gaillardement son képi blanc de circonstance. Un jour il est l'ordonnance, un autre jour membre de l'escorte. A l'occasion même, à Djenien, le commandant de la compagnie de discipline se met en frais. Avant de recevoir son hôte, il décroche la photo de Morel, l'inspecteur en titre, et la remplace par celle de Gardy. C'est souligner de quel côté il penche.

Sur le fond, Charlie n'est pas dupe. Si le corps des officiers de Légion est à 95 % de sentiments Algérie française, il ne se risquera pas dans une aventure dont l'issue s'annonce de plus en plus hasardeuse. Un seul capitaine, au 5ᵉ REI, se porte résolument prêt à marcher avec son EMT. Une « bonne âme » lui coupe l'herbe sous le pied au dernier moment et il est relevé de son commandement.

---
1. A partir d'avril, la « 13 » commence à faire mouvement sur Djibouti.

Charlie, on l'a dit, est honnête. Et à quoi bon farder la vérité ? Ses rapports à Gardy sont sans ambiguïté. Rien à attendre du côté de la Légion sur un plan collectif. Ceux qui devaient « donner » ont « donné » le 22 avril 1961.

Evidemment, il y a les sous-officiers. A plusieurs reprises, Charlie est reconnu. Il reçoit des confidences et des offres de service. Mais dans une unité de Légion, rien n'est vraiment possible sans les ordres des officiers.

A Oran, les comptes rendus de Charlie font l'effet d'une douche froide. Pour peu, leur auteur serait accusé de défaitisme. Le colonel Dufour vient de rallier l'OAS. A son tour, il entame la tournée des popotes version juin 1962, accompagné de Charlie qui a l'avantage d'avoir reconnu le terrain. Le colonel, de par son âge, ne peut se présenter en simple légionnaire. Il est promu sergent-major...

Dufour a vite fait, lui aussi, de se rendre compte que Charlie dit vrai et voit juste. A Mers el-Kébir, il peut constater que les officiers du 1er REC portent ostensiblement la photo du colonel de La Chapelle, embastillé à Tulle, sous la cellophane intérieure de leurs képis. De là à entraîner leurs EBR sur Oran[1] !...

Fin juin, Gardy est convaincu : « sa Légion » ne le rejoindra pas. La prudence, la raison l'emportent. Inutile d'insister. Si l'OAS à Oran dénombre des armes et des bonnes volontés, elle ne dispose pas en munitions de cinq minutes de feu. Pour éviter un baroud aussi inutile que sanglant, le dernier chef de l'OAS ordonne à ses troupes de cesser le combat. Avec ses fidèles, il gagne l'Espagne.

Certains auraient-ils mauvaise conscience ? Début juillet, deux lieutenants viennent de la part du colonel commandant en second de leur régiment proposer à Charlie de l'aider à sortir du guêpier oranais. « Eu égard à vos services passés, la Légion vous débarquera où vous souhaitez... » L'intéressé choisira une autre filière. Il quittera Oran le 7 juillet, sur un bâtiment de la Royale, transformé cette fois en officier de marine. A Toulon, il se perdra dans la foule des rapatriés. Un long exil l'attend[2].

---

1. Par la suite, les officiers du 1er REC effectueront chaque mois une collecte pour aider la famille nombreuse du colonel de La Chapelle durant la captivité de leur ancien patron.

2. Dans ce passage relatif à la période malheureuse de la Légion au printemps 1962, aucun nom n'a été volontairement cité pour ne pas raviver de vieilles plaies. N'ont été mentionnés que les noms de ceux dont l'activité à l'époque est notoirement connue.

Nombre d'officiers contactés par Charlie, voire compromis, ont pu continuer leur carrière. Plusieurs ont terminé généraux, l'un même général d'armée.

*

3 juillet 1962. Tout est terminé. L'Algérie est indépendante. La Légion sait qu'elle va devoir abandonner à jamais cette terre qui fut par excellence la sienne.

Sidi-Bel-Abbès était un symbole. Il est le premier à disparaître. La nouvelle maison mère de la Légion de l'après-Algérie s'installera à Aubagne, en Provence, près de la rive nord de cette Méditerranée que tous les légionnaires ont traversée au moins une fois en leur vie.

Les archives sont emballées, le monument aux morts soigneusement démonté. Le 29 septembre, trois cercueils quittent, au pas lent de leurs porteurs, le quartier Viénot : le général Rollet, le prince Aage de Danemark, ancien chef de bataillon à la Légion, le légionnaire Zimmerman, dernier tué à Sidi-Bel-Abbès, iront reposer au carré légionnaire du cimetière de Puyloubier, à proximité de l'institution des Invalides de la Légion. Choix intentionnel : le « Père de la Légion », un officier étranger, un simple légionnaire.

Le 24 octobre 1962, l'impensable se produit. La Légion quitte Sidi-Bel-Abbès. Lors d'une ultime prise d'armes, suivant le vœu du légataire, est brûlé un pavillon chinois remis au musée par le capitaine de Borelli.

Une page s'est tournée.

*

L'Algérie n'était pas l'Indochine. Il n'y eut pas pour la Légion d'hécatombes identiques à celles de la RC4 ou de Diên Biên Phu. Mais si les engagements furent brefs, ils furent coûteux : 65 officiers, 278 sous-officiers, 1 633 légionnaires sont tombés dans les rangs de la Légion, du 1er novembre 1954 au 3 juillet 1962. Soit un total de 1976 [1].

Officiellement, il n'y avait pas de guerre en Algérie.

---

1. C'est-à-dire 7,5 % des pertes globales de l'armée française (27 000 morts) pour un effectif correspondant à moins de 5 % de l'intégralité des forces engagées. Proportionnellement, la Légion a été plus éprouvée que les autres unités, et presque toujours dans des actions offensives.

Chapitre XX

REBÂTIR (1962-1999)

Les dernières années de l'Algérie française ont coûté cher, très cher. La Légion n'a pas été épargnée.

Elle a payé tribut au combat. Elle en paie un autre, le dernier, à l'honneur. Ils furent nombreux dans ses rangs à refuser les modalités d'un abandon qui oubliait par trop la grandeur nationale et le destin des hommes. On a vu l'opposition à la politique algérienne du chef de l'Etat se développer de 1960 à 1962. Pour quelques-uns, la mort fut au bout de la révolte. Le lieutenant Degueldre, le sergent Dovecar ont été fusillés. Le premier est tombé en chantant *La Marseillaise*, le second après avoir crié « Vive la Légion ! ». Le capitaine Le Pivain a été abattu sans sommations à un barrage de gardes mobiles. Le commandant Casati est mort en prison faute de soins. La Légion d'aujourd'hui, sans le clamer et dans le secret de son cœur, leur a déjà accordé une place de choix au Panthéon de ses morts.

Derrière eux s'alignent les exilés, les internés, les condamnés, les rejetés. Gardy, Dufour, Sergent, Branca, Lobel... sont en exil. De Sèze, de Blignières, La Chapelle, Masselot, Camelin, Robin, Saint-Marc,

Met, Héry, Montagnon, Pouilloux, Bernard, Godot, Coatalem, Planchot... attendent des jours meilleurs derrière les barreaux de la Santé et des prisons de Tulle, Toul ou Ré. Bien des sous-officiers et des légionnaires leur tiennent compagnie. Cabiro, Coiquaud, Amet..., sanctionnés, se retrouvent civils. De Baulny, Perrier, Boulnois, Bonnel... de même. Morin, Martin, Coulon, Bourguin... ont démissionné. Le jeune sous-lieutenant du Maroc, le commandant du RMLE, le patron du GALE en 1950, parvenu au faîte de l'Armée française, a brisé son épée. Il ne veut pas s'associer à la répression qui frappe des camarades, même s'il fut personnellement un soldat discipliné. Derrière les grands yeux bleus qui s'illuminent d'intelligence, le général d'armée Olié cache l'âme d'un preux.

Face à ceux-là qui désobéirent pour cause d'honneur, ils sont quelques-uns à avoir trempé dans des dossiers peu avouables, comme l'enlèvement du colonel Argoud à Munich. On se glisse discrètement leurs noms. Le décompte est vite fait. Ils furent moins que les dix doigts de la main.

A côté des engagés, cent fois plus nombreux d'un côté que de l'autre, les autres sont toujours en place, pliés sous le poids de la stricte discipline, même si certains s'en sont écartés et ont été chanceux. Leurs sympathies étaient claires. A quelques exceptions près. Des irascibles glissent à leur intention qu'ils vont « à la soupe ». Ah, l'intransigeance FFL trouve parfois des émules chez messieurs les ex à l'endroit de ceux qui n'ont pas osé ! Hélas, oui, une fois encore intervient une profonde cassure entre anciens frères d'armes. La Légion vit là une autre épreuve.

Les invectives sont peut-être lancées rapidement. Rien n'était si simple dans ce final dramatique de l'Algérie française. Beaucoup est à prendre en ligne de compte avant de pourfendre. Les circonstances, les charges familiales, l'attachement au métier. Rompre une vocation est un crève-cœur.

Ceux qui n'ont pas bougé, « le petit doigt sur la couture du pantalon », ont du moins, par les vides créés, une satisfaction : ils occupent et occuperont des postes auxquels en d'autres temps beaucoup n'auraient pu prétendre. Car évidemment, ce ne sont pas les plus mauvais qui se sont retrouvés dehors. Les disciplinés de 1962 auront des commandements, des étoiles parfois, des présidences par la suite, une fois la retraite venue.

Heureusement, la relève se présente et s'affirme. La nouvelle génération, petit à petit, fait table rase d'un passé douloureux. Ils ont du mérite, ces jeunes qui choisissent de servir la France par le métier des armes dans cette décennie 1960 (et dans les suivantes). Ils ont devant eux un contexte national peu favorable, un horizon militaire incertain. Bravant le matérialisme ambiant, ils apportent leur foi, leur enthousiasme, leur ardeur à bien faire. Venus volontairement à la Légion, ils savent qu'à côté de l'évolution technique indispensable, ils ont un capital à préserver. Ils se sentent comptables de l'esprit Légion et de l'héritage du passé. Ils n'hésitent pas à interroger leurs anciens en civil venus pour célébrer Camerone ou la Saint-Michel : « Mon capitaine, gardons-nous bien les traditions ? » Oui, assurément.

Si les véritables occasions de s'exprimer sur le terrain sont relativement rares, elles prouvent que les jeunes sont dans le droit fil de leurs aînés. Sous leur égide, la valeur guerrière de l'outil est intacte.

Ils ont aussi l'intelligence et le cœur de vouloir cicatriser les vieilles plaies. Les « proscrits » de 1961-1962 sont invités aux manifestations traditionnelles et chaleureusement reçus. A Calvi, la 7e compagnie, la compagnie des anciens, rassemble dans un imposant carré les compagnons d'hier[1].

*

La Légion qui quitte l'Algérie doit rebâtir. Moralement. Matériellement. Moralement, on vient de voir l'œuvre des cadres issus des écoles, ou du rang pour certains, après 1962. Matériellement, la tâche est immense. Les cantonnements vers lesquels est dirigée la Légion ne sont guère reluisants. Ce sera le principal mérite de ceux qui ont accepté de poursuivre d'édifier des murs et d'assurer des assises correctes aux unités.

Le camp de la Demande à Aubagne n'avait pour lui que le soleil de Provence et son horizon lumineux de falaises blanchâtres. Tout était à construire, à commencer par les bâtiments. Le monument aux morts ramené de Sidi-Bel-Abbès est reconstitué et inauguré le 30 avril 1963. Comme jadis, chaque Camerone défilent les porteurs de la main du capitaine Danjou. Les commandants Morin, Cabiro, le général Caillaud auront l'insigne honneur d'y présenter la célèbre relique. En 1996, ce privilège reviendra à l'adjudant-chef (ER) Duffour, officier de la Légion d'honneur, en 1997 au caporal Aldo Ravaioli, lui aussi officier de la Légion d'honneur. Dans cette phalange des

---

1. Etant donné les positions adoptées dans les deux REP en 1961, c'est évidemment à Calvi que les « retrouvailles » ont le plus d'intensité émotionnelle. En 1998, Aubagne reçoit 150 anciens du 3e REI pour célébrer dans le recueillement le cinquantenaire de Phu Tong Hoa.

glorieux anciens appelés à cette insigne distinction, manquent encore à ce jour Georges Masselot, Hélie Denoix de Saint-Marc et Guy Branca. Leur heure viendra obligatoirement. Ainsi, peu à peu, Aubagne et son quartier Viénot prennent rang de nouveau temple de la Légion étrangère. Le COMLE (commandement de la Légion étrangère), successeur aux prérogatives élargies de l'Inspection de la Légion, y a son PC. Sidi-Bel-Abbès s'éloigne dans le lointain souvenir, phare mythique d'une époque révolue.

Tour à tour, tous les régiments s'éloignent de la terre algérienne. Leur future implantation pose problèmes. L'ordonnance de 1831 prévoyait que la Légion ne pouvait être employée que hors du territoire continental du royaume. Une telle prescription n'est plus possible. Les unités de Légion sont donc appelées à essaimer là où il y a latitude de les recevoir et là surtout où leur présence sera la plus utile.

Au mois d'août 1962, le 3e REI part pour Madagascar et s'installe à Diégo-Suarez. Il y incorpore le BLEM en place depuis 1956 et entretient un détachement aux Comores (DLEC)[1]. Ce dernier sera par la suite remplacé par le DLEM[2], qui s'est vu confier la garde de l'étendard du 2e REC dissous. En 1973, des considérations politiques obligent le 3e REI à abandonner la Grande Ile pour la Guyane française. En ce lointain territoire équatorial, la France développe ses infrastructures aérospatiales. Le 3e REI protégera l'aire de départ des fusées Ariane tout en participant à la surveillance des frontières.

La 13e DBLE s'éloigne pour la Corne de l'Afrique. A Djibouti, elle n'est pas très loin du théâtre de ses exploits de 1941.

Le 5e REI, le régiment du Tonkin a vocation de servir dans des terres lointaines. En 1963, il prend la mer pour Papeete. Les années suivantes, transformé en Régiment mixte du Pacifique avec des éléments de la « régulière », il reçoit mission de surveiller les sites d'essais nucléaires à Mururoa. L'abandon des explosions atomiques françaises dans le Pacifique le verra redevenir 5e Régiment étranger dans les années 1990.

Le 1er REC et le 2e REP, pendant quelques années encore, sont destinés à demeurer en Algérie. Implantés à Bou-Sfer, le village natal du général Jouhaud, ils assurent la défense de la petite enclave française autour de la base de Mers el-Kébir. Ce n'est qu'en 1967 que le 1er REC rejoint Orange, destinée à devenir sa garnison définitive.

La dissolution du 1er REP laisse le 2e REP seul gardien des traditions paras de la Légion. Le 13 septembre 1962, il se retrouve donc à

---
1. Détachement de Légion étrangère des Comores.
2. Détachement de Légion étrangère de Mayotte, formant corps.

Bou-Sfer, face à des conditions matérielles (et morales) difficiles. Il doit d'abord bâtir de quoi se loger. Les années suivantes, sous l'impulsion du lieutenant-colonel Caillaud, chef de corps de 1963 à 1965, il évolue profondément. Chacune de ses compagnies s'oriente vers une spécialisation. 1re compagnie : renseignement, 2e compagnie : montagne, 3e compagnie : opérations amphibies, 4e compagnie : mines et pièges. En 1965, les chuteurs opérationnels sont aux origines des futurs CRAP (commando de recherche et d'action dans la profondeur) qui, en quelques circonstances, auront nature à montrer leur haut savoir-faire. Fin 1967, le régiment quitte définitivement l'Algérie. Il s'installe aux abords de Calvi, à six kilomètres de la ville, là où se dresse aujourd'hui le camp Raffalli. Le monument aux morts des BEP, initialement à Sétif, y est rapporté.

Le 2e REI connaît jusqu'en 1967 une situation assez exceptionnelle, pour des lendemains de la guerre d'Algérie : il est maintenu dans l'ouest saharien pour garder les installations atomiques et aérospatiales françaises.

En octobre 1962, il quitte Aïn-Sefra et ce Sud oranais où il a laissé 13 officiers, 40 sous-officiers et 233 légionnaires. Par sa présence constante sur la frontière marocaine, zone sensible à cause des tentatives de passage, il fut l'un des régiments de Légion les plus endeuillés de 1956 à 1962.

Depuis Colomb-Béchar, son nouveau PC, il s'étale jusqu'à Reggane et Hamaguir par Beni Abbès, ancien ermitage du père de Foucauld, et In Salah. En avril 1963, il absorbe le 1er ESPLE et la 4e CSPL, en mai 1964 le 2e REC dissous. Sa mission d'escorte des convois et de protection des sites – d'où son surnom du régiment des sites – se prolonge jusqu'en 1967. Il gagne alors Mers el-Kébir pour remplacer le 2e REP avant d'être dissous le 31 janvier 1968. Il renaît en 1972 à Corte et Bonifacio, à titre essentiellement de régiment d'instruction. Sa présence ayant finalement été jugée malvenue par certains insulaires, il embarque pour la métropole en 1983. Il s'implante à Nîmes qui devient sa garnison définitive et s'intègre à la 6e DLB comme régiment d'intervention.

Il rejoint dans cette 6e DLB le 1er REC et le 6e REG. Ce dernier est l'héritier du 6e REI, disparu en 1955. Recréé en 1984 en tant que régiment de génie, il a Laudun pour garnison.

*

Cette Légion de l'après-Algérie se différencie assez largement de celle d'avant 1962. Dans ses effectifs, dans son recrutement, dans son style de vie même. La fin des conflits dits coloniaux, un certain équilibre international ne justifient plus une Légion hypertrophiée. A partir de 1964-1965, celle-ci se stabilise autour de 8 000 hommes. C'est dire que chaque régiment n'excède pas 1 200 hommes. Le recrutement allemand se tarit. A compter de 1970, les francophones représentent près de 50 %. Germanophones, Latins, natifs de l'Europe de l'Est, anglophones, non-Européens se partagent à parts à peu près égales la seconde moitié (avec une légère prédominance des natifs de l'Europe de l'Est).

Curieusement les anglophones, traditionnellement absents à quelques exceptions près comme 1914-1918, prennent une place importante. De même les revues ou défilés permettent au grand public de découvrir des faciès reflétant clairement une origine asiatique ou africaine. 137 pays sont représentés à la Légion. L'afflux des candidatures permet toujours une sélection sévère. Le corps se veut une troupe d'élite. Seuls actuellement 30 à 40 % des postulants sont admis. L'immense majorité vient plus pour « faire sa vie » que pour « la refaire ».

Depuis 1962, sous réserve des interventions extérieures qui seront évoquées, la Légion, fait exceptionnel, traverse une longue période de paix. Elle ne connaît plus l'impérieuse nécessité de former d'urgence des renforts pour ses unités au combat. Elle a ainsi latitude d'instruire les siens avec soin. Le 4e REI a été dissous en 1964. Il est reconstitué en 1977 et devient le régiment d'instruction. Installé à Castelnaudary, dans un camp tout neuf et bien agencé, il assure la formation des jeunes recrues et des élèves gradés. Au terme de la période probatoire, la remise des képis blancs, suivant un cérémonial traditionnel, vise à faire prendre conscience au jeune légionnaire de la portée de son engagement et de la valeur symbolique de la coiffure qu'il reçoit.

Dans leurs nouvelles garnisons et face à leurs missions d'aujourd'hui, les légionnaires apprennent à se servir d'un autre type d'armement et de matériel : fusils FAMAS, engins VAB, ERC 90 Sagaie. Ils embarquent dans des Transall ou des SA 330 Puma. Les Dakotas d'Indochine, les « Bananes » d'Algérie sont loin.

Ce légionnaire des temps modernes, s'il garde fidèlement son képi blanc réglementaire modèle 1964, ainsi que sa ceinture bleue et ses épaulettes vertes de parade, change de silhouette. L'intendance l'habille d'élégantes tenues claires. Le confort des cantonnements déroute un peu les anciens qui se réjouissent de cette évolution. Les foyers servent plus de jus de fruits que de bière. L'alcool a déserté les chambrées. Les sports, les distractions de toute nature occupent une place privilégiée en dehors du service (le sport tenant également une part importante dans l'entraînement).

*

A partir de 1962, la France vit donc en paix. Après les deux grands conflits mondiaux, après ses longues guerres de colonisation et de décolonisation [1] qui l'ont accaparée durant tant d'années, elle peut se consacrer à ses problèmes internes, à son activité économique ou culturelle, à son rayonnement international. Son armée met l'arme au pied, tout en maintenant sa garde. Le péril n'est pas encore écarté du côté de l'Est, et il peut tout aussi bien surgir d'ailleurs.

A l'instar de l'armée française, la Légion vit elle aussi sa première véritable période sans combats, si l'on excepte le bref intermède 1935-1939. En dépit de son pacifisme déclaré, la France a certaines obligations. Elle doit se manifester sur certains théâtres. La Légion, qui ne demande que cela, est ainsi appelée à s'intégrer au bras séculier du pays là où nécessaire : dans une Afrique qui trop souvent dérape, dans un Proche-Orient toujours agité, dans une ex-Yougoslavie en proie à des convulsions multiples. Parfois encore, pour des motifs plus humanitaires que politiques, dans des Etats éprouvés comme le Rwanda, le Zaïre, le Cambodge, la Somalie...

Le 1er RE n'a pas vocation à quitter Aubagne. Il lui arrivera toutefois de mettre sur pied un élément de marche. Le 3e REI est immobilisé à Madagascar ou en Guyane, la « 13 » à Djibouti, le 5e RE à Tahiti. Le 4e REI se cantonne dans des tâches d'instruction. Trois régiments restent disponibles pour des interventions extérieures : 2e REP, 2e REI, 1er REC. Le premier dans le cadre de la 11e DP, les deux autres dans celui de la 6e DLB où le 6e REG viendra par la suite les rejoindre. Par sa caractéristique aéroportée, le 2e REP se trouve être le plus sollicité.

*

Le Tchad, ce cœur de l'Afrique qui vit tomber le commandant Lamy et partir pour une magnifique épopée le colonel Leclerc, se perd dans les rivalités ethniques et personnelles. Ses affrontements internes en font, à compter de 1969, l'un des principaux champs d'action du 2e REP.

Au début de 1969, devant les troubles suscités par le FROLINAT,

---

1. Voir *La France coloniale*, 2 tomes, du même auteur, chez le même éditeur

le pouvoir en place à N'Djamena (ex-Fort-Lamy) réclame l'aide française. L'EMT/1 du 2ᵉ REP est dépêché sur place avec consigne de donner priorité à la conciliation plutôt qu'à l'affrontement. Les réalités locales se chargent vite de montrer la portée pratique de ce vœu pieux.

L'EMT prend position à environ 400 kilomètres à l'est de N'Djamena. Ses patrouilles, à défaut de palabres autour d'une tasse de thé, écopent de coups de fusil. Encore que l'armement adverse soit largement diversifié. Flèches, sagaies se mêlent à quelques MG 34 d'origine allemande. Malgré tout, les accrochages sont peu nombreux et se terminent bien. Le feu des légionnaires a vite raison des bandes mal aguerries.

En octobre l'intégralité du régiment, renforcé par une compagnie motorisée du 1ᵉʳ RE (CMLE), est présente au Tchad. Les compagnies éclatent dans la moitié méridionale du pays. Les nomadisations se succèdent, coupées de quelques accrochages. Le 30 décembre, les légionnaires Melek et Astolfi de la CMLE tombent au combat. Le 6 mars 1970, le médecin capitaine de Larre de La Borrie est mortellement blessé en portant secours à un sous-officier tchadien.

Courant avril, après un an de séjour, l'EMT/1 regagne la Corse. L'EMT/2 monte vers le nord, dans l'Ennedi et le Borkou. Aux approches du Tibesti, les choses se corsent. La Libye n'est pas loin.

C'est un véritable combat d'envergure que doit livrer la CAE (capitaine Wabinski), les 22 et 23 octobre, pour s'emparer de la « Faille Leclerc », entre Zouar et Faya-Largeau. Trois mitrailleuses, plusieurs fusils sont saisis. La compagnie a deux tués. Le séjour au Tchad de 1970 se termine sur un ultime baroud qui permet d'anéantir une bande de 50 rebelles. Mais le 2ᵉ REP aura encore l'occasion de revenir au Tchad.

*

L'entraînement a repris ses droits. L'heure est aux compagnies tournantes. A tour de rôle, afin de se roder à l'univers africain, les compagnies effectuent des séjours en ces portions d'Afrique où la France entretien une présence militaire : Djibouti, Centrafrique...

En février 1976, la 2ᵉ compagnie du 2ᵉ REP (capitaine Soubirou) séjourne à Djibouti. Elle est brutalement confrontée à un drame. Le 3 février, des nationalistes Issas venus de Somalie prennent en otages un car d'écoliers français. Les légionnaires auraient préféré une autre action de guerre, mais la vie de trente enfants est en jeu. Le car a pu être intercepté un peu avant la frontière et est bloqué dans la palmeraie de Loyada. La compagnie Soubirou arrive sur les lieux avec l'escadron de la « 13 » en soutien. Les négociations engagées avec les ravisseurs ne laissent rien présager de bon. A quinze heures quarante-cinq, tous les terroristes sont dans la ligne de mire des tireurs du GIGN. Les détonations claquent simultanément. Aussitôt la 2ᵉ compagnie donne l'assaut tandis que l'escadron AML de la « 13 » se déploie. La 1ʳᵉ section déboule contre un poste frontière somalien d'où tire une MG 42, la 2ᵉ section sur le car. Vingt-huit enfants sont sauvés[1] : hélas ! les deux derniers terroristes ont eu avant d'être abattus le temps de blesser mortellement deux innocentes petites victimes.

Six ans plus tard, le 2ᵉ REP connaîtra à Djibouti un autre drame : lors d'un exercice de parachutage, l'appareil transportant la 2ᵉ section de la 4ᵉ compagnie percute le mont Garbi. Le 2ᵉ REP perd 28 des siens dans cette catastrophe aérienne.

*

1978. Le REP revient au Tchad. 7 officiers, 10 sous-officiers, 5 gradés sont envoyés en mission d'instruction (Opération « Tacaud 4 ») auprès des Forces armées tchadiennes (FAT). La situation locale passe par une nouvelle phase de séditions.

Instruire n'interdit pas de se battre si les circonstances l'imposent. A Barangue, à Ati, le 19 mai, à Djedaa, quelques jours plus tard, les Tchadiens, bien encadrés par les gens du REP, remportent des succès significatifs. L'équipe Tacaud a effectué du bon travail mais elle en garde un arrière-goût amer. Sa présence au Tchad lui a interdit de sauter sur Kolwezi avec le régiment.

*

KOLWEZI
(Opération « Bonite », mai 1978)

Kolwezi est désormais un nom dans les mémoires.

En mai 1978, ce centre minier du sud-est de l'ex-Congo belge où travaille une importante communauté européenne, est occupé par 3 000 rebelles katangais bien armés, hostiles au président Mobutu. Ces insurgés se livrent à des pillages et à des massacres. L'existence de 2 500 ressortissants européens est en péril.

Devant la déconfiture de ses propres troupes, Mobutu demande à

---

1. Un enfant emmené en Somalie sera rendu par les Somaliens.

Paris une intervention armée. Le président de la République en accepte le principe. A l'exception du personnel de Tacaud, le 2ᵉ REP du colonel Erulin est disponible à Calvi. Encore faut-il rappeler d'urgence les stagiaires et les permissionnaires. Le 18 mai, dans l'après-midi, le premier échelon s'envole pour Kinshasa à bord de 4 DC 8 et d'un Boeing 707. Sur place, le colonel Gras, attaché militaire français au Zaïre, centralise les renseignements et monte l'opération. Celle-ci, baptisée « Bonite », sera obligatoirement aéroportée, eu égard aux distances. L'arrivée échelonnée des avions, l'annonce par les médias de l'intervention française, les ordres et contrordres de Paris, entraînent des modifications et précipitent le déclenchement.

Finalement, le colonel Gras prend sur lui de larguer une première vague sur l'ancien aéroclub au nord de la ville. Sitôt au sol, les paras Légion devront s'emparer des objectifs tenus par les rebelles : poste, lycée, hôpital, hôtel Impala. La seconde vague, larguée dès que possible, viendra renforcer le dispositif initial

Le 19 mai, à quinze heures trente, les 1ʳᵉ, 2ᵉ, 3ᵉ compagnies (capitaines Poulet, Dubos, Gausseres) et le PC du régiment sautent de quatre Hercules C 130 et d'un Transall C 160 de l'armée de l'air zaïroise. Soit 381 paras[1].

Malgré des erreurs de largage et des tirs sporadiques durant la descente, le regroupement s'effectue rapidement (il y a un tué). Sans perdre un instant, les légionnaires progressent vers leurs objectifs. Partout dans la ville, l'odeur âcre de la mort les prend à la gorge. Ils n'ont pas fini de découvrir les monstruosités commises.

La résistance rencontrée est relativement faible. Les tireurs d'élite ont raison des rebelles qui se manifestent. Trois AML débouchant brutalement sont stoppées par le lance-roquettes de 89 mm.

A la nuit tombante, la deuxième vague, 4ᵉ compagnie (capitaine Grail) et éléments lourds, se présente. Craignant un regroupement difficile dans la pénombre, Erulin reporte le saut au lendemain à l'aube, d'autant que ses hommes sont maîtres de la situation. Les objectifs impartis sont atteints. De nombreux otages européens ont déjà été libérés. Il n'est d'opposition sérieuse qu'à la cité Manika, au sud-est de la ville, où la 3ᵉ compagnie est accrochée.

Le 20 mai à l'aube, la deuxième vague se présente comme prévu. Erulin a désormais tout son régiment sous la main. Reconnaissances, fouilles, reprennent avec, hélas, découverte de charniers.

Dans l'après-midi, une forte résistance se dévoile à l'usine Métal Shaba, bien au nord de Kolwezi. 200 Katangais occupent les lieux et

---

[1]. Il y a 4 paras du 13ᵉ RDP.

paraissent résolus. Un tir de mortiers précède l'assaut de la 2e compagnie. 80 rebelles restent sur le terrain, les autres s'enfuient ou sont faits prisonniers. Le 21, toute la ville de Kolwezi est nettoyée et contrôlée. Des reconnaissances profondes peuvent être lancées pour récupérer les Européens qui ont cherché refuge dans la brousse. Ces sorties donnent lieu à quelques engagements plus ou moins violents.

L'arrivée de renforts belges et zaïrois permet de conclure. Le 28 mai, tous les Katangais ont déserté les lieux et regagné l'Angola.

Le 2e REP, à Kolwezi, compte cinq tués et 15 blessés mais peut se targuer d'un éclatant succès. Son action a sauvé des centaines et des centaines de vies humaines. Il aligne également un impressionnant bilan militaire : 2 AML et plusieurs véhicules détruits, un millier d'armes individuelles, 15 mortiers, 17 mitrailleuses, 38 FM saisis.

Le 2e REP, héritier du 2e BEP de Ba-Cun, de Nghia-Lo, de Diên Biên Phu, du 2e REP de Tébessa, des Beni Sbihi, sera aussi pour l'avenir le régiment de Kolwezi.

*

1982 voit trois compagnies du 2e REP au Liban pour une mission ô combien délicate : dans le cadre des accords internationaux, extraire de Beyrouth Yasser Arafat, le chef de l'OLP, et ses Palestiniens (Opération « Epaulard », du 21 août au 14 septembre).

Si les armes des évacués et de leurs amis ne restent pas muettes, elles ont le bon goût, en principe, d'être dirigées vers le ciel. Au milieu d'une pétarade sans fin et d'une cacophonie aussi bruyante que colorée, les légionnaires gardent leur sang-froid. L'œil vigilant et l'arme à la main, ils canalisent les partants et le flot des accompagnateurs. Par miracle, dans la débauche de balles et d'obus, ils n'ont que deux blessé légers.

« Epaulard » se déroule bien. Le 30 août, l'évacuation est terminée sans incidents majeurs. La stricte discipline et la diplomatie non dénuée de fermeté des légionnaires y ont largement contribué.

Dans cet « Orient compliqué », comme le définissait Charles de Gaulle, le REP a évolué à son honneur. Cinq compagnies du 2e REI, trois escadrons du 1er REC y prendront son relais du 4 juin au 15 septembre 1983 (Opération « Diodon III », au titre de la Force multinationale de Sécurité) en vue d'aider l'armée libanaise à restaurer l'autorité gouvernementale à Beyrouth et d'assurer la protection des populations. On sait qu'une telle mission est à hauts risques. Des camions piégés, le 23 octobre 1983, provoquent 241 morts au quartier général américain et 58 au poste français Drakkar du 1er RCP.

*

Revoici le Tchad. En 1983, le danger vient directement de la Libye. La France, bonne fille, vole au secours d'Hissène Habré qui fut pourtant le ravisseur de Mme Claustre et l'assassin du commandant Galopin. Elle lance l'opération « Manta », afin de dissuader Kadhafi de se mêler des affaires tchadiennes. Un imposant dispositif militaire français se met en place. Un peloton d'AML 90 Panhard, du 2ᵉ escadron du 1ᵉʳ REC, fait partie de la montée en puissance de Manta. Il débarque à N'Djamena le 16 août. Un second escadron du REC est aérotransporté sur Abéché le 19. Le lendemain, l'intégralité du 2ᵉ escadron rejoint N'Djamena.

En novembre le 2ᵉ REP arrive. Ah, le Tchad, il commence à bien le connaître : depuis 1969, le régiment s'y est manifesté une dizaine de fois. De novembre 1983 à mai 1984, il séjourne dans l'est du pays prêt à se porter au nord si besoin.

1986-1995. La tension en Libye décroît. Ne stationnent plus que des compagnies tournantes pour l'opération « Epervier » qui entend garder une valeur dissuasive. En novembre 1990 l'anarchie locale impose d'assurer l'évacuation des ressortissants français. Ce Tchad est le tonneau des Danaïdes de la paix. Le calme obtenu par les diplomates et les militaires s'y écoule mille fois plus vite qu'il n'y a été déversé. Et il faudra encore s'installer près de l'aéroport de N'Djamena en 1992 et 1994...

*

En 1990-1991, la guerre du Golfe appelle les légionnaires au Moyen-Orient. La division Daguet envoyée par la France comprend des éléments du 2ᵉ REI, du 1ᵉʳ REC, du 6ᵉ REG, du 2ᵉ REP et même du 1ᵉʳ RE. Daguet a dû gratter les fonds de tiroirs des troupes de métier pour arriver à effectifs pleins et disposer de suffisamment de chauffeurs poids lourds.

Le Golfe ou Suez à une autre échelle, à trente-cinq ans de distance pour les légionnaires ! Le baroud pour eux passe à côté, même si la victoire militaire des forces alliées est incontestable et sans ambiguïté. L'aviation, les engins font l'essentiel de l'ouvrage. Les Irakiens, comme les Egyptiens en 1956, décampent. Seuls les CRAP du 2ᵉ REP sont véritablement au contact. Ils participent à la prise de l'aérodrome d'As-Salman, faisant 90 prisonniers. L'affaire leur coûte trois blessés.

« Tempête du désert », puisque tel était le nom de l'intervention alliée, a montré malgré tout une fois encore l'allant et le métier de la troupe. Les blindés du REC ont chargé dans la meilleure tradition. Les fantassins du 2ᵉ REI, les sapeurs du 6ᵉ REG ont assuré leurs tâches avec l'assurance de vieux briscards. Devant les uns ou les autres, l'ennemi n'a guère osé faire front.

*

En 1992, la Légion est impliquée dans l'imbroglio yougoslave sous le couvert de la FORPRONU[1]. Les légionnaires abandonnent provisoirement le képi blanc pour le béret bleu ! Cette mission est sans doute la plus ingrate reçue depuis 1962. Peut-être la plus périlleuse. S'interposer, pour les calmer entre des belligérants qui n'aspirent qu'à s'entre-tuer a un côté kamikaze. Alternativement ou conjointement, les détachements du 2ᵉ REI, du 1ᵉʳ REC, du 6ᵉ REG, du 2ᵉ REP, du 1ᵉʳ REI[2] séjournent en Bosnie. Les conditions matérielles sont pénibles. Il neige, il pleut. Les cantonnements sont des installations de fortune. Les routes, les pistes, celle du mont Ingman en particulier, multiplient les dangers. Officiellement ce n'est pas la guerre, mais tout y ressemble. Les adversaires passent d'un hypocrite cessez-le-feu à un autre tout aussi sournois. Dans un camp comme dans l'autre, on n'hésite pas à prendre pour cibles le personnel de l'ONU. Des légionnaires sont atteints, victimes de snipers difficiles à déceler. Le maréchal des logis Gunther, du 1ᵉʳ REC, est tué par un tireur isolé le 14 mars 1995 devant Sarajevo. Chaque incident déclenche une réplique par le feu mais il est interdit d'aller plus loin. La FORPRONU n'est pas là pour se battre ! Elles ne peut qu'encaisser les mauvais coups qui s'appellent les snipers, les mines, les accidents...

Cette présence qui sur le fond s'efforce d'éviter le pire, dans une région où les haines séculaires dressent des peuples les uns contre les autres, est condamnée à se prolonger. En avril 1997, un élément du 2ᵉ REI stationne encore en Bosnie.

*

En fond de tableau de l'activité légionnaire se profile toujours une Afrique noire qui n'arrive pas à trouver son équilibre. Bien malgré lui, l'ancien colonisateur doit souvent se manifester dans ses vieilles possessions, afin comme toujours d'éviter le pire.

---

1. FORPAINU par la suite.
2. Peloton de transport.

En mai et juin 1996, le 2ᵉ REP est à Bangui, en Centrafrique, où il contribue à arrêter les combats et à réduire les mutins. Du 13 au 20 mai 1997, 2ᵉ REP, 2ᵉ REI, 1ᵉʳ REC assurent à Brazzaville l'évacuation de 6 000 étrangers dont 1 500 Français. Un officier, 4 sous-officiers, 4 légionnaires sont blessés en se portant ainsi au secours de malheureux civils menacés du pire. Le caporal Gobin, du 2ᵉ REP, est tué.

*

Ses plus belles missions de la fin du XXᵉ siècle, la Légion les trouve dans ses tâches humanitaires qui à bien des égards rappellent celles de Kolwezi ou de Brazzaville. Des populations souffrent et meurent, victimes des mines, de la famine, nées des guerres civiles. Le dévouement légionnaire y prend là une remarquable expression.

C'est en Somalie avec la « 13 ». Opération « Oryx » du 4 décembre 1992 au 18 avril 1993, Opération « Onusan » du 24 juillet 1993 au 18 décembre 1993. C'est au Rwanda, avec la « 13 » encore. C'est au Cambodge avec le 6ᵉ REG. Livrer de la nourriture, déminer, soigner se déroule toujours dans des conditions difficiles non exemptes de risques. Déminer implique un beau savoir-faire en dominant le danger permanent. Ravitailler, soigner ne plaît pas obligatoirement aux fauteurs de troubles.

*

Alors, pour la Légion, est-ce vraiment la paix ? En règle générale oui, mais bien des fois la situation ressemble à la guerre. En Bosnie, aucun doute. Dans le Golfe, ce n'était pas loin. Au Tchad, à Kolwezi, des accrochages valent en âpreté bien d'autres d'avant 1962. Pour preuve, tous ceux que la Légion a laissés en chemin depuis le retour officiel à la paix : 10 au Tchad, 6 au Liban, 5 à Kolwezi, 3 en ex-Yougoslavie, 2 dans le Golfe, 1 au Congo. Partout, les cadres et la troupe ont fait démonstration d'une valeur digne du passé. Ils ont même l'avantage sur leurs anciens de posséder une technicité accrue et d'avoir été mieux préparés au combat.

*

Les missions varient. Elles peuvent prendre un aspect guerrier, diplomatique, humanitaire ou autre. On verra les légionnaires patrouiller d'un pas souple et silencieux, lors de « Vigipirate » en janvier 1997, dans les couloirs du RER parisien. Face à toutes les éventualités, la Légion s'adapte et réussit. Illustration supplémentaire de la valeur de ce corps qui depuis sa création en 1831 a déjà vu passer en ses rangs 600 000 légionnaires.

*

A l'aube du IIIe millénaire, la Légion étrangère fêtera son 169e anniversaire. Pour une centenaire avancée, elle se porte bien. Les menaces qu'un programme politique faisait peser sur son existence en 1981 ont disparu. La Légion compte désormais 9 régiments. Un dixième est programmé, un régiment de génie qui s'installera au plateau d'Albion.

Certes, comme l'ensemble des forces terrestres, elle doit supporter un léger fléchissement quantitatif. De 8 300 hommes en 1998, elle passera à 7 700 en 2 002. Ce sera l'un de ses plus faibles étiages depuis 1885. Les régiments d'outre-mer seront fortement touchés. 3e REI, 13e DBLE ne dépasseront pas 700 hommes, soit à peine la valeur d'un bataillon. Le 5e RE, sur l'atoll de Hao, sera presque symbolique, avec 250 hommes dont 80 seulement en poste permanent. De même au DLEM.

Il n'y a pas à s'inquiéter. Un simple feu vert ministériel verrait se gonfler les rangs. Le képi blanc n'a rien perdu de son pouvoir d'attraction.

Conclusion

Des tués, des blessés. Des tués, des blessés... Les mêmes termes reviennent constamment, pour essayer de traduire de perpétuelles saignées.

L'histoire de la Légion étrangère, depuis 1831, est d'abord dans ce prix du sang que la France n'a cessé d'exiger de ces étrangers venus volontairement se battre pour elle. L'histoire de la Légion est d'abord celle de ses morts. Morts de Camerone certes, devenus symbole de l'héroïsme légionnaire, morts ensevelis dans tous ces coins du monde où les légionnaires ont été envoyés.

Depuis 1831, 35 671 officiers, sous-officiers et légionnaires sont tombés au combat dans les rangs de la Légion étrangère. Ceux-là ont droit au titre de « Mort pour la France ». A leur longue liste, il conviendrait d'adjoindre les autres enlevés par les épidémies et les maladies dans de lointaines campagnes outre-mer.

Ces sacrifices doivent en premier lieu inspirer le respect envers une troupe qui sait qu'elle ne sera pas ménagée et qui jamais ne déçoit. Camerone, Tuyen-Quang, Bir Hakeim, Diên Biên Phu et tant d'autres hauts faits en sont l'éclatant témoignage. Evoquer la Légion impose de dépasser le stade du romantisme de boulevard. Le légionnaire est synonyme de devoir et de sacrifice.

L'importance des pertes éprouvées pourrait conduire à une conclusion erronée. La Légion, même si elle est envoyée là où on meurt, ménage ses hommes. Ses chefs sont économes du sang de ceux qui leur sont confiés. Peut-être parce qu'ils ont au fond du cœur le précepte de Saint-Exupéry : « Aimez ceux que vous commandez, mais sans le leur dire. »

Ce souci de respecter les hommes dépasse le strict cadre du combat. Tout est mis en œuvre pour que durant son contrat l'individu puisse trouver un épanouissement et si possible une promotion. Depuis longtemps, il n'est plus la bête qui « marche ou crève ». Les légionnaires le savent et s'en rendent compte. Ce souci de l'humain se découvre sous de nombreux aspects. A commencer par ce magnifique exemple de solidarité, l'institution des Invalides de la Légion étrangère de Puyloubier, créée par la Légion afin d'aider ceux qui l'ont bien servie et qui regroupe 200 pensionnaires. Si la Légion était un bagne affreux et inhumain, les amicales d'anciens ne seraient pas aussi nombreuses et aussi vivantes à travers le monde.

Le légionnaire signe un contrat d'engagement de cinq ans, éventuellement renouvelable pour une ou plusieurs années. Le geste n'est pas anodin. Il lie l'individu pour un laps de temps important de sa vie active. Il explique l'une des origines du succès de la Légion : le travail dans la durée. Garder un soldat cinq ans sous les armes permet de lui apporter formation et expérience et assure la cohésion et la stabilité des équipes. Cette permanence des effectifs évite les bouleversements perpétuels si préjudiciables aux formations à base du contingent. Le chef sait parfaitement ce qu'il peut obtenir de sa troupe. Les hommes réagissent quasi instinctivement aux ordres de leur chef. Cette complicité tacite ne peut être que bénéfique. La longévité du service conduit également à la constitution de cette cheville ouvrière de la Légion que représente le corps des sous-officiers. Ceux-ci restent dix ans, quinze ans, parfois plus, dans la même unité.

La Légion est condamnée à connaître des transformations. Modifier la durée du contrat légionnaire serait donner le feu vert à une atteinte grave à sa pérennité et à sa force.

Bien des pays ont essayé de mettre sur pied des ersatz de Légion étrangère. Aucun n'y est véritablement parvenu. La Légion étrangère française est unique dans son passé de gloire et de sacrifices, dans ses traditions, son esprit, sa cohésion. La France seule, par le truchement de ses officiers, a réussi à former un tel corps à base d'étrangers. Cette réussite l'honore.

Volontairement, il n'a pas été fait état, ou très succinctement, des mobiles profonds qui hier et aujourd'hui ont conduit ou conduisent des hommes à la Légion. Nul ne peut sonder l'âme légionnaire s'il n'a pas porté le képi blanc. Ce ne fut pas le cas de l'auteur. Loin de tout imaginaire, il n'a pu que constater le parfait professionnalisme, l'amour du travail bien fait, la solidité, le courage sans faille, le dévouement des légionnaires. Lui est-il permis de mentionner qu'il doit la vie à l'un d'eux venu le chercher sous le feu, au péril de sa propre existence, alors qu'il gisait grièvement blessé ?

La Légion, c'est cela. Un groupe étroitement soudé, où chacun à tous niveaux tient sa place, où la camaraderie est une règle sacrée et le corps une nouvelle famille.

Legio Patria Nostra

Avec en fronton ces deux vertus cardinales inscrites sur les drapeaux, étendards et fanions :

Honneur. Fidélité

Certains s'inquiètent de l'avenir de la Légion. Sans doute ont-ils des raisons justifiées : abandon de la spécificité outre-mer, concurrence accentuée au sein d'une armée intégralement devenue professionnelle, diminution des effectifs... De pareils écueils ne sont certes pas à sous-estimer. Le passé prouve néanmoins que le futur peut s'envisager avec confiance. La Légion a toujours su évoluer en préservant son identité et en restant dans le peloton de tête en toutes circonstances. Il en sera de même demain. Officiers, sous-officiers et légionnaires de ce corps unique auront à cœur d'affirmer ce qu'ils ont toujours été : une élite qui transcende les hommes et qui est toujours prête à remplir les missions que la France lui confie.

Cornaudric 1997-1998.

ANNEXES

1

L'ANONYMAT LÉGIONNAIRE

Le droit à l'anonymat fait désormais partie du statut de tout candidat à la Légion. Tout engagé est libre de déclarer nom et nationalité de son gré. Le recrutement étant réservé aux étrangers, les Français annoncent ainsi être belges ou suisses. Le côté formel de cette situation, qui assure à la Légion sa valeur de refuge, est relativement récent. Il ne remonte qu'au 1er mars 1911, mais il était déjà acquis depuis 1831 suite à l'article 7 de l'ordonnance de Louis-Philippe :

> « En l'absence de pièces, l'étranger sera envoyé devant l'officier général qui décidera si l'engagement peut être reçu. »

C'était ouvrir à l'anonymat une porte qui restera toujours ouverte avant même que les textes ne le précisent au plan juridique.

Cet anonymat ne saurait signifier laxisme absolu et entrée possible à quiconque. Tout en se montrant intransigeante sur le respect de l'anonymat des siens, la Légion veille scrupuleusement à écarter les individus susceptibles de souiller son nom. Pas de criminels, pas d'assassins à la Légion, même s'il est possible d'y refaire sa vie après une fausse note.

Durant ou en fin de contrat, le légionnaire peut, s'il le désire, abandonner son anonymat et retrouver son véritable état civil. Cette procédure, appelée rectification d'état civil avant 1986, se nomme aujourd'hui rectification de situation. Elle permet de déboucher sur d'autres formalités, comme la demande de naturalisation pour services rendus à la France.

Non sans fondements, l'anonymat fait partie de la légende légionnaire. Qui se cachait exactement sous ce nom d'emprunt ? Mauvais garçon, aristocrate désargenté, amoureux éconduit, réfugié politique ou autre ? Si l'anonymat aujourd'hui s'impose moins qu'hier, il reste impératif. Il offre à qui le désire possibilité de se refaire une vie nouvelle.

2

LES SYMBOLES SPÉCIFIQUES DE LA LÉGION

Si le *Boudin* apparaît dès le milieu du XIXe siècle, le képi blanc ne s'impose, on l'a vu, qu'après la Seconde Guerre mondiale. De même, les autres symboles spécifiques de la Légion n'apparaissent que progressivement.

Les épaulettes vertes et rouges remontent à 1868, avec plusieurs interruptions par la suite. Les couleurs vert et rouge sont officialisées assez tard : 1914 pour le vert, 1959 pour le rouge, tout en étant déjà largement employées.

La grenade à sept flammes est signalée pour la première fois sur les uniformes en 1879. Son dessin évoluera jusqu'à celui, définitif, de 1946.

La ceinture bleue est de 1882. Longueur : 4,20 m, largeur 40 centimètres.

La cravate verte est régularisée par le colonel Gaultier en 1945.

Les pionniers avec tablier, hache et gants, apparaissent, semble-t-il, dès 1831, comme il était alors d'usage dans l'armée française. Le port de la barbe intervient à partir de 1844. La Légion est aujourd'hui la seule à avoir gardé la tradition des pionniers.

Quant à la célèbre devise *Honneur et Fidélité* elle ne date que de 1920. *Valeur et Discipline* se voulaient auparavant les maîtres mots de la Légion.

3

ANCIENS DE LA « 13 »
COMPAGNONS DE LA LIBÉRATION

BARBEROT Roger　　　　　　　　7 mars 1941
BRIOT René　　　　　　　　　　7 mars 1941

ANTONIETTI Joseph	23 juin 1941
BRUSCHI Augusto	23 juin 1941
CAZAUD Alfred	23 juin 1941
DEL-FAVERO Dino	23 juin 1941
GARGUE Félicien	23 juin 1941
GIORGI Noël	23 juin 1941
LANGLOIS Pierre	23 juin 1941
MESSMER Pierre	23 juin 1941
MONCLAR Charles Raoul	23 juin 1941
MOREL René	23 juin 1941
PARIS de BOLLARDIÈRE Jacques	23 juin 1941
POIS Ange	23 juin 1941
SIMON Jean	23 juin 1941
TONEATTI Ettore	23 juin 1941
WALEINA Aloyso	23 juin 1941
HAUTECLOCQUE de Pierre	14 juillet 1941
TARTIERE Jacques	21 août 1941
HAZEY John	18 avril 1942
KOENIG Pierre	23 mai 1942
AMILAKVARI Dimitri	9 septembre 1942
BABONNEAU René	9 septembre 1942
BRUNET de SAIRIGNÉ Gabriel	9 septembre 1942
DAMMANN André	9 septembre 1942
KOCKSIS Igor	9 septembre 1942
NICOLAS Louis	9 septembre 1942
PERNET Jacques	9 septembre 1942
RENARD Jacques	9 septembre 1942
RICHAVY Joseph	9 septembre 1942
SARTIN Jean-Pierre	9 septembre 1942
TURELL Y TURULL James	9 septembre 1942
VERHEUST Richard	9 septembre 1942
BAUDEMONT de LAMAZE Jacques	11 mai 1943
DEWEY Jean	11 mai 1943
SOUBERBIELLE Jean-Marie	11 mai 1943
SAINT-HILLIER Bernard	27 mai 1943
MONCLAR Ralph	1er juin 1943
ARNAULT Paul	2 juin 1943
GENET Jean	2 juin 1943
MAETZU Philippe	2 juin 1943
CAMERINI Gustave	3 juin 1943
CORTA de Renaud	3 juin 1943
DEGAND Emile	26 août 1943
ECKSTEIN Hermann	26 août 1943
BOURGOIN Pierre-Jean	20 novembre 1944
FERRIERES de SAUVEBŒUF Joseph	20 novembre 1944

GERMAIN Hubert	20 novembre 1944
GUILLOT Marcel	20 novembre 1944
LALANDE André	20 novembre 1944
MALEC MATLACEM Stanislas	20 novembre 1944
PEREZ Etelvino	20 novembre 1944
POIREL Jean	20 novembre 1944
PROSZEC Jean	20 novembre 1944
IMA André	29 décembre 1944
JULLIAN Yves	29 décembre 1944
MALLET Jean-Pierre	29 décembre 1944
BAKOS Joseph	7 mars 1945
BONTE Maurice	7 mars 1945
HIRLEMANN Jules	7 mars 1945
MANTEL Claude	7 mars 1945
MOUCHEL-BLAIZOT Jacques	7 mars 1945
PRETS Paul	7 mars 1945
VAZAC Edouard	7 mars 1945
BRANIER Gabriel	13 mai 1945
BABLON Gabriel	28 mai 1945
DUREAU Pierre	28 mai 1945
ECGS Robert	28 mai 1945
MURACCIOLE Jules	28 mai 1945
HAUTIERE de La Yves	7 août 1945
WAGNER Otto	7 août 1945
GOULD William	16 octobre 1945
BENEVENE Henri	17 novembre 1945
EON Jean	17 novembre 1945
FRANOUL Yvan	17 novembre 1945
FREMOND Pierre	17 novembre 1945
MONDENX René	17 novembre 1945
SANTINI Charles	17 novembre 1945
VERSTRAETE Michel	17 novembre 1945
BOURDIS Jean-Jacques	27 décembre 1945
BOLIFRAUD François	8 janvier 1946
JAOUEN Jean	18 janvier 1946
LAOUENAN Georges	18 janvier 1946
UNGERMANN Georges	18 janvier 1946
AGENET Alain	20 janvier 1946
TER-SARKISSOFF Alexandre	20 janvier 1946
BENEYTON Lionel	21 janvier 1946
MAISMONT de Pierre	30 juin 1941.

A ces noms peut être rajouté celui de Maurice Duclos « Saint-Jacques », Compagnon de la Libération, fait pour son courage 1re classe d'honneur de la Légion à Narvik par le colonel Magrin-Vernerey.

4
PROMOTIONS DE l'ÉCOLE SPÉCIALE MILITAIRE DE SAINT-CYR AYANT UN PARRAIN LÉGIONNAIRE

- Lieutenant-colonel AMILAKVARI — 1954-1956
- Colonel JEANPIERRE — 1959-1961
- CENTENAIRE de CAMERONE — 1962-1964
- Lieutenant-colonel BRUNET de SAIRIGNÉ — 1967-1969
- Capitaine DANJOU — 1971-1973
- Général ROLLET — 1978-1980
- Lieutenant-colonel GAUCHER — 1983-1986
- Général MONCLAR — 1984-1987
- Capitaine HAMACEK — 1989-1992
- Commandant MORIN — 1994-1997
- Général LALANDE — 1995-1998

PERTES de la LÉGION dans les DIVERS CONFLITS

ALGÉRIE	1831-1857	844 [1]
ESPAGNE	1835-1839	1 103 [2]
CRIMÉE	1854-1856	444
ITALIE	1859	143
MEXIQUE	1863-1867	468
FRANCE	1870-1871	930
INDOCHINE	1883-1914	1 910
FORMOSE	1885	33
DAHOMEY	1892	37
SOUDAN	1893-1894	2
MADAGASCAR	1893-1902	260
SUD ORANAIS	1882-1914	655
MAROC	1907-1914	325
1re GUERRE MONDIALE	1914-1918	5 931
TONKIN	1914-1933	55
MAROC	1914-1918	5 931
MAROC	1918-1934	1 496
SYRIE	1920-1927	45
2e GUERRE MONDIALE	1939-1945	9 017
INDOCHINE	1946-1954	10 483
MADAGASCAR	1947-1951	5
TUNISIE	1952-1954	14
MAROC	1952-1954	66
ALGÉRIE	1954-1962	1 976
SAHARA-MAURITANIE	1963-1968	3
TCHAD	1969-1989	10
KOLWEZI	1978	5
LIBAN	1983-1984	6
GOLFE	1990-1991	2
ONU (ex-Yougoslavie)	1991-1998	2
AFRIQUE NOIRE	1997	1
SOIT		37 647

---

1. Autre chiffre avancé : 1882.
2. Non décomptés dans total.

6

IMPLANTATION DE LA LÉGION EN 1999

1ᵉʳ RE	Aubagne (13)
2ᵉ REI	Nîmes (30)
3ᵉ REI	Guyane française
4ᵉ REI	Castelnaudary (11)
5ᵉ RE	Hao (Pacifique)
6ᵉ REG	Loudun (30)
1ᵉʳ REC	Orange (84)
2ᵉ REP	Calvi (20)
DLEM	Mayotte

(A venir)
2ᵉ REG   Plateau d'Albion

7

INSCRIPTIONS AUX DRAPEAUX ET ÉTENDARDS ET DÉCORATIONS DES RÉGIMENTS DE LÉGION

1ᵉʳ RE
Sébastopol 1855. Kabylie 1857. Magenta 1859. Camerone 1863. Extrême-Orient 1884-1885. Dahomey 1892. Maroc 1907-1925. Madagascar 1895-1905. Orient 1915-1917.
Légion d'honneur.
Croix de guerre 39-45 : 1 palme.

2ᵉ REI
Sébastopol 1855. Kabylie 1857. Magenta 1859. Camerone 1863. Extrême-Orient 1884-1885. Dahomey 1892. Madagascar 1898-1905. Maroc 1907-1913. 1921-1934. Indochine 1946-1954.
Croix de guerre des TOE : 3 palmes.

3ᵉ REI
Camerone 1863. Artois 1915. Champagne 1915. La Somme 1916. Les Monts-Verdun 1917. Picardie-Soissonnais 1918. Vauxaillon 1918. Maroc 1921-1934. Djebel Mansour 1943. Alsace 1944-1945. Stuttgart 1945. Indochine 1946-1954.
Légion d'honneur.

Médaille militaire.
Croix de guerre 14-18 : 9 palmes.
Croix de guerre 39-45 : 3 palmes.
Croix de guerre des TOE : 4 palmes.

4ᵉ REI
Camerone 1863. Maroc 1914-1918. 1921-1934. Djebel Zaghouan 1943.
Croix de guerre 39-45 : 1 palme.

13ᵉ DBLE
Camerone 1863. Bjervik-Narvik 1940. Kerme-Massaouah 1941. Bir Hakeim 1942. El Alamein 1942. Rome 1944. Colmar 1945. Authion 1945. Indochine 1946-1954.
Croix de la Libération.
Croix de guerre 39-45 : 4 palmes.
Croix de guerre des TOE : 4 palmes.

5ᵉ RE
Camerone 1863. Soudan 1883. Bac-Ninh 1884. Tuyen-Quang 1885. Langson 1885. Indochine 1945-1946. 1949-1954.
Croix de guerre 39-45 : 1 palme.
Croix de guerre des TOE : 3 palmes.

6ᵉ REG
Camerone 1863. Musseifre 1925. Syrie 1925-1926.
Croix de guerre des TOE : 1 palme.

1ᵉʳ REC
Camerone 1863. Levant 1925-1927. Pissemtoa 1943. Colmar 1945. Stuttgart 1945. Indochine 1947-1954.
Croix de guerre 39-45 : 3 palmes.
Croix de guerre des TOE : 4 palmes.

1ᵉʳ REP
Camerone 1863. Indochine 1948-1954.
Croix de guerre des TOE : 5 palmes.

2ᵉ REP
Camerone 1863. Indochine 1949-1954.
Croix de guerre des TOE : 6 palmes.

DLEM (Etendard du 2ᵉ REC)
Camerone 1863.

CHRONOLOGIE

1831	*9 mars*	Création de la Légion étrangère par Louis-Philippe
1832	*23 mai*	Combat de Maison-Carrée (El-Harrach)
1835	*27-28 juin*	Combat de la Macta
	28 juin	Légion cédée à l'Espagne
	17 août	Débarquement de la Légion à Tarragone
	16 décembre	Création d'une nouvelle Légion étrangère
1837	*2 juin*	Mort du colonel Conrad en Espagne
	13 octobre	Prise de Constantine
		Mort du colonel Combes
1838	*8 décembre*	Dissolution de la Légion étrangère « espagnole »
1843		Création d'un poste à Sidi-Bel-Abbès
1844	*Mars*	Prise de M'Chounech
1854	*19 novembre*	Légion en Crimée
	20 septembre	Bataille de l'Alma
1855	*2 mai*	Mort du colonel Viénot devant Sébastopol
	8 septembre	Prise de Malakoff
1857	*24 juin*	Prise d'Ischeriden
1859		Légion en Italie
	4 juin	Bataille de Magenta
		Mort du colonel de Chabrières

	24 juin	Bataille de Solferino
1861	*14 décembre*	Création d'un Régiment étranger
1863		Légion au Mexique
	30 avril	Combat de Camerone
1866	*1ᵉʳ mars*	Combat de Santa Isabel
1870	*19 juillet*	Début de la guerre contre la Prusse
	10 octobre	Combat devant Orléans
	9 novembre	Bataille de Coulmiers
	Décembre	Défense d'Artenay et d'Orléans
1871	*Janvier*	Régiment étranger à l'armée de l'Est
	Avril-mai	Combats devant et dans Paris contre la Commune
1875		Régiment étranger remplacé par Légion étrangère
1882	*26 avril*	Combat du Chott Tigri
1883	*16 décembre*	Prise de Sontay
1884	*23 novembre*	Début du siège de Tuyen-Quang
1885	*1ᵉʳ janvier*	Nouvelle création des 1ᵉʳ et 2ᵉ RE
	3 mars	Fin du siège de Tuyen-Quang
	28 mars	« Affaire de Langson »
1892		La Légion au Dahomey et au Soudan
	18 septembre	Combat de Dogba
		Mort du commandant Faurax
1903	*17-20 août*	Défense de Taghit
	2 septembre	Combat d'El Moungar
1907	*7 août*	La Légion débarque à Casablanca
1912	*28 avril*	Lyautey résident général au Maroc
1914	*Mai*	Entrée dans Taza
	3 août	Début de la Première Guerre mondiale
1915	*9 mai*	Prise des « ouvrages blancs » en Artois
	Avril	La Légion arrive aux Dardanelles
	Septembre	Combats de la ferme de Navarin et de la butte de Souain en Champagne
	11 novembre	Création du RMLE
1916	*4 juillet*	Mort d'Alan Seeger à Belloy-en-Santerre
1917	*17 avril*	Mort du colonel Duriez
	30 mai	Le colonel Rollet commandant du RMLE
1918	*30-31 mai*	Combats sur la Montagne de Paris (au sud-ouest de Soissons)
	11 novembre	Armistice franco-allemand
1920	*15 novembre*	Création du 3ᵉ REI
	17 décembre	Création du 4ᵉ REI

1921	*8 mars*	Création du 1er REC
1925	*16-17 septembre*	Combat de Mousséifré
	20-24 novembre	Siège de Rachaya
1926	*25 mai*	Reddition d'Abd el-Krim
1930	*1er septembre*	Création du 5e REI
1931	*30 avril*	Inauguration du monument aux morts de Sidi-Bel-Abbès
1933	*Février*	Combats du Bou Gafer
	28 février	Mort du capitaine de Bournazel
1939	*1er juillet*	Création du 2e REC
	3 septembre	Début de la Seconde Guerre mondiale
	1er octobre	Création du 6e REI
1940	*27 mars*	Création de la 13e DBLE
	10 mai	Début offensive allemande à l'ouest
	fin mai	Combats du bois d'Inor
	11 juin	Mort du colonel de La Tour
	18 juin	Appel dit du « 18 juin »
	25 juin	Armistice franco-allemand
	30 juin	Ralliement partiel de la « 13 »
	22 septembre	« Incident de Langson » en Indochine
1941	*janvier*	Guerre contre la Thaïlande
	6 janvier-2 mai	Campagne d'Erythrée
	8 juin-12 juillet	Guerre de Syrie
	21 juin-3 juillet	Siège de Palmyre
1942	*27 mai-11 juin*	Siège de Bir Hakeim
	24 octobre	Mort du colonel Amilakvari
	8 novembre	Débarquement allié en AFN
	18 novembre	Début des combats en Tunisie
1943	*18 janvier*	Combat de l'oued Kébir
	13 mai	Fin de la campagne de Tunisie
	1er août	Fusion des armées Giraud et de Gaulle
1944	*Fin avril*	Débarquement de la « 13 » en Italie
	6 juin	Débarquement allié en Normandie
	17 août	Débarquement de la « 13 » en Provence
	Octobre	Débarquement du RMLE et du REC en Provence

1945	2 février	Prise de Colmar
	9 mars	Coup de force japonais en Indochine
		Début de la retraite de Chine
	3 avril	Le RMLE commence à passer le Rhin
	Avril	La « 13 » dans les Alpes
	8 mai	Capitulation allemande
	15 août	Capitulation japonaise
1946	9 janvier	Départ du RMLEEO pour l'Indochine
	19 décembre	Coup de force Viêt-minh en Indochine
1947	30 mars	Début des troubles à Madagascar
1948	1er mars	Mort du colonel de Sairigné
	1er avril	Création de la compagnie para du 3e REI
	25 juillet	Attaque du poste de Phu Tong Hoa
1950	1er avril	Combat de Ba-Cun
	16-18 septembre	Attaque de Dong-Khé
	Octobre	Repli de Cao Bang. Combats de la RC4
		Mort des commandants Forget et Segrétain
1951	Octobre	Combats de Nghia-Lo
1952	18 avril	Combat de Daï-Vi-Thuong
	1er septembre	Le commandant Raffalli est mortellement blessé
	Novembre-décembre	Combats de Na-San
1954	13 mars	Mort du colonel Gaucher
		Début de l'attaque sur Diên Biên Phu
	21 avril	Mort du commandant Cabaribère
	7 mai	Chute de Diên Biên Phu
	27 juillet-11 août	Cessez-le-feu en Indochine
	1er novembre	Début de l'insurrection en Algérie
1955		Retour de la Légion d'Indochine
1956	6 novembre	Débarquement du 1er REP à Suez
1957	15 avril	Mort du colonel de Vaugrineuse
1958	Janvier-mai	Combats de Guelma et de la frontière tunisienne
	26 avril	Combat des Beni Sbihi
	29 mai	Mort du colonel Jeanpierre
1959		Plan Challe
	1er mars	Mort du capitaine Bourgin
1960	24 janvier	Début de la semaine des Barricades
1961	22 avril	Putsch des généraux
	27 avril	Dissolution du 1er REP

1962	*3 juillet*	Indépendance de l'Algérie
	6 juillet	Exécution du lieutenant Degueldre
	24 octobre	La Légion quitte Sidi-Bel-Abbès
1963	*30 avril*	Inauguration du monument aux morts d'Aubagne
1969		Début des interventions du 2e REP au Tchad
1976	*3 février*	Intervention de la 2e compagnie du 2e REP à Djibouti
1978	*19 mai*	Le 2e REP saute sur Kolwezi
1982	*21 août-14 septembre*	Opération « Epaulard » au Liban
1983	*4 juin-15 septembre*	2e REI-1er REC au Liban
1991		Guerre du Golfe
1993		Début des interventions en ex-Yougoslavie
1997	*13-20 mai*	Intervention à Brazzaville
1998	*6 juin*	Cinquantenaire des BEP à Calvi

BIBLIOGRAPHIE

Ouvrages d'intérêt général

La Légion étrangère, revue mensuelle illustrée militaire et coloniale
La Légion étrangère, pages de l'Empire français
Vert et Rouge, revue de la Légion étrangère
Képi blanc, La vie de la Légion étrangère

Lt-colonel Baubiat, *Bibliographie de la Légion étrangère*, 1998
J. Brunon, *Livre d'or de la Légion étrangère*, Lavauzelle, 1955
Général Grisot, *La Légion étrangère, 1831-1887*, Berger-Levrault, 1988
Général Hallo, *Monsieur Légionnaire*, Lavauzelle, 1994
G. Hanotaux, *Histoire des colonies françaises*, 6 vol., Plon, 1930
Commandant Hora, *Debout la Légion !*, Pensée moderne, 1972
Général Gaultier, Colonel Jacquot, *C'est la Légion*, 3 vol., Les Impressions françaises, 1963
Pierre Montagnon, *La France coloniale*, 2 vol., Pygmalion, 1988 – *Histoire de l'armée française*, Pygmalion, 1997
A. Nicolet, *Mektoub*, Antipodes, 1948
La Légion étrangère. Uniformes – Equipement. Régim. Arm., 1998
Dictionnaire : *Hommes et Destins*, 10 vol., ASOM, 1975-1989
Historique des corps de troupes de l'armée française (1569-1900), Berger-Levrault, 1900

CHAPITRE 1

Général Azan, *Conquête et Pacification de l'Algérie*, Librairie de France, 1929

Général Bernelle, Capitaine de Colleville, *Histoire de la Légion étrangère*, Marc-Aurèle, 1850
J. Bodin, *Les Suisses au service de la France*, Albin Michel, 1988
P. Montagnon, *La Conquête de l'Algérie*, Pygmalion, 1986

CHAPITRE 2

Général Azan, *La Légion étrangère en Espagne*, Lavauzelle, 1906
Général du Barail, *Mes souvenirs*, 3 vol., Plon, 1896

CHAPITRE 3

Germain Bapst, *Le maréchal Canrobert (souvenirs d'un siècle)*, Plon, 1914
J. de La Faye, *Souvenirs du général de Lacretelle*, Emile-Paul, 1907
Maréchal de Mac-Mahon, *Mémoires*, Plon, 1932
Duc d'Orléans, *Récits de campagne (1833-1941)*, Calmann-Lévy, 1890
Campagnes d'Afrique (lettres adressées au Maréchal de Castellane), Plon, 1898

CHAPITRE 4

De Bazancourt, *L'expédition de Crimée*, 2 vol., Amyot, 1857

CHAPITRE 5

A. Castelot, *Napoléon III*, Librairie académique Perrin, 1973

CHAPITRE 7

Henry Dugard, *La Légion étrangère*, Les Marches de l'est, 1914
Grenest, *L'Armée de la Loire*, Garnier Frères, 1893 – *L'Armée de l'Est*, Garnier Frères, 1895
Amédée Le Faure, *La guerre franco-allemande*, 1875

CHAPITRE 9

L. Sarrat, *Journal d'un Marsouin au Tonkin*, France-Empire, 1987

CHAPITRE 10

H. d'Alemida-Topor, *Les Amazones*, Rochevignes, 1984
E. Aublet, *La guerre au Dahomey*, Berger-Levrault, 1894
G. Gorrée, *Sur les traces du Père de Foucauld*, La Colombe, 1953
C. Grasset, *A travers la Chaouia*, Hachette, 1912
L. Lehuraux, *Le conquérant des oasis*, Plon, 1935
Lyautey, *Lettres du sud de Madagascar*, Armand Colin, 1935 – *Vers le Maroc*, Armand Colin, 1937
C.-A. Julien, *Le Maroc face aux impérialismes*, Editions J.A., 1978

D. Rivet, *Lyautey et l'institution du protectorat français au Maroc*, 3 vol., L'Harmattan, 1983
Général Tahon, *Avec les bâtisseurs de l'Empire*, Grasset, 1947

CHAPITRE 11

J.-P. Dorian, *Souvenirs du colonel Maire*, Albin Michel, 1939
A. Ducasse, *Balkans 14-18*, Robert Laffont, 1964
G. Hanotaux, *Histoire illustrée de la guerre de 1914*, 17 vol., Gounouilhou, 1922

CHAPITRE 12

Général Andréa, *La révolte druze et l'insurrection de Damas*, Payot, 1937
H. Grey, J. Bourdier, *Les armées blanches*, Stock, 1968
Colonel Saulay, *Histoire des Goums marocains*, Public, Réalisations, 1985

CHAPITRE 13

T. Szecsko, *Implantation et engagement de la Légion étrangère au Tonkin, 1914-1941*, thèse Montpellier, 1987

CHAPITRE 14

R. Bruge, *Les combattants du 18 juin*, 5 vol., Fayard, 1988
Général Bethouart, *Cinq années d'espérance*, Plon, 1968
M. Le Mire, *Histoire de la Légion de Narvik à Kolwezi*, Albin Michel, 1978
P. Montagnon, *La Grande Histoire de la Seconde Guerre mondiale*, 10 vol., Pygmalion, 1990-1995
J. Mordal, *La campagne de Norvège*, Editions Self, 1949
Général Roton, *Années cruciales*, Lavauzelle, 1947
Général Ruby, *Sedan terre d'épreuves*, Flammarion, 1948

CHAPITRE 15

Général Catroux, *Dans la bataille de la Méditerranée*, Julliard, 1949
M.-C. Davet, *La double affaire de Syrie*, Fayard, 1967
Général Gras, *La 1re DFL*, Presses de la Cité, 1983
Maréchal Koenig, *Bir Hakeim*, Robert Laffont, 1971
J. Le Corbeiller, *La guerre de Syrie*, Editions du Fuseau, 1967
L.-C. Michelet, *Les revanchards de l'Armée d'Afrique*, Godefroy de Bouillon, 1998
J. Mordal, *Bir Hakeim*, Presses de la Cité, 1970
A.-E. Comor, *L'épopée de la 13e demi-brigade de la Légion étrangère, 1940-1945*, NEL, 1988
G. Sairigné, *Mon illustre inconnu*, Fayard, 1998

CHAPITRE 16

Général Koeltz, *Une campagne que nous avons gagnée*, Hachette, 1959
Général de Larminat, *Chroniques irrévérencieuses*, Plon, 1962
Maréchal Juin, *Mémoires*, 2 vol., Fayard, 1959
Général de Lattre de Tassigny, *Histoire de la 1re Armée française*, Plon, 1949
L. Pommois, *Des Vosges à Colmar*, Valbor, 1993
Remy, *Compagnons de l'honneur*, France-Empire, 1964

CHAPITRE 17

Amiral. Decoux, *A la barre de l'Indochine*, Plon, 1949
P. Franchini, *Les guerres d'Indochine*, 2 vol., Pygmalion, 1980
C. Hesse d'Alzon, *La présence militaire française en Indochine de 1940 à 1945*, SHAT, 1985
Général Salan, *Mémoires*, tome 1, Presses de la Cité, 1970
P. Sergent, *Les maréchaux de la Légion*, Fayard, 1977

CHAPITRE 18

Colonel Charton, *La RC4*, Albatros, 1975
M. Dem, *Mourir pour Cao Bang*, Albin Michel, 1978
A. Gandy, *La Légion en Indochine*, Presses de la Cité, 1988
Général Y. Gras, *Histoire de la Guerre d'Indochine*, Plon, 1979
N. Hery, *Tu-Binh*, Lavauzelle, 1974
Colonel Langlais, *Diên Biên Phu*, Julliard, 1963
Général Salan, *Mémoires*, tome 2, Presses de la Cité, 1971
L. Stien, *Les soldats oubliés*, Albin Michel, 1993
Histoire des Parachutistes français, SPL, 1975

CHAPITRE 19

L. Beccaria, *Hélie de Saint-Marc*, Perrin, 1988
B. Cabiro, *Sous le béret vert*, Plon, 1988
Général Challe, *Notre révolte*, Presses de la Cité, 1968
M. Coulon, *Grognard du désempire*, Guilde lettres, 1995
L. Delarue, *Avec les paras du 1er REP et du 2e RPIMa*, NEL, 1961
H. Denoix de Saint-Marc, *Les champs de braises*, Perrin, 1995
C. Depoix, *Artilleurs paras dans les djebels*, A.A. 35e RAP, 1995
P. Montagnon, *La guerre d'Algérie*, Pygmalion, 1984 – *L'affaire Si Salah*, Pygmalion, 1987
F. Perrin, *Chirurgie d'antenne en Algérie*, Le François, 1958
J. Rouvière, *Le putsch d'Alger*, France-Empire, 1976
P. Sergent, *Je ne regrette rien*, Fayard, 1972
J.-L. Tixier-Vignancour, *Fors l'honneur*, SERP, 1963

CHAPITRE 20

M. Carra, *Une vie de Légionnaire*, Calmann-Lévy, 1990
P. Dufour, *2ᵉ REP Action immédiate*, Lavauzelle, 1994
F. Pons, *Les paras sacrifiés*, Presses de la Cité, 1994
P. Sergent, *2ᵉ REP*, Presses de la Cité, 1984
Colonel Spartacus, *Opération Manta*, Plon, 1985
1ᵉʳ REC, *Atlas*, 1991
Tempête du désert

ABRÉVIATIONS

AA/52	Arme automatique, modèle 52
ABC	Arme blindée cavalerie
AFN	Afrique française du Nord
AM	Auto-mitrailleuse
AML	Automitrailleuse légère
AOF	Afrique occidentale française
BA	Base arrière
BC	Bataillon canon
BEP	Bataillon étranger de parachutistes
BFL	Brigade française libre
BFLO	Brigade française légère d'Orient
BFO	Brigade française d'Orient
BIMP	Bataillon d'infanterie de marine du Pacifique
BLE	Bataillon de Légion étrangère
BM	Bataillon de marche
BMNA	Bataillon de marche nord-africain
BPVN	Bataillon de parachutistes vietnamiens
CA	Corps d'armée
CC	Combat Command
CEF	Corps expéditionnaire français
CFLN	Comité français de Libération nationale
CHR	Compagnie hors rang

CIPLE	Compagnie indochinoise de parachutistes de la Légion étrangère
CMLE	Compagnie motorisée de la Légion étrangère
CSPLE	Compagnie saharienne portée de Légion étrangère
DB	Division blindée
DBLE	Demi-brigade de Légion étrangère
DC-DCR	Division cuirassée
DCA	Défense contre avions
DCRE	Dépôt commun des Régiments étrangers
DFL	Division française libre
DI	Division d'infanterie
DIC	Division d'infanterie coloniale
DIH	Détachement d'intervention d'hélicoptères
DIM	Division d'infanterie motorisée
DINA	Division d'infanterie nord-africaine
DLEM	Détachement de Légion étrangère de Mayotte (ou de Madagascar)
DLM	Division légère mécanique
DLO	Détachement de liaison et observation
DMI	Division motorisée d'infanterie
EAI	Ecole d'application de l'infanterie
EBR	Engin blindé de reconnaissance
EM	Etat-major
ESOA	Elève sous-officier d'active
ESPLM	Escadron saharien porté de la Légion étrangère
EVDG	Engagé volontaire pour la durée de la guerre
FAT	Forces armées tchadiennes
FFL	Forces françaises libres
FM	Fusil mitrailleur
FROLINAT	Front de libération nationale
GALE	Groupement autonome de la Légion étrangère
GLEL	Groupement de la Légion étrangère du Levant
GQG	Grand quartier général
GR	Groupe de reconnaissance
GRD	Groupe de reconnaissance divisionnaire
ID	Infanterie divisionnaire
MG	*Machinen Gewher*
MAS/36	Manufacture d'armes Saint-Etienne, modèle 36
MAS/49	Manufacture d'armes Saint-Etienne, modèle 49
ORA	Organisation de résistance de l'armée
PA	Point d'appui
PC	Poste de commandement
PD	*Panzerdivision*
PEG	Peloton d'élèves gradés
PM	Pistolet mitrailleur

RAA	Régiment d'artillerie d'Afrique
RC	Route coloniale
RDA	République démocratique allemande
RE	Régiment étranger
REC	Régiment étranger de cavalerie
REI	Régiment étranger d'infanterie
REP	Régiment étranger de parachutistes
RICM	Régiment d'infanterie coloniale du Maroc
RMLE	Régiment de marche de la Légion étrangère
RMLEEO	Régiment de marche de la Légion étrangère pour l'Extrême-Orient
RMVE	Régiment de marche de volontaires étrangers
RPIMa	Régiment de parachutistes d'infanterie de marine
RTA	Régiment de tirailleurs algériens
RTM	Régiment de tirailleurs marocains
SM	Sécurité militaire
TAP	Troupes aéroportées
TD	Trung Doan (régiment viêt-minh)
TE	Titre étranger
TF	Titre français
TOE	Théâtre d'opérations extérieures
US	United States

INDEX

Aage de Danemark (cdt), 25, 134, 385
Abbas Ferhat, 370
Abd el-Aziz, 142, 148, 151
Abd el-Kader, 16-18, 29, 32, 39, 41
Abd el-Krim, 194-195
Abstein (adj-chef), 171
Adam (col), 56
Ahmadou, 130
Alegron (cdt), 223
Alessandri (gén), 295-296, 301-306
Alexandre III, 165
Ali la Pointe, 361
Allioux (cap), 325-326
Amade (gén), 150
Amelot (lt), 128
Amet (lt), 340, 348, 380, 387
Amilakvari (col), 61, 210, 216, 236, 244, 246-248, 254-255, 257, 285, 315, 324, 410, 412
Amouroux Henri, 232
Amyot d'Inville Gérald (abbé), 263
Amyot d'Inville Hubert (cap de frégate), 263
Amyot d'Inville Jacques (cap), 263
Andolenko (cap), 246
Andréa (gén), 187
Anzanel (lt), 359-360

Aoste (duc d'), 239
Arafat Yasser, 396
Arago (cdt), 83, 85, 87
Archinard (gén), 130
Arfeux (cap), 382
Argoud (col), 259, 387
Ariès d' (gén), 84-85, 87
Arnault (cap), 216, 236, 247, 266, 281-282, 285, 314
Arocas (caporal), 171
Assas d', 341
Assignies d' (lt), 381
Asso ou Baselham, 200, 202-203
Astolfi (lég), 393
Astouil (cap), 280
Auchinleck (gén), 249, 256
Audeoud (cdt), 128
Audet (gén), 216
Aumale (duc d'), 36-37, 96
Auphelle (résident), 298
Aurelle de Paladines d' (gén), 87, 89
Azan (cap), 174

Bablon (cdt), 255-256
Babonneau (cdt), 243, 246-247, 249, 252-253, 255, 269, 351
Bachelier (lt), 342

Ballande (ens de vaisseau), 149
Baraguay d'Hilliers (gén), 63
Barail du (gén), 27, 35
Barbier (cap), 99-100
Barlot (sgt-chef), 285
Barral (col), 40
Barre (col), 212, 242-243
Barreau (gén), 234
Bart (lt), 340
Bart Jean, 109
Bass (lég), 71
Baulny de (col), 373, 376, 380, 387
Baumgarten, 154
Bazaine (gén), 23, 26, 32-33, 47, 52, 56, 78, 80
Beaumont (lt), 226
Beauprêtre (col), 98
Bedeau (cdt), 27, 29-31, 33, 308
Behanzin, 102, 125-129
Belin (caporal), 106, 115
Belloc (col), 294, 296, 298
Benoît-Lison (sgt-chef), 327
Berc de (cap), 279
Bercheny (mar), 11
Bérenger (cap de vaisseau), 294
Bérès (sgt-chef), 348
Berg (cap), 71, 281
Bernard (lt), 382, 387
Bernelle (gén), 14, 16-17, 22-25, 29, 158
Bertand (zouave), 48
Bertany (cap), 376
Bertollo (lég), 71
Berton (cap), 291
Bertrand (col), 140
Berwick (mar), 11
Bésineau (cap), 380
Besson (cap), 213
Betbeder (lt), 131
Béthery (adj-chef), 378
Béthouart (gén), 215-217, 219-222, 235-236
Bevalot (s-lt), 318, 321-323
Bidault (Georges), 309
Bigeard (gén), 165, 347
Binoche (lt), 226
Biré de (lt), 317
Bismarck, 79, 81-82
Bizien (lt), 357
Blanquefort (lt), 342-343
Blignières de (col), 313, 372, 386
Blondat (gén), 159
Bobillot (sgt), 110, 114-115
Boissier (cdt), 261
Boissieu de (col), 234

Bolifraud (lt), 255
Bollardière de (cap), 216, 236, 242, 247, 255-257, 285
Bonnel (cap), 376, 380, 387
Bonnelet (cdt), 145-146
Bonnet (lt), 205, 281, 342-343, 379
Bonnetti Pascal, 180
Bonnier (col), 130-131
Borchers (lég), 312
Borel (cap), 380
Borelli de (cap), 10, 110, 120, 123, 180, 385
Borgnis-Desbordes (gén), 130
Bosquet (gén), 48, 50, 55
Botella (cdt), 347
Bou Amama, 99, 101, 139, 141-142, 148, 193-194, 196, 198, 200-203, 260
Bou Zian, 39-41
Boualam (bachagha), 382
Bouchard (gén), 246
Boulnois (s-lt), 265, 268, 286, 387
Bourbaki (gén), 89, 91
Bourgin (cap), 366
Bourguin (lt), 387
Bourmont (mar), 14
Bournazel (cap), 198, 200-203
Bouyssou (cap), 333
Boyer-Resses (cdt), 216, 219, 236, 259
Bramoullé (cap), 316
Branca (cap), 317, 342, 369, 380-382, 386, 389
Brancion de (gén), 54
Brandon (cap), 343, 348
Brayer (col), 59
Brencklé (lt), 198-199, 201-202
Brian de (cdt), 79
Brière de l'Isle (gén), 116-117
Bril (s-lt), 378
Brisach (lt), 119
Broche (col), 254
Brosset (gén), 265, 274
Brothier (col), 355, 373, 376-377, 380, 383
Brulard (cap), 137
Brundsaux (lt), 129, 134-135, 140, 143
Brunet (gén), 55, 236, 315
Brunswick (lég), 71, 77
Brushcaus (chef de section), 226
Buchoud (col), 364
Bugeaud (mar), 23, 32, 35, 96, 141
Bulot (cap), 133
Burtaire (gén), 224

Cabaribère (cdt), 346

Cabiro (cdt), 311, 313, 336, 343, 348, 375, 379-380, 387-388
Cadoudal de (col), 292, 295
Caillaud (gén), 313, 388, 390
Caillié René, 130
Cailleux (lt), 357
Camelin (cdt), 352, 373, 376-377, 379-381, 386
Canat (col), 93
Canrobert (mar), 27, 33, 40, 47-50, 52-54, 63, 84
Capet Hugues, 286
Carbuccia (gén), 32, 46-47
Cardinal (cap), 318, 320-321, 323
Carpentier (gén), 323-324, 328, 335
Casati (cdt), 336, 386
Casmèze Georges, 156
Castaing (lt), 187
Castellane de (mar), 35
Castries de (cap), 99-101
Castries de (col), 344
Cateau (lég), 71, 75
Cathcart (gén), 50
Catroux (gén), 34, 200, 246-247, 264. 288-290
Cattelin (cap), 110, 112-113, 115
Cazaban (cdt), 192, 194
Cazaud (gén), 216, 235-237, 247-248
Cendrars Blaise, 155-156, 158, 161, 170
Certeau de (cap), 131
Cervens de (cap), 380
Cervoni (adj), 88
César (lég), 119
Chabrières de (col), 42, 59, 61
Challe (gén), 365-368, 370, 373-377, 379
Cham (lt), 16
Chaminadas (cap), 299
Changarnier (gén), 32
Chanzy (gén), 89
Chapman Victor, 156
Charetie Georges, 147
Charles Quint, 82
Charles VII, 10
Charlotton (lt), 318, 320-321, 323
Charnaix (s-lt), 87
Charton (col), 273, 275, 324, 328-330, 332-335
Chassey de (cdt), 346
Chautemps Camille, 132
Chavin (lt), 198
Chenault (gén), 304
Chenel (s-lt), 234-235
Christian (lég), 152

Churchill Winston, 172. 238, 241, 246, 276
Clauzel (mar), 25, 29
Clément (cdt), 224-226
Cockborne de (cap), 291, 293, 296-297, 299, 304-305
Coatalem (lt), 387
Coetgorden de (col), 375, 380
Cogny (gén), 261
Coiquaud, (cap) 380, 387
Collet (col), 241-242
Colleville de (cap), 16
Collot (cap), 243
Colombat (gén), 34
Combes (col), 30-31, 40
Comte (cap), 83, 177
Conrad (col), 18, 25-26, 134
Conrad (lég), 71
Constans (col), 323-324, 328, 330, 332, 334
Constantin (lég), 71, 75, 77
Corap (col), 195
Corta de (cdt), 192, 277
Corta de (col), 192, 277, 370
Cot (col), 159-160, 162, 164
Cota (gén), 279
Cottenest (lt), 140
Coulon (cap), 387
Courbet (amiral), 105-109, 117
Courtois (cap), 133
Cousin-Montauban (gén), 82
Creste (adj-chef), 353
Cros-Mayrevieille (cap), 188
Cussac (cdt), 137
Cuzin (col), 225

Dahmen (lég), 357
Daigny (cdt), 277
Dammann (lég), 285
Danjou (cap), 70-77, 80, 100, 137, 388
Danrémont (gén), 30
Daudet Léon, 165
Daurière (zouave), 64
Daylink (lég), 71
Decoux (amiral), 289-290, 295, 297
Degueldre (lt), 365, 372, 374, 377, 381-382, 386
Delarue (père), 372
Delcros (cdt), 329
Deleure (cap), 137
Deligny (gén), 69
Denardou (cap), 283
Denfert-Rochereau (col), 91, 272
Denoix de Saint-Marc (cdt), 373, 379, 389

435

Dentz (gén), 241
Deplanque (col), 87
Derrien (amiral), 258
Desfossés (lt), 301
Deslades (cdt), 195
Deville (cdt), 165
Dewey (lt), 253-254, 285
Diesbach (lt), 11, 17, 42
Dieta (caporal), 171
Dietl (gén), 217, 221
Digonnet (lt), 246
Diguet (cdt), 117
Dodds (gén), 125-130, 136
Dody (gén), 226
Dominé (col), 110-115, 204, 318, 358
Don Carlos, 20-21, 27, 38
Donnier (cdt), 105, 107
Dorgelès Roland, 215
Doudard de Lagrée, 104
Dovecar (sgt), 365, 386
Doyen (gén), 206, 212, 282, 284, 303
Doze (sgt-maj), 31
Driant (col), 223
Drif Zohra, 361
Drude (cap), 126, 127, 129, 149-150
Dubos (cap), 395
Dubuisson (gén), 224-226
Duchesne (gén), 34, 133-136
Dufour (col), 342, 369-370, 372, 384, 386
Du-Hu-Vi (cap), 170
Durand (lt), 341
Durand-Ruel (lt), 375, 380
Duranti (lt), 157
Duriez (col), 164-165, 178
Duronsoy (lt), 296, 298
Dussanty (chef de musique), 65

Eckstein (sgt), 251
Eggs (cap), 358
Ehrard (s-lt), 40
Eisenhower (gén), 276, 278
El Hadj Omar, 130
El Hadj Thami el-Glaoui, 191
Erulin (col), 395
Espinasse (gén), 34, 37, 60-61
Esteva (amiral), 258
Estoup (cap), 379-380
Eugénie (impératrice), 68, 82

Faidherbe (gén), 130
Farine (col), 209
Faucheux (cap), 201-202
Faulques (cap), 323, 328, 333, 361
Faurax (cdt), 125, 127

Fauré (cap), 198-199, 201-202
Faussone (sgt), 299
Favas (caporal), 71
Favreau (col), 246
Fayçal (émir), 184
Felineau (cap), 129, 138
Fenautrigues (cap), 296, 298
Ferdinand VII, 20
Feront (lég), 85-86, 125, 141, 159, 231, 313
Ferry Jules, 105, 109, 117, 124, 235
Filatoff (adj), 363
Fisch (s-lt), 352
Fischer (lt), 193
Flatters (col), 139
Flayelle, 137
Foch (mar), 167
Forey (gén), 68-69, 78
Forget (cdt), 328, 330, 332, 334, 342, 347
Forichon (lt), 357
Forrey (col), 206
Foucauld Charles de, 145, 390
Foureau, 139
Fracey (lég), 114
Fradet (lt), 152
Franchet d'Esperey (gén), 177, 207
François (col), 302
François Ier, 11, 184
François-Joseph, 62-63
Franger (cdt), 110
Franoul (cap), 285
Frédéric II, 11
Frère (gén), 227-228, 342
Freycinet, 125
Fritz (lég), 25, 71, 77

Gabet (cap), 160
Gaffarel Paul, 40
Gainbert (cdt), 160
Galejski (cap), 357
Gallieni (gén), 119, 130, 137-138, 153, 192
Galliffet de (gén), 62
Gambetta Léon, 87
Gambiez (gén), 372, 375
Gamelin (gén), 185-186, 227
Ganay de (lt), 144
Garbay (gén), 274, 276
Gardy (gén), 187, 273, 350, 365, 371, 373, 376-377, 381-384, 386
Garnier (lt), 199, 201
Garnier Francis (lt de vaisseau), 104-106
Gasmèze Georges, 156

Gaucher (col), 61, 261, 291, 296, 299, 304, 306, 315, 324, 344-347
Gaulle de (gén), 206, 223, 232, 234, 236-242, 245, 248, 255, 264, 276, 282, 284-286, 297, 308-309, 350, 367, 369-371, 374, 376, 378-379, 395
Gaultier (gén), 225-226, 275, 311-312
Gausseres (cap), 395
Gazeau (adj-chef), 188
Geay (col), 172, 176
Gerlich (lég), 357
Germeys (sgt), 71
Géronte, 67
Ghérardy (cdt), 243
Giap (gén), 314, 323, 329, 334, 336, 340, 343-344
Gilles (gén), 340-341
Giovanninelli, 116
Girardin (cdt), 338
Giraud (gén), 199-200, 202, 263-266
Giulay (gén), 59
Glasser (cap), 348, 362, 376
Glélé (roi), 125
Gobin (cap), 399
Godot (lt), 387
Goertz (cdt), 153
Goldbin (sgt-chef) (Eggs), 285, 358
Gomez (lég), 58
Gorki (lég), 158
Gorski (lég), 71, 77
Gouraud (gén), 153 154, 168, 184, 234
Goya, 24
Goyoso (sgt), 219
Grail (cap), 395
Granger (cap), 187-188
Grauwin (médecin cdt), 347
Gravier (cap), 254
Gresser (lég), 193
Grisot (gén), 97
Gros-Péronnard de (lt), 294
Grosjean (cap), 357
Grué (lt), 327
Guderian (gén), 223
Guéninchaut (cdt), 216, 220
Guérin (Mgr), 145
Guibert (cap), 144
Guillaume (gén), 267, 277
Guillaume (lt), 267, 293
Guillemaud (sgt), 320-321
Guiraud (cap), 229
Guiraud (cdt), 343, 347
Guizien (cdt), 375
Gunther (mar des logis), 398
Guyon (lt), 194

Gusic (adj), 371

Haberer (adj), 130
Hallo (lt), 233, 274-275
Hamacek (cap), 311, 313
Hanotaux, 132, 139
Hardy (col), 55
Hartkoff (sgt), 330
Herbillon (gén), 39
Herbinger (col), 117
Héry (lt), 326-327, 387
Herzog (lt), 220
Hipp (lég), 71
Hirlemann (père), 237
Hitler Adolf, 215, 231, 233-235, 241 245, 249, 275, 283, 291-292
Hô Chi Minh, 292, 308, 310, 314, 349
Hoang Hoa Than, 119
Hohenlohe (prince de), 12-13, 15
Holstein (lt), 119
Holzendorff (sgt-chef), 360
Hora (cdt), 134
Horain (cdt), 15-18, 31
Hortzkow (lég), 357
Hourtané (cdt), 243
Hulsen (col), 30
Huré (gén), 201, 202

Ihler (cap), 150
Imhaus (col), 212
Isabelle II, 20, 23

Jacquin (gén), 271
Jacquot (col), 246
Jaluzot (cap), 360
Jaugeon (cap), 325, 327
Jeanne d'Arc, 88
Jeanningros (gén), 67, 70, 72, 76, 79
Jeanpierre (col), 61, 246, 311, 324, 328, 332-335, 353, 355, 361-364
Joffre (mar), 131, 138, 159, 161-162, 164
Jonnart Charles, 143
Josefowicz (lt), 18
Jouhaud (gén), 377, 382, 389
Juarez Bénito, 67-68, 78, 80
Juin (gén), 206, 267-268, 282
Jullian (s-lt), 263, 269
Justinien, 244

Kappeler (cap), 178
Karageorges (prince), 83, 86
Kinting (lég), 119
Kitchener (gén), 83
Klems (lég), 195

Kocsis (sgt), 285
Koenig (gén), 34, 216, 236, 239, 248-249, 251-257, 285
Komaroff (cap), 291, 304
Kratzer (cdt), 185
Kriezloch (sgt), 240
Kunassec (lég), 71, 77
Kurnewitch (s-lt), 87

L'Hériller (cdt), 52
La Chapelle de (col), 201, 373, 375, 379-380, 384, 386
La Motte-Rouge (gén), 60, 84, 87
Labarrière (cap), 88
Labeaume (cap), 332, 335
Laborde Jean, 132
Labourdette (cap), 152
Labrouche (lt), 197
Lacaze (gén), 72
Lachaux de (lt), 144
Lacombe (col), 214, 229
Lacretelle (gén), 33
Lacroix-Vaubois de (lt), 334
Laï (tambour), 71, 76-77
Laimay (col), 246, 283
Lalande (gén), 248, 254, 271, 281, 285, 344-345, 347-348, 381
Lalet (lt), 338
Lamaze de (cap), 247-249, 254, 285
Lambert (col), 259
Lamoricière (gén), 30, 40
Lamy (cdt), 34, 139, 392
Lanas (sgt), 372
Lancon (col), 222
Landriau (cap), 185, 187
Langlais (col), 344, 347-348
Langlois (col), 376
Langmayer (lég), 71
Lannurien de (cdt), 169
Laperrine (gén), 140-141
Lapeyre Pol (s-lt), 194
Larminat de (gén), 242, 255, 264, 267
Laroire (cdt), 298
Larre de La Borrie de (méd cap), 393
Latreche Youssef, 364
Lattre de (gén), 269-270, 272-274, 276-277, 279, 282, 314-315, 317, 336
Laurent (père), 178
Laverdure (col), 80
Lavergnolle de (lt), 360
Lawrence d'Arabie, 184
Le Pivain (cap), 381, 386
Léandre (col), 67
Lebeau (col), 25

Lebœuf (mar), 82
Leclerc (gén), 101, 239, 263, 276, 278, 282, 309, 351, 392-393
Lecomte (col), 375
Lefort (lt), 237
Legentilhomme (gén), 247
Lehur (cap), 200
Lemaire (cap), 338
Lemarchand (lt), 196-197
Lemeunier (col), 26, 345, 347-348
Lemonnier (gén), 298
Lenoir (cap), 296, 299, 301, 305
Lenormand (cap), 185
Lepage (cdt), 299
Lepage (col), 324, 328-330, 332-335
Lequesne (cap), 257
Letang de (gén), 33
Leva (cap), 171
Levaillant (gén), 49
Leygues Georges, 132, 192
Libert (sgt), 113
Liebuda (chef de section), 226
Liesenfelt (cdt), 344
Limburg-Strirum de, 83
Linn (cap-chef), 341
Linter (lég), 119
Lobel (lt), 386
Lorette (lég), 303
Lorillot (col), 308
Lou Han (mar), 305
Louis II de Monaco, 207
Louis XI, 11
Louis XIV, 11, 131
Louis XVI, 11
Louis XVIII, 12
Louis-Philippe, 10, 13, 16, 21, 25, 207
Lourmel (gén), 40
Lowalski (lég), 193
Ludendorff (gén), 168
Lufbery Raoul, 156
Lusancay de (cap), 220
Luzancay de (lt), 246
Lyautey (gén), 34, 101, 119, 138, 146-149, 152-154, 177-179, 191-192, 194-195, 205, 355

Mac Orlan Pierre, 102
Mac-Mahon de (mar), 36-37, 41, 55-56, 60-63, 94
Mader (adj-chef), 171
Maginot Louis, 199, 315
Magnin (cap), 71, 77
Magrin-Vernerey (gén), 216, 220, 222, 235-237

Maine (caporal), 71, 75, 77
Maire (col), 25, 134, 157, 164-165, 167, 171, 192-193, 207, 212, 222, 316
Malec (père), 237
Malinovski (mar), 158
Mallaret de (col), 97
Mangin (cdt), 43, 153
Mangin (gén), 168-169
Mao Tsé-toung, 314
Marce (lt), 330, 335, 364
Marcellin (cdt), 291-292
Marchand (cdt), 83, 161
Mariande (cap), 144
Marie-Christine, 20-21, 23
Martin (cap), 343, 362, 387
Martin (caporal), 277, 343
Martinelle (lt), 246
Martinez (col), 27-28, 61, 134
Martret (s-lt), 33
Masselot (col), 228, 262, 275, 279, 315-316, 353, 355, 364, 373, 375, 377, 379-380, 386, 389
Massiat (gén), 42
Massone (lt), 99-100
Massu (gén), 364
Mattei (cap), 313
Mauchamp (Dr), 149
Maudet (s-lt), 70-71, 75, 77
Maurin (lt), 220
Maximilien, 78, 80
Mayran (gén), 55
Medrano de (lt), 187
Mehl (cap), 107
Meifredy L.C., 226
Melek (lég), 393
Mellinet (gén), 32, 60
Mendès France Pierre, 353
Messmer (Pierre), 237, 242, 247, 249, 253-254, 285
Met (col), 154, 376
Meyer (cap), 360
Michaud (gén), 185, 190
Michez (adj), 196
Milan (col), 59, 62, 64, 71-72, 74-77
Millot (gén), 108
Minié (cap), 71
Minnaert (sgt), 107-108, 131
Miquel (col), 266, 281
Miramon (gén), 67-68
Mittelhauser (gén), 242
Mitterrand François, 352
Mobutu, 394
Moinier (gén), 151-152
Mokrani, 82, 93, 95

Mollenbeck (col), 17
Monclar (gén), 34, 237-238, 240-242, 257, 285, 311, 315, 350
Monireth (prince), 295
Monsabert de (gén), 276
Montagnac (col), 39, 80
Montagnon Pierre, 33, 380-382, 387
Montgomery (gal), 256-257, 262-263
Montpensier (duc de), 37
Montplanet de (lt), 283
Morancy de (cap), 85
Moras (cap), 197
Morel (gén), 216, 236, 242, 247, 249, 251, 253-254, 265, 314, 371, 376, 383
Morice, 362
Morin (cdt), 311, 313, 362, 387-388
Morzycki (sgt), 71, 74-75
Moulay Hafid, 148, 150-152
Moulay Youssef, 153
Moulinay, 110, 112, 114-115
Mounier, 357
Muelle (lt), 339
Muler, 160
Muller, 301
Mussolini, 239

Napoléon Ier, 10, 12
Napoléon III, 42, 45, 53, 58-60, 63-64, 67-69, 80, 81-82
Naram Aga, 158
Naudmann (adj-chef), 176
Navarre (gén), 20, 23, 314, 335
Nayral (cdt), 48-49
Négrier de (gén), 14, 97, 100-101, 105, 108, 110, 116-117, 354
Nemir (sgt-chef), 285
Neurath von, 283
Nicolaï (cap), 131
Nicolas (col), 207
Nicolas (cdt), 180
Nicolas Ier, 46
Nicolet Arthur, 66
Nieger (gén), 184, 197
Niel (mar), 55-56, 63
Nivelle (gén), 164-165
Noël (adj), 285
Noire (cdt), 160

Ochsenbein (gén), 42
Œlschlagel (adj-chef), 326
Olié (gén), 34, 72, 281, 350, 387
Orléans (duc d'), 17, 31-32
Orsini, 58
Ottl (adj), 251

Oudinot (col), 17
Oudri (col), 133, 135

Packowski (s-lt), 87
Palmaert (sgt), 71, 77
Passy (col), 216, 220
Pavas (lég), 71
Pavie Auguste, 118-119
Pechkov Zinovi (gén), 158, 160, 170
Pédoussaut (méd cap), 332
Pegot (cdt), 345-347
Pein (col), 34, 61, 139-140, 148, 154, 159-160
Pélissier (gén), 52, 54
Pennicaut (col), 312
Pépin Le Halleur (lt), 246
Perrier (lt), 338, 380, 387
Perrot (cap), 133
Pétain (mar), 165, 169, 195, 224, 231-232, 242, 265
Peytavin (gén), 91
Pfirmann (col), 376
Philippe VI, 10
Piaf Edith, 378
Pierre Ier, 83, 173
Pierre le Grand, 11
Pigneau de Behaine (Mgr), 104
Pinzinger (cap), 71, 77
Planchot (lt), 387
Planet (cap), 358
Pleven René, 335
Poincaré Raymond, 132, 166
Pointurier (lt), 143-144
Poirel (s-lt), 269
Pompidou (cap), 376, 380
Poniatowski (mar), 12
Pouilloux (cap), 371, 382, 387
Pouilly de (gén), 376
Poulet (cap), 395
Pourquet Charles, 207
Pouyade (col), 293
Prételat (gén), 139
Pronis Jacques, 131
Proszek (cap), 285
Provost (cdt), 150
Proye (s-lt), 113, 115
Prugnat (cdt), 302
Puchois (cdt), 236, 247, 255

Quéru (chef de musique), 65
Quinche (lég), 360
Quitaut (cap), 221

Rabaud (cap), 134

Rachid Ali, 241
Raffalli (cdt), 61, 311, 338-340, 346, 390
Raglan (lord), 47, 49, 53, 55
Ranavalona III, 132, 135
Randon (mar), 41-42
Raphanaud (cdt), 360
Ravaioli Aldo (caporal), 388
Renault (gén), 34, 41, 298
Rerbers (lég), 71, 77
Rest (sgt-chef), 303
Revers (gén), 262, 323
Reyes (s-lt), 33
Rivière (cdt), 105
Robert (col), 222, 224
Robin (cdt), 313, 316, 373-374, 377, 379-380, 386
Robitaille (cdt), 225-226
Rohlfs Gerhard, 43
Roidot, 66
Rollet (gén), 25, 134, 152, 165-166, 169-171, 182, 206-208, 316, 324, 350, 385
Roman (adj-chef), 298
Rommel (mar), 241, 249, 251-253, 256, 258, 262
Roos (major), 371
Roosevelt, 304, 306
Rossel (col), 236
Rouger (cdt), 259
Roy Jules, 335, 348
Royer (cdt), 259
Ruettard André, 158
Rumisky (cap), 153
Rutkowsky (sgt-chef), 360

Saadi, 362
Sabattier (gén), 296-297, 301, 304
Saint-Arnaud de (mar), 30-31, 33, 47, 49
Saint-Exupéry Antoine, 402
Saint-Hillier (gén), 216, 244, 247, 265, 281, 285, 371
Saint-Pol de (gén), 56
Sairigné de (col), 61, 216, 236, 247-248, 254-255, 257, 270, 276-277, 281-282, 285, 314-315, 346
Salan (gén), 314, 336, 338, 340, 365, 376-377, 381-382
Samory, 130
San Martin (adj-chef), 346, 353
Sanchez-Iglesias (sgt), 357, 371
Sardi (cap), 133
Sarrail (gén), 174-175
Saussier (gén), 72
Saxe de (mar), 11, 121
Schaeffer (caporal-chef), 322

Schaffner (sgt), 71, 77
Schelbaum (lég), 115
Schoffer (cdt), 117
Schreiblick (lég), 71
Schröder (lég), 312
Schultz (lég), 193
Schutt (caporal-chef), 326-327
Seeger Alan, 155, 158, 162, 170, 229
Segrétain (cdt), 61, 246, 311, 328, 330, 334, 345
Selchauhausen (lt), 144-145, 150
Sellier, 170
Selosse (lt), 360, 371
Senez (ens de vaisseau), 111
Sergent (cap), 158, 373, 377, 386
Servière (cap), 140
Sèze de (col), 376, 379, 386
Si Larbi, 360
Si Salah, 367, 374
Sicco (cdt), 15
Sigenthale (chef de section), 226
Sigmann (lt), 226
Simon (col), 247, 267, 281, 285, 318, 322
Simon (lt), 237, 242, 247, 285, 318, 322
Skorzeny Otto, 311
Solnon (cdt), 311
Soltan el-Attrach, 184
Soubirou (cap), 393-394
Soult (mar), 10
Sourlier (cdt), 318, 322
Staline Joseph, 215, 270, 292
Stoffel (col), 15, 17
Streibler (lég), 120, 123
Suchet (mar), 13, 23
Sury (adj-chef), 298
Susbielle de (cap), 144
Susini Jean-Jacques, 376
Swoboda (caporal-chef), 305
Szuts (adj), 367

Tahon (gén), 154, 178
Tasnady (adj), 340, 353, 361, 363, 368
Taube (lég), 114
Tchang Kaï-chek, 171, 293, 305
Tchenkeli (cap), 233
Tchiabrichvilli (lt), 330, 332
Thiers Adolphe, 25, 93
Thirion (cap), 167
Tholozany de (cap), 313, 358
Thomas (col), 227, 312
Thouvenin (col), 222
Thuy de (cap), 137
Tiao Souriya Petsarrah (prince), 295

Timm (cap), 179
Tisserand (sgt), 144, 146
Todleben (gén), 50
Tonnel (sgt major), 71
Tornier(sgt), 119
Torquebiau (lt), 280
Tourville (amiral), 109
Toutée (gén), 152
Tran Trung Lap, 292-293
Trézel (gén), 17-18
Trimaille (cap), 226
Trischler (col), 226, 275
Trivulce (mar), 11
Tropsewski (médecin), 88
Tscharner de (col), 170, 192, 207
Turenne (mar), 30, 208, 355

Urbal (gén), 160

Vadot (col), 237, 376-377
Vaillant (col), 254, 265, 376-377, 383
Valée (mar), 23, 30
Valko (adj), 368
Van Cassel (sgt-chef), 372
Van Hecke (gén), 171
Vanuxem (gén), 363
Vauban, 106
Vauchez (cap), 144-145, 150
Vaugrineuse de (col), 359
Vercingétorix, 39
Verdilhac de (gén), 222-223, 225
Verguet (cap), 343
Vial (médecin cap), 198, 202-203
Victor-Emmanuel, 59
Viénot (col), 32, 36, 52-53, 61, 207, 367, 385, 389
Vieulès (cdt), 313, 358
Vilain (s-lt), 70-71, 74-75, 77
Vinoy (gén), 33
Vismes de (col), 355
Voguë Emile de, 149
Von Arnim (gén), 263
Von der Tann (gén), 84

Wabinski (cap), 393
Waddell (cap), 167
Wavell (gén), 241
Weber (lt), 100
Wellington (gén), 21
Wensel (lég), 71, 75, 77
Weygand (gén), 212, 227-229, 232, 234, 244
Wilhelm Nicolas, 65, 69
Wingens (sgt), 349

Wunderli (lég), 114, 123

Youdénitch, 183
Yung (s-lt), 87
Yusuf (gén), 41
Yzquierdo (cap), 348, 362, 364, 380

Zénobie, 243
Ziemski (adj-chef), 311
Zimmerman (lég), 385
Zirnheld (aspirant), 366
Zoler (sgt), 240
Zoli (lég), 146

TABLE

Remerciements		8
I.	Une légion composée d'étrangers	9
II.	L'odyssée espagnole	20
III.	Enracinement algérien	29
IV.	Devant Sébastopol	45
V.	L'affaire est dans le sac	58
VI.	Camerone : « Ils furent ici moins de soixante »	66
VII.	Sacrifices méconnus	81
VIII.	Dix ans d'Afrique	95
IX.	Au Tonkin, la Légion immortelle	104
X.	Avec les bâtisseurs de l'Empire	124
XI.	La guerre 1914-1918. Le régiment le plus décoré de France	155
XII.	Du Djebel druze au Sagho	181
XIII.	Le passé et l'avenir	204
XIV.	Combats pour l'honneur	211
XV.	La longue route de la « 13 »	231
XVI.	Du Zaghouan aux Alpes	258
XVII.	Avec le 5ᵉ REI (1940-1945)	288
XVIII.	Indochine (1946-1954)	307
XIX.	La fin d'une époque. Algérie (1954-1962)	350
XX.	Rebâtir (1962-1999)	385
Conclusion		401

Annexes 405
    1 - L'anonymat légionnaire 407
    2 - Les symboles spécifiques de la Légion 408
    3 - Anciens de la « 13 » Compagnons de la Libération 408
    4 - Promotions de Saint-Cyr ayant un parrain légionnaire 411
    5 - Pertes de la Légion dans les divers conflits 412
    6 - Implantation de la Légion en 1999 413
    7 - Inscriptions aux drapaux et étendards 413

Chronologie 415
Bibliographie 421
Abréviations 428
Index 431

Impression réalisée sur CAMERON par

BUSSIÈRE CAMEDAN IMPRIMERIES
GROUPE CPI
*à Saint-Amand-Montrond (Cher)
pour le compte de Pygmalion
Département des Éditions Flammarion
en mars 2004*

N° d'édition : 577. N° d'impression : 041152/4.
Dépôt légal : janvier 1999.

Imprimé en France